教育部人文社会科学重点研究基地基金资助

长三角经济研究丛书

经济全球化变化中长三角经济增长方式转型研究

于津平 赵文军／等著

伴随经济全球化和经济发展阶段的变化，长三角地区正面临经济增长方式转型的关键时期。促进长三角地区经济增长方式转型对于区域经济乃至全国经济的可持续发展意义重大。

经济科学出版社
Economic Science Press

目 录

Contents

第1章 引言

【本章提要】长江三角洲（简称长三角）是长江入海之前的冲积平原，位于长江、东海和黄海的交会区域。长三角的核心地区由苏、浙、沪两省一市的 16 个地级及地级以上城市组成，包括上海市、江苏省的南京市、苏州市、无锡市、常州市、镇江市、南通市、扬州市和泰州市，以及浙江省的杭州市、宁波市、嘉兴市、湖州市、绍兴市、舟山市和台州市。长三角核心区的区域面积为 10 万平方公里。2008 年国务院发布《关于进一步推进长江三角洲地区改革开放和经济社会发展的指导意见》，首次将整个上海市、江苏省和浙江省全境并称为长三角地区，广义上的长三角地区覆盖上海市、江苏省和浙江省的所有区域，区域面积为 21.07 万平方公里，占全国面积的 2.19%。

长三角地区经济是我国经济的重要组成部分。上海市、江苏省和浙江省的经济总量约占全国的 1/5。多年来，作为我国改革开放的前沿地区，长三角经济社会发展对我国其他区域经济发展发挥了带动和示范作用，是推动中国经济增长的重要力量。但由于经济全球化变化和长三角区域发展阶段的演变，长三角经济正面临着新的考验。

第1节 长三角经济增长方式转型的背景与意义

一、长三角经济增长方式转型的背景

在融入全球生产分工体系的过程中，长三角经济发展取得了辉煌的成就。经过三十多年的高速增长，长三角的资源禀赋结构和全球竞争环境发生了根本性的

变化，以往推动长三角经济增长的动力正在减弱，诸多不利因素制约着长三角的发展。

首先，经济全球化变化对长三角经济增长带来了负面冲击。长三角在融入全球生产分工的过程中，与世界各国的经济联系日益加强。在我国外商直接投资利用和进出口贸易中，长三角扮演着十分重要的角色，是我国外资利用规模和出口规模最大的区域之一。自2007年美国金融危机爆发以来，世界经济复苏乏力、贸易保护主义抬头。经济全球化形势的变化驱动国际生产分工体系再调整，高度依赖外资和出口的长三角经济失去了往日强劲增长的动力。出口总量位居长三角两省一市之首的江苏省成为全国出口增速下降最快的省份之一，2013年和2014年江苏省出口增速仅为0.1%和4.0%，远低于2008年之前的水平。

其次，劳动力成本上升动摇着长三角的低成本优势。过去三十多年，丰富的劳动力禀赋是长三角成为跨国公司投资热点和世界制造业中心的基础。近年来，由于农村富余劳动力减少和人口红利的逐渐消失，长三角地区劳动力成本迅速上升。在2004～2012年，上海市、江苏省和浙江省城镇在岗职工工资分别增长167%、182%和116%，工资增长率远超过同期全国和世界绝大多数国家的水平。以2012年为例，上海市、江苏省和浙江省在岗职工年工资水平分别为80 191元、51 279元和50 813元，与全国劳动力平均工资47 593元相比，分别高出68%、8%和7%。在劳动力成本快速上升和人民币升值的交互作用下，长三角地区劳动密集型产品的出口竞争力和劳动密集型产品生产的外资吸引力大幅下降。根据中国日本商会发布的《中国经济与日本企业2014年白皮书》，大约85.3%的在华日本企业将劳动力工资上涨作为企业经营存在的最大问题。劳动力成本上升致使不少内外资企业陷入经营困境。以廉价劳动力成本为基础的粗放型经济增长模式难以继续成为推动长三角未来经济增长的主导力量。

最后，自然资源对长三角经济发展的"瓶颈"作用强化。自然资源是指能够产生经济价值、用以提高人类当前和将来福利的自然环境因素和条件。自然资源具有稀缺性和不可再生或难以再生的特点。以大量牺牲自然资源为代价的经济增长必然会遭遇越来越严峻的约束瓶颈。长三角地区人口密度高、人均自然资源拥有量少、生态环境压力大，伴随粗放型经济的发展，长三角产业结构与自然资源禀赋结构之间的不协调性越来越突出。我国的人均耕地面积是世界平均水平的40%，低于联合国粮农组织确定的警戒线标准。作为人口高度集中的长三角地区，土地资源的稀缺程度更是高于全国平均水平。具体而言，长三角两省一市的区域面积为21万平方公里，占全国面积的2.19%。其中，上海市人均耕地面积为0.12亩，为全国人均水平的1/12；江苏的人均耕地面积为0.9亩，约为全国人均水平的60%；浙江省的人均耕地面积为0.56亩，不到全国人均水平的一半。工业化和城市化的发展进一步加剧了长三角耕地面积的稀缺性。目前，上海市建设用地面积已超过陆地面积的40%，高于伦敦、巴黎和东京等国际大都市。在1996～2009年间，浙江省可耕地面积净减少208万亩，人均耕地面积下降22%。在水资源方面，我国人均水资源仅为世界平均水平的1/4。虽然长三角水系发达，但水污染却十分严重。以位于长三角中心地带的太湖为例，自20世纪90年代中期开始，太湖的水质降至Ⅳ类和Ⅴ类，湖泊富氧化严重，威胁居民饮用水安全。在长三角核心圈的十六个城市范围内，80%的河水质量达不到国家规定的Ⅲ类水标准。除水污染之外，长三角的空气质量和土壤质量也在恶化，高密度人口和高密度的生产活动加剧着环境的负担。尤其在长三角核心圈的十六个城市，土地面积仅占全国的1%，但污染排放量却高达全国的20%（厉无畏，2009）。因此，延续粗放型增长方式的发展路径既缺乏自然资源禀赋的支撑，也不符合百姓的利益。走集约化增长道路是长三角地区的必然选择。

二、促进长三角增长方式转型的意义

在经济全球化条件和长三角发展条件的变化中，长三角原有的增长方式迫切需要调整。如果不及时转变增长方式，长三角经济失速在所难免，经济发展中的社会矛盾将会加剧。加快长三角经济增长方式转型，尽快形成经济增长新动力，是关系到长三角经济社会全面发展的重大问题。

加快转变长三角经济增长方式不仅仅是为了保持长三角的经济增长，更为本质的目的是为了满足人民群众日益丰富的物质文化需要，使人民群众在经济发展中得到更大的幸福。在过去的发展中，长三角经济增长速度较快，但由于片面强调经济增长速度，经济增长方式却长期存在着高投入、高消耗、高排放、不协调、难循环、低效率的问题。转变经济增长方式就是要转变发展理念，以此推进制度改革，使经济增长的目标回归以人为本的本源。

随着粗放型经济发展方式问题的日益加剧，人们越来越清醒地认识到加快转变经济增长方式的必要性。事实上，我国政府早就关注经济增长方式，在政府工作报告和国家发展规划中，反复提及"转变经济增长方式"的目标。

政府对经济增长方式的关注可以追溯到20世纪80年代末。1987年党的十三大报告中就出现了"注重效益、提高质量、协调发展、稳定增长"的内容。1991年颁布的国家"八五"规划中明确要求沿海地区率先转变粗放型经济增长模式。1996年国家"九五"规划再次指出："沿海地区应增大科技进步在经济增长中的含量"。2006年国家颁布的"十一五"规划客观承认我国在转变经济增长方式转变中的问题，指出转变经济增长方式的紧迫性。规划认为："粗放型经济增长方式没有根本改变，经济结构不够合理，自主创新能力不强，经济社会发展与环境的矛盾日益突出"。"必须加快转变经济增长方式",加快经济结构调整、加快服务业发展、建设资源节约型和环境友好性社会是促进经济增长方式转变的重要抓手。2007年党的十七大报告将"坚持以人为本,树立全面、协调、可持续的发展观,促进经济社会和人的全面发展"的科学发展观正式写入党章,并将国民经济的发展目标由过去的"又快又好"调整为"又好又快"。从"又快又好"到"又好又快",体现了党和国家发展理念的重大转变。2010年国家制定的"十二五"规划将经济发展方式转变作为经济社会发展的核心,指出:"以加快转变经济发展方式为主线,是推动科学发展的必由之路,是我国经济社会领域的一场深刻变革,是综合性、系统性、战略性的转变,必须贯穿经济社会发展全过程和各领域,在发展中促转变,在转变中谋发展。今后五年,要确保科学发展取得新的显著进步,确保转变经济发展方式取得实质性进展。"2012年党的十八大报告对经济发展方式转变提出了更加全面的部署。十八大报告指出:"以科学发展为主题,以加快转变经济发展方式为主线,是关系我国发展全局的战略抉择。"十八大报告提出的加快转变经济发展方式的指导思想是:"要适应国内外经济形势新变化,加快形成新的经济发展方式,把推动发展的立足点转到提高质量和效益上来,着力激发各类市场主体发展新活力,着力增强创新驱动发展新动力,着力构建现代产业发展新体系,着力培育开放型经济发展新优势,使经济发展更多依靠内需特别是消费需求拉动,更多依靠现代服务业和战略性新兴产业带动,更多依靠科技进步、劳动者素质提高、管理创新驱动,更多依靠节约资源和循环经济推动,更多依靠城乡区域发展协调互动,不断增强长期发展后劲。"

可以看出,转变经济增长方式是长期以来党和国家强调的重要任务。促进经济增长方式转变对于我国经济社会发展的意义重大。加快长三角经济增长方式转变是国家发展的战略,是长三角经济发展的要求,更是满足长三角地区广大人民群众需求的必然选择。

第2节 长三角经济增长方式转型的基础

所谓经济增长方式是指实现经济增长的途径、手段和动力特征。长期而言,经济增长的动力可分为两类:一是劳动力、资本和自然资源等要素投入量的增加;二是生产效率的提升。以生产要素投入量增长驱动的经济增长被称为粗放型经济增长,而以要素生产效率提升为动力的增长则被称为集约型经济增长。促进经济增长方式转变的核心就是要树立以人为本的科学发展观,通过制度变革和政策调整,根除片面追求增长速度的根源,优化资源配置效率,形成有利于人力资本质量和创新能力提升的环境,提高生产效率提升对经济增长的贡献率,使经济发展走上集约、和谐、均衡和可持续的轨迹。根据经济增长理论和各国经济发展的经验，制度、发展阶段和资源禀赋是决定经济增长方式的基础性的决定因素。在新的发展条件下，长三角经济增长方式转型的制度环境正在改善，国内外经济环境变化对长三角经济增长集约化的倒逼力量正在加强，长三角实现经济增长方式转型的能力正在提高。

一、驱动集约化增长的制度力量

制度决定资源配置效率和微观主体行为，是决定经济增长方式的核心因素。要实现集约化增长，必须深化改革、完善市场经济体系。中国改革开放后经济的快速发展归功于由计划经济向市场经济转变的制度变迁。相比于计划经济，市场经济具有信息传递、促进竞争、调动微观主体能动性的功能，因而能够提升资源的利用效率，为企业和个人能力的发挥提供激励。融入全球分工的开放战略对经济发展方式的影响比较复杂，且富有争议。但从长期看，开放可以为经济增长集约化提供诸多有利的条件。首先，对外开放使中国的比较优势和后发优势得到发挥，外商直接投资和对外贸易可以弥补改革开放初期中国技术不足、资本不足、外汇不足和管理经验不足的缺口。其次，开放促进市场竞争、推动国内管理制度和企业制度的变革，并通过技术外溢效应和产业关联效应，促进国内企业生产技术和管理水平提升。最后，开放促进中国的工业化和城市化，提升资源配置效率和生活质量。通过开放，中国形成了生产规模的优势，中国的人力资本质量和创新能力有了很大的提升。总之，不断深化的改革开放在为中国经济增长注入强大动力的同时，也为中国实现集约化增长奠定了基础。

渐进式的改革是中国经济转型的特色，这是中国经济发展表现不同于其他转轨国家的最为关键的制度原因。但正是由于转轨特点的存在，使得改革开放三十多年后的今天，市场的作用仍然受到诸多制约，在许多领域仍然存在着政府干预越位、错位和缺位的现象。在赶超理念下，热衷于 GDP 规模的政府偏好导致制度和政策目标片面化和短期化，在不断动用自然资源和投资推动增长的过程中，经济增长质量的提升和经济发展的全面性没有得到应有重视。以 GDP 论英雄的政绩评价体系更是激发了地方政府追求 GDP 的热情，比拼 GDP 的地方政府竞争愈演愈烈。为提升经济增长速度，一些地区轻视公共财政约束和法律约束，大举投资并放松环境管制和安全监督，忽视生态环境和劳动者权益。要促进经济增长方式转型，必须转变政府发展理念，规范政府行为，这就要求以科学发展观为指导，建立科学全面的政绩评价体系；以发挥市场经济决定作用为导向，厘清政府和市场的边界；以依法治国为手段，健全和严格执行知识产权保护、环境保护、劳动者权益保护等法规。

在新形势下，党和政府对经济增长方式转型的重视程度超过了以往任何一个时期。党的十八届三中全会提出："经济体制改革是全面深化改革的重点，核心问题是处理好政府和市场的关系，使市场在资源配置中起决定性作用和更好发挥政府作用。"这一全新的提法突出市场经济地位，为未来深化改革中处理市场和政府的关系提供了方向。近年来，政府大力推进市场化，例如，取消和减少政府审批项目，推出负面清单管理；在上海等地建立自由贸易试验区，为进一步开放提供经验探索。可以认为，面向市场化和全球化的制度建设将为长三角经济增长方式转型提供强有力的制度保证。

二、驱动集约化增长的市场力量

经济增长方式转变是经济发展过程中制度变化、资源禀赋变化、生产技术变化和社会需求变化等因素综合作用的结果。世界各国经济发展史表明，经济增长方式与经济发展阶段密切相关。许多学者对发达国家的发展经验进行了研究，发现除个别自然资源大国之外，发达国家都共同经历了由粗放型经济增长方式向集约型增长方式转变的历程。

发展经济学家罗斯托发现，对于不同发展阶段的社会，需求结构、产业结构和驱动经济增长动力截然不同。在传统社会阶段，农业为主导产业；在为"起飞"创造条件的阶段，农业和开采业的发展开始为现代工业的形成和发展提供劳动力、资本、原料和市场；在"起飞"阶段，经济高速增长、投资活跃、制造业成为主导产业，在向技术成熟过渡阶段，新技术替代旧技术，工业产品出现多元化；在高额群众消费阶段，社会关注力由偏重生产向偏重消费转移，耐久消费品和服务业需求增加。按照罗斯托的发展阶段论，起飞阶段是投资极为旺盛的时期，经济增长伴随着大规模的资本投入。改革开放以来中国的发展对应于罗斯托定义的"起飞"阶段。目前，长三角经济已进入向技术成熟过渡阶段，并在发达城市出现了高额群众消费阶段的局部现象。所以按照经济发展的规律，长三角经济增长方式转变也是必然的。

波特认为，一国竞争优势的源泉也随着发展阶段变化而变化。他将一国的经济发展历程分为要素导向阶段、投资导向阶段、创新导向阶段和财富导向阶段。英国经济学家配第和克拉克发现产业结构随经济发展的变化规律，伴随经济发展水平的提高，劳动首先由第一产业流向第二产业，然后再进一步由第二产业流向第三产业。

在改革开放初期，长三角城市化和工业化水平低，工业与服务业对劳动力的需求少，在落后的生产力下，区域劳动力成本十分低廉。相对丰富的劳动力供给和相对不足的资本存量的资源禀赋决定了长三角地区劳动密集型产业的比较优势，这一优势不仅支撑了长三角地区本地劳动密集型制造业的快速发展，而且吸引了大量的外商直接投资企业将劳动密集型产业或生产环节转移至长三角，进一步推动了长三角地区劳动密集型制造业的发展。在此过程中，大量的劳动、资本和土地投入到迅速增长的制造业。与此同时，为克服经济发展中的交通、通信和电力等基础设施的瓶颈制约，政府大量投资基础设施建设和工业园区建设；为满足工业化和城市化过程中的厂房和住房需求，房地产投资不断加速。

经过改革开放以来三十多年的高速增长，长三角的资源禀赋结构发生了巨大的变化，驱动经济增长方式集约化的市场条件发生改变。首先，劳动力成本上升倒逼经济增长方式转型。长三角两省一市的人均产值均已超过一万美元，区域劳动力的工资水平远高于许多正在开放的发展中国家和国内其他落后地区。其次，资本的边际生产递减，大规模投资对经济增长的促进能力减少。随着资本积累的不断增长，长三角地区的人均资本存量快速增加，区域的资本充裕度提高。伴随制造业产能和房地产供给的大量增加和社会基础设施条件的改进，以大规模投资推动经济增长的潜能下降。最后，区域人力资本和创新能力提高。长三角经济增长的过程也是这一地区人才培养和集聚能力及科技创新能力不断提高的过程。目前，长三角是我国人力资源最为丰富、最具创新力的区域之一。中国科技发展战略研究小组发布的《中国区域创新能力报告2013》显示，长三角地区的创新能力在全国处于领先地位，在全国各省市中江苏省创新能力连续5年位居全国首位。2013年江苏省规模以上工业企业建有研发机构达到14 548家，数量位居全国第一，达到2010年的3倍。新认定高新技术企业3 153家，累计6 245家，是2010的2倍。中国医药创新20强企业中江苏包揽前4位。

第3节 研究内容与主要观点

经济增长方式转变问题由来已久，加快经济增长方式转变知易行难。如何有效促进经济增长方式转变是中国经济长期面对的难题。

在国外的学术研究文献中，很少使用"经济增长方式转变"这一说法。相对而言，国内有关经济增长方式转变的文献较为丰富，如吴敬琏（2005）、厉以宁（2005）、卫兴华（2011）、刘伟（2005）、李善同（2005）、厉无畏等（2006）等指出中国经济增长方式的问题，并提出转变增长方式的政策建议。国内外研究对这一问题关注度的差异一定程度上反映了经济增长方式转变问题在中国的独特性。在西方市场经济国家看来，经济增长方式是由市场决定的，经济增长方式转变是供需条件变化中自发形成、自然而然的结果，无须政府对经济增长方式进行干预。无论是罗斯托的经济增长阶段论还是波特的国家竞争力理论都认为，不同的发展阶段决定了不同的经济增长方式。

为什么中国政府和学术界对经济增长方式转变问题特别关注？其中的原因与中国特殊的经济制度以及这一制度下形成问题的特殊性有关。在经济制度上，中国处于由计划经济向市场经济转变的转轨阶段。政府对市场经济的干预依然过多、在诸多领域市场经济还不能在资源配置中发挥决定性作用，是中国经济的客观现实。具体表现在：政府继续控制着能源等关键要素的定价权，掌握着众多经济领域活动的行政审批权，管控着庞大的具有垄断力的国有企业的经营。正因如此，中国的经济增长方式不完全依赖于市场，政府发展理念和政策对经济增长方式的影响重大。三十多年的高速增长带来了中国资源禀赋结构和发展阶段的深刻变化，转变经济增长方式就是要使经济管理体制、经济结构和宏观政策尽快适应经济发展新阶段的要求。目前包括长三角在内的中国经济正在被经济增速减弱、国际竞争力下降、环境污染加剧等一系列问题所困扰，这些问题本身就是多年来经济增长方式变化滞后于资源禀赋结构变化的集中表现。

究竟是什么因素制约了中国经济增长方式的转变？我国著名经济学家吴敬琏认为：粗放型经济增长是计划经济的必然产物。在转轨经济中，只要政府控制着资源配置的权力，经济增长方式就不可能转变。按照吴敬琏的思想，唯有深化改革、完善市场经济体系才能形成经济增长方式转型的土壤。严格意义上讲，政府拥有一定的资源配置权也有可能成为促进经济增长方式转变的手段，无论是通过提高土地、自然资源的价格还是通过行政性审批和淘汰落后高污染产业，都可以在一定程度上形成促进增长方式集约化的效果。但政府资源配置权与经济增长方式的关系取决于政府的发展理念。事实证明，只要政府存在着大量的干预经济的手段，政府就会更加倾向于利用这些手段追求增长速度。在过去很长一段时期里，政府虽然反复强调经济增长方式转型，但在实践中，部门和地方政府对经济增长速度的重视远胜于经济增长质量。许多资源的价格被压制，在以 GDP 论英雄的地方官员政绩考核体系以及以增值税为主的税收制度下，产值始终是地方官员追求的主要指标（吴敬琏，2005；厉以宁，2005）。每当经济增长速度与经济增长质量出现冲突时，政府就会以牺牲经济增长质量换取增长速度。即使在经济增长速度较快时，为了追求更加快速的经济增长，实现"赶超"，经济增长速度仍然被作为超越于经济质量的指标被追捧。对经济增长速度的强力追求和政府强大干预能力的耦合是导致经济增长方式难以转型的制度根源。

经济增长方式转型离不开有效可行的政策。应当承认，在促进经济增长方式转型的政策选择上依然存在许多争议。以对外开放政策为例，有人认为开放促进了竞争、改进了设备、提高了技术和管理水平，对于中国生产效率的提高功不可没，但也不乏将开放视为导致中国陷入低端分工地位、抑制增长方式转变的观点。如果不能认清政策效果，就无法制定促进转型的良方。在政策选择中存在着利益权衡问题，促进经济增长方式转变的努力也会产生一些负面效应，也会引起社会利益的再分配。经济增长方式转变需要在短期内付出经济增长速度下降的代价。把握好促进经济增长方式转变的政策力度、处理好经济增长速度与增长质量的关系是富有智慧和挑战性的任务。

经济增长方式转型以市场经济条件的变化为基础，经济增长方式应当与经济发展阶段相适应。不同收入水平的国家，消费者偏好不同、资源禀赋不同和技术水平不同，这些市场基础条件的差异性决定了生产方式、产业结构、国际竞争力和经济增长动力的差异。不顾市场经济基础条件去追求增长方式转型注定难以奏效，因为这样的政策违背了绝大多数微观主体的利益，难以成为微观主体自发选择。人力资本不足和创新能力不足等市场因素是经济增长难以摆脱粗放型模式的客观原因。

经济增长方式转型具有必要性，但在推动经济增长方式转型的实践上，仍然存在许多理论和实践问题。国内关于经济增长方式的研究文献虽然不少，但大多以思想性观点为主，理论和实证上的论证相对匮乏。

本书以促进长三角经济增长方式转变为主题，利用定性和定量分析方法，评价全球化变化中长三角的经济增长方式，剖析制度因素、经济全球化因素和宏观经济政策对经济增长方式的影响，探讨促进经济增长方式转变的对策。基于不同视角，经济增长方式的分类标准不同，本书聚焦于经济增长方式集约化的研究。因为经济增长方式集约化是刻画经济增长方式的最重要和最具代表性的指标，聚焦于这一主题有助于研究的深化。本书强化理论和实证研究，以此揭示贸易、投资、市场化、汇率对经济增长方式的影响机制，这些内容构成了本书的特色，一定程度上弥补了现有研究文献在此方面较少涉及的遗憾。由于长三角区域样本数据较少，在部分章节的计量检验工作中，我们首先利用全国的区域数据样本开展机制检验，然后再以机制检验结果为基础，结合长三角特点提出促进增长方式转变的对策。这一处理方法虽然导致分析对象的针对性有所淡化，但极大地提高了研究结果的可靠性。在可靠性和针对性出现矛盾时，我们将研究的可靠性放在首位。本书对经济增长方式机制、国际经验和对策的探讨，不仅对促进长三角经济增长方式转型具有指导意义，对于全国经济增长方式转型同样具有重要的参考价值。

改革开放的进程也是长三角市场化程度、对外贸易、外商直接投资、金融环境、创新能力和国际环境不断变化的过程。经济增长方式是特定环境下个人和企业行为的综合表现。环境和制度造就了中国的增长方式，同样，环境和制度的变化也必将使长三角的经济增长方式发生改变。本书的目的就是要揭示政策和环境变化对经济增长方式的影响,以此剖析长三角经济增长方式的成因,探寻促进经济增长方式转变的对策。

本书由 12 章构成,其他章节的主要内容如下。

第 2 章梳理经济增长理论的主要观点,介绍评价经济增长方式的方法。经济增长是宏观经济学的重要内容。在现实经济社会中,影响经济活动的因素很多,这些因素都有可能影响经济增长,只有从众多的因素中辨析出决定经济增长的关键因素才能解释增长现象、发现推动经济增长的良方。为挖掘经济增长的潜在动力,探讨促进经济增长方式转变的手段,本章充分借鉴和吸收已有研究的方法和精华。文献研究发现,传统的经济增长理论强调要素投入的贡献,而现代经济增长理论则强调制度、研发投入、人力资本和规模经济的影响。不同决定因素驱动下的经济增长表现出不同的增长路径,也决定了增长方式的差异。本章在综述经济增长理论观点的基础上,进一步分析经济增长与发展阶段和全球化的关系,并梳理经济增长方式的主要评价方法。经济增长与经济发展阶段的关系体现了经济增长方式演变的规律,而经济增长方式的定量评价方法则是我们在本书研究中需要采用的关键的技术手段。

第 3 章剖析发达国家经济发展历程中经济增长方式的变化规律和实践经验。本章简要回顾美国、日本和韩国的经济发展历程,揭示这些国家不同发展阶段的经济增长特征,考察经济增长方式随经济发展的演变规律,总结各国促进经济增长方式转变的经验。在借鉴国外经验的基础上,本章提出了促进长三角经济增长方式转型的政策设想。

第 4 章考察长三角经济增长的历程,揭示长三角经济增长的动力机制和增长方式的特征。首先比较我国重大改革开放政策出台前后长三角的经济增长状况,观察改革开放政策对经济增长的促进效应。然后,利用需求结构变化、单要素生产率变化、单位产值资源消耗和污染排放等指标,从多个视角刻画长三角经济增长方式的特征。最后,运用 DEA-Malmquist 指数法测算全要素生产率,计算全要素生产率变化对经济增长的贡献率,体现长三角经济增长的集约化水平,解释长三角经济增长在多大程度上依赖于要素投入。本章通过测算生产率提高对经济增长的贡献率等量化指标定量观察长三角经济增长方式的特点和演变的规律。观察表明,长三角经济增长的集约化随改革开放的深化而推进。但同时也发现,长三角经济增长的动力仍然高度依赖于要素投入的增长,该地区经济增长的粗放型特征仍然十分明显。

第 5 章至第 9 章实证研究市场化进程、国际贸易、外商直接投资、汇率和金融发展影响经济增长方式的机制,诠释长三角经济增长方式演变的原因,探究促进长三角经济增长方式转型的政策调整方向。

第5章研究市场化进程与经济增长方式的关系。本章从多个维度观察改革开放以来的市场化程度，剖析各领域市场化对经济增长方式的影响机制。本章研究认为，无论是经济非国有化、促进产品市场竞争、减少政府干预、培育要素市场，还是健全经济法律制度，均具有促进经济增长方式集约化的效果。实证研究结果显示，从全国层面上看，健全经济法律对促进经济增长方式集约化效果最为显著。市场化对经济增长方式转变的促进效应存在区域差异，沿海地区的效果大于其他区域。非国有化、要素和产品市场的发育以及经济法律制度的健全对沿海地区经济增长方式转变具有显著的促进效应，其中以经济非国有化的正向作用力最强。对于内陆地区而言，发挥市场在要素和产品配置中的作用、减少政府干预、健全经济法律对经济增长方式转变的驱动作用显著，其中以健全经济法律制度的效果最为明显。本章研究主张大力推进市场化，尤其是发达地区的市场化，是促进经济增长方式集约化的有效手段。在诸多市场化政策中，保护市场效率发挥的法律制度的建设尤为重要。

第6章分析对外贸易和外商直接投资对经济增长方式的影响。经过三十多年的改革开放，中国发展成为全球贸易大国和外商直接投资利用大国。对外贸易和外商直接投资利用是中国参与全球化的两大主要途径。通过贸易发展和外商直接投资利用，中国经济融入全球经济体系，全球资源再配置和生产调整改变着中国的生产结构和增长方式。长三角地区的对外开放走在全国前列，开放型经济特征尤为明显。贸易和外商直接投资既有促进要素投入的效应，又有促进要素使用效率提升的效应。究竟贸易和外商直接投资是促进还是阻碍了经济增长方式转型？本章利用实证分析方法，探究经济增长方式与贸易和外商直接投资的关系。研究结果显示，出口增长对经济增长方式集约化的效应不显著，进口和FDI的增长对经济增长集约化产生了促进作用。尤其在生产规模较大的工业行业，进口和FDI利用形成的促进效应更为明显。本章研究主张通过开放战略的调整促进长三角地区经济增长方式转型。首先是要优化出口商品结构，提升出口商品生产中的增加值；其次是要扩大进口，尤其是资本和技术密集型行业的进口，以此促进国内企业的竞争；最后是调整外资利用政策，实现外资利用结构的优化。

第7章探讨汇率变化对经济增长方式的影响。在国际分工中，汇率是影响一国比较优势基础的重要因素。无论是国际贸易还是外商直接投资均会受到汇率的影响。近年来，人民币相对于美元、欧元和日元等主要国际货币出现了较大幅度的升值，成为制约传统产业企业出口和外资利用规模增长的重要因素。人民币升值在抑制生产要素投入增长的同时，也制约了经济增长。人民币升值对于经济增长方式的影响并非显而易见，唯有通过实证检验才能找出正确的答案。本章利用省际面板数据，实证分析经济增长方式与实际汇率的关系。研究结果显示，从全国总体上看，人民币的实际升值会在一定程度上促进经济增长方式的转变，但这一转变以抑制经济增速为代价。对于沿海地区而言，人民币升值对经济增长方式转变的促进效应大于其他地区，对经济增速的负面效应小于其他地区。

第8章和第9章研究金融发展与经济增长方式的关系。其中，第8章研究金融结构与经济增长方式的关系；第9章研究金融发展与全要素生产率的关系。改革开放以来，金融发展有力支撑了长三角地区和中国经济的高速增长。长三角地区一直走在中国金融改革深化的前列，金融规模急剧扩张，通过动员储蓄、资本积累为支撑区域经济高速增长发挥了重大作用。然而，片面追求规模扩张、长期忽视结构优化的金融发展路径也助推了经济增长方式的粗放化。要促进经济增长方式转型，金融体系改革十分必要。第8章考察了长三角金融结构的特征事实，实证研究了金融结构影响经济增长方式的机制。研究发现，政府干预、直接融资和银行垄断通过影响信贷资金在不同所有权融资主体间的分布结构间接作用于经济增长方式。政府干预抑制非公信贷，间接地阻碍了经济增长方式转变；银行垄断与非公信贷之间存在双边逆向强化效应，也间接阻碍了增长方式转变。研究主张，应加快金融体系的改革，减少政府干预，促进金融行业的竞争，培育多层次的资本市场，为非公企业信贷提供更好的服务。第9章利用长三角核心圈地级市的经验数据，进一步检验金融效率与全要素生产率的关系，证实了金融效率能够促进全要素生产率提高的观点。

第10章至第12章探讨长三角经济增长的新动力和新机制。其中，第10章研究国际贸易环境变化对企业对外直接投资行为的影响。伴随着中国对外贸易规模的增长，中国与贸易伙伴国之间的贸易摩擦也在加剧。越来越频繁、涉案规模越来越大的贸易纠纷案件正制约着中国的出口，并对中国的外商直接投资利用带来负面影响。以出口拉动经济增长的发展方式面临着贸易保护主义抬头的制约。从发达国家发展经验上看，对外直接投资是应对贸易保护主义的重要手段；与此同时，对外直接投资也是一国经济发展到一定阶段的必然选择。本章分析了长三角开放型经济的新变化，探讨贸易壁垒对企业国际化行为选择的影响机制，实证检验贸易保护主义与企业对外直接投资的关系。研究认为，在贸易保护主义升温的国际环境下，包括长三角在内的中国企业已具备通过对外直接投资的方式规避贸易壁垒的能力。企业国际化方式的转型标志着经济增长动力的新变化。高度依赖出口和外商直接投资的长三角地区，应积极为企业走出去创造良好的制度环境和公共服务。

第11章分析长三角的创新行为和创新能力，探讨提升创新能力、促进经济增长方式转变的对策。在经济全球化变化和长三角区域发展的新环境下，长三角经济增长的内生动力正由过去的要素投入驱动向创新驱动转变。本章分析创新的内涵，研究长三角实现创新的条件和创新绩效，提出实现创新能力提升的政策。长三角参与全球化的过程也是孕育创新能力的过程，长三角是我国创新基础条件最好、创新能力最强的区域之一。要提升区域创新能力、并以此支撑经济增长方式的转变，长三角地区应加强创新制度建设和创新要素培育。通过区域创新制度和创新条件的完善，使长三角地区成为全球创新要素和创新产业的集聚地。

第12章分析长三角生态环境现状，探讨改善生态环境的政策。长三角地区的环境污染严重，改善生态环境直接关系到这一区域居民的利益和经济发展的可持续性。本章考察经济增长过程中长三角的环境污染状况，探讨污染形成的原因，提出促进环境友好型经济发展的对策。研究认为，长三角生态环境的恶化不仅与经济发展阶段有关，而且与全球化条件下制造业和重化工业向长三角转移的国际化环境有关。为促进长三角经济增长方式转型，一方面要加强环境立法和执法，另一方面要加大节能环保科技的研发和应用，以此促进产业结构的调整，实现长三角经济的绿色发展。

第2章 经济增长理论与经济增长方式的评价方法

【本章提要】 经济增长是指一个国家或地区在一定时期内通过生产和服务创造财富能力的增加。在国民经济统计中，一国或一个地区在一定时期内生产最终产品和提供劳务的市场价值总和被称为国内（地区）生产总值（GDP），所谓经济增长通常是指一国（地区）生产总值的增长。在经济全球化条件下，生产要素和生产活动的跨国流动增加，一国国内生产总值并不能代表该国国民创造财富的能力和收入。一定时期内，一国国民在国内外生产的最终产品和劳务价值的总和被称为国民生产总值（GNP）。国民生产总值的增长也被称为是经济增长，但其内涵与 GDP 代表的经济增长有所不同。用 GDP 变化所代表的经济增长反映区域集聚全球资源创造财富的经济活动能力变化，而用 GNP 变化所代表的经济增长则代表了该国（地区）居民所拥有的要素在区域内外创造财富的能力和收入水平的变化。在统计上，一国的经济增长率通常指该国国内或国民经济总量的增长。而在经济增长理论上，通常用人均国民生产总值增长率作为经济增长的代理变量，以此表示国民收入和生活水平的变化。

经济增长是社会进步的重要标志，也是人类社会的永恒追求。经济增长关系到国家的兴衰和国民的幸福，是各国政府经济政策制定中最受关注的宏观经济指标。围绕经济增长问题，学术界开展了大量的研究，形成了丰富的理论和定量评价经济增长方式的方法。本章回顾经济增长的理论观点，并详细介绍经济增长方式的定量评价方法。

第 1 节 经济增长理论回顾

一、古典学派的经济增长理论

以经济学创始人斯密（Smith，1776）为代表的古典经济学派从生产视角揭示经济增长的动力，认为劳动分工、资本积累和技术进步是经济增长的源泉。古典学派认为，生产能力是制约经济增长的因素，经济增长取决于生产能力的增长。这一理论强调生产分工对经济增长的促进作用，将有利于分工深化的自由竞争和自由贸易看成是经济增长的源泉。斯密认为，分工之所以会促进经济增长是由于分工能够提升劳动生产效率。首先，分工使工人从事专业化生产，在不断重复一项工作的劳动中，工人的劳动熟练程度得到提高；其次，分工缩小了工人的活动范围和空间，节省了由一项工作或由一个场所转换到另一项工作或另一个场所的时间，提高了单位时间的劳动产出；最后，分工产生的规模化生产有助于促进机械发明和机械设备的使用，先进技术和设备的使用极大地提高了工人的劳动效率。

斯密认为分工受市场范围和规模的限制，同时制度安排、地理位置、自然资源、运输成本都会对分工产生影响。有利于分工的制度安排能够促进分工，拥有相对优越地理位置和丰富自然资源禀赋的国家更易使分工深化。资本积累在促进分工中扮演着十分重要的角色。经济增长起步于分工，而经济增长带来的资本积累又会进一步促进分工的深化。斯密将投资分为两类，一类为用于购买机械和工具或改良土地生产力的固定资本，另一类为用于雇佣劳动力和原材料的流动资本。这两种资本的增加均能提高生产能力，对经济增长产生推动作用。斯密主张自由贸易，认为商品、资本和劳动的自由流动有利于资源的优化配置和分工的深化。

李嘉图（Ricardo，1817）支持资本积累和分工促进经济增长的观点。他丰富和发展了斯密的分工理论，认为收入分配影响资本积累，资本家所得的增加有效促进了资本积累，对经济增长产生显著的贡献。在分工问题上，李嘉图提出了著名的比较优势分工原则，认为无论是发达国家还是发展中国家，推进自由贸易都可以通过专业化生产获得分工的利益，带来经济增长的效应。

法国经济学家萨伊（Say，1814）认为，生产创造需求，生产是消费的原因而不是结果。每个生产者之所以愿意从事生产活动，其目的就是为了满足自己的消费欲望。生产如果不是为了满足自己对所生产产品的消费欲望，就是为了利用自己所生产的物品向他人换取自己需要的其他物品。萨伊否认货币和消费对经济的作用，认为货币仅是一种交换机制，需求来源于生产创造的财富和生产带来的消费欲望。穆勒（Mill，1848）指出，对财富的限制永远不是缺乏消费者，而是缺乏生产者和生产能力。资本积累是经济增长的源泉，收入越高或从资本中获得的利润越大，进行资本积累的动机越强。

熊彼特（Schumputer，1912）将企业的创新活动看成是经济增长的动力源泉。追求利润的企业家不断进行创新，引进新产品、新技术、开辟新市场、开辟原材料新来源、引入新的企业组织。用新的生产方式替代旧的生产方式的企业创新过程有力推动了经济增长，而企业家的创新精神则是经济增长的根源所在。

18 世纪末和 19 世纪初，部分经济学家对经济增长的动态路径进行了研究。马尔萨斯（Malthus，1798）认为，人均国民收入长期会达到一个稳定的状态，经济不会无止境地增长。马尔萨斯在 1798 年出版的《人口论》中指出，随着经济发展，人口会随着经济发展按几何级数增长，而物质资料只能按照算术级数增长，人口增加将会阻碍人均收入水平的提高。李嘉图也认为经济增长难以持续，因为土地、资本和劳动的投入与产量之间存在边际生产递减规律，要素投入对经济增长的边际贡献将随投入的增加而消失。哈罗德（Harrod，1939）和多玛（Domar，1946）立足于古典学派的经济增长观点，采用了固定技术系数的生产函数，构建了经济增长问题分析的数理模型。模型给出的主要结论是：第一，实际经济增长率等于储蓄率与资本产出比；第二，要素充分利用且稳定增长的状态很难实现，要达到这一状态应满足实际经济增长率不仅要等于有保证的增长率，还要等于劳动增长率，以确保劳动充分就业。实际上，这一要求非常苛刻，因而这一均衡状态被称为是"刀锋上的均衡"。

二、新古典经济增长理论

20 世纪中叶，美国经济学家索洛（Solow，1956）通过假设资本和劳动存在可替代性，重塑经济增长理论模型。以索洛为代表的新古典经济增长理论采用规模报酬不变的生产函数，将技术看成是独立于资本和劳动的外生变量。新古典经济增长理论认为，储蓄带来的投资增长增加了生产中的资本存量，资本存量的增加在一定时期内会促进经济总量和人均产量的上升。因此，储蓄率越高的国家经济增长会越快。但长期而言，由于资本边际生产递减规律的作用，如果没有技术进步，人均产出的增长将不会持续，最终将会达到一个稳定的状态。稳定状态下的人均收入由外生的技术水平和人口增长率决定。尽管这一理论将技术进步和人口增长率假设成外生变量，但也隐含着长期经济增长依赖技术进步的思想。新古典经济增长理论将经济增长的决定因素划分为技术进步、投资和劳动力增长三个部分。由于投资和劳动的增长可归类为要素投入的增长，因此，经济增长的来源可进一步归类为技术进步和要素投入贡献两大部分。这里的技术进步是指由资本和劳动加权而成的总要素的生产效率，被称为全要素生产率。全要素生产率的变化的含义非常广泛，涵盖了所有促进经济增长的非要素投入因素的贡献，其大小用经济增长中不能被要素投入解释的部分（即索洛剩余）加以衡量。新古典经济增长理论将经济增长区分为全要素生产率贡献和要素投入增长贡献两大部分的思想具有深远影响。无论是全要素生产率还是索洛剩余的概念均源自于这一理论。新古典经济增长理论提供的研究方法为后来经济增长理论的发展奠定了基础。这一理论的不足之处在于将技术进步这一重要的经济变量看成是外生参数，因而不能很好地解释要素投入以外的因素对经济增长的贡献机制。

三、内生经济增长理论

20世纪80年代，经济增长理论研究极为活跃，涌现出大量的研究成果。其中最具有代表性的模型有两类。其一为考虑外部经济效应的经济增长模型；其二为直接改变生产函数的 AK 模型。这些理论要么将新古典经济增长理论中被假设成外生参数的技术进步、人口增长率和储蓄率等变量进行内生化处理，要么利用凸性生产函数直接说明经济增长的内在机制，因而被统称为内生经济增长理论。

1. 技术进步内生化

早在20世纪60年代，阿罗（Arrow，1962）就对技术进步问题进行了研究。他认为技术进步是资本积累的副产品，一方面进行投资的企业可以在扩大生产中不断积累经验，形成"干中学"效应，另一方面由于外部经济效应，其他厂商可以通过学习获得生产效率的提升。宇泽（Uzawa，1965）构建了一个包含人力资本生产部门和物质生产部门的两部门经济增长模型，认为人力资本的生产不存在边际生产递减规律。以罗默（Romer，1986）和卢卡斯（Lucas，1988）为代表的内生经济增长理论通过在经济增长模型中引入早期关于技术进步决定因素的研究成果，将技术进步内生化，强调知识、创新和人力资本积累在经济增长中的作用。罗默（1986）的内生经济增长模型吸收了阿罗的研究观点，将技术进步看成是知识、创新或人力资本的函数。罗默的经济增长理论采用的重要假设是：知识的投入和知识积累不仅能够提升企业自身的市场垄断力，而且能够对其他企业产生溢出效应，使社会生产形成规模经济效应。罗默的模型将知识和人力资本看成是经济增长的主要因素，在生产中这些因素的边际收益不仅会随投入增加而递增，而且会促使资本和劳动的要素投入也呈现边际收益递增的现象。这一内生经济增长理论揭示了创新、技术进步和人力资本积累影响经济增长的机制，给出了经济增长不会随时间推移而停滞的创新观点。罗默主张政府对知识投入进行补贴，因为政府补贴形成的知识积累可以提高经济增长率。在后续的研究中，罗默（1987，1990）还提出了以产品品种增加和劳动者熟练程度体现知识积累的模型，提出了经济长期经济增长的内在机制源自垄断竞争条件下的分工，强调创意和知识对经济增长的作用。罗默认为，发展中国家为实现长期经济增长，应重视促进新设计和创意产生和使用的机制建设，政府应加大教育和科技投入，通过制度激励创新，保护创新者利益。

卢卡斯（1988）的经济增长理论强调人力资本的溢出效应，其理论模型借鉴了阿罗（1962）和宇泽（1965）的分析方法，将人力资本看成影响生产投入和生产效率的重要变量。在卢卡斯模型中，考虑每个生产者在从事生产劳动的同时也会利用一定比例的时间从事人力资本建设。个体之间的人力资本相互影响，具有较高人力资本的个人会对周围的人产生有益的外部经济效应，提高周围人的生产率。卢卡斯的经济增长理论主张政府对人力资本进行投资，认为政府投资人力资本所实现的经济福利要大于不干预的情形。在解释各国经济增长差异时，卢卡斯（1993）认为，各国通过专业化生产积累技能的能力差异是各国之间生产率出现广泛差异的原因。

2. 凸性增长模型

凸性增长模型是内生经济增长理论的一个分支。这类模型的特点在于通过改变索洛的经济增长模型中采用的生产函数满足边际生产递减的规律和稻田（Inada）条件的假说，引入凸性生产函数，以此探究经济增长的内生机制。这些研究发现，一旦索洛模型中采用的新古典生产函数不能成立，即使没有技术进步，人均收入仍有可能保持持续增长。

在凸性增长模型中，最为基本的模型是将产出假设成资本的线性函数，即 $Y = AK$，其中 Y、A 和 K 分别代表产出、技术系数和资本。假设储蓄率为 s，人口增长率为 n，资本折旧率为 δ，那么人均产出的变化率等于 $sA - (n + \delta)$。该理论表明，储蓄率是决定经济增长率的重要因素，储蓄率越高，经济增长率也会越高。即使没有技术进步，只要储蓄率较高，一国的经济就会持续增长。该理论还说明，人口增长率越慢、技术水平越高的国家经济增长越快。在储蓄率和人口增长率相同的情况下，初始技术水平低的发展中国家很难赶上发达国家。琼斯和真野惠里（Jones and Manuelli，1990）利用不符合稻田条件的生产函数，进一步论证了资本积累决定经济增长的观点。该模型显示，即使在边际生产递减的情况下，如果稻田条件不成立，资本积累推进经济增长的动力也不会消失。这一理论给出的政策启示是：要推进经济增长，通过社会政策提高储蓄意愿尤为重要。该理论认为竞争均衡的经济增长能够实现社会的最优状态，政府的税收政策会扭曲资源配置。

　　一些经济增长模型为凸性模型假设条件成立的理由提供了依据，并利用凸性模型的方法解析了经济增长的机制。例如，萨拉·伊·马丁（Sala-i-Martin，1995）将生产投入的资本分为物质资本和人力资本，由于人力资本只有通过劳动者对生产过程的参与才能发挥作用，因而稳定增长时物质资本和人力资本在总产出中的贡献率不变，资本边际生产不满足稻田条件。格罗斯曼和赫尔普曼（Grossman and Helpman，1991）从产品质量提升的角度研究创新对经济增长的影响机制，论证了企业研发活动对经济增长的积极作用。他们认为，创新是具有前瞻性的企业为追求利润进行研究和开发的结果，创新带来的产品质量提升是经济增长的动力。巴罗（Barro，1991）认为，政府投资于公共设施的生产性支出对私人企业生产能够形成外部经济效应，政府可以通过增加生产性支出促进经济增长。

四、分工演进理论

　　早在 18 世纪斯密的论著中就已提及分工是促进经济增长的源泉，并认为分工水平由市场容量决定。20 世纪初，扬格（Young，1928）进一步研究分工影响经济增长的机制，认为产业间的不断分工和专业化是形成规模收益递增的原因。这一研究提出的重要观点可归纳为以下三点。第一，有保证的生产增长依赖于分工；第二，分工与市场容量之间存在相互促进的关系，即分工扩大市场容量、市场容量深化分工；第三，需求和供给是分工的两个侧面，所有人既是生产者又是需求者，每个人的需求由其提供供给的能力决定。

　　贝克尔和墨菲（Becker and Murphy，1992）质疑分工取决于市场容量的观点，认为仅仅在完全专业化分工的情形下这一观点才能成立。分工可以提高生产效率，但分工也存在交易成本和沟通成本。在交易成本较高时，分工深化难度就会加大。社会知识存量和整合劳动力的协调成本是决定分工程度的关键因素。知识积累和分工演进相互促进，推动经济增长。

　　杨和博兰德（Yang and Borland，1991，1996）认为，分工伴随着生产效率的提高而不断深化，分工深化越快，经济增长越快。他们通过构建引入劳动分工和交易成本的模型，揭示了分工演进及其促进经济增长的微观机制。分工虽然能够提升效率，但也存在交易费用。交易成本越低、规模经济越明显，那么分工深化会越快；伴随着分工深化和生产效率的提高，经济增长会加速。经济发展和经济结构发生转变的原因在于分工演进的启动和加速，人均真实收入的增加以及其他与结构变迁相关联的现象都只是分工演进的表现。

　　在经济发展水平较低的发展阶段，生产效率低下，分工带来的收益不足以补偿分工所增加的交易成本，因而分工难以形成。在生产率水平达到一定程度后，分工产生的收益超过交易成本，开始出现一些行业的专业化分工，而专业化分工的出现又可以进一步形成"干中学"效应，使生产效率进一步提高，分工开始进入自我加速阶段。但当分工达到很高程度时，伴随分工潜力的减少，分工深化的速度会下降。经济增长速度与分工深化进展相对应，经济发展初期，增速较慢；达到一定发展水平后经济开始起飞，进入高速发展期；当经济发展水平达到较高水平后，增速开始下降。

五、制度学派

以科斯（Coarse，1937）和诺思（North，1971）为代表的制度经济学派认为，在各国经济增长中制度起决定性的作用。诺思在《西方世界的兴起》一书中指出：有效率的经济组织是经济增长的关键。诺思认为，技术创新、规模经济、教育和资本积累都是经济增长本身，而不是源泉。长期以来被人们谈论的工业革命不是现代经济增长的原因所在，而恰恰是其结果。对工业革命的研究不应聚焦这一期间的技术变化，更应关注孕育工业革命的制度特征。诺思阐述了制度对个人行为和社会整体的影响机制。在不同的产权制度下，激励效应存在区别，个人的创新行为、效率观乃至市场交易成本受到制度环境的影响。不同的意识又会使制度的变革方向不同，进一步影响经济绩效。市场交易和分工需要通过制度加以规范和约束，在不同的制度环境下，市场交易成本不同，个人意识和行为也会不同。诺思强调制度中产权的重要性，认为产权是交易的基础，没有明晰产权的稀缺要素要么被浪费、要么会引致各方形成争夺这一要素的社会混乱。相反，能够减少交易成本、激发个人和企业创新热情的制度能够促进分工和创新，促进经济增长。

第2节　经济增长的阶段性特征

在不同发展阶段，经济增长的动力不可能完全相同。这是因为在不同发展阶段，要素禀赋、社会组织和经济结构存在很大的差异性。经济全球化下既存在通过比较优势分工强化这种差异性的作用，也会通过技术扩散和要素流动缩小这种差异。当一国存在丰富的劳动力，但其资本和创新能力严重不足时，廉价的劳动力是该国的比较优势。在经济全球化的条件下，参与国际分工可以提升劳动投入对经济增长的贡献。因为参与全球化后该国的劳动密集型产业将会得到快速的增长，这一增长反过来又会促进生产活动中劳动投入的增加，使经济增长表现为更多地来源于劳动投入增长的贡献。一国的要素禀赋和创新能力并不是一成不变的，全球化也会为发展中国家带来先进的技术和管理经验，逐步改变该国创新能力不足的局面。随着经济发展，发展中国家的劳动力成本会逐步上升，物质资本和人力资本也会发生变化，其吸收先进技术的能力和自主创新能力会有所提高，创新在经济增长中的贡献也会伴随发展阶段的提升而增加。

不少经济学家通过对各国经济增长史的研究，归纳总结出经济增长的阶段性特征。尽管对阶段划分的标准有所不同，但共同的观点是：不同发展阶段的经济增长方式存在显著的区别，任何经济发展阶段的演变都伴随着经济增长方式的变化。

一、罗斯托的经济发展阶段论

美国得克萨斯大学经济史学家罗斯托（Rostow，1960）在他的专著《经济成长的过程》、《经济成长的阶段》和《政治和成长过程》中多次提及经济发展的阶段论观点。他剖析了各个国家的经济发展历史，发现各国经济增长历程存在共性的规律，认为一个国家的经济发展需要经历六个阶段：即传统社会阶段、为起飞创造条件的阶段、起飞阶段、走向成熟阶段、高额群众消费阶段和追求生活高质量阶段。

传统社会阶段是经济发展的初始阶段，原始社会、奴隶社会和封建社会可以归类为传统社会。其特征是经济活动围绕生存展开，主导产业为农业，在社会组织中起主导作用的是家族和氏族。

为起飞创造条件的阶段是指为经济起飞进行准备的阶段，也就是经济起飞需要的条件逐步开始形成的阶段。在这一过渡阶段，农业和开采业的快速发展为工业化和城市化的人口增长提供粮食保障、为现代工业提供资源和市场，通过农业和开采业的税收和资本积累，政府和现代化部门获得了资金。在为起飞创造条件的发展阶段，投资的增长通常会超过人口增长。政府应当着力建立统一大市场，使经济摆脱自给自足状态，并应建立现代化的财政制度，为形成经济起飞提供稳定的资金来源。

经济起飞阶段是指一国出现工业革命，产业结构工业化，形成生产方式和社会结构的剧烈变革。进入此阶段后，束缚经济成长的传统力量被消除，经济开始腾飞。制造业部门在经济中的比重扩大并成为主导产业，生产性投资活动旺盛。在国民收入中生产性投资的比重提升至 10% 以上。

技术成熟阶段是指一国经济经过长时间的高速发展之后，旧技术趋于成熟，新技术和新部门替代"起飞"阶段的旧技术和旧部门，工业产品多元化。在此阶段，经济虽有波动但仍保持持续增长。国民收入中用于投资的比例保持在较高的水平，常常达到 10%～20%，在国际经济中该国拥有一定的地位。

高额群众消费阶段是指实际收入水平已经允许人们在满足衣食住行基本需求

之外进行大量的其他消费，例如耐用品的消费和服务消费。社会关注力由偏重生产向偏重消费转变，资源配置向耐用消费品生产和服务业转移。与耐用品消费有关的部门成为经济的主导部门。技术工人和城市人口的比重高于技术成熟阶段。

追求高质量生活阶段是指在物质需求得到满足后，居民开始追求时尚与个性，享受服务，关注生活环境，追求自我价值实现。人们不再以物质产量的多少衡量成就。这一阶段的消费呈现多样性和多变性。提供劳务和改善生产质量的服务业成为这一阶段的主导产业。

罗斯托认为，在经济发展的不同阶段中，经济起飞阶段最为困难和最为关键。欠发达国家只有实现经济起飞，才能摆脱贫困的恶性循环。罗斯托认为发展中国家要致力于社会资本的积累、推进农业现代化、促进天然资源为基础的出口，同时政府应扶持具有高成长率的部门，并为其扩大的投资提供有利的政策。对于发达国家，罗斯托主张政府应大力发展公私混合经济，加强技术创新。

二、波特的经济发展阶段论

1990年哈佛大学波特（Porter）教授出版了《国家竞争优势》一书，提出了著名的竞争优势理论，该理论论述了影响产业国际竞争优势的决定因素。波特认为，产业的竞争优势与发展阶段有关，按照各经济发展阶段中的主导因素划分，可将经济发展划分为四个阶段，即生产要素导向阶段、投资导向阶段、创新导向阶段和富裕导向阶段。在经济发展的初级阶段，经济增长依靠生产要素投入驱动，伴随经济发展分别呈现投资驱动、创新驱动和财富驱动模式。

波特用其产业竞争力的钻石模型剖析不同经济发展阶段经济结构和驱动经济增长源泉的差异性。波特钻石理论认为，一个国家的特定产业要取得国际竞争优势，关键取决于该国四大基本因素与机遇和政府两个辅助因素的整合情况。这四个基本因素是：生产因素、需求因素、相关和支持产业因素、企业战略组织和竞争状况。不同发展阶段各因素情况不同，因而，具有竞争优势的产业存在显著差异，由此形成了经济增长方式的阶段性特征。

在经济发展的初级阶段，竞争优势依赖于生产要素禀赋的优势。例如，廉价的劳动力、丰富的天然资源等。处于经济发展初级阶段的发展中国家的企业，由于缺少创新能力，企业生产技术没有独特性，因而不得不面对完全竞争市场进行生产竞争，在这样的市场结构中，要素成本是决定竞争成败的关键因素。处于这一阶段的发展中国家，在国际生产分工中的优势产业就是那些密集使用本国充裕生产要素的产业。这些产业的发展是经济增长的主导力量，在这些产业扩大过程中，要素投入增长明显，其经济发展表现为要素导向型增长。

投资导向阶段是指一国的发展和竞争力以国家和企业的投资意愿和投资能力

为基础。在此阶段，一国在国际上具有竞争力的部门增多。在投资导向阶段，一国的技术主要依靠引进和吸收，国内企业自主创新的能力还比较薄弱，要真正实现由要素导向至投资导向型阶段转变，一国对引进技术的消化和吸收能力至关重要。

创新导向阶段出现于经济发展水平领先的国家和地区。当一个国家和地区的发展水平较高时，一方面劳动力等生产要素的成本不再具有优势，另一方面企业已经具备了自主创新的能力。有利的需求条件、供给基础、产业集群和制度为企业创新提供了强有力的支持。在此阶段，企业创新成果不断涌现，成为推动经济发展的主导力量。

富裕导向阶段是指一国和地区成为高收入国家和地区之后，凭借拥有的财富取得国家竞争优势和实现经济增长的阶段。在此阶段，国家可以通过其财富提升其国际影响力，通过财富开展金融投资获取收益和实施兼并和收购。企业对实体经济的投资热情开始下降，而金融投资等服务业在国民经济中的比重明显上升。富裕导向阶段经济增长相对缓慢。

三、钱纳里的经济发展阶段论

钱纳里（Chenery，1986）对经济发展不同阶段的产业结构特点进行了经验研究，发现各国经济发展过程中的经济结构变化存在高度的一致性，在不同的发展阶段，存在与之相对应的经济结构。钱纳里从积累过程、资源配置过程、人口和分配三个方面描述工业化进程中不同时期的特点。在同样人均收入水平下，大国与小国之间在生产结构上比较接近，但在对外贸易上，大国对进出口的依赖程度较小，因而在政策上更加注重内向发展模式。小国发展状况很大程度上取决于进出口的发展，如果小国进出口在国内生产总值中占比较小，很难维持令人满意的经济增长。小国在收入水平较低时，经济增长随自然资源出口增加；但当小国达到较高收入水平后，初级产品出口对增长的效应非常微弱。钱纳里等通过比较研究发现，"二战"之后，出口和资源再分配对发展中国家经济增长的贡献最大，而发达国家的经济增长可以归咎为资本存量增长、劳动力增长和劳动素质提高的贡献。钱纳里等发现，战后发展中国家随着收入的增加，其需求和生产结构的变化一般经历以下三个阶段。第一阶段，农业占主导地位，资本积累以中低速度增长，全要素生产率增长极为缓慢，经济增长速度较低，劳动力增长对经济增长的贡献最大。第二阶段，经济重心由初级产品向制造业生产转移，制造业对增长的贡献高于初级产品，资本积累加快，资本积累在经济增长中发挥重要作用。第三阶段，制造品需求的收入弹性开始下降，经济增长依赖于技术水平的提升，要素投入对经济增长的贡献逐步减少。钱纳里认为，劳动和资本从生产率较低的部门转移到生产率较高的部门能够促进经济增长。

第3节　全球化与发展中国家的经济增长

开放对发展中国家经济增长的影响一直是国际经济学领域富有争论的话题。李嘉图（Ricardo，1817）的比较优势理论论证了发展中国家参与国际分工的静态利益，以克鲁格曼（Krugman，1985）为代表的产业内贸易理论揭示了产业重组下的国际分工形成的规模经济效应。

林毅夫（1999）对比较优势的利益进行了大量的论证，认为立足于比较优势是发展中国家参与国际分工的竞争力之源，发展中国家参与国际分工可以取得"比较优势"和"后发优势"的利益。他认为要素禀赋不是固定不变的，开放会使发展中国家实现资本积累，引发资源禀赋结构的变化，发展中国家的比较优势会逐步由劳动密集产业向资本密集产业演变。

里韦拉和罗默（Rivera and Romer，1991）的分工和知识国际化模型强调知识在国际间的外部效应，认为一国参加国际贸易，总能提高知识的生产率和经济的稳态增长率。布勒齐（Brezis，1993）根据技术变迁的观点，指出后进国家具有后发优势，往往也会发生技术突破，而先进国家的领导地位可能被"锁定"，所以后进国家可能超过原来的先进国家。基于包含资本流动、不完全的跨国知识扩散和非贸易部门的两国内生增长模型，克伦德特（Klundert，2001）认为技术创新对落后国家的影响大于先进国家，落后国家的技术创新会引发资本从先进国家向落后国家流动。

尽管上述理论对发展中国家市场开放具有极大的指导价值，但基于对经济发展长期利益的考虑，发展中国家开放战略选择仍然富有较大的争议。杨格（Young，1991、1993）认为发明约束和学习约束共同作用的均衡增长是一种常态，发展中国家在国际贸易中仅得到静态收益，损失动态收益，经济全球化会扩大发达国家与发展中国家在经济增长速度上的"趋异"。部分研究认为发展中的开放战略是否为发展中国家带来利益与发展中国家的制度密切有关。阿洪和豪伊特（Aghion and Howitt，1998）通过建立多国模型，认为伴随现代R&D制度和新通用技术的出现，国际上出现了"俱乐部收敛"的情况，产生了分别从事技术创新、吸纳技术创新成果和陷入增长陷阱的三种国家集团。帕伦特和普雷斯科特（Parente and Prescott，2005）认为各国经济增长起步时间的不同，不是由于技术总量的差异，而是因为进行技术选择的约束机制上的差异，因此制度的改变可以创造出经济奇迹。

在实践上，发展中国家的发展战略可以分为"进口替代战略"和"出口导向战略"。"进口替代战略"倾向于实施贸易保护，强调扶持本国重要产业和幼稚产业，而"出口导向战略"则强调参与全球化的利益。发展中国家参与全球化的实践推动了相关经济增长理论的发展。尽管并非所有采取"出口导向战略"的国家都在经济发展上取得了成功，但许多国家在发展过程中纷纷放弃"进口替代战略"，导入"出口导向战略"，在此过程中东南亚国家和中国经验起到了很大的示范效应。罗德里克（Rodrik，2001）指出，没有一个国家因为回到封闭经济的状况而成功。菲舍尔（Fischer，2003）认为，尽管开放不意味着经济一定会增长，也不一定是最好的政策，但开放确实增加了获得国外技术的机会、重要的中间产品和消费品。发展中国家纷纷开放市场是经济全球化的重要表现，同样，经济全球化又进一步促使发展中国家开放市场。在我国经济发展过程中，"比较优势战略"与"竞争优势战略"的学术争论从未停止过。近年来，由于全球化形势和我国经济发展内在形势的变化，日益严峻的外部环境和内部资源环境约束对我国开放战略的选择带来新的挑战。在新的形势下，"比较优势战略"是否能够推行以及是否应当推行成为中国学术界的争论的焦点。在经济全球化形势变化的背景下，以外向型经济为主的珠三角和长三角地区对全国工业增长速度的贡献相对减弱，这些地区的内部结构调整面临巨大的调整压力（中国社会科学院工业经济研究所，2009）。不少学者认为，基于应对全球化形势变化和提升中国国际分工利益的需要，中国在新的发展阶段应注重自主创新、在高附加价值和高新产品上形成国际竞争优势（刘志彪，2007）。

第 4 节　经济增长方式的概念与评价方法

一、经济增长方式的概念

经济增长方式是指经济增长的动力机制和表现形式，是经济增长的途径、手段、方法和表现的集合。也有观点认为，经济增长方式就是经济增长的结构类型，是对推动经济增长的各种要素的组合方式和各种要素组合起来推动经济增长的特征描述（郭金龙，2000）。

基于对经济增长动力和表现特征的不同认识，对经济增长方式特点的描述多种多样。按照生产要素投入对经济增长贡献大小划分，经济增长方式分为粗放型经济增长和集约型经济增长。按照政府和市场在经济增长中贡献的大小划分，经济增长方式分类为政府导向型经济增长和市场导向型经济增长。按照国内外市场需求对经济增长的拉动作用划分，分为内需驱动型经济增长和外需拉动型经济增长。按照需求构成变化划分，分为投资驱动、出口导向和消费驱动型经济增长。

经济增长是一个动态的过程。这一过程既包含了决定长期生产的因素，也不可避免地受到需求变化的影响。在诸多经济增长方式的分类中，最为重要和最有价值的分类就是将经济增长方式分为粗放型经济增长和集约型经济增长。这是因为，在市场经济中生产能力的变化是决定经济增长的关键，对经济增长方式的刻画理应立足于生产特征的分析，其他因素对经济增长的影响最终会表现在对生产要素投入和使用效率的影响上。

西方经济学理论对经济增长的研究以市场经济为研究对象，聚焦于揭示经济增长的动力和轨迹，认为伴随资源禀赋、发展阶段和技术条件的变化，经济发展的动力会在市场经济力量的作用下发生转变，经济增长动力的变化是市场经济条件演变的过程和结果。西方经济学理论虽然较少提及经济增长方式的概念，但其对经济增长机制的研究本质上就是对经济增长方式的解析。

马克思将扩大再生产的手段分为两类，即内涵扩大再生产和外延扩大再生产。马克思在《资本论》中指出，"固定资本价值中转化为货币的部分，可以用来扩大企业，或改良机器，以提高机器效率。这样，经过一段或长或短的时间，就要进行再生产，并且从社会的观点看，是规模扩大的再生产。如果生产场所扩大了，就是在外延上扩大；如果生产资料效率提高了，就是在内涵上扩大。""积累、剩余价值转化为资本，按其实际内容来说，就是规模扩大的再生产过程，而不论这种扩大是从外延方面表现为在旧工厂之外添设新工厂，还是从内涵方面表现为扩充原有的生产规模"。① 从以上论述中可以看出，马克思认为内涵扩大再生产就是利用原有的工厂条件通过生产效率的提高实现生产规模的增长；外涵扩张就是指通过增加新工厂、扩大生产场所实现生产规模的扩张。

辨析经济增长的源泉并对各种决定因素的贡献进行比较是判别经济增长方式的前提。经济增长的动力可以来自于多种因素，各种因素对经济增长的贡献在不同国家或不同时期并不相同。从经济增长理论看，经济增长的决定因素分为两大类，一类为劳动和资本两大基本生产要素投入的增长；另一类为要素生产效率的提升，包括创新、技术进步、人力资本和制度变革带来的变化。如果要素投入是经济增长的主要动力，即经济增长主要依靠大量的资金和劳动投入，此类经济增长是粗放型经济增长。相反，如果经济增长的动力主要来源于促进要素利用效率与生产效率提升的技术进步等因素，这一类型的经济增长方式就是集约型经济增长。

如果对经济增长的动力进行进一步的细分，粗放型增长和集约型增长又可以

---

① 《马克思恩格斯全集》第24卷，人民出版社1972年版，第438页。

分为多个类型。例如，虽然依靠要素投入驱动的增长统称为粗放型增长，但不同要素在增长中贡献的大小并不相同。劳动、资本和土地投入的增长及其在经济增长中的贡献在一国一定时期的经济增长中会表现出差异性。这种差异性形成主要与资源禀赋和制度有关。对于劳动力充裕的国家，劳动密集型产品具有国际竞争力。如果该国采取开放的经济政策，那么该国劳动密集型产业将会因开放得到迅速发展，无论是劳动力就业人数的增加还是产业结构向劳动密集型产业转移，均增加了劳动投入增长对经济增长的贡献，这一时期的经济增长属于依靠劳动投入和劳动密集型产业发展的粗放型增长。在发展中国家发展到一定阶段后，资源禀赋会发生变化，产业结构会由劳动密集型产业向资本密集型转变。在资本增长和资本密集型产业在国民经济中的比重不断加大的情况下，资本积累对经济增长的贡献越来越大。此时的经济增长主动力来自于资本投入的增长，此类经济增长方式就是依靠资本投入和资本密集型产业发展的粗放型经济增长。从人类历史上看，经济增长方式的变化一般趋势是由劳动驱动向资本驱动然后再向技术驱动演变。

一般认为，粗放型经济增长难以长期支撑一国经济的持续发展。首先，无论是劳动还是资本均存在边际生产递减的规律。在技术和其他生产要素给定的情况下，当某一生产要素投入达到一定水平之后，要素的边际产量会随着要素投入的增加逐渐减少，因而其推动经济增长的动力就会逐步减弱。其次，劳动和资本投入的扩张受到自然条件和资源禀赋的制约。劳动人口的增长受到土地资源和生态空间的限制，也会受到人们生育理念的影响。即使在一定时期内劳动力的增加能够增加经济生产总值，但也会因人口的增长对人均产值产生负面影响。人口的增加也不可能是无限的，一方面人口的增长受到土地等生存空间的限制，另一方面伴随经济发展水平的提高人们的生育理念也会发生变化，通常是经济越发达，人口出生率会越低。资本的积累依靠投资，而投资总是与难以再生的自然资源投入和生态环境负荷的加大联系在一起。由于自然资源和生态环境的难以再生性，任何以消耗大量自然资源和生态环境为代价的经济增长均会面临自然资源枯竭和生态环境恶化的威胁。

在经济发展的初期，经济增长的模式可能表现出粗放型的特征。但要保持可持续发展、减少经济增长带来的负面效应，必须走以技术进步和制度优化为动力的集约型经济增长道路。技术进步和制度优化没有止境，是经济增长的永恒动力。人类社会的进步归功于分工的深化、资源配置效率的改善和技术进步，历史上任何一次重大的技术突破和制度创新都会给世界经济注入新的活力。世界经济发展史表明，经济增长具有一定周期性，这一周期与技术革命的周期紧密关联。每次经济周期中的复苏和繁荣均来源于技术和管理的创新和变革。不同于粗放型经济增长方式,集约型经济增长没有增长的极限,这一增长可以极大地解放劳动力,减少经济增长对生态环境的破坏作用,从而可以为人类社会带来极大的福利效应。

经济增长质量是对经济增长方式的主观与客观评价。对于经济增长的质量尚无权威的定义。一般认为,依靠技术进步和要素质量提升的经济增长为高质量的经济增长;而依靠劳动、资本和自然资源大量投入的增长为低质量的经济增长。也就是说粗放型经济增长的经济质量较差,而集约型经济增长的经济增长质量相对较高。但仅仅根据经济增长方式评判经济增长质量不够全面。对一国经济增长质量的评价除了需要考虑经济增长方式以外,还应考虑经济增长过程中产生的其他效应。经济增长方式与经济发展阶段和资源禀赋相关。经济增长方式是评价经济增长质量的关键指标,对一国经济增长质量进行评价至少还应当考虑以下三方面的因素。第一,经济增长是否符合经济发展规律。第二,经济增长是否产生了净社会福利。第三,经济增长是否可以持续。也就是说,能够符合经济发展规律、提升社会福利水平、可持续的经济增长就是高质量的经济增长。

在一国经济发展过程中,经济增长方式随着资源禀赋、产业结构和技术进步的变化而变化。各国经济发展史表明,粗放型经济增长向集约型经济增长转变是经济增长方式变化的普遍规律,但对于不同的国家,这一转变需要的时间长短不一,其中不乏未能实现增长方式转型最终陷入经济增长停滞的国家。

在国外的研究文献中很少出现"促进经济增长方式转型"的说法。这是因为在市场经济比较成熟的国家,市场是经济增长的决定力量,经济增长方式的转变被看成是市场供需因素变化的自然结果。

中国政府和学者对经济增长方式特别关注,促进经济增长方式转变的提法由来已久。形成这一现象的原因与中国的经济体制有关。无论是改革开放前的计划经济时期还是改革开放后的转轨阶段,政府在中国经济发展中扮演了特别重要的角色。市场经济体系不健全以及片面追求经济增长速度的"赶超"理念导致中国经济增长方式长期粗放。

事实上,国内学术界和政府早就关注到中国经济增长方式存在的问题。20世纪50年代,以孙冶方为代表的经济学家明确指出中国经济增长过于粗放,呼吁注重增长内含、加强经济核算、提高经济效益。1981年召开的五届人大四次会议政府工作报告强调,"千方百计地提高生产、建设、流通等各个领域的经济效益,是我国今后经济建设的一个核心问题","要真正走出一条速度比较实在、经济效益比较好、人民可以得到更多实惠的路子"。1987年党的十三大报告在关于经济发展战略中指出,"只有在提高经济效益上扎扎实实地做好工作,争取年年有所进步,才能缓解我国人口众多、资源相对不足、资金严重短缺等矛盾，保证国民经济以较高的速度持续发展"；"必须坚定不移地执行注重效益、提高质量、协调发展、稳定增长的战略"。"这个战略的基本要求是，努力提高产品质量，讲求产品适销对路，降低物质消耗和劳动消耗，实现生产要素合理配置，提高资金使用效益和资源利用效率，归根到底，就是要从粗放经营为主逐步转上集约经营为主的轨道"。1996 年八届全国人大四次会议《关于国民经济和社会发展"九五"计划和 2010 年远景目标纲要的报告》指出，"积极推进经济增长方式转变，把提高经济效益作为经济建设的中心"是指导国民经济发展的重要方针之一。"从计划经济体制向社会主义市场经济体制转变，经济增长方式从粗放型向集约型转变，这是今后十五年奋斗目标的关键所在"。2012 年党的十八大报告突出加快转变经济发展方式的战略目标，报告指出，"以科学发展为主题，以加快转变经济发展方式为主线，是关系我国发展全局的战略选择"。报告明确了加快转变经济发展方式转变的主要途径，这些途径包括：（1）全面深化经济体制改革；（2）实施创新驱动发展战略；（3）推进经济结构战略性调整；（4）推进城乡发展一体化；（5）全面提高开放型经济水平。报告认为，全面深化体制改革是加快转变经济发展方式的关键，科技创新是提高社会生产力和综合国力的战略支撑，结构调整是加快转变经济发展方式的主攻方向。

虽然党和政府的工作报告中多年强调转变经济增长方式的目标，但中国经济增长对要素投入高度依赖的特征依然十分明显，片面追求增长速度，不注重增长质量的现象依然存在。这反映出中国依然存在制约经济增长方式转变的制度根源和经济根源。在新的全球化形势和新的发展阶段，促进经济增长方式转变，就是要以市场需求为导向，以提高经济效益为中心，向结构优化要效益，向规模经济要效益，向科技进步要效益，向科学管理要效益，不断提高经济整体素质和生产要素配置效率，提高宏观的和微观的经济效益，使经济增长质量不断迈上新的台阶，从而实现国民经济持续、快速、健康发展。

经济增长方式是经济发展方式的核心内容，转变经济发展方式的关键就是要转变经济增长方式。在概念上，经济发展方式的内涵比经济增长方式的内涵更加丰富，涉及面更广。经济发展方式不仅包含经济增长方式，而且还包含经济增长方式以外的经济社会特征，例如经济增长过程的社会事业进步、人的现代化、人和自然的和谐等。

二、经济增长方式的评价方法

经济增长方式内涵丰富，评价方法多样。目前主要使用的方法有三类：第一，基于单要素生产率的评价方法；第二，基于全要素生产率的评价方法；第三，基于经济社会效益的评价方法。

（一）单要素生产率

单要素生产率评价方法采用某种生产要素的平均产出作为指标对经济增长方式进行评价。如果在经济增长过程中单位要素的产出增加，说明生产效率伴随经济增长而提升。

单位产出需要的要素投入与要素的生产率之间具有反比例关系，单位要素的产出越大，说明单位产出需要的要素投入越少，生产的集约化程度越高。劳动和资本是最基本的生产要素，因此劳动生产率和资本生产率是衡量生产集约化程度最为常见的指标。除此之外，考虑能源和环境资源具有很强的约束性，因此在利用单要素生产率变化衡量经济增长方式时，也会常常使用单位 GDP 能耗指标和单位 GDP 污染物排放量指标反映增长的集约化水平。

单要素生产率评价方法的优点在于所需数据可以直接从统计指标中获得，测算指标简明直观，剔除了人为因素或技术因素可能产生的误差。但这一方法也存在明显的缺陷。首先，不同生产要素生产率的变化方向不会完全一致，有时会出现经济增长过程中两种要素生产率变化方向完全不同的情形，在此情况下，只有主观赋予不同指标一定的权重，才能给出经济增长方式的综合评价。其次，严格而言，只有在其他要素投入不变的情况下，单要素生产率的提高才能代表生产集约化。当单要素生产率的提高源自于其他要素投入的增加，而不是源自于这一要素生产效率的提高时，单要素生产率提高不能代表生产集约化。例如，劳动生产率的提高是由于投资增加，但并不一定意味着生产集约化。

（二）全要素生产率

经济增长的动力来源于多个方面，对经济增长方式进行评价最为复杂的工作在于界定经济增长的动力究竟是由于要素投入数量的增加还是由于生产率的提高。从经济增长的手段上看，主要依靠大规模投资、劳动增长和自然资源消耗所实现的经济增长为粗放型经济增长；而主要依靠生产率的提高所实现的经济增长为集约型经济增长。

假设生产函数为 $Y_t = A_t K_t^\alpha L_t^\beta$，其中 Y_t 为 t 期国内生产总值，A_t 为技术系数，K_t 和 L_t 分别为资本总投入和劳动总投入，α 和 β 分别为资本和劳动的产出弹性。这里的 A 被称为全要素生产率（TFP, Total Factor Productivity）。根据生产函数，A_t、K_t 和 L_t 的变化将会导致 Y_t 的变化，将 Y_t、A_t、K_t 和 L_t 的变化率分别表示为 $\hat{Y}_t$、$\hat{A}_t$、$\hat{K}_t$ 和 $\hat{L}_t$，它们之间的关系为：

$$\hat{Y}_t = \hat{A}_t + \alpha \hat{K}_t + \beta \hat{L}_t \tag{2.1}$$

上式将经济增长来源分解为全要素生产率的增加、资本积累贡献和劳动增加贡献。对上式两边同时除以 $\hat{Y}_t$，可得：

$$1 = \frac{\hat{A}_t}{\hat{Y}_t} + \frac{\alpha \hat{K}_t + \beta \hat{L}_t}{\hat{Y}_t} \tag{2.2}$$

等式右边第一项反映了全要素生产率增长对经济增长的贡献率，即效率提高对经济增长的贡献率，可用该项代表经济增长中质的部分。第二项表示资本和劳动的投入增长对经济增长的贡献率，表示经济增长中要素投入增长的贡献部分。一般认为，如果第一项的值超过了 0.5，说明经济增长主要来源于全要素生产率的提高，那么经济增长方式就可以看成是集约型增长；相反，如果该项的值小于 0.5，经济增长方式可以看成是粗放型增长；如果正好等于 0.5，代表经济增长方式为中性的经济增长。为了对经济增长方式进行判断，计算全要素生产率的变化率对经济增长的贡献最为关键。

目前，全要素生产率的常用测算方法有两类：一类是增长会计法，另一类是经济计量法。增长会计法是以新古典增长理论为基础，估算过程相对简便，考虑因素较少，但主要缺点是假设约束较强，也较为粗糙；而经济计量法利用各种经济计量模型估算全要素生产率，较为全面地考虑各种因素的影响，但估算过程较为复杂。

1. 增长会计法

增长会计法的基本思路是，以新古典经济增长理论为基础，将经济增长中要素（包括资本和劳动等）投入贡献剔除，得到全要素生产率变化对经济增长的贡献。增长会计法又包括代数指数法和索洛残差法两类。

（1）代数指数法。

代数指数法最早由艾布拉姆威兹（Abramvitz，1956）提出，其基本思想是把全要素生产率表示为产出数量指数与所有投入要素加权指数的比率。

假设 t 期实际国民生产为 Y_t，资本投入为 K_t，劳动投入为 L_t，实际利率为 r_t，实际工资率为 w_t。生产总成本为各要素成本总和，即 $r_t K_t + w_t L_t$。在完全竞争和规模收益不变的假定条件下，t 期实际总产出等于实际总成本，即：

$$Y_t = A_t F(K_t, L_t) = r_t K_t + w_t L_t \tag{2.3}$$

同样，$t-1$ 期的实际总产出也与该期的实际总成本相等；

$$Y_{t-1} = A_{t-1} F(K_{t-1}, L_{t-1}) = r_{t-1} K_{t-1} + w_{t-1} L_{t-1} \tag{2.4}$$

假设在 $t-1$ 期的技术条件和制度环境下，投入与 t 期相同的资本 K_t 和劳动

L_t，实际产出为 Y_t^*，满足：

$$Y_t^* = A_{t-1} F(K_t, L_t) = r_{t-1} K_t + w_{t-1} L_t \quad (2.5)$$

t 期的实际产出 Y_t 与 Y_t^* 之间存在的差异来源于全要素生产率的变化，Y_t 与 Y_t^* 的比值为：

$$\frac{Y_t}{Y_t^*} = \frac{A_t}{A_{t-1}} = \frac{Y_t}{r_{t-1} K_t + w_{t-1} L_t} \quad (2.6)$$

全要素生产率的变化率为：

$$\hat{A_t} = \frac{A_t - A_{t-1}}{A_{t-1}} = \frac{Y_t}{r_{t-1} K_t + w_{t-1} L_t} - 1 \quad (2.7)$$

代数指数法无须生产函数的具体形式，它是估算全要素生产率变化的最为简单和最为直观的方法。这一方法的局限性在于使用该方法的前提条件比较苛刻，以完全竞争、生产规模收益不变、生产的资本弹性和劳动弹性不变等假设为前提。

（2）索洛残差法。

索洛残差法也称几何指数法或生产函数法，最早由索洛（Solow，1957）提出，其基本思路是在估算出生产函数后，采用产出增长率扣除各投入要素增长率后的残差来测算全要素生产率增长。在规模收益不变假设下，全要素生产率增长就等于技术进步率。

假设总量生产函数为：

$$Y_t = A_t F(K_t, L_t) \quad (2.8)$$

假设 A_t 为希克斯中性技术系数，技术进步不影响投入要素之间的边际替代率。进一步，假设 $F(\cdot)$ 生产规模收益不变，为一次齐次函数。上式两边同时取对数并求导可得：

$$\hat{Y_t} = \hat{A_t} + \alpha \hat{K_t} + \beta \hat{L_t} \quad (2.9)$$

其中，α 和 β 分别表示生产的资本弹性和劳动弹性。在完全竞争下，α 和 β 也等于资本和劳动成本占总成本的份额；在规模收益不变的假设下，$\alpha + \beta = 1$。

根据上式可得，全要素生产率变化率等于：

$$\hat{A_t} = \hat{Y_t} - (\alpha \hat{K_t} + \beta \hat{L_t}) \quad (2.10)$$

也就是说，全要素生产率的变化率等于产出变化率减去要素投入变化率的加权值，索洛将之称为余值，即后来人们所称的"索洛余值"。索洛余值反映出的技术进步率是广义的技术进步率。从本质上来说，全要素生产率衡量的是技术进步、规模效益、组织效率、管理水平、劳动力素质等方面因素对于产出的作用，反映的是投入要素的综合利用效率。

在生产规模报酬不变，即当 $\alpha + \beta = 1$ 时，全要素生产率的变化率等于各要素生产率增长率的加权平均。由式（2.10）可得：

$$\hat{A}_t = \alpha(\hat{Y}_t - \hat{K}_t) + \beta(\hat{Y}_t - \hat{L}_t) \qquad (2.11)$$

其中，等式右边第一项中的 $\hat{Y}_t - \hat{K}_t$ 为资本生产率的变化率，等式右边第二项中的 $\hat{Y}_t - \hat{L}_t$ 为劳动生产率的变化率，因此全要素生产率的变化率也就是资本生产率变化率与劳动生产率变化率的加权平均，权重分别为生产的资本弹性系数和生产的劳动弹性系数。

当生产规模报酬递增或递减时：

$$\hat{A}_t = \alpha(\hat{Y}_t - \hat{K}_t) + \beta(\hat{Y}_t - \hat{L}_t) + (1 - \alpha - \beta)\hat{Y}_t \qquad (2.12)$$

因此，如果生产规模报酬递增（即 $\alpha + \beta > 1$），经济增长过程中的全要素生产率变化率将小于各要素生产率变化率的加权平均值；而在生产规模报酬递减（即 $\alpha + \beta < 1$）时，经济增长过程中的全要素生产率大于各要素生产率变化率的加权平均值。

索洛余值的估算方法是：首先构建计量模型，用资本增长率和劳动力增长率解释经济增长率，估计出生产的资本弹性系数和生产的劳动弹性系数；然后根据计量结果进一步计算实际产出增长率与产出增长率估计值之间的残差。这一残差就是用要素投入不能解释的经济增长部分，而这一不能解释的部分也就是全要素生产率的增长。

索洛残差法开创了经济增长源泉分析的先河，是新古典增长理论的一个重要贡献（Lucas，1988），但也存在一些明显缺陷。索洛残差法的约束条件很强，需要满足完全竞争等新古典假设。如果这些条件不满足，就不能保证生产的资本弹性系数和生产的劳动弹性系数为常数。另外，资本存量的数据一般使用永续盘存法获得，但所估算的资本存量与实际资本存量之间存在较大差异。因此，使用索洛残差法估计全要素生产率的变化同样不可避免地存在估算偏差。

2. 经济计量法

由于增长会计法测算全要素生产率存在着较多缺陷，研究者们不断探索新的方法以对全要素生产率进行科学的评估。伴随经济学的发展，涌现出测算全要素生产率的新方法，经济计量法就是这些新方法的代表。经济计量方法主要有隐性变量法和潜在产出法。

（1）隐性变量法。

隐性变量法的基本思路是将全要素生产率视为一个隐性变量，通过构建状态空间模型（state space model），利用极大似然估计法估算全要素生产率。

在具体估算过程中，为了避免出现伪回归，需要进行模型设定检验，包括数据平稳性检验和协整检验。

由于产出、劳动力和资本存量数据的趋势成分通常是单位根过程且三者之间不存在协整关系，所以一般使用产出、劳动力和资本存量的一阶差分序列来建立回归方程。采用 C－D 生产函数，构建计量检验模型：

$$\Delta\ln(Y_t) = \Delta\ln(A_t) + \alpha\Delta\ln(K_t) + \beta\Delta\ln(L_t) + \varepsilon_t \qquad (2.13)$$

其中，$\Delta\ln(A_t)$ 为全要素生产率增长率对数值的变化。假设全要素生产率对数值的变化为隐性变量，且遵循一阶自回归过程，则有状态方程：

$$\Delta\ln(A_t) = \rho\Delta\ln(A_{t-1}) + \nu_t \qquad (2.14)$$

其中，ρ 为自回归系数，满足 $|\rho| < 1$，ν_t 为白噪声。利用状态空间模型，通过极大似然估计同时估算出生产函数方程和状态方程中的参数，可以得出全要素生产率增长的估算值。

隐性变量法的优点在于，将全要素生产率视为一个独立的状态变量，使之从残差中分类出来，剔除了测算误差对全要素生产率估算的影响；此外，这一方法在具体估算中充分考虑到了数据非平稳性可能带来的伪回归问题。

（2）潜在产出法。

利用索洛残差法和隐性变量法估算全要素生产率时，都暗含着一个重要的假设，认为经济资源得到充分利用，生产实现技术有效，也就是说在任何给定技术水平下，要素投入的产出达到最大，不存在组织低效率和资源闲置现象。在这一假定下，给定要素投入下的产出增长全部来自于技术进步的贡献。但在实际经济运行中，存在技术无效率的情况，产出的变化是技术进步和技术效率变化共同作用的结果。为辨析技术进步的变化，有必要剔除技术效率变化引起的产出变化。

技术效率变化是指在一定的技术水平和要素投入量下通过组织的改进和闲置资源的利用所形成的产出效应。技术有效是技术效率达到的最高状态，在给定技术和要素投入量下产出达到最大。技术效率的高低取决于要素是否被充分利用或是否达到了最优利用状态。由于现实经济下，生产要素闲置或未被有效利用是一种常态，因此能够观察到的真实产出不能代表技术有效条件下的产出，技术有效条件下的产出是潜在产出，这一产出需要通过一定的计量方法推算才能获得。

潜在产出法也称生产前沿分析法，该方法将经济增长归为要素投入增长、技术进步和技术效率提升三部分，全要素生产率增长是技术进步和技术效率改善的共同结果。采用潜在产出法估测全要素生产率的基本思路是：首先对潜在产出进行估算，然后利用潜在产出与真实产出的差异测算技术效率，最后进一步测算全要素生产率。利用潜在产出法估算全要素生产率不仅可以避免技术有效假设带来的误差，而且可以揭示全要素生产率的增长究竟是来自于技术进步还是源自于技术效率的提升。

技术有效条件下产出与投入的关系用生产函数表示，根据生产函数形式是否已知，采用不同的测算方法。使用特定的生产函数假设进行全要素生产率估算的方法被称为参数估计法，而无须进行生产函数形式假定直接采用经验数据进行估计的方法被称为非参数方法。其中，最具代表性的参数方法为随机前沿分析法（Stochastic Frontier Analysis，SFA），非参数方法为数据包络分析法（Data Envelopment Analysis，DEA）。

随机前沿分析法（SFA）假设生产满足一定的具体函数形式，以这一函数形式表示最大产出理论值和要素投入量之间的关系。实际产出与最大产出理论值的差异源自于技术效率因素和随机因素。这一方法的基本思想是，首先估算前沿生产函数的参数以此反映生产可能性边界，然后根据样本企业或样本区域的实际数据与生产可能性边界的理论值进行比较，计算企业或区域生产的技术效率。这一方法的最大优点是考虑了随机因素对产出的影响。

SFA 的基本模型为：

$$\ln y_{it} = \ln f(\mathbf{x}_{it}\boldsymbol{\beta}) + \nu_{it} - \mu_{it} \qquad (2.15)$$

其中，y_{it} 为 i 企业或区域在 t 期的产出，$f(\mathbf{x}_{it}\boldsymbol{\beta})$ 为前沿生产函数，$\mathbf{x}_{it}$ 为 i 企业或区域在 t 期的要素投入向量，$\boldsymbol{\beta}$ 为系数向量。ν_{it} 为随机扰动项，表示随机因素对产出的影响。假设随机扰动项服从正态分布，$v_{it} \sim N(0, \sigma_v^2)$。$\mu_{it}$ 为技术无效率项，反映技术无效率对产出的影响，假设 $\mu_{it} = \sigma_t\mu_i$。σ_t 与时间有关，反映技术效率变化随时间变化的特点，μ_i 为与决策单元个体有关的随机项，一般假设其分布为半正态分布或指数分布，并与 ν_{it} 独立。在上述假设下，由于合成误差项 $\varepsilon_{it} = \nu_{it} - \mu_{it}$ 的期望值小于 0，因此模型参数不能采用最小二乘法估计。一般采用的估计技术是：首先求出 ε_{it} 的密度函数，然后再利用极大似然估计法估计参数 $\boldsymbol{\beta}$ 和关于随机变量 μ_{it} 的特征参数。根据 SFA 模型，产出可表示为：

$$y_{it} = \exp\left[\ln(\mathbf{x}_{it}\beta) + \nu_{it} - \mu_{it}\right] \qquad (2.16)$$

在技术有效时的产出为：

$$y_{it} = \exp\left[\ln(\mathbf{x}_{it}\beta) + \nu_{it}\right] \qquad (2.17)$$

两者比值为 $\exp(-\mu_{it})$。通过 μ_{it} 的条件分布求出条件期望值 $E\left[\exp(-\mu_{it} \mid \varepsilon_{it})\right]$，

该期望值代表了实际产出与技术有效时的产出之比，比值越大，说明技术效率越高。用这一比值表示技术效率（TE_{it}），TE_{it} 倒数则表示当前投入下产出可扩大的程度。

为检验 SFA 模型的适用性，定义检验变量 γ：

$$\gamma = \frac{\sigma_\mu^2}{\sigma_\mu^2 + \sigma_\nu^2} \tag{2.18}$$

该检验统计量的值在 0 与 1 之间，渐进服从于混合 χ^2 分布。当 $\gamma \to 0$ 时，表示 ν 起支配作用，此时可以利用最小二乘法分析，无须采用 SFA 方法。当 $\gamma \to 1$ 时，表示 μ 起支配作用，此时应使用确定型的前沿分析方法，也不需要使用 SFA。对 γ 是否为 0 和 1 进行极大似然比检验，在其拒绝为 0 和 1 时，可采用 SFA 方法。

模型中生产函数的形式通常选择柯布—道格拉斯生产函数或超越对数生产函数。假设生产要素投入仅为资本（K）和劳动（L），当生产函数选择为柯布—道格拉斯生产函数时，计量模型为：

$$\ln y_{it} - \beta_0 + \beta_1 \ln K_{it} + \beta_2 \ln L_{it} + \nu_{it} - \mu_{it} \tag{2.19}$$

当生产函数选择为超越对数生产函数时，计量模型为：

$$\ln y_{it} = \beta_0 + \beta_1 \ln K_{it} + \beta_2 \ln L_{it} + \beta_3 (\ln K_{it})^2 + \beta_4 (\ln L_{it})^2 + \beta_5 \ln K_{it} \ln L_{it} + \nu_{it} - \mu_{it} \tag{2.20}$$

超越对数函数的优点是考虑了投入要素的交叉影响，克服了要素替代弹性固定的缺点。柯布—道格拉斯生产函数的形式比较简洁，检验系数的经济学含义明确。利用这一函数检验得到的系数分别代表生产的资本弹性和劳动弹性。但在实际应用中，究竟采用怎样的函数形式需通过统计检验和计量分析结果的合理性才能判断。

函数选择的检验方法和步骤是：首先采用超越函数估计出各参数，然后对 $\beta_3 = \beta_4 = \beta_5 = 0$ 进行检验，检验统计量为 $LR = -2[\ln(H_0)/\ln(H_1)]$，该统计量符合卡方分布，自由度为待检验参数的个数。如果不能拒绝这一原假设，应采用柯布—道格拉斯生产函数，反之选择超越对数生产函数。

DEA（Data Envelopment Analysis，数据包络分析）模型是美国著名运筹学家查尼斯、库珀和罗德斯（Charnes，Cooper and Rhodes）于 1978 年首先提出。该方法是使用数学规划模型（主要是线性规划、多目标规划）来评价具有多个输入、多个输出的决策单元的生产效率。这一方法的优点是不需要假定生产函数的具体形式，无须进行参数估计，并且允许生产函数可以因为单位的不同而不同，不需要确定各个评价决策单元的输入与输出之间的关联方式，从而避免了函数假定所产生的偏差。采用这一方法可以衡量各个决策单元在一定投入下所能达到的最大产出能力，并能够计算在非 DEA 有效的决策单元中，投入能够发挥作用的程度。

DEA 有效性的评价是对已有决策单元绩效的比较评价，属于相对评价，它常常被用来评价部门间的相对有效性（又称之为 DEA 有效）。查尼斯、库珀和罗德斯于 1978 年首先提出的第一个评价单元绩效的方法，该方法自提出以来，被广泛应用，被命名为 CCR 模型，又称为 C^2R 模型。但 CCR 模型仅适用于规模报酬不变的生产函数，为克服这一局限，1984 年帮科尔、查尼斯和库珀（Banker, Charnes & Coope）进行了改进，提出了可以对不同规模报酬生产的相对效率进行衡量的新方法，这一新方法被称为 BCC 模型，又称之为 BC^2 模型。

DEA 方法的基本思想是：以决策单元（Decision Making Unit，简称 DMU）的投入、产出指标的权重系数为变量，借助于数学规划方法将决策单元投影到 DEA 生产前沿面上，通过比较决策单元偏离 DEA 生产前沿面的程度来对被评价决策单元的相对有效性进行综合绩效评价。

假设有 n 个决策单元 DMU，每个决策单元都有 m 种类型的投入及 s 种类型的产出，它们所对应的权重向量分别记为：$\mathbf{V} = (v_1, v_2, \cdots, v_m)'$，$\mathbf{U} = (u_1, u_2, \cdots, u_s)'$。决策单元 j 的投入和产出量用向量分别记作：

$$\mathbf{X}_j = (x_{1j}, x_{2j}, \cdots, x_{mj})' \tag{2.21}$$
$$\mathbf{Y}_j = (y_{1j}, y_{2j}, \cdots, y_{sj})' \tag{2.22}$$

其中：$j = 1, 2, \cdots, n$，x_{ij} 为第 j 个决策单元对第 i 类生产的投入总量，y_{rj} 为第 j 个决策单元在第 r 类生产的产出总量，且 $x_{ij} > 0$，$y_{rj} > 0$；v_i 为第 i 种输入指标的权重系数，v_r 为第 r 种产出指标的权重系数，且 $v_i \geq 0$；$u_r \geq 0$。则每个决策单元 DMU 投入与产出比的相对效率评价指数如下：

$$h_j = \frac{\sum_{r=1}^{s} u_r y_{rj}}{\sum_{i=1}^{m} v_i x_{ij}} \tag{2.23}$$

通过选取权重向量 V 和 U 的值，使对每个 j，均满足 $h_j \leq 1$。进一步将绩效最大的决策单元定义为第 j_0 个决策单元，找出该单元的投入产出绩效：

$$\max \frac{U^T Y_j}{V^T X_j} = \frac{U^T Y_0}{V^T X_0} \tag{2.24}$$

以 j_0 决策单元的投入产出效率为参考，将任一决策单元的投入产出指标与其进行比较，获得该决策单元绩效的评价指标（H_j）：

$$H_j = \frac{U^T Y_j}{V^T X_j} \bigg/ \left(\frac{U^T Y_0}{V^T X_0} \right) \tag{2.25}$$

为了方便计算，可以通过适当的变换，将上述模型简化为一个等价的线性规划数学模型。由此构建的对偶线性规划问题模型为：

$$D(\varepsilon) = \min \left[\theta - \varepsilon(e^{-1}S^{-1} + e^+ S^+) \right]$$

$$\text{s.t.} \begin{cases} \sum_{j=1}^{n} X_j \lambda_j + S^- = \theta X_0 \\ \sum_{j=1}^{n} Y_j \lambda_j - S^+ = Y_0 \\ S^+ = (s_1^+, s_2^+, \cdots, s_s^+)^T \geqslant 0 \\ S^- = (s_1^-, s_2^-, \cdots, s_s^-)^T \geqslant 0 \\ \lambda_j \geqslant 0, j = 1, 2, \cdots, n \end{cases} \tag{2.26}$$

其中：θ，λ_j 均为对偶变量，e^+ 为 s 维单位向量，e^{-1} 为 m 维单位向量，S^+ 和 S^- 为松弛变量。

以上评价方法适用于规模报酬不变的情形，在可变规模报酬的情况下，需在上述 DEA 模型基础上再增加一个约束条件：$\sum_{j=1}^{n} \lambda_j = 1$。

在可变规模报酬（VRS）条件下求得的相对效率称为纯技术效率，在 CRS 假设条件下得到的相对效率称为技术效率，又称为总体效率，它是规模效率与纯技术效率的乘积。根据 C^2R 模型和 VRS 模型确定规模效率。

C^2R 模型表明，当第 j_0 个决策单元产出 Y_0 保持不变的情况下，应尽量保证投入量 X_0 按照同一比例减少。假设 C^2R 模型求得最优解为 λ_0，S^{0-}，S^{0+}，θ^0，那么如果 $\theta^0 = 1$ 且 $S^{0-} = S^{0+} = 0$ 则称被评价决策单元相对于其他决策单元而言 DEA 有效，此时该决策单元既满足技术有效又满足规模有效；若 $\theta^0 = 1$，但 S^{0+}，S^{0-} 不同时等于零向量，则称被评价决策单元为弱 DEA 有效，这时该被评价的决策单元不是同时技术有效和规模有效，此时需要应用 VRS 模型进一步进行计算；如果 $\theta^0 < 1$，则称此被评价的决策单元为非 DEA 有效。

对于非 DEA 有效的决策单元，需要通过进一步的分析讨论并求出被评价的决策单元 DMU 在 DEA 相对于有效面上的投影（即新决策单元），则新决策单元相对于原来的决策单元而言是 DEA 有效的。设 $(\overline{X}_0, \overline{Y}_0)$ 为第 j_0 个决策单元

对应于 (X_0, Y_0) 在 DEA 的相对有效面上的投影，则它们之间的转换关系可以表示为如下公式：

$$\bar{X}_0 = \theta_0 X_0 - S^{0-} \tag{2.27}$$

$$\bar{Y}_0 = Y_0 + S^{0+} \tag{2.28}$$

根据上述公式，可以求得各个非 DEA 有效的决策单元相对于有效决策的效率。

　　DEA 获得的前沿状态仅仅是一定条件下的最优状态。实际与前沿之间常常存在一定的差异，这种差异性反映了效率的高低。1953 年 Malmquist 在研究消费问题时，首次引入了反映实际效用与前沿效用值之间差异性的距离函数，利用不同距离的比值说明生活水平的差异性，该指数后来被命名为 Malmquist 指数。凯夫斯等（Caves et al.，1982）和费尔等（Fare et al.，1994）将 Malmquist 的思想用于生产效率的研究，并对该指数进行了进一步的分解。首先利用 DEA 方法测算实际产出与生产前沿线上理论产出的距离或实际投入与前沿线上理论投入的距离，然后计算出 Malmquist 生产率指数，是生产效率测算中最为流行的方法。这一方法的优点在于：第一，通过 DEA 方法避免了计算索洛剩余时遇到的强假设条件，既不要求生产总是处于有效率的路径上，也无须得知要素投入对经济增长贡献的实际份额。第二，通过 Malmquist 指数及其分解，可以更为详细地了解全要素生产效率变化的主要成因。

　　用 x_t 和 y_t 分别表示 t 时期的投入向量和产出向量，$D_0^t(x_t, y_t)$ 表示以 t 时期的生产技术为参照时的产出距离函数，即 $D_0^t(x_t, y_t) = \min\{\theta \mid (x_t, y_t/\theta) \in T_t\}$，其中 T_t 表示投入 x_t 可以生产 y_t 的技术集合，θ 表示投入 x_t 后产出 y_t 可能扩大的倍数的倒数，距离函数为这一倒数的最小值。在 $D_0^t(x_t, y_t)$ 等于 1 时，生产有效；而在其小于 1 时，说明生产是非效率的，在给定技术下仍有增长空间。用 t 时期的技术所衡量的 t 期的距离变化可以表达为：$D_0^t(x_{t+1}, y_{t+1})/D_0^t(x_t, y_t)$，这就是以 t 时期技术为参考的 Malmquist 指数。该指数越大，反映生产效率的变化越大。同样，如果用 $t+1$ 时期的技术衡量，也可以得到 Malmquist 指数：$D_0^{t+1}(x_{t+1}, y_{t+1})/D_0^{t+1}(x_t, y_t)$。由于用不同技术衡量的两个指数不一定相等，因此采用这两个指数的几何平均表示 t 期的生产效率变化，这样 Malmquist 指数可以表示为：

$$M_0(x_t, y_t, x_{t+1}, y_{t+1}) = \left[\frac{D_0^t(x_{t+1}, y_{t+1})}{D_0^t(x_t, y_t)} \cdot \frac{D_0^{t+1}(x_{t+1}, y_{t+1})}{D_0^{t+1}(x_t, y_t)} \right]^{\frac{1}{2}} \tag{2.29}$$

　　$M_0 > l$ 意味着从时间 t 到时间 $t+1$，TFP 增长率为正。$M_0 < l$ 意味着 TFP 增长率为负，TFP 下降，$M_0 = 1$ 意味着 TFP 增长率为 0，TFP 不变。当决策单元 DMU 在两个时期都技术有效时，计算 Malmquist 指数相对简单。但如果存在着非

技术有效时，观察到的 Malmquist 生产率变化有不同的潜在诱因，它既可能是由于技术效率变化带来的，也可能是技术变化带来的，这就需要区分技术效率变化和技术变化带来的影响。在不变规模收益假定下，全要素生产率增长变化（TFPCH）可以分解为技术效率变化指数（EFFCH）和技术变化指数（TECHCH）两者的乘积：

$$M_0(x_t, y_t, x_{t+1}, y_{t+1}) = \frac{D_0^{t+1}(x_{t+1}, y_{t+1})}{D_0^t(x_t, y_t)} \cdot \left[\frac{D_0^t(x_{t+1}, y_{t+1})}{D_0^{t+1}(x_{t+1}, y_{t+1})} \cdot \frac{D_0^t(x_t, y_t)}{D_0^{t+1}(x_t, y_t)} \right]^{\frac{1}{2}}$$

(2.30)

其中等式右边第一部分表示技术效率变化指数，第二部分表示技术变化指数。

技术效率变化描述了在投入产出变化过程中 t 与 $t+1$ 时刻之间的产出距离之比，它测度从时期 t 到 $t+1$ 期每个决策单位到最佳前沿面的追赶程度，衡量了生产单元是否更靠近当期的生产前沿面，这一距离比的变化既可能来自于生产的规模收益变化，也可能来自于生产效率的提升。

在可变规模报酬的假定下，技术效率变化可进一步分解成纯技术效率和规模效率，即：

$$
\begin{aligned}
EFFCH &= \frac{D_0^{t+1}(x_{t+1}, y_{t+1})}{D_0^t(x_t, y_t)} \\
&= \frac{D_{0,VRS}^{t+1}(x_t, y_t)}{D_{0,VRS}^t(x_{t+1}, y_{t+1})} \cdot \left[\frac{D_{0,CRS}^{t+1}(x_{t+1}, y_{t+1})}{D_{0,VRS}^{t+1}(x_t, y_t)} \cdot \frac{D_{0,CRS}^t(x_t, y_t)}{D_{0,VRS}^T(x_{t+1}, y_{t+1})} \right] \\
&= PECH \times SECH
\end{aligned}
$$

(2.31)

其中，PECH（Pure Technical Efficiency Change）为实际产出对可变规模收益生产前沿上产出距离的比值，代表基于可变规模收益（Variable Return to Scale, VRS）计算的纯技术效率变化。SECH（Scale Efficiency Change）则是实际产出对不变规模收益情况下生产前沿产出的比值，反映了规模效益的变化。

三、经济社会效益

经济增长是对一国和一个区域经济活动能力和财富创造能力提升的评价，但在经济增长过程中也会形成或伴随着其他经济社会效应的变化。经济增长过程中相伴的经济社会效应是一国或一个区域经济增长方式的表现，与之相关的重要指标可以成为经济增长方式划分或判别的重要参考。

按照内外需结构的变化对经济增长方式进行评价，可以区分为外需拉动型经济增长和内需拉动型经济增长。由于开放战略和资源禀赋的不同，不同国家和地区在经济增长过程中表现的内外需增长状况可能截然不同。

按照收入差距的变化，可以将经济增长方式划分为平衡增长和非平衡增长。一般而言，收入差距与推进经济增长的经济政策和社会政策有关，同时也与发展阶段有关。库兹涅茨对市场经济的研究发现，在经济发展水平比较落后阶段，收入差距伴随经济增长而提高；而在经济发展水平较高阶段，收入差距则伴随经济增长而下降。这就决定了不同发展阶段的增长具有不同的收入分配格局。但发展阶段不是影响收入分配的唯一因素，对于同样发展水平的国家和地区，与经济增长相伴的收入差距变化并不相同，这部分差异源自于经济发展策略的不同。对经济发展过程中区域间、个人间或行业间收入差距的观察，可以发现界定其经济增长是平衡增长还是非平衡增长。

生态环境是关系到发展可持续性、生产率和居民生活质量的重要因素。经济增长过程中生态环境质量的变化也是判别经济增长方式的一个重要指标，一般而言粗放型的经济增长伴随着生态环境的恶化，长期而言这种增长方式不可持续。

第3章 经济增长方式转型的国际经验

【本章提要】 大多数发达国家在经济发展过程中都经历了由粗放型经济增长至集约型经济增长方式的转变。尽管不同国家发生转型的经济社会背景不同，但其中的共性规律却十分明显。从产业结构上看，主导增长部门经历了由农业转向工业，再由工业转向服务业的演变；从增长动力看，也都经历了由劳动力投入驱动转向投资驱动、再向创新驱动的历程。

世界上也不乏转型失败的国家，一些国家在达到中等收入水平后，由于不能顺利实现经济增长方式的转型，社会矛盾扩大、经济陷入停滞。转型的成败对一国兴衰具有决定性的影响。发达国家能够实现经济增长方式转型并非偶然，剖析这些国家经济增长方式转型的经验，可以为中国促进经济增长方式转变提供有益的启示。

第1节 美国经济增长方式转型与经验

一、美国经济增长方式的演变历程

美国是当今世界上经济规模最大的工业化国家，国内生产总值、进出口贸易和创新能力居世界首位。18世纪末，美国走上工业化的道路。经过19世纪快速的资本积累，美国经济实力开始超过英法等老牌资本主义国家，于1894年成为世界最大的经济强国。在第二次世界大战中，陷入战争的欧亚国家经济受到重创，而美国则在军需拉动下摆脱了"二战"前的萧条，生产总值和就业率高速增长，在世界经济中的霸主地位进一步强化。"二战"结束后的二十多年里，美国经济持续繁荣，国际化和创新为美国经济增长注入了强劲的动力。进入 20 世纪 90 年代，伴随信息技术革命的兴起，美国步入低能耗、低污染和高附加价值的新经济时代。

肯德里克考察了 1889~1957 年美国经济的增长情况，发现 1919 年是美国经济增长方式发生转变的重要时点（雷诺兹，1986）。1889~1919 年，生产率提高对美国经济增长的贡献低于要素投入。其测算显示，要素投入增加对经济增长的贡献率是生产率提高贡献率的两倍，也就是说经济增长的 2/3 归功于要素投入的增长。在 1919~1957 年，技术进步成为美国经济增长的主导力量，生产率提高对经济增长的贡献率上升到 2/3，而要素投入的贡献率则下降至 1/3。

丹尼森的研究给出了类似的结果。他发现，1929~1948 年，美国国民收入年均增长为 2.4%，其中要素投入量的增加和要素生产率的提高对经济增长的贡献均为 1.2%，贡献率各占 50%。但在此之后，生产率提高对经济增长的贡献开始超过要素投入的贡献（罗志如、范家镶，1989）。

按照经济增长状况划分，"二战"结束后的美国经济可分为：战后至 70 年代中期的快速增长阶段；70 年代中期至 80 年代中后期的滞胀阶段和 90 年代初开始的"新经济"阶段。从产业结构角度看，美国的三次产业呈现第一、第二产业的增加值比重不断下降，第三产业增加值比重快速增长的态势。特别是 20 世纪 90 年代，新经济时代的到来使美国的产业结构进一步优化。数据显示，1990~2005 年第一产业增加值比重从 2.1% 下降到 1.2%，第二产业的增加值比重从 27.9% 降至 22.8%，第三产业的增加值比重从 70.1% 升至 76.0%。

表 3-1 列出了 1953~2012 年美国各年度的经济增长率。从中可以看出美国经济的阶段性变化，重大创新的周期决定了美国经济增长的周期。

表 3-1　　　　　　　　**美国实际经济增长率的变化**　　　　　　单位：%

年份	增长率	年份	增长率	年份	增长率	年份	增长率
1953	4.6	1960	2.5	1967	2.5	1974	-0.5
1954	-0.7	1961	2.3	1968	4.8	1975	-0.2
1955	7.1	1962	6.1	1969	3.1	1976	5.3
1956	1.9	1963	4.4	1970	0.2	1977	4.6
1957	2.0	1964	5.8	1971	3.4	1978	5.6
1958	-1.0	1965	6.5	1972	5.3	1979	3.2
1959	7.1	1966	6.5	1973	5.8	1980	-0.2

续表

年份	增长率	年份	增长率	年份	增长率	年份	增长率
1981	2.5	1989	3.5	1997	4.5	2005	3.4
1982	-1.9	1990	1.9	1998	4.2	2006	2.7
1983	4.5	1991	-0.2	1999	4.5	2007	1.8
1984	7.2	1992	3.3	2000	3.7	2008	-0.3
1985	4.1	1993	2.7	2001	0.8	2009	-2.8
1986	3.5	1994	4.0	2002	1.6	2010	2.5
1987	3.4	1995	2.5	2003	2.7	2011	1.9
1988	4.1	1996	3.7	2004	4.2	2012	2.8

资料来源：中华人民共和国国家统计局网站：http：//data. stats. gov. cn/workspace/index？m = gind。

二、美国促进经济增长方式集约化的实践

"二战"后的二十多年里，美国经济一片繁荣。科技成果的大量涌现和固定资产投资的迅速增加是伴随这一时期高速经济增长的两大现象。

1950~1977年，美国私人非住宅固定资产投资从676亿美元增加到10 243亿美元，生产设备投资在非住宅固定资产投资中的比重由55%上升到178%。这一时期资本投入增长较快，但生产效率的提升也十分显著，经济增长呈现集约化增长的态势。这与缺乏技术进步的粗放型经济增长方式有着本质的区别。

科技成果的大量涌现以及由此带来的技术进步在推动美国经济增长的同时也使美国经济增长方式集约化。20世纪60年代，美国在高分子合成产业、原子能工业、计算机工业、微电子工业、信息产业和宇航产业上取得了许多突破性的发明和科技创新。这些产业迅速发展成为美国的主导产业。技术进步与资本积累相互促进，整个社会的生产率显著提高。

新技术的涌现和应用带来了产业结构的巨大变化。1950~1970年期间，美国第一产业的比重由10.5%下降至4.7%；第二产业的比重由33.9%下降到30.4%；第三产业的比重由55.6%上升到64.9%。在第二产业中，化学工业和电子工业的增长最为突出。美国化学工业增长速度比整个工业的平均增速快一倍以上，电子工业的国内生产总值则增加了十多倍。1953年美国电子计算机的销售额仅为1 000万美元，1976年的产值达到246亿美元。同一时期，仪器仪表、汽车、航空和宇航工业的增长也十分显著（章嘉琳，1987）。

科技政策在"二战"后美国经济高速增长过程中发挥了重要的作用。与战前相比，政府的研究开发经费在整个美国研发经费中的比重高达50%~60%，远高于战前的20%的水平。美国政府重视组织机构、法律和大型政府项目对科技创新行为的激励作用。1950年，美国成立了国家科学基金会，通过对基础研究计划的资助，推进科学教育和科技研究。1970年美国成立了环境保护局，负责研究和制定各类环境计划的国家标准，设立基金，组织环境问题的研究。1974年美国设立能源研究发展局，负责能源研究方面的研究项目规划和资金管理。通过在重点研究领域设立组织机构保证了美国研究开发资金的使用效率、明确了研究开发主体的责任。法律制度的建立为相关产业政策的有效实施提供了长期的保证。1946年美国国会通过了《原子能法案》，1958年通过了《国家航空航天法》，这些法案的建立使重点研究领域的资助和管理法制化、规范化。为激励科技成果的应用和进一步开发，美国采取了整合创新和激发创新的一系列大型创新工程项目。1961年美国开始实施载人航天工程——阿波罗计划，至1972年12月第6次登月成功结束，历时约11年的阿波罗计划耗资255亿美元。在工程高峰时期，参加工程的有2万家企业、200多所大学和80多个科研机构，总人数超过30万人。

20世纪70~80年代，美国经济增速减缓。从国际因素上看，石油危机爆发后原油价格的飞速上涨和国际市场竞争的加剧是导致美国经济增速减弱的两大外部原因。1973年阿拉伯国家为了抗议美国等石油进口国对以色列的支持，实施限制石油出口的报复措施。由于石油供给的大幅下降，国际市场石油价格在短短的1个多月内上升了3~4倍，引发了世界经济尤其是美国等石油进口国经济的大衰退。欧洲和日本经济的战后复苏不仅动摇了美国企业在国内外市场中的垄断地位，而且也挤占了美国的本土市场。以汽车工业为例，"二战"后相当长的一段时间里，美国汽车市场几乎被美国企业所垄断。但进入80年代后，日本和欧洲的汽车大举进军美国市场，在美国市场上的占有率不断上升，1982年达到了20%，远高于70年代初的8%的水平。类似的情况同样出现于钢铁、一般机床、纺织服装、家用电器产品等行业。

外部条件变化倒逼美国加快产业结构转型和增长方式转型。美国将推动企业重组和产业调整作为提升国际竞争力的抓手。通过兼并，美国农业部门的企业集中度大幅提高，农场平均规模从1970年的374英亩扩大到1979年的429英亩。农业产业结构由畜牧业向种植业转移，种植业在农业生产中所占比重由1970年的41.5%上升到1980年的51.4%。在工业制造业上，大力扶持汽车和航空航天产业，强化新产业的培育。此外，美国还着力加强创新环境建设，增加研发投入，大力发展服务业，扩大对外投资。这一系列举措对美国科技创新能力提升和产业结构优化产生了积极的效应，为美国从后工业化经济迈向信息经济奠定了基础。20 世纪 70 年代，美国研制出超大规模集成电路，发明了第一个微处理器，销售出第一台微型计算机，首次将家庭电脑投入市场，脱氧核糖核酸（DNA）结构技术实现重大突破。

三、新经济时代的美国经济增长

进入 20 世纪 90 年代后，美国经济再次走上高增长的轨道。1991 年 3 月至 2001 年 3 月，美国经济增长创造了空前的纪录。信息技术和高新技术为代表的知识经济是引领美国经济的主导力量，标志着美国进入"新经济"时代。

新经济有以下几个方面的特征：

第一，以知识为基础。在新经济中，越来越多的经济附加值是由脑力而非体力创造，知识是经济增长的源泉和动力，经济增长高度依赖于知识的增长。正因为如此，美国政府意识到必须加大对科技和教育的投入，在这一时期美国的 R&D 投入达到 1 600 亿~1 700 亿美元，占世界整体投入的 1/3 以上，而在教育投入方面也达到 GDP 的 6% 以上（刘厚俊，2000）。

第二，以信息为主导的经济。1993 年 9 月，美国提出"信息高速公路"计划，将工业经济向信息经济转变作为战略目标。通信业、信息业（包括设计、储存、传递和处理信息）及其相关产业和服务业在美国国民经济中占有重要地位。信息业不仅是美国最大的产业，而且是增长最快的产业。比如，1994 年，美国企业对信息技术设备的投资首次超越厂房设备投资；1996 年，美国企业在计算机和通信领域的投资约占美国国内生产总值水平的 1/3；而我们众所周知的微软公司和英特尔公司超越通用、福特、克莱斯勒三大汽车公司，成为新经济的重要亮点。据估计，这一时期美国生产电脑的人超过生产汽车的人，制造半导体的人多于建筑工人，在信息处理岗位的人员多于炼油业工人。

第三，跨越国界的全球经济。信息技术特别是互联网技术的普及为全球经济活动带来了便捷，并催生了众多新兴产业，引致全球生产分工的细化。在信息技术革命和各国市场日益开放的背景下，越来越多的美国企业参与国际经营。信息技术的推广和运用提升了美国企业利用经济全球化的能力，美国公司在产业链战略环节的转移、服务外包和企业流程再造方面竞争优势十分突出。以信息产业为例，技术密集的微处理器和高端芯片的生产这些高附加值的产业链条，被美国公司所垄断，而键盘、鼠标、显示器等低端的边缘产品则被转移至发展中国家。正是在这样的背景下，美国跨国公司在 20 世纪最后 10 年，向全球进军，在国际竞争中重夺优势。其以信息革命为手段，对企业进行大规模的改造和重组，生产组织和经济活动的组织都出现深刻转变。美国跨国公司把全球价值链各环节在全球范围内进行重新配置，降低成本，扩大规模优势，再创辉煌。而此时的日本却因为没有适应这一时期的新潮流而陷入弱势地位。

新经济时代的到来标志着美国的经济增长方式的根本性转变。工业经济时代重要的生产要素主要是资本、自然资源和劳动力，而新经济时代最重要的生产要素则是知识、信息和科技。

四、次贷危机之后的美国"再工业化"

2007 年 3 月，美国爆发次级抵押贷款危机。这一危机迅速向金融市场和实体经济蔓延，对美国和世界经济产生巨大冲击，包括美国在内的主要发达国家陷入负增长。为应对次贷危机，美国政府一方面积极采取扩张性的财政政策和货币政策以抑制危机的蔓延，另一方面反思过去的发展战略，推行经济发展战略的调整。

2009 年 4 月，美国总统奥巴马在乔治敦大学的演讲中提出了重振美国制造业的观点。在此之后，美国政府出台了一系列促进制造业发展的法案和政策。为振兴制造业，美国政府出台的法案包括：《重振美国制造业框架》、《制造业促进法案》、《复兴与再投资法案》等。2011 年 6 月美国启动了"先进制造伙伴计划"，构建官产学研合作机制；2012 年 2 月宣布"建设更强大经济"计划，宣布税制改革方案，鼓励企业在美国投资。美国根据产业基础、国际竞争优势和对产业的潜在需求，将重点支持的制造业行业定位为钢铁、汽车、生物工程、航空工业、空间技术、纳米技术、智能电网和节能环保等（张向晨，2012）。

次贷危机发生前的一段时期，依托信息技术革命、金融创新和信贷消费，美国经济实现了快速的增长。在增长过程中美国经济呈现虚拟化，许多制造业企业在国内失去投资者的青睐，美国制造业在国内生产中的比重不断下降。目前制造业产值在美国国内生产总值中的占比不足 20%，远低于德国和日本等发达国家。2007 年次贷危机暴露出美国经济结构存在的缺陷，美国政府开始认识到美国经济的持续发展离不开实体经济，无论从实体经济自身的成长前景、还是从实体经济对金融和创新的支撑作用看，具有竞争力的制造业对美国经济竞争力的提升和实现充分就业不可或缺。

从本质上讲，美国提出的"再工业化"仍然是一种产业升级和转型。"再工业化"并不是简单地回归传统制造业，而是以高新技术为依托，致力于打造先进制造和新兴产业，推动产业升级。

事实上，在经济全球化条件下，尽管许多发展中国家在制造业上取得了一定的优势，但这种优势主要集中于劳动密集型产品和劳动密集型的生产环节。先进制造业的发展虽然对劳动力成本有一定的依赖性，但最为关键的因素是技术创新能力和产业发展环境。美国在制造业上的竞争优势基础至少表现在以下方面。其一是创新人才和创新技术。美国积聚了世界顶级的创新人才和创新机构,创新能力十分强大。多年来,美国在制造业上研发投入巨大,在航空、医药和军工领域的国际竞争优势突出,在合成生物、先进材料等领域拥有核心技术。其二是信息技术优势。信息产业与制造业的融合具有广阔的空间,强大的信息产业技术一旦对接美国制造业,将会为美国制造业发展带来全新的竞争优势。其三是发达资本金融市场的强有力支撑。美国资本市场十分发达,高效便利的融资环境对于降低制造业的资本成本至关重要。

五、美国促进经济增长方式转变的举措

通过对美国经济增长方式演变的过程分析,可以发现创新在美国经济增长中发挥着越来越显著的作用。美国经济增长方式的集约化来源于制度创新和科技创新。

第一,促进竞争、发挥企业主体的作用。市场经济体系下,企业自主经营,自负盈亏,优胜劣汰。市场竞争体系越完善,企业之间的竞争越激烈,资源配置的效率越高,企业创新的动力越强。美国经济增长经历了由投资驱动走向创新驱动的历程,相对成熟的市场经济制度是美国创新成果层出不穷的制度根源。美国制定了一整套促进竞争、保护创新者利益的政策和法律体系。例如,通过反垄断法限制大企业的垄断;通过扶持中小企业,发挥中小企业的创新活力;完善知识产权保护法,使之在发挥激励创新作用的同时,促进技术在社会的广泛应用。

第二,通过公共需求和法规引导产业转型。成熟的市场经济并不代表无为政府,美国强大的科技创新能力与美国政府的科技产业政策有着很大的关联。美国政府在实施产业政策过程中,较少使用直接的产业补贴政策,而是通过对航空航天、军事等非商业化部门的公共投入或通过修订环境保护、质量标准等法律法规,引领高科技产业发展。

第三,重视教育事业和人才资源。"二战"以后美国的教育支出占 GDP 的比重一直维持在 6% 以上。美国教育科研资源丰富,其强大的竞争力是世界上其他国家无法比拟的。先进的教育和科研一方面为美国企业创新提供创新型人才和创新性成果,另一方面也使美国成为全球优秀人才的集聚地。

第2节 日本经济增长方式转型与经验

日本是一个自然资源匮乏的岛国,"二战"结束后日本经济在战争废墟上迅速崛起,经过二十多年的高速增长,在 1968 年迅速发展为仅次于美国的第二经济大国。日本经济在"二战"后高速成长堪称奇迹。但进入 20 世纪 90 年代后,日本陷入缓慢甚至负增长时期。为化解经济减速引发的危机和促进经济增长,日

本政府进行了一系列政策努力。无论是日本高速增长时期的经验还是经济长期衰退的教训都值得我们借鉴。

一、战后恢复和重化工发展

从"二战"结束以来日本经济增长速度变化上看,日本经济的高速增长主要出现在"二战"结束后的二十五年。如表 3 - 2 所示,1955 ~ 1973 年,日本的年均经济增长速度都保持了较高的水平,绝大多数年份的年均经济增长速度均在8%以上。这一阶段的高速发展彻底改变了日本的面貌,使日本发展成为世界上经济总量最大、人均收入水平最高的国家之一。然而,在日本成为经济强国之后,很快失去了高增长的态势。在 1974 ~ 1990 年,日本的经济增速仍能以高于其他发达国家的速度增长,但自 1991 年之后,日本经济增长速度不断下跌,已经低于发达国家的平均水平,这意味着日本"二战"后赶超型经济的终结,一个曾经作为增长典范的国家陷入了停滞乃至衰退的困境。

表 3 - 2 　　　　　　　　　日本经济增长率的变化 　　　　　　单位: %

年份	增长率	年份	增长率	年份	增长率	年份	增长率
1955	8.6	1970	10.3	1985	4.6	2000	2.8
1956	7.5	1971	4.4	1986	2.9	2001	0.4
1957	6.5	1972	8.4	1987	4.4	2002	0.1
1958	7.3	1973	8.0	1988	6.5	2003	1.7
1959	9.3	1974	-1.2	1989	5.2	2004	2.4
1960	11.9	1975	3.1	1990	5.2	2005	1.3
1961	8.6	1976	4.0	1991	3.3	2006	1.7
1962	8.8	1977	4.4	1992	1.0	2007	2.2
1963	11.2	1978	5.3	1993	0.3	2008	-1.0
1964	5.7	1979	5.5	1994	1.0	2009	-5.5
1965	5.7	1980	2.8	1995	1.9	2010	4.7
1966	10.2	1981	2.8	1996	3.4	2011	-0.6
1967	11.1	1982	3.2	1997	1.8	2012	2.0
1968	11.9	1983	2.3	1998	-1.1	2013	1.6
1969	12.0	1984	3.8	1999	0.1	2014	-0.1

资料来源:中华人民共和国国家统计局网站:http: //data. stats. gov. cn/workspace/index?m = gind。

但必须看到，日本经济停滞是已经达到发达国家水平后出现的。从国家实力上看，日本依然是世界上的经济大国。从国民生活上看，日本是世界上收入水平最高的国家之一。实际上，经济增长状况并不能完全反映国民生活质量的变化，与日本经济增长减速相伴的近年来的物价下跌和环境改善，一定程度上缓和了经济增速下降对日本居民生活质量的负面影响。

日本成功实现经济赶超，对于处于低收入水平或尚未跨越"中等收入陷阱"的发展中国家而言，其实践经验值得学习和借鉴。

"二战"结束后，日本面临的重要任务就是要纠正被战争扭曲的市场体系和产业结构。战争期间日本实行长期的统治经济，军事财团垄断了整个国民经济的生产命脉，服务于战争的管理体制和产业结构无法保障国民基本生活的需求。在美国占领军的要求下，日本政府以构建公平民主市场体制为目标，强有力地推行了土地改革和肃清财阀的运动。尽管这一期间日本经济管理处于旧制度被推翻、新制度尚未发挥功能的混乱状态，但民主制度和市场经济管理制度的建立为日本战后的经济增长奠定了制度基础。

为实现经济复兴，日本政府将农业、钢铁和煤炭产业作为发展的重点。日本政府的这一选择起因于战后日本难以从他国获得自然资源的现实，日本政府认为没有本国农业、钢铁和煤炭产业基础，日本就不可能摆脱对国外的资源依赖，也不可能实现日本的经济复兴和工业化，农业、钢铁和煤炭产业被看成是系关日本经济复兴的最为关键的产业。这一时期，日本政府动用大量财政补贴农业、钢铁和煤炭业，并建立复兴金融金库对这些产业进行融资支持。为发挥钢铁和煤炭产业对国民经济的引领作用，政府对煤炭和钢铁的价格进行管制，以此促进市场需求。政府对钢铁和煤炭产业的倾斜式生产方式促进了基础产业的成长。1949 年日本 CPI 比上一年上涨了 80% 以上，急剧上涨的物价迫使日本政府进行政策转型（姚云，2012）。日本政府接纳美国占领军经济顾问道奇提出的方案，开始撤销金融金库、加强财政约束，以便市场经济在资源配置中发挥作用。但自道奇路线执行之后，先行进入数量扩张的行业出现了严重的生产过剩，大批企业陷入经营困境。朝鲜战争发生后，日本企业大量接收美国的军需订货，日本企业的经营状况得到暂时的缓和。

1952 年，日本确立了贸易立国的发展方针。基于资源不足但劳动力丰富的国情，经过激烈的争论，日本制定了以国际贸易发挥劳动力成本优势的重大战略选择。从国外进口生产原料和设备进行生产，将生产的产品出口到国际市场成为日本扩大国内生产规模和积累资本的有效途径。为扩大出口，日本政府制定了一系列扶持政策，根据各产业的收入弹性和生产率增长确定重点产业，对重点产业实行税收减免、优先融资和技术引进帮助；制定鼓励出口的外汇使用办法；允许出口商实行特别折旧制度；建立出口准备金制度；允许贸易商联合组成大集团（张舒英，1997）。与此同时，日本企业为了提升出口竞争力，也在积极推进提高产品质量的先进生产方式和生产技术的应用。为提升重点发展产业的技术水平和国际贸易竞争力，日本积极引进利用国外的先进技术，并对引进技术进行革新开发。这一政策有效缩小了日本技术水平与世界水平的差距，促进了日本经济规模的扩张，并带来了日本产业结构的巨大变化。20世纪五六十年代是日本战后经济增长最为迅速的黄金时期，1956～1960年日本国民生产总值的年均增长率达到8.7%，1962～1970年间的年均增长率更是高达10.9%。这一时期日本的经济增长以重化工业的规模增长为中心，钢铁、造船和合成纤维产业的增长尤为迅速。在1961～1970年间，钢铁、造船和合成纤维产量的年均增长率分别高达15.4%、18.9%和24.1%（汪同三、齐建国，1996）。随着工业化的进展，日本从1965年起开始扶持汽车等具有市场前景的产业。

二、资本密集型产业向技术密集型产业转变

进入70年代后，日本五六十年代的经济增长方式开始遭遇资源和生态约束的瓶颈。依托重化工业发展引领的经济增长创造了日本经济的辉煌，但也造成了日本生态环境的严重破坏。粗放型经济增长带来的公害不断显性化，各地接连不断发生的公害事件唤醒了人们对环境的重视，日本国内公众反抗工业污染的运动日益频繁。以牺牲环境发展经济的重化工业战略在此背景下已经难以为继。与此同时，70年代爆发的石油危机使世界石油价格大幅提升，以石油进口为生产基础的日本重化工业也因此受到重创。从20世纪70年代开始，日本政府开始重视经济发展中的环境保护。采取的主要措施包括：第一，加强环境法律的制定。1970年修改1967年出台的《控制有关环境污染的基本法》，删除了控制环境污染需服从于促进经济活动要求的相关条款，并通过了十多项有关环保的其他法案。第二，成立环保厅专门负责制定环境保护法规，协调各部门环保政策，促进有关环境问题法律诉讼的解决。第三，控制主要污染源，通过财政补贴支持企业在控制污染上的投入。1975年之前的十年里日本私营企业减少污染的投资额增长了39倍（周林薇，1996）。除环境因素制约驱动日本增长方式转型之外，国际石油价格上涨也对日本产业转型形成了重要的促进作用。1973年和1978年先后爆发了两次世界性的石油危机，石油价格上涨对日本重化工业造成了很大的影响，企业利润大幅下降，大量企业倒闭。石油危机给日本经济带来了严重的困难，但日本利用危机时期的契机，大力引导技术密集型产业发展，使日本的经济增长方式摆脱了对石油资源的高度依赖。

进入70年代后，日本政府和企业均认识到发展方式转型的必要性，无论是

政府还是企业都在探索节省能源和替代能源的新技术新产品。政府宏观政策目标与企业行为的协调是日本产业结构和增长方式成功转变的重要条件。1974年日本产业结构审议会提出了《产业结构长期设想》，明确未来产业转型的方向就是要由过去的资源密集型产业转变为低能耗高技术的知识密集型产业。在政府和企业的共同努力下，日本的产业转型取得了显著成效。在此之后，无论是石油需求总量还是单位GDP能耗均出现大幅下降。1985年日本单位GNP的原油消耗量仅为1973年的40%。

进入20世纪80年代后，随着日本对美国贸易顺差的不断扩大，日美贸易摩擦开始升温。1985年"广场协议"后，日元大幅升值。与此同时国内劳动力成本的上升也动摇着日本国际竞争力的基础。在此阶段，日本制造业企业出现了向海外投资的热潮，引发了日本政府对国内产业"空心化"的担忧。政府认识到在变化的环境下，粗放型经济增长方式已经难以持续，唯有提升科技创新能力才是未来日本经济发展的出路所在。由此，日本提出了技术立国的战略，积极推动产业结构由重化工业向高新技术产业转型，产业政策转向新材料、生物工程、大规模系统技术等"创造性知识密集化"产业。

三、陷入低迷的日本经济

自20世纪90年代起，日本经济开始陷入长期的低迷状态。虽然历届政府实施了扩大内需等短期性的政策努力，但其效果十分短暂和微弱。多年的经济衰退促使日本政府反思其经济管理体制上存在的问题。从90年代开始，日本开启了金融大变革和国有企业民营化等一系列重大改革。在产业政策上，日本着力打造循环经济社会，先后出台了《环境基本法》、《推进形成循环型社会基本法》、《废物处理与清扫法》等法律制度。在法律制度的保障下，日本节能环保产业的竞争力得到了很大提升，经济发展进一步趋于集约化。

1992~1994年日本国内生产总值连续三年创零增长（其中1992年为0.4%，1993年为0.5%，1994年为0.7%），虽然1995年和1996年有所回升，但是1997年由于受到亚洲金融危机的影响，经济增长又陷入了衰退局面（萧灼基，1998）。自此之后，日本金融机构负债累累，企业元气大伤，投资急剧下降，经济回升乏力，在由出口导向型向内需导向型转化的过程中困难重重。日本经济增长失去动力的主要原因有以下几点：

1. 自主创新能力不足

作为一个追赶型的国家，日本的经济发展主要靠引进欧美国家的科技成果加以消化和创新而取得的，在很大程度上忽视了基础科学的研究。日本的科研经费虽然很多，但80%以上来自于私人企业，因而长期重技术开发，轻科学研究。

这就造成了在接近世界先进水平后再也无法靠模仿或开发他国科研成果前进，20世纪80年代未能及时认识到信息产业所产生的数字化和小型化的意义，错过了信息革命的浪潮，与美国产业差距越来越大。据日本经济审议会的预测，每年能培养100名以上博士的理工科大学，美国有47所，日本仅为3所（孙景超、张舒英，1998）。这是日本基础研究的一个致命弱点。早在20世纪80年代后期，美国信息产业产值占GDP的比例已经超过60%，而在1997年日本信息产业的产值仅占GNP的35.4%。

2. 强政府管理体制的缺陷

日本是强政府的市场经济国家，战后为了弥补市场缺陷，政府对经济领域实施了广泛的干预。在农业和服务业领域仍然存在很强的贸易保护主义。随着经济结构的变化、科技的进步以及信息化和全球化在全世界的迅速发展，当初建立规制的基础已经开始弱化，规制体系的消极作用开始显现，市场机制的作用受到限制，贸易保护主义政策阻碍了企业创新能力的发挥。

3. 产业升级的滞后

日本的制造业是强大的，但在金融、证券、流通和信息、软件等领域，欧美却占有明显的优势。制造业和知识产业的不同之处在于，当制造业的生产规模达到一定程度后，会出现"收益递减"的情况，而知识产业则与此相反，呈现"收益递增"的局面。按照经济发展的规律，伴随经济发展水平的提高，服务业在经济中的作用越来越大。但日本在服务业领域开放上采取了不主动、不积极的态度，对于外国服务业企业而言，日本是一个存在很强进入壁垒的市场。正因如此，由于缺乏竞争，日本金融业的效率逊色于欧美等发达国家，对创新的支持力度不足，并制约着制造业国际竞争力的发挥。

4. 发展中国家融入全球化

在低成本发展中国家参与全球化之后，日本制造业市场受到挤压。不仅如此，发展中国家的开放也吸引了大量日本企业的投资。由于日本经济高度依赖出口，这些变化对日本经济的冲击效应十分明显。

5. 老龄化

日本是世界上老龄化现象最为严峻的国家之一。老龄化增加了日本社会劳动者的负担，也使日本企业面临劳动力成本不断上涨的压力。在知识经济时代，创新能力和创新需求更大程度上依赖于富有创新活力的年轻群体，老龄化也是造成日本经济增长速度下降的重要原因。

四、日本促进经济增长方式转变的举措

"二战"结束至20世纪90年代初，日本经济成功实现了经济增长方式的转

型。在日本经济增长增长和转型的过程中，根据本国经济发展形势的变化及时调整竞争政策、产业政策和贸易政策是日本经济发展成功的经验所在。当然，产业政策并不是保证日本经济成功转型的唯一因素。日本能够实现经济增长的集约化并有效应对石油危机和贸易壁垒的困境，其经验可以归纳为以下几点：

第一，积极引进、模仿和改进国外的先进技术。在"二战"结束后的相当长的时间里，日本政府和企业充分认识到科学技术的重要性。为实现技术进步，日本政府和企业始终将外国先进技术作为可以被本国利用的宝贵财富。在"二战"后的初期，在自身研发能力不足和资金制约的条件下，日本企业积极引进外国先进技术提升企业的国际竞争力。有统计显示，1959~1979 年，日本企业用于引进国外先进技术的经费高达 102 亿美元，在世界各国同期引进外资中居第一位。日本在引进西方先进技术的过程中强调技术的可应用性和可改进性。日本企业并不满足于简单地照搬照抄外国的技术，而是在引进后吸收各国技术之长加以消化发展，使之"日本化"和更加先进。以钢铁工业为例，战后日本钢铁工业部门在技术革新中从美国、苏联、法国、奥地利等国引进高温高压炼铁技术等六大钢铁技术，通过充分消化、改进和革新，建立了自己的钢铁技术体系。战后，诸如彩色电视、液晶显示技术、半导体集成电路的技术成果起源于美国，但真正转化为具有市场价值产品的却是日本企业。到 70 年代初，日本钢铁、汽车、家用电器等主要工业部门的生产技术已经处于世界领先地位。

第二，重视研发投入和教育。战后日本之所以能够大量吸收、消化、改进和革新国外先进技术，与战后日本政府重视发展和改进教育事业息息相关。据统计，1955~1975 年日本中央政府和地方政府支出的教育经费从 4 567 亿日元增加到了 97 948 亿日元，增加了 20 倍。日本公共教育经费占政府财政总支出的比重 1975 年达到 22.3%。在此期间，在 9 年制义务教育的基础上，普及了高中，大学得到了迅速发展。除各种正规教育外，日本各大公司、企业都设有职业培训机构，对职工进行职业技术教育，使其不断适应新技术的要求。

第三，发挥产业政策对增长方式转型的作用。日本的产业政策以实现产业结构的合理化和高级化为主要目标。在国际竞争环境和日本资源禀赋优势的变化中，日本政府根据各时期日本经济发展的需要，明确产业扶持的对象。"二战"之后的主导产业扶持对象经历了由轻工业、重化工业向技术密集型和环境友好型产业的转换。具体而言，在战后恢复期重点扶持煤炭、钢铁等基础产业；在高速增长时期，把钢铁、石油化学、机械、造船、汽车、家用电器等重化工业列为主导产业；在日本成为世界经济强国后的 70 年代重点发展知识集约型产业，重点扶持了电子计算机、数控机床等高度装配性产业等。进入八九十年代后，对新能源、新材料、信息技术等产业大力扶持。政策扶持对象的优化选择是日本产业政策发挥作用的有效保证。在产业政策手段上，日本注重贸易政策和产业政策的协调性。对于规模经济效应比较显著的行业采取了一定程度的贸易保护，而对于竞争性的重点扶持产业则选择了促进企业竞争的贸易政策和产业政策。根据经济全球化条件的变化，日本的产业政策由对相关企业生产的直接补贴转变为间接支持，主要通过修改法律和加大产业技术的研发支持为相关产业发展提供条件。这一转变有效促进了产业政策的稳定性，同时促进了企业之间的公平竞争，并避免了产业政策与 WTO 规则可能存在的冲突。

第四，积极开拓国际市场。日本资源贫乏，人均拥有自然资源数量较少。为实现经济复苏，日本确定了"贸易立国"的发展战略。利用进口的国外资源和引进的生产技术进行规模化生产，再通过出口将产品销售到国外市场。为鼓励企业开拓国际市场，日本采取了一系列鼓励出口的政策。这些政策包括：对出口企业减少税负，优先分配外汇，允许出口厂商实行特别折旧等。在战后的二十多年里，日本的出口速度远远超过了经济增长率，导致日本经济的贸易依存度不断增加。1950 年日本的贸易依存度为 18.3%，1960 年上升至 24.9%，1971 年达到 34.4%。一些主要工业品如汽车、船舶、合成纤维等的贸易依存度都在 55% 以上，有的甚至高达 85% 以上（池元吉、张贤淳，1989）。在日本国内生产成本上升的情况下，政府积极鼓励企业对外投资，与此同时逐步扩大国内市场的开放。1968 年，日本政府放宽了商社、当地法人增资的限制，并建立了"海外投资损失准备金制度"，1969 年 10 月以后，在连续实行 5 次资本自由化中，不断放宽对外投资的限额和批准手续，1971 年设立和扩充了"资源开发投资损失准备金"和"海外投资保险"。这一系列举措有力促进了日本企业的海外直接投资。

第五，企业管理方式的创新。企业是生产主体，日本"二战"后经济增长的奇迹是日本企业经营成功的结果。由于采用终身雇佣和年功序列的人力资源管理，日本企业具有良好的团队文化，这种文化提高了经营者和员工的责任感，调动了员工的创造性和工作热情。在日本企业，经营者与员工之间保持着长期的和谐关系。企业愿意为员工能力的提升进行轮岗和培训，员工将企业的命运与个人命运结合在一起，企业家与员工之间同舟共济。全面质量管理等一系列创新管理方法在日本出现和有效执行很大程度上受益于日本的企业文化。虽然日本政府对企业的干预较多，但日本政府和日本社会对企业家十分尊重，在政府干预政策出台之前都会征求企业家的意见，使产业政策更加科学合理，使产业政策干预的方向与企业的长期发展目标相一致，因而企业对政府的产业决策能够做出积极响应。

第3节　韩国经济增长方式转型与经验

韩国、新加坡、中国台湾和中国香港被称为"亚洲四小龙"。这些国家和地区在比较短的时间内实现了经济的腾飞，成为世界公认的新兴工业化国家和地区，以它们为代表的经济增长模式被称为"东亚模式"，其主要特征为：第一，政府主导；第二，高储蓄、高投资；第三，外资导入和出口导向。以韩国的经济增长和转型作为典型代表，自20世纪60年代以来创造了令人瞩目的"汉江奇迹"，并且与经济发展过程相适应，其经济增长方式也经历了从粗放型经济增长为主向集约型经济增长为主转变的过程。以下以韩国经济增长方式的转型为特征进行分析。

一、韩国经济增长方式转型的概况

韩国在"二战"后从一个无资源、无资本、无技术的"三无"国家到创造举世瞩目的"汉江奇迹"，在较短时间内迅速成长为现代化工业国家，实现经济腾飞，殊为难能可贵。对比一些同时起步的发展中国家，如南美的巴西、阿根廷，韩国的内部条件和外部环境较差。经历朝鲜战争，国内政治局势持续动荡，军事政变不断，国内工业基础十分薄弱，资源匮乏。其曲折坎坷的经济发展道路，不仅值得赞叹，更是值得借鉴。

表3-3　　　1961~2011年韩国经济总量及人均经济水平变化　　单位：%

项目	1961~ 1969 年	1970~ 1979 年	1980~ 1989 年	1990~ 1999 年	2000~ 2011 年
GDP（亿美元）	41.42	268.03	1 155.09	4 069.29	8 101.76
GDP 年均增长率（%）	15.52	24 084	15.33	5.99	6.94
人均GDP（均值，美元）	142.87	746.68	2 822.44	9 054.54	16 695.29
人均GDP 年均增长率	12.75	22.62	13.96	5.01	6.39

资料来源：根据世界银行 WDI 数据库计算，当年汇率。

20世纪50年代，韩国奉行进口替代战略以图振兴民族工业，但是事与愿违，进口替代产业面临国内市场饱和和国际竞争力低下的局面，随即引发产品积压滞销、企业开工不足和生产闲置，国际收支进一步恶化，整个经济陷入恶性循环（朱灏，2007）。

从 20 世纪 60 年代开始，韩国走上腾飞之路。韩国经济起飞的主要动因在于两个方面：一方面主动承接了欧美等国的产业转移，抓住了国际分工格局演变中的机遇，另一方面，政府采取了积极干预的政策，主动进行主导产业的选择。从 20 世纪 60 年代开始，韩国进行了由内向粗放型的增长方式向外向劳动密集型轻纺产业的增长方式转变的第一次增长方式转变过程。

可以说，韩国的经济增长方式是韩国政府顺应国际经济形势发展变化的需要，大力发展外向型工业的发展战略决定的。20 世纪 60 年代，韩国政府将国内中心转向经济增长，大力发展出口导向型经济，相继提出了"出口第一"、"输出立国"、"经济至上"等主张。而此时恰逢世界第一次产业转移，美、日等发达国家大力发展资本密集型工业，需要将劳动密集型产业转移到发展中国家。在世界性产业结构调整的背景下，韩国国内市场狭小、资源短缺，而劳动力相对丰富的比较优势得以体现，采取了优先发展劳动密集型产业的经济增长方式，其纤维、轻纺、塑料、服装、鞋帽、日用品、玩具等劳动密集型产业得到迅速发展，并集中力量扩大出口，主动将活动中心转向国际市场，并以此带动经济快速发展。在韩国出口产品结构中，初级产品所占比重 1962 年为 79.3%，1971 年下降为 13.7%；制成品出口 1962 年为 20.7%，1971 年上升为 86.3%。在制成品出口中，轻工业产品所占比重 1962 年为 15.2%，1971 年为 72.1%（曾培炎，1995）。可见，从 60 年代初到 70 年代初期，韩国在制成品出口中，劳动密集型轻纺工业品所占比重越来越大。这一时期，劳动密集型轻纺工业出口对韩国国民经济的发展起着举足轻重的作用。直到 70 年代后半期，出口产品中劳动密集型轻纺工业品地位才被重化工业品所取代。

进入 20 世纪 70 年代，韩国经济依靠外向型的劳动密集型轻纺产业，完成了资本的原始积累，韩国经济短时间迅速成长。但 70 年代下半期，世界经济形势下行，西方主要发达国家经济陷入困境，纷纷采取贸易保护政策，韩国轻纺工业品的出口遭受打击；同时马来西亚、菲律宾、印度尼西亚等东南亚国家依托比韩国更为低廉的工资开始崛起，韩国出口产品价格竞争力开始丧失。从这一时期开始，韩国也开始了由外向型劳动密集型增长方式向资本密集型重化工业增长方式转型的第二次增长方式转变过程。

韩国在前期依靠外向型劳动密集型轻纺产业大力发展的基础上积累的原始资本，开始发展基础设施，重化工业、钢铁、石化、机械、电子、造船、汽车等产业在这一时期成为战略产业。而且进入 70 年代以后，随着世界分工体系的分化，西方发达国家将产业重心转向技术密集型产业，韩国也适时承接了它们向海外转移的钢铁、机械、电子、金属、化学、水泥等资本密集型产业。这一时期，韩国从日本、美国引进资金，改善了基础设施，建立了战略产业，为经济转型起到重要作用。同时还在引进技术方面采取了模仿创新的技术发展战略，为之后的经济快速发展奠定基础。可以说，整个 70 年代是韩国产业结构第二次升级的重大转折时期，1971 ~ 1980 年，重化工业产值的比重由 29.5% 上升到 51.6%，在出口额中的比重由 14.2% 上升到 43.9%（汪同三、齐建中，1996）。到 1979 年，韩国的重化工业基础已经全面建立起来。

20 世纪 80 年代，世界发生第二次能源危机，韩国经济对国际市场依存度依然很高，而发达国家经济普遍不景气给韩国经济发展带来严峻考验。而且韩国经济内部也出现了一些问题，如汽车、发电设备、综合机械、建筑设备、程控交换机等的大量重复引进，引发了高通货膨胀；工资上涨造成产品成本上升，降低了出口产品竞争力。为了应对国际国内经济形势的变化，提高劳动生产率和国际竞争力，韩国放弃了片面强调资本密集型重化工业的高速增长方式，提出了"科技立国"的口号，重点发展技术密集型产业。由此韩国也开始了其从资本密集型增长方式向技术密集型增长方式转变的第三次经济增长方式转型过程。

20 世纪 80 年代可以说是韩国科学技术发展的重大转变时期。其实韩国从 60 年代起就十分重视引进国外先进技术。1962 ~ 1987 年韩国共引进约 5 000 项技术，其中机械、电子、石化分别占 27.8%、20.9% 和 16.4%。这些技术在韩国各发展阶段的产业结构升级中发挥了不可忽视的作用，对韩国 80 年代的"科技立国"起到了很好的铺垫作用。从 1982 年开始，韩国制订了第 5 个五年计划，有计划、有重点地发展精密机械、计算机、航空等新兴产业，促进产业结构的升级；而在 1987 ~ 1991 年的第 6 个五年计划中，大力发展电子、半导体、通信、情报、自动化机械、精密化工等新产业群，以电子工业为例，1991 年出口额达到 202.3 亿美元，位居韩国出口产品第一名，并成为世界第五大电子产品出口国。

这个时期韩国采取了防御型技术开发战略。为了更好地开展自主研究开发，韩国培养了大批高级技术人才。这个时期，韩国科技政策还有一个比较突出的特点，就是促进重点技术国产化。为使重点技术国产化，韩国确定半导体、电脑、精密化学、遗传工程、机械电子等为重点开发领域，政府与企业共同出资，共同研究开发。为鼓励民间研究所进行科技开发，政府从各个方面提供优惠政策。这些措施有力地推动了上述重点领域的研究开发。

20 世纪 80 年代末和 90 年代初，韩国开始将本国的落后产业向海外转移，将产业重点放在精密电子、精细化工、新材料和新能源等产业上，并且通过研发投入增强本国传统产业竞争力。1998 年，东南亚金融危机进一步强化了这一进程，危机过后，韩国经济依旧保持有较强的国际竞争力。

二、韩国促进经济增长方式转型的举措

第一，市场经济与政府干预相结合的"混合型经济体制"。韩国的现代化进程是在政府主导下完成的。一国政府是否对一国经济增长和转型进行干预要视国内国际条件和社会经济状况而定。韩国的经济发展有许多不利条件，如政治动荡，资源匮乏，经济基础薄弱，弱小的资本和企业，若是没有政府的扶持和干预，在激烈的国际竞争中将很难生存。可以说，韩国从60年代开始的威权政治和由此产生的大企业制度为韩国在60～70年代的经济快速发展和转型起到了很大的作用。但是韩国经济发展中的政府干预又不同于一般的计划经济体制，而是尊重市场经济规律的宏观经济调控，也被称为灵活性与权威性相结合的经济计划。韩国的国家发展战略通过政府制定的经济发展计划实现，而政府制定的计划并不直接影响企业的经营管理，主要通过一系列法律、政策和经济手段来实施。从1962年开始的一系列5年计划，都体现出统一性和灵活性相协调的特点，计划和市场的关系得到合理处置。

第二，引导合理且适时承接的产业政策。韩国自20世纪60年代开始提出"贸易立国"的外向型战略，其令人印象深刻的是在世界产业转移中的两次承接。第一次承接，韩国的纤维、轻纺、塑胶、服装、鞋帽、日用品、玩具等劳动密集型产业得到发展，第二次又承接了西方发达国家对钢铁、机械、电子、金属、化学、水泥等资本密集型产业的海外转移。而且进入90年代以后，韩国又力主发展信息产业，并同时发展第三产业。在产业组织政策方面，从60年代开始，韩国结合自身经济情况，为了提高国内企业竞争力，达到大规模出口的目标，韩国政府认为必须拥有可以作为经济发展引擎的大企业集团才能在国际市场上拥有竞争力，所以韩国政府采取"个别育成"的策略，把有限资源向大企业集团倾斜。韩国的大企业集团在韩国经济中占据优势地位是与韩国政府的扶持分不开的。虽然大企业集团的发展在后来对中小企业的发展有抑制作用，但从当时经济形势看，集中有限资源向大企业集团，能在短时间建立其重化工业体系，达到规模经济优势，在国际竞争中保有竞争力。进入80年代，韩国实行了新的战略转移，除继续坚持出口导向的产业发展方向、大力培植出口产业外，更强化"科技立国"战略，向高技术领域进军，走上了竞争和技术发展的道路。

第三，技术引进和自主开发相结合的"科技立国"战略。"贸易立国"的外向型发展战略虽然使韩国经济获得了快速发展，但是20世纪70年代后期的能源危机让韩国认识到只有将科学技术置于优先发展的地位，才能获得经济的持续发展。因此在80年代，韩国政府提出"科技立国"战略。一方面其大胆引进国外技术，并进行消化吸收。引进技术中，大体消化吸收以上程度的占90%左右，

而引进后改良一部分以上应用的也占90%。在进行引进技术的同时，韩国还进行自主开发，为此韩国建立了技术开发资金援助制度，将产业技术分为三个技术群来开发，第一个是包括水泥、纤维、石油化工、钢铁、家用电器在内的产业技术群，主要采用尖端技术和先进技术进行改造。包括精细化工、汽车、工业机械、重型电机、特殊船舶等称为第二技术群，主要是促进其技术密集化。而为今后产业结构高度化做准备的是包括半导体、电子计算机、遗传工程、工业机器人、系统工程技术在内的第三产业技术群。韩国独特的"科技立国"战略和有效的技术发展道路为韩国经济增长和转型起到了重要的作用。

第四，与产业发展和国家发展战略相匹配的教育发展计划。韩国经济的发展和转型，还有一个重要的推动力量，那就是教育。儒教教育的传统对韩国产生了深远的影响。韩国把加速教育的发展作为国策，政府在财政预算中，教育经费的比重1951年为2.5%，80年代增加到22%。到1987年，韩国6~11岁的少年100%进入小学，12~14岁98.8%进入初中，15~17岁82.8%进入高中，近40%高中毕业生能够升入大学。高校入学率仅次于美国，居世界第二位（汪同三、齐建中，1996）。教育的普及和教育水平的提高，使整个民族的素质得到增强，形成了一支高素质的劳动大军，这是国民经济向技术密集型发展必不可少的条件。更值得一提的是，韩国的高等教育发展重点与其产业发展变革相适应。比如，朴正熙执政下的韩国政府采取重化工业发展战略的同时，制定了《加强重化工业教育方案》，一方面调整大学学科专业结构，另一方面还对重化工领域的大学教师和研究人员采取免征、缓征兵役等优惠措施；而为了适应80年代韩国电子产业的迅猛发展，韩国政府采取在大学扩招增加高素质劳动力的方式，应对重化工业向技术集约型工业转型的人员需求。韩国为了实现在20世纪90年代设定的"尖端产业技术立国"的目标，确立了高等教育新的发展方向，研究型大学成为主要形式。

第4节　发达国家经验对长三角经济增长方式转型的启示

发达国家的发展历程也是经济发展方式转型的过程。发达国家在其经济发展的不同阶段都进行了不同程度、不同方式的经济转型。总体上来说，它们都在一定程度上完成了从粗放型增长向集约型增长的转型。

长三角地区正处于经济增长方式转型的关键时期。未来长三角的经济发展取决于转型的成败。尽管发达国家的转型发生的时期较早，与当今长三角所面临的环境存在许多差异性，但经济发展具有内在的规律，已经成功实现经济增长方式转型的发达国家的经验值得借鉴。

第一，促进经济增长方式转变是经济发展达到一定阶段后的要求。经济增长方式与各国的经济发展阶段相关。在经济发展水平较低时，由于受到技术和资本的限制，经济增长只能依靠劳动和资源的投入。伴随资本积累和技术进步，工业化的条件逐步成熟，生产中的资本投入增加，劳动和自然资源的利用效率得到提高，其需求也会迅速增加。当一国进入后工业化阶段，劳动、资源和环境对经济增长的约束力加强，人力资本和技术成为决定经济增长的决定性因素。伴随人们消费水平的提升，需求呈现多样化，生产和生活服务业演变为经济中的主导产业。经济增长对资源投入的依赖减少，经济增长方式趋于集约化。因此，经济增长方式是一定的制度环境下，所有企业和消费者根据自身需要进行选择的综合结果。政策和法规可以通过改变宏观经济环境影响经济增长方式，但不能忽视决定经济增长方式的市场经济基础。在促进经济增长方式转型的实践中，长三角地区一方面必须遵循市场运行的规律，立足比较优势。另一方面，要在发挥比较优势的过程中，兼顾长远利益。促进经济增长方式转型，重点在于消除为短期利益而忽视长期利益的制度根源。

第二，高度发达的市场机制是经济增长方式转型的关键。现代经济增长理论表明，经济的持续增长既依赖于劳动、资本、自然资源等生产要素的投入数量，更依赖于这些生产要素的质量和使用效率的提高。因此，在保持较高的资源积累率和投入率的同时，必须注重提高生产要素的利用效率，提高全要素生产率。在这一过程中，最核心的问题就是实现资源的最优配置，而实现资源的最优配置的关键在于实行市场机制。经济增长方式的自我演进式转变以完善的市场机制为基础。完善的市场经济体制不仅为企业的有序竞争提供了规则约束，而且能够为技术创新、组织创新以及制度创新本身提供激励。缺乏完善的市场经济体制和完备的法律制度框架，经济增长方式由粗放至集约的转变就难以实现"自主演进"。中国经济增长方式转变的关键，就是要深化改革，发挥市场在资源配置中的决定性作用，并更好地发挥政府的作用。

第三，经济增长方式的转型需要政府的适当干预。政府与市场的关系，这是最有争议的理论命题和最有意义的现实问题。经济学原理告诉我们，政府和市场之间有一种彼此替代、互为消长的关系。在许多方面，政府与市场可以发挥不同的作用，也可以起到互为补充的作用。美国和日本的经验说明，除了重视企业和市场外，政府在转变经济增长方式中的作用也非常重要。一个国家经济转型的成败除了看企业和市场有没有活力之外，很重要的一点取决于政府的战略指导，政府制定什么样的战略，能否把握这个战略的方向。20世纪70年代石油危机之后，世界产业分工和贸易结构发生了巨大变化。面对经济环境的变化，美国、日本等发达国家均出台了一系列促进产业结构转型的政策举措。20世纪90年代后美国信息技术革命的兴起绝非偶然，其培育创新能力的做法值得借鉴。对于发展中国家和地区来说，经济发展的过程同时也是市场经济体制不断建立、完善的过程。与发达国家相比较，发展中国家和地区缺乏推动经济增长方式自主演进的市场机制和制度安排。在这种情况下，政府通过适当的政策引导和扶持，在一定程度上可以弥补由"制度缺陷"所造成的动力不足问题。韩国等亚洲新兴工业化国家和地区就是"政府推动型"经济增长方式转变的典型代表。但是，政府推动不等于说政府可以取代市场在经济发展和经济增长方式转变中发挥主导作用。一方面政府的政策最终还是要靠市场来实现，另一方面政府的最重要任务还是为建立完善的市场体系提供制度上的安排和保证。

第四，科技进步是经济增长方式集约化的动力源泉。经济增长是以"粗放型"为主还是以"集约型"为主，关键要看科技进步在其中的贡献大小。在发达国家，技术创新直接推动了产业结构的升级和经济增长方式的转变。在发展中国家，通过技术引进实现技术的"跳跃性"进步，使一些部门和产业跳过传统的发展阶段，可以缩短与发达国家之间的差距。充分吸收和采用发达国家已经成熟的技术成果，发挥后发优势，是亚洲新兴工业化国家和地区经济快速发展的成功经验。从长远看，一个国家的经济增长最终还要建立在本国的技术创新能力和人力资本水平的基础上，所谓的后发优势只是在落后的情况下才具有的一种优势。长三角地区率先发展创新经济具有一定的条件。这一地区的人均 GDP 水平已达到高收入国家的最低标准。这一地区国际化水平较高、科教资源优势突出，初步具备了发展创新型经济的基本条件。在经济全球化的变化中，长三角地区应顺应经济发展阶段的变化。充分发挥区域发展新阶段的新优势，通过制度创新提高创新要素供给的质量，大力提高服务水平、培育创新能力，使长三角的科技创新能力得到提升。

第五，教育发展和劳动力素质提高是经济增长方式成功转型的有力保证。技术的发展、推广和应用主要依靠人实现。加速科技进步，必须相应提高劳动者素质，提高全体国民的文化知识和技术水平。因此，努力开发人力资源，是经济增长方式转变的重要举措。发达国家和东亚新兴工业化国家经济增长方式转型的原因虽有多种，但至关重要的是这些国家重视教育。要实现经济增长方式的根本转变，必须实行科教兴国战略，不断推进劳动者素质的提高。长三角地区要向创新驱动转型，必须依靠高素质的人才。一方面，要以产业基础和教育科研资源优势大力吸引全球创新型人才的集聚，另一方面，要深化区域内教育科研体制的改革，为区域创新资源更好地服务于长三角，促进经济增长方式转型的实践。

第4章 长三角地区经济增长历程与增长方式

【本章提要】过去三十多年，中国经历了由计划经济向市场经济的渐进式转轨，市场经济替代计划经济、开放经济替代封闭经济的制度变迁不断为中国经济增长提供动力。沿海地带是中国改革开放的前沿，在改革开放环境下，作为中国改革开放前沿的长三角地区积极融入全球生产分工体系，抓住国际产业转移和国内改革开放的双重机遇，取得了经济社会事业发展的辉煌成就。目前，这一地区已发展成为我国经济最发达、开放水平最高、创新能力最强、人力资本最丰富的区域之一。长三角在全国经济中的地位突出，生产总值占全国的1/5、进出口总额占全国的1/3，外商直接投资利用量占全国的一半以上。2013年上海市、江苏省和浙江省的人均GDP分别达到9.1万元、7.5万元和6.8万元，全面突破1万美元大关。

对于长三角的经济增长，国内外学术界进行了大量的研究，用"苏南模式"、"温州模式"、"昆山之路"等概念刻画长三角各地区经济发展的特征。长三角的发展验证了市场化、国际化和城市化的经济增长效应，检验了制度对经济增长的决定性作用。长三角的经济增长方式有其内在的逻辑和必然。要认识长三角经济增长的内在机制，有必要对长三角经济增长的事实和增长方式进行客观的考察。本章将回顾长三角经济的发展历程，剖析长三角经济发展的特点，揭示长三角改革开放以来经济发展的动力机制和模式变化。

第1节 长三角经济增长历程与阶段性特征

一、长三角经济增长历程

过去三十多年，长三角经济发展创造了区域发展史乃至世界经济发展史上的奇迹。1979~2012年，江苏省、浙江省和上海市的年均实际经济增长率分别达到12.5%、12.8%和10.1%，各地区的增长速度均超过全国9.8%的平均水平。经过持续三十多年的高速增长，长三角经济总量发生了巨大的变化。2012年长三角两省一市的名义生产总值达到10.89万亿元，这一规模是1978年的169倍。剔除物价因素影响，两省一市2012年的实际产值是1978年的43.9倍。

图4-1、表4-1和表4-2显示了长三角两省一市历年来的经济增长状况。

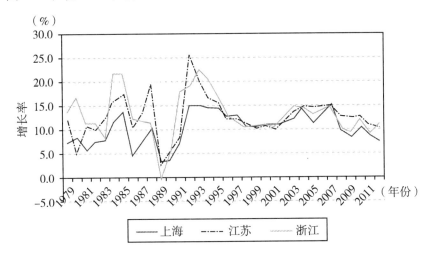

图4-1 长三角实际经济增长率

资料来源：根据国家统计局各年度《中国统计年鉴》数据绘制。

表4-1		长三角实际增长率					单位：%
年份	上海	江苏	浙江	年份	上海	江苏	浙江
1979	7.4	12.0	13.6	1984	11.6	15.7	21.7
1980	8.4	4.8	16.4	1985	13.4	17.3	21.7
1981	5.6	10.9	11.5	1986	4.4	10.4	12.1
1982	7.2	9.8	11.4	1987	7.5	13.4	11.8
1983	7.8	12.3	8.0	1988	10.1	19.6	11.2

续表

年份	上海	江苏	浙江	年份	上海	江苏	浙江
1989	3.0	2.5	− 0.6	2001	10.5	10.2	10.6
1990	3.5	5.0	3.9	2002	11.3	11.7	12.6
1991	7.1	8.3	17.8	2003	12.3	13.6	14.7
1992	14.8	25.6	19.0	2004	14.2	14.8	14.5
1993	15.1	19.8	22.0	2005	11.4	14.5	12.8
1994	14.5	16.5	20.0	2006	12.7	14.9	13.9
1995	14.3	15.4	16.8	2007	15.2	14.9	14.7
1996	13.1	12.2	12.7	2008	9.7	12.7	10.1
1997	12.8	12.0	11.1	2009	8.2	12.4	8.9
1998	10.3	11.0	10.2	2010	10.3	12.7	11.9
1999	10.4	10.1	10.0	2011	8.2	11.0	9.0
2000	11.0	10.6	11.0	2012	7.5	10.1	10.8

资料来源：根据国家统计局各年度《中国统计年鉴》整理。

表 4 - 2　　　　　　　　　　**经济增长率及其波动性**　　　　　　单位：%

时期	江苏		浙江		上海	
	年增长率	标准差	年增长率	标准差	年增长率	标准差
1979 ~ 2012	12.5	4.3	12.8	4.7	10.1	3.5
1979 ~ 1992	11.8	6.2	12.7	6.4	7.9	2.3
1993 ~ 2012	13.0	2.4	12.9	3.4	11.6	2.3
1993 ~ 2001	13.0	3.2	13.7	4.3	12.4	1.8
2002 ~ 2012	13.0	1.6	12.2	2.1	11.0	2.4
2002 ~ 2007	14.1	1.1	13.9	0.9	12.8	1.4
2008 ~ 2012	11.8	1.0	10.1	1.1	8.8	1.0

资料来源：根据国家统计局各年度《中国统计年鉴》数据计算。

从时间维度上看，长三角各地经济增长至少具有以下四个方面的特征。

第一，高增长特征。除个别年份之外，长三角地区绝大多数年份的经济增长率均在 10% 以上。在 1979 ~ 2002 年之间的 34 年里，上海市共有 20 个年份的经济增长率超过 10%，江苏省和浙江省均有 29 个年份的经济增长率超过 10%。

第二，增长波动性递减特征。1996 年之前，长三角各地经济增长很不稳定，经常出现大起大落的现象。但自 1997 年起，该地区经济增长的平稳性显著增加。从图 4 - 1 可以看出，改革开放初期，长三角经济增长率出现过多个回合的大起大落。以江苏省为例，1979 年的经济增长率为 12%，但时隔一年后的 1980 年突然降至 4.8%；1988 年的经济增长率为 19.6%，但在 1989 年却突然跌至 2.5%。导致这一不稳定性的原因主要来自于市场经济不发达条件下的宏观调控。在计划经济充当重要角色的转型初期，政府部门拥有强大资源配置能力和生产决定能力，在经济活动中担当直接参与者的角色。无论是政府的改革政策还是宏观调控政策都会对经济产生重要的影响。1989 年紧缩性经济政策的实施是造成长三角经济增速大幅下降的主要原因。随着改革开放深化，市场经济在长三角经济中发挥的作用逐步加强，政府对经济增长的干预动机、干预能力和干预效果下降。长三角经济增长的波动性随着经济转轨进程的推进而显著减少的事实既是政府干预逐步减少的表现，同时也说明发挥市场在资源配置中的作用有益于提高经济增长的稳定性。

第三，增速减弱特征。美国金融危机爆发后，长三角经济增长率出现了快速的下滑。2009 年浙江省的年均经济增长率跌破 10%，创下了二十多年来的最低纪录。在此之后，江苏省和上海市的经济增长率也在 2012 年下降至近二十多年来的最低水平。为了说明金融危机前后长三角经济出现的转折性变化，我们分别计算了 2002 ~ 2007 年和 2008 ~ 2012 年各省市的平均经济增长率。在 2002 ~ 2007 年，上海市、江苏省和浙江省的年均增长率分别是 12.8%、14.1% 和 13.9%，而金融危机爆发后的 2008 ~ 2012 年，上海市、江苏省和浙江省的年均增长率分别下降至 8.8%、11.8% 和 10.1%，各地年均经济增长率的降幅均高达 3.7% 以上。这一现象一方面反映了长三角经济增长对全球经济形势变化的敏感性，另一方面也反映了长三角经济正面临着转型和发展的关键时期。

第四，区域间经济增长同步性特征。长三角两省一市处于同一个宏观制度环境，区域间的经济联系紧密，产业结构相似。在国内外经济形势变化中，两省一市经济增长一方面受到共同的宏观环境变化的影响，另一方面一个地区的经济变化也会通过区域经济联系传播到另一个地区。根据图 4 - 1，可以清楚地看出长三角两省一市经济增长率变化的整体同步性。尤其是我国在 1992 年明确建立市场经济体制的目标后，长三角两省一市经济增长的态势趋同。1979 ~ 1982 年，长三角两省一市的年均经济增长率为 13%，两省一市的增长率都处于较高的水准。1985 年两省一市同时达到年均经济增长率的最高峰值。1989 年在我国经济抑制通货膨胀、实施紧缩政策的背景下，两省一市经济增长率同时陷入低谷。1993 ~ 2007 年，两省一市的经济增长率同时呈现出先减少后增加的"U"型变化态势。2008 年之后，两省一市的增长率再次同时进入下降阶段。经济增长周期的同步性固然与长三角两省一市处于相同的宏观经济环境有关，但区域内部产业之间的高度融合、不断加强区域一体化以及类似的发展阶段和产业结构均是导致这一现象的重要原因。

尽管长三角地区经济增长的共性特征十分明显，但对江浙沪三地经济增长的变化进行横向比较，仍然可以看出两省一市经济增长的区域间差异。从整个改革开放时期的经济增长速度上看，江苏省和浙江省的平均增速比较接近，两省的年均增速都显著超过上海市，高出幅度高达 2% 以上。也就是说，上海市是长三角两省一市中经济发展水平最高但增长最慢的地区。这种发展速度的差异性在改革开放初期的 20 世纪 80 年代最为明显，形成这一现象的原因是由于这一阶段的改革以农村改革为主，江苏省和浙江省农村经济的占比远大于上海市。1990 年 4 月国家宣布实施上海浦东开发战略，其目标就是要通过浦东开发为上海经济带来活力，并以此带动长三角和长江经济带的发展，引领全国经济增长。这一战略的实施将上海市的改革开放推到了全国改革开放的前沿，长三角的改革开放从此进入新阶段。依托上海市有利的工业基础、国际化条件、城市化水平、区位优势和人力资本，浦东开放战略引起了国内外企业的极大关注，上海市迅速成为国内外企业投资的热点和资本人才的集聚地，上海市的经济地位、金融地位和国际贸易地位因此得到了极大的提升。伴随 1992 年之后国家一系列重大改革措施的出台，在大量著名跨国公司纷纷投资上海的同时，上海市原有的国有企业也在现代企业制度的建设和政府管制放宽的改革中获得了生机。自 1996 年起，上海市经济增长率长期落后于江浙两省的状况得以改变，长三角两省一市开始进入经济增长高度同步的发展阶段。上海市的发展对苏南等其他长三角地区形成了很强的辐射效应，毗邻上海市的苏南地区和浙江北部地区利用有利的区位优势，因势利导，将外商直接投资利用作为经济发展的重要战略，积极开展工业园区建设和招商引资。伴随大量外资的进入和乡镇企业股份制改革的推进，苏南原有的依托乡镇企业发展的"旧苏南模式"开始向依托外资企业的"新苏南模式"转变。

二、改革开放初期的长三角经济增长

中国的改革开放具有渐进式的特点和阶段性的特征。以明确建立社会主义市场经济的 1992 年为界，在此之前的一段时期里，中国的经济体制仍然保留着浓厚的计划经济色彩。所谓改革开放就是在体制上逐步引入市场经济成分，并在局部地区和局部领域上试行对外开放。

经济改革开始于农村，为调动农民的生产积极性，在农村推行了家庭联产承包责任制。在工业领域，逐步推行扩大企业自主权的改革试点，肯定计划外经济是国民经济的必要补充，承认计划经济外商品交易的合法性。1979年7月，国务院下发了《关于扩大国营工业企业经营管理自主权的若干规定》、《关于国营企业实行利润留成的规定》等文件，要求放权让利的改革在少数国营企业组织试点。这些规定允许企业实行利润留成，并保证企业在完成国家计划的前提下，可制定补充计划，自行销售产品。企业有权设置内部机构和任免中层以下干部。工业领域改革赋予国有企业一定的经营自主权，对国有企业优化资源配置和提高生产积极性产生了一定的激励作用。农村和国有企业的改革为乡镇企业和民营企业成长开辟了空间。一方面，家庭承包责任制使更多的劳动力从农业生产中解放出来，为乡镇企业和民营企业发展提供了劳动力；另一方面，国有企业计划外交易的认同消除了国有企业与乡镇企业和民营企业的交易壁垒。乡镇企业和民营企业如同雨后春笋般在长三角发芽成长。无论是对于农业占比较高、乡镇企业基础较好的江苏省而言，还是对于农业占比高、民营企业成长土壤较好的浙江省而言，改革开放初期的政策对两省的经济增长的促进效应都十分显著。江苏省尤其是苏南地区的乡镇企业异军突起。在浙江省的东南地区（如温州市）涌现出大量的民营企业家和民营企业。对于城市化水平高、国有企业占比大的上海市，由于当时的大型企业仍然处于计划经济的控制，经济增长逊色于江浙两省。事实上，为了防范改革的风险，作为当时全国举足轻重的财政大户和重要的工业产品生产基地的上海市，中央将上海市的稳定放在了突出的位置，触及上海经济的改革举措较少。由于改革的滞后，上海市在此阶段成为长三角乃至全国的经济增长洼地。

三、市场经济体制目标确立后的长三角经济增长

在1992年10月召开的中国共产党第十四次代表大会上，党和政府首次提出了建立社会主义市场经济体制的改革目标。这一目标的提出从根本上解除了长期以来制约改革开放的思想束缚。本次大会后，中国的改革开放步伐显著加快，一系列重大改革开放政策纷纷出台。

市场经济体制目标的确定和开放政策的实施改善了中国的投资环境，中国尤其是区位优势较好的长三角地区很快成为跨国公司投资的热点。此时，恰逢经济全球化的浪潮，跨国直接投资十分活跃，长三角地区抓住国内改革开放和国际产业大转移的良好机遇，大力进行开发区建设，改善外资利用环境，在吸引和利用外商直接投资上取得了突出的成效。外资在长三角经济中开始扮演重要的角色，在工业生产中的比重迅速上升。与此同时，苏南等地区的乡镇企业全面进入改制转制阶段。经过产权出售、资产出租、股份改造、企业重组等多种形式，乡镇企业的所有制性质发生改变，涌现出众多的民营企业。伴随乡镇企业的退出和大量

外资企业的进入，苏南地区企业的所有制结构发生巨变。通过改革，企业所有权更加明确，经营国际化水平更高，出口竞争力更强。苏南地区的经济增长由 80 年代的乡镇企业发展模式转变为外向型经济驱动模式。

为考察市场经济体制目标确立给长三角经济增长带来的影响，以 1992 年为界，将改革开放的时期分为 1979～1992 年与 1993～2012 年两个时期。江浙沪三地 1993～2012 年的年均增长率均达到 11% 以上，超过了社会主义市场经济体制目标确定前的水平。在此期间，江苏省和浙江省的年均增速仍然非常接近，但两省增速的位次发生了变化，江苏省年均地区生产总值的增长速度开始超过浙江省。进入 90 年代后，在浦东开放战略与随后推行的一系列改革开放政策的驱动下，上海市经济增长率大幅提高，与江浙两省在增长速度上的差距缩小。1993～2012 年，上海市的年均增长率达到 11.6%，超过 1979～1992 年 7.9% 的水平。同一时期江浙两省的年均经济增长率分别为 13.0% 和 12.9%，江苏省的经济增长率比上海市高 2.4%，浙江省的经济增长率比上海市高 1.3%。

市场经济体制目标的确立不仅带来长三角经济增长率的提高，而且也增强了长三角经济增长的稳定性。1979～1992 年，江、浙、沪三地年均经济增长率的标准差分别为 6.2%、6.4% 和 2.3%；1993～2012 年期间江浙两地增长率波动的标准差分别下降到 2.4% 和 3.4%，上海市年均增长率的标准差没有发生变化。用标准差系数（即，标准差与平均值之比）反映增长的波动性，对 1992 年前后两阶段经济增长的波动性进行进一步测算，发现 1993～2012 年江、浙、沪三地的标准差系数均远小于 1979～1992 年之间的水平。由此可见，市场经济体制目标明确后，长三角地区经济增长稳定性显著提高。计划经济和混合经济时代存在的经济增长的大起大落现象随着市场化发展而减弱。

四、加入 WTO 与长三角经济增长

2001 年 12 月 11 日中国正式成为 WTO 的成员。加入 WTO 是中国改革开放的标志性成果，也是中国改革开放进入新阶段的重要标志。中国经济正式融入世界经济体系有力地促进了中国经济制度的改革和市场的开放，也为世界向中国开放市场提供了保证，降低了中国参与国际贸易的风险。加入 WTO 之后，中国的对外贸易和外资利用出现了前所未有的高速增长，这一变化对于中国经济发展发挥着强有力的拉动作用。长三角地区是中国的开放前沿，加入 WTO 之后长三角保持了原有的高速增长势头。比较 1993～2001 年和 2002～2007 年江、浙、沪年均经济增长率变化和年均增长率波动性的变化可以发现：首先，江、浙、沪的年均经济增长率在原有较高水平的基础上又有了进一步的提升，在江、浙、沪两省一市中以江苏省的增长率幅度最大。其次，江、浙、沪两省一市经济增长率的波

动性减少，说明加入 WTO 不是扩大了经济的波动性，而是有效减少了经济的波动性。相对于计划经济体制而言，开放的市场经济体制具有更好的稳定经济功能。第三，加入 WTO 促进了长三角经济的融合，长三角两省一市经济增长率变化周期高度趋同。在 2002～2007 年期间，江、浙、沪的年均增长率分别为 14.1%、13.9% 和 12.8%；三地年均增长率的差距仅为 1.3%。第四，加入 WTO 后，长三角各地经济增长稳定性有所提升。为考察加入 WTO 对经济增长稳定性的影响，现将 2002～2007 年各地经济增长的波动性与加入 WTO 之前的情况进行比较。对各地年增长率的标准差进行计算表明，在 1993～2001 年期间，江、浙、沪三地增长率的标准差分别为 3.2%、4.3% 和 1.8%。加入 WTO 之后的 2002～2007 年期间，三地年均增长率的标准差分别为 1.1%、0.9% 和 1.4%，远低于加入之前的水平。进一步计算标准差系数的变化发现，江苏省加入 WTO 后经济增长率的标准差系数由 0.24 降至 0.08；浙江省由 0.32 降至 0.06；上海市由 0.15 降至 0.11。上述结果说明加入 WTO 之后长三角各地经济增长稳定性得到提高。如果不考虑美国金融危机这一特殊事件的影响，对 2002～2012 年江浙沪的经济增长进行观察，仍然可以发现在加入 WTO 之后江、浙两省经济增长的波动性远小于加入 WTO 之前的阶段，但上海市经济增长的标准差和标准差系数均略高于 1993～2001 年期间的水平。2002～2012 年期间江浙沪年均经济增长率的标准差分别为 1.6%、2.1% 和 2.4%，标准差系数分别为 0.12、017 和 0.21。

五、美国金融危机与长三角经济增长

2007 年美国爆发金融危机，这一危机席卷全球，各国经济受到了巨大的冲击。金融危机爆发后，由于主要贸易伙伴国收入下降，货币贬值，贸易保护主义升温，长三角的外向型经济受到很大的负面冲击。2008～2012 年，江浙沪的年均经济增长率分别为 11.8%，10.1% 和 8.8%，与 2002～2007 年相比，年均增速下降幅度分别 2.3%、2.8% 和 4.0%，国际化程度最高的上海市降幅超过了江苏省和浙江省。在长三角内部，金融危机后江苏省经济增长的水平相对较高，增长的平稳性略好于浙江省和上海市。尽管在金融危机发生后，长三角的经济曾经出现了短暂的恢复性增长，但总体而言，长三角经济增长速度呈现出增速下滑的态势。2012 年江、浙、沪三地的经济增长率均陷入到 1992 年以来的最低水平。

六、长三角经济增长速度与全国的比较

1979～2012 年，中国国内生产总值的年均实际增长率为 9.8%，江、浙、沪构成的长三角地区的生产总值年均实际增长率为 11.8%，长三角年均实际增长率比全国平均水平高出 2%（见图 4-2）。对各年度全国和长三角的经济增长率进行比较

可以发现，20 世纪 80 年代不少年份长三角的实际经济增长率小于全国平均水平。但自 90 年代以后，随着浦东开发政策的实施和我国改革开放的推进，长三角的实际经济增长率超过全国平均水平，对全国经济增长产生显著的带动作用。

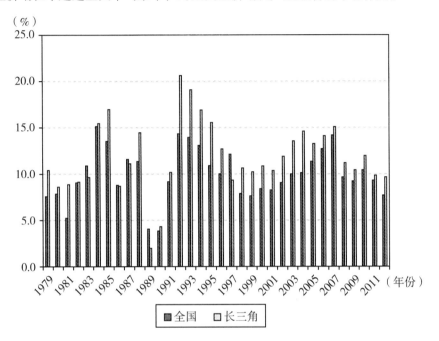

图 4 - 2　长三角与全国生产总值增长率比较

资料来源：根据国家统计局各年度《中国统计年鉴》数据绘制。

在经济波动上，长三角经济增长的波动与全国经济增长率的波动具有同步性。在全国经济增长较快时，长三角经济高速增长；而在全国经济出现低谷时，长三角经济就会出现低迷的状态。长三角经济是全国经济的重要组成部分，全国经济政策环境的变化也同样影响着长三角的经济格局。

七、长三角经济在中国经济中的地位

长三角在我国经济中占有突出的地位。2013 年长三角生产总值占全国的比例为 20.8%。自改革开放以来，各年度长三角地区经济生产总值在全国经济中的比重处于 16.7%~20.8% 之间。20 世纪 70 年代末和 80 年代，长三角名义经济增长速度低于全国平均水平，这一阶段该地区生产总值在全国的比重由 1979 年的 19.2% 下降到 1990 年的 16.7%。1991~2004 年期间，长三角在全国经济中的比重不断上升，2004 年这一比重达到 20.7%，直至 2007 年，这一比重一直维持在 20% 以上。但自美国金融危机发生后，长三角经济在全国的比重在一段时期内出现明显的下降迹象，这一现象一方面反映了世界经济变化对长三角经济发展带来了较大的挑战，另一方面也体现了在新的发展阶段长三角经济发展方式转型的必要性。2013 年，长三角生产总值在全国的占比出现了跳跃式的上升，服务业和新兴产业的快速发展是推动长三角经济增长的重要力量。这一现象与世界经济的复苏有一定关联，但更为重要的原因归功于长三角经济发展方式的转型。

在改革开放的三十多年里，长三角区域内部各省市的相对经济地位也在不断变化。2013 年在全国生产总值中，江、浙、沪所占的比例分别为 10.4%、6.6% 和 3.8%，江苏省生产总值在长三角两省一市所占比例最大，约占长三角两省一市经济总量的一半。图 4 – 3 显示了江浙沪两省一市各年度名义生产总值在全国占比的情况。与改革开放初期相比，上海市生产总值在全国的比重有较大程度的下降，而江苏省和浙江省在全国生产总值中的比重有较大幅度的上升。1979 ~ 2012 年，江浙两省生产总值在全国国内生产中的比重分别由 7.4% 和 4.1% 上升至 9.4% 和 6.0%，而上海市的占比则由 7.4% 下降至 3.5%。

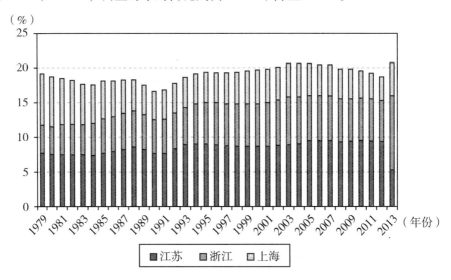

图 4 – 3   长三角生产总值占全国的比重

资料来源：根据国家统计局各年度《中国统计年鉴》数据绘制。

长三角名义生产总值在全国的比重从 2005 年起开始下降，其中，上海和浙江经济比重的大幅下降是导致长三角地区在全国经济中比重下降的主要原因。2005 ~ 2012 年，上海市的比重由 2004 年的 4.8% 降至 2012 年的 3.5%，浙江省的比重由 2004 年的 7.0% 下降到 6.0%。相对而言，江苏省经济在此期间的比重不仅没有下降反而略有提高，2004 年江苏省的比重为 9.0%，而 2012 年江苏省的比重为 9.3%。2013 年长三角两省一市的生产总值在全国的占比同时扭转了几年来的下降势头。上海市、江苏省和浙江省在全国生产总值中的比重分别达到3.8%、10.4%和6.6%,与2012年相比这一比重的上升幅度分别为0.3%、1.1%和0.6%。

第2节　长三角经济增长中的需求变化

一、需求增长对长三角经济增长的贡献率

无论是需求还是供给均是决定生产的重要因素。在国民生产决定机制上,以凯恩斯为代表的有效需求理论强调需求对生产的决定性作用,认为只要社会需求增加,企业就会加大生产满足社会需求。反之,在社会需求减少时,企业就会面临产能过剩,减少生产活动。凯恩斯的有效需求理论以商品价格具有刚性、生产要素没有被充分利用的假设为前提,一般仅适用于市场不充分、需求不足的短期分析。

中国是一个人口大国,在过去相当长的一段时期内存在劳动力闲置和阻碍劳动力流动的障碍。产能过剩和需求不足是伴随中国经济发展过程中的长期现象。在这一经济特征下,需求变化对经济增长的影响十分明显。

社会总需求由私人消费、政府支出、私人投资和净出口四部分组成。其中,政府支出可以分为政府消费和政府投资。将私人消费与政府消费之和统称为最终消费,政府投资和私人投资统称为投资,那么,社会总需求也就是最终消费、投资和净出口三大部分。国民生产总值最终被用于这些需求的支出。

根据国内生产总值恒等于国内支出的原则,国内生产总值等于最终消费、资本形成和净出口之和,即 $Y = C + I + NX$[①]。因此,国内生产总值的变化等于各项需求的变化总和,即: $\Delta Y = \Delta C + \Delta I + \Delta NX$。两边同时除以 Y,得到:

$$\frac{\Delta Y}{Y} = \frac{\Delta C}{Y} + \frac{\Delta I}{Y} + \frac{\Delta NX}{Y} \tag{4.1}$$

其中,等式左边表示经济增长率。将等式两边同时除以经济增长率,得到:

$$1 = g_c + g_I + g_G + g_{NX} \tag{4.2}$$

其中: $g_C \equiv \left(\frac{\Delta C}{Y}\right) \bigg/ \left(\frac{\Delta Y}{Y}\right) = \frac{\Delta C}{\Delta Y}$, $g_I \equiv \left(\frac{\Delta I}{Y}\right) \bigg/ \left(\frac{\Delta Y}{Y}\right) = \frac{\Delta I}{\Delta Y}$ 和 $g_{NX} \equiv \left(\frac{\Delta NX}{Y}\right) \bigg/ \left(\frac{\Delta Y}{Y}\right) =$

---

① 这里的最终消费包含了政府消费,固定资本形成包含了政府对固定资本的投入,因此在需求构成上没有单列政府开支一项。

$\dfrac{\Delta NX}{\Delta Y}$，分别代表最终消费、固定资本形成和净出口对经济增长的贡献率。这些贡献率代表了经济增长中各需求的贡献所占的比例，等于各类需求的变化与产值变化之比。

利用国家统计局发行的《中国统计年鉴》颁布的各年度的国内生产、最终消费、投资和净出口数据，我们对长三角经济增长过程中各类需求的贡献进行测算，以此分析改革开放以来长三角经济增长过程中各类需求变化的作用。

1979~2012 年，长三角消费贡献率年平均值为 50.3%。投资增长对长三角经济增长的贡献率为 43.8%，净出口增长对长三角经济增长的贡献率为 6.1%。三大需求中消费对长三角经济增长的贡献率最大。消费需求增长对长三角经济增长的贡献大于投资和净出口的贡献之和。

长三角净出口对经济增长的贡献率高于全国平均水平。1979~2012 年，全国消费、投资和净出口对经济增长贡献率的平均值分别为 54.1%、45.7%、0.2%。长三角的消费贡献率和投资贡献率均低于全国的平均水平，但净出口对长三角经济增长的贡献率比全国水平高出 5.9%，这一结果说明，长三角的经济增长更加依赖于外部需求的增长。

长三角各类需求对经济增长的贡献率具有较大的波动性。1979~2012 年，长三角消费贡献率的变化范围为 42.7%~83.2%，投资贡献率的变化范围为 8.1%~97.2%，净出口贡献率的变化范围为 −49.8%~25.9%。从波动范围上看，消费的贡献率相对稳定，而投资和净出口的波动范围相对较大，说明消费是长三角经济增长中最为稳定的因素。消费的最低贡献率出现在 1992 年，最高出现在 1982 年。投资的最大贡献率出现在 2009 年，最低贡献率出现在 1981 年。净出口的最高贡献率出现在 1979 年，最低贡献率出现在 2009 年（见图 4-4~图 4-6）。这些年份之所以出现贡献率的大幅波动，原因在于国内政策的重大调整和国际经济因素的巨大变化。例如，2009 年受美国金融危机的影响，外需贡献率大幅下降，此时国家出台了刺激国内需求的投资政策，在此背景下，该年度投资对经济增长的贡献率达到了改革开放以来的最高水平。再如，1992 年我国将社会主义市场经济体制作为奋斗目标，改革开放的方向得以明确，为各类所有制企业的发展提供了制度保障。在该年份，投资和净出口大幅增长，对经济增长的贡献率得到提升。

市场经济体制确立后投资对长三角经济增长的贡献显著提高，但消费和净出口的贡献率则明显下降。1979~1992 年，长三角经济增长中的投资贡献率年均值为 36.4%，而在 1993~2012 年年均值上升到 52.2%。消费贡献率则由 61.1% 下降到 49.2%，净出口贡献率由 2.2% 下降到 −1.2%。在一些年份，净出口的

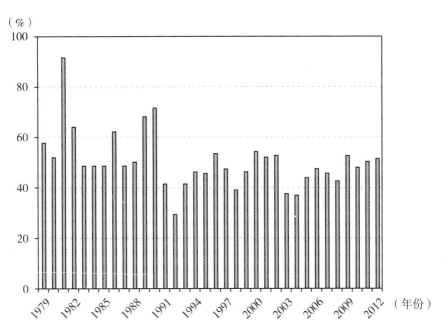

图 4-4 长三角消费对经济增长的贡献率

资料来源：根据测算结果绘制。

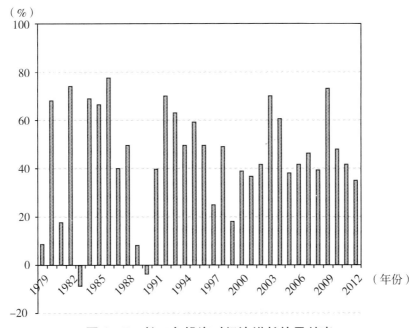

图 4-5 长三角投资对经济增长的贡献率

资料来源：根据测算结果绘制。

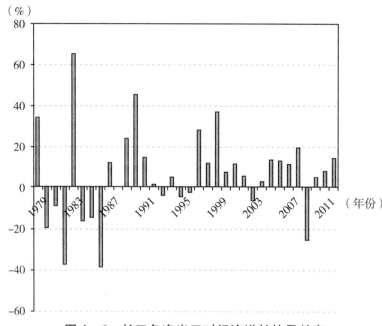

图 4-6　长三角净出口对经济增长的贡献率

资料来源：根据测算结果绘制。

贡献率之所以出现负数，其原因在于经济增长过程中出现了净出口减少的现象。进口和出口是全球经济形势变化对国内经济产生影响的最为直接的渠道。根据各类需求变化对中国经济增长贡献率的测算结果，可以看出净出口贡献率的波动性最大。尤其在 2007 年美国金融危机爆发后，长三角的贸易由过去的顺差转变为逆差，净出口对长三角地区经济增长的贡献急剧下降。2009 年净出口的贡献率下跌近 -50%。2009 年长三角经济总量的增长主要来源于投资需求和国内消费的增加。2009 年投资对长三角经济增长的贡献率达到 97.3%，消费的贡献率也上升为 51.8%，两者之和超过 100%，投资和消费的增长抵补了外需减少的损失，长三角经济的经济总量没有因外需的减弱而下降。但 2009~2012 年长三角的贸易收支一直为负数的事实表明，在经济全球化变化和国内发展条件的变化中，长三角经济增长的动力机制正在转变。通过外需扩大驱动增长的全球化红利正面临着越来越多的制约。

二、长三角内部区域间需求贡献率的比较

长三角两省一市的资源禀赋、产业结构和发展阶段存在差异性，其经济增长的动力机制并不完全相同。以下对长三角两省一市的消费、投资和净出口对经济增长的贡献率进行比较。

从 1979～2012 年整个期间看，江苏省经济增长中的消费贡献率远远低于浙江省和上海市。江苏省年均消费贡献率为 47.3%，而浙江省和上海市同一期间的年均消费贡献率分别为 52.8% 和 56.0%。1979～2012 年全国的年均消费贡献率为 54.1%，上海市消费贡献率略高于全国平均水平，但江苏省和浙江省的消费贡献率均小于全国平均水平。

投资是多年来拉动长三角经济增长的重要力量。1979～2012 年，江苏的年均投资贡献率高达 48.3%，在长三角两省一市乃至全国范围内，投资贡献率之高十分突出。与江苏高水平的投资贡献率相比，上海市和浙江省的投资增长贡献率相对较低，分别为 42.7% 和 37.8%。同一期间全国投资贡献率的平均水平为 45.7%，江苏投资贡献率高于全国，而上海市和浙江省的投资贡献率比全国平均水平低。

作为对外开放的前沿，长三角各地长期保持贸易顺差。从有效需求理论看，贸易顺差表示国际贸易增加了对本地生产的需求，而贸易逆差则代表着国际贸易交往对本地生产需求的负面作用。计算表明，1979～2012 年，浙江省经济增长中净出口的贡献率为 9.4%，江苏省和上海市分别为 4.4% 和 1.9%。可见，净出口对浙江省经济增长的贡献率大于其对江苏省和上海市经济增长的贡献。同一期间，全国的平均水平仅为 0.1%。长三角两省一市的净出口贡献率均超出了全国平均水平，一方面反映出长三角地区各地对外需依赖的共同特点，同时也说明长三角各地相对较强的国际贸易竞争力。

在经济发展过程中，长三角各地的需求结构变化具有许多相似之处。计算各年度三大需求在各地生产总值中的占比并进行观察发现以下特点。第一，虽然各地的消费率和投资率在相邻的年份之间会出现波动，但 1993～2012 年的波动远远低于 1979～1992 年的波动幅度。第二，1993～2012 年，上海市的消费率随着收入水平的提高稳步上升，而江苏和浙江省的消费率基本稳定在 1993 年的水平。第三，金融危机爆发前后，两省一市的消费率及其变化趋势没有发生明显的变化，但各地净出口占地区生产总值的比例均在 2009 年出现了下跌。

在长三角各地需求的规律性变化中，长三角三大需求要素对经济增长的贡献率也在发生相应的变化。其中最为明显的特征就是，1993 年之后，各因素贡献率的波动幅度明显小于在此之前的一段时期。产生这一现象的原因与市场经济体制目标明确后我国经济增长稳定性提高有密切关系。测算发现，消费、投资和净出口对经济增长的贡献率在 1993～2012 年尽管在波动，但难以看出趋势性的变化规律。从近年来的变化上看，2009 年受金融危机和应对金融危机政策的影响，各地净出口贡献率出现了大幅下降，投资贡献率则显著上升。但在随后的 2010～2012 年，伴随进出口贡献率的上升，投资贡献率正在逐步下降。2012 年度，江浙沪消费贡献率分别为 41.7%、62.5% 和 54.2%，江苏省消费的贡献率最小，浙江省的消费贡献率最大，上海市处于江苏省和浙江省之间。

第3节　长三角经济增长中的单要素生产率

一、劳动生产率的变化

　　长期而言，区域生产由区域供给能力决定。区域经济总量的增加来源于要素禀赋的增加和组合要素的技术水平的提高。在经济增长过程中，要素投入增长与技术进步之间的关系并不是孤立的。要素投入增加可以通过规模经济提升生产效率，同样技术进步也会促进要素投入增长。要对长三角经济增长方式进行辨析，依然存在不少技术上的难点，但一个最简单也是最直观的方法就是观察经济增长过程中要素产出效率的变化。如果劳动、资本和资源的生产效率在经济增长中得到显著提升，可以认为这一增长就是集约型经济增长。

　　劳动生产率是指单位劳动的实际生产总值，用各区域的实际生产总值除以劳动力总量衡量。本节以1978年作为基准年份，计算长三角就业人数的人均实际生产总值。实际国民生产总值通过基准年份的名义生产总值与各年度相对基准年份的实际生产总值指数的乘积获得。区域名义生产总值、实际生产总值指数和年末劳动力总量的数据来自于上海市、江苏省和浙江省各年份的统计年鉴和《新中国60年统计年鉴》。

　　表4-3列出了部分年份的测算结果。该表显示，改革开放以来长三角两省一市的劳动生产率持续增加。1978~2011年，上海市单位劳动的实际产出由1978年的人均0.39万元增加到2011年的6.04万元，2011年实际劳动生产率为1978年的15.5倍。江苏省的实际劳动生产率由人均0.09万元增加到2011年的2.63万元，2011年的劳动生产率为1978年的22.6倍。同一期间浙江省的实际劳动生产率由人均0.07万元增加到2011年的1.82万元，2011年实际劳动生产率为1978年的25.9倍（见表4-3）。

表4-3　　　　　　　部分年份长三角实际劳动生产率　　　　　单位：万元/人

省（市）＼年份	1978	1992	2001	2007	2011
上海市	0.39	0.98	2.88	4.60	6.04
江苏省	0.09	0.28	0.81	1.69	2.63
浙江省	0.07	0.25	0.75	1.33	1.82

注：按1978年价格计算。

资料来源：根据国家统计局各年度《中国统计年鉴》的有关数据计算。

比较长三角各省市实际劳动生产率的差异，可以发现江苏省和浙江省实际劳动生产率的增长率远超过上海市。但从绝对水平上看，目前上海市的实际劳动生产率仍高于江苏省和浙江省。在长三角两省一市中，上海市的劳动生产率最高，浙江省的劳动生产率最低，江苏省的劳动生产率居中。上海市之所以具有较高的劳动生产率，其原因在于上海市具有较好的产业基础、较高层次的产业结构和较为充裕的人力资本。

为考察市场经济体制目标确立对劳动生产率的影响，我们对 1980～1992 年与 1992～2001 年之间的劳动生产率变化情况进行比较。在 1980～1992 年，上海市的实际劳动生产率由人均 0.39 万元增加到 0.98 万元，实际劳动生产率的年均增长率为 6.4%；而在 1992～2011 年，上海市的实际劳动生产率的年均增长率为 9.5%。因此，1992 年市场经济体制目标明确后，上海劳动生产率有显著提高。江苏省和浙江省的发展同样验证了市场经济体制对劳动生产率提升的促进效应。1980～1992 年期间江苏省实际劳动生产率的年均增长率为 7.8%，1992～2011 年的实际增长率为 11.9%；两期间相比，年均增长率增加了 4.1%。浙江省在 1980～1992 年期间实际劳动生产率的年均增长率为 9.0%，而在 1992～2011 年实际劳动生产率的年均增长率达到 11.9%，比建立市场经济体制前的增速提高了 2.9%。

中国经济的开放为中国参与全球分工提供了制度上的保证。参与全球化促进了中国企业的竞争环境、中国比较优势得到更大的发挥。在 2001 年 12 月中国正式加入 WTO 之后，长三角的对外贸易迅速发展，大量跨国公司进入长三角地区进行生产，长三角经济发展动力得到加强。以下以 2001 年为界，观察加入 WTO 前后长三角劳动生产率的变化。1992～2001 年，上海市、江苏省和浙江省的实际劳动生产率的年均增长率非常接近，分别为 12.7%、12.7% 和 12.8%；而在 2001～2007 年，即加入 WTO 至美国金融危机爆发的一段时期内，上海市、江苏省和浙江省的实际劳动生产率年均增长率分别为 8.1%、13.0% 和 10.2%，各地保持着较高的劳动生产率增长率。其中，江苏省实际劳动生产率的增长率略有提高，但上海市和浙江省实际劳动生产率的增长率略有下降。

2007 年美国金融危机爆发后，长三角的外需减弱，生产活动受到了较大的外部冲击。2008～2011 年上海市、江苏省和浙江省的年均实际劳动生产率的增长率分别为 7.1%、11.7% 和 7.9%。与金融危机爆发前相比，均出现了较大幅度的下降。其中，上海市的降幅为 1.0%，江苏省的降幅为 1.3%，浙江省的降幅最大，高达 2.3%。民营经济在浙江省经济中所占的比例较高，其中不少为小规模的从事劳动密集型产品生产的民营企业，在外需减少的冲击下，此类企业抗风险的能力较弱，伴随生产增速的下降，劳动生产率上升的速度也显著降低。

二、资本产出效率的变化

改革开放以来，长三角经济的高速增长很大程度上来源于投资的驱动。无论是基础设施建设还是设备厂房的兴建均需要通过投资实现，投资是长三角经济增长的动力。但投资的增加与资本产出效率之间并不存在必然的关系，一方面单纯数量扩张的投资会形成资本边际生产递减效应，另一方面为引进先进设备和应用新技术的投资也会使资本的产出效率提高。为了测算长三角资本产出效率的变化，我们首先采用国际上较为通用的永续盘存法对资本存量进行测算，然后再通过产出与资本存量之比估计各地的资本产出效率。

1978～2011 年期间，长三角两省一市的资本产出效率均存在递减现象。1978 年上海市、江苏省和浙江省的资本产出效率分别为 1.63、1.15 和 0.80，而在 2011 年分别降为 0.58、0.31 和 0.38。从 2011 年资本产出效率上看，上海市位居两省一市之首，浙江省的资本产出效率位于上海市和江苏省之间，江苏省的资本产出效率最低（见表 4－4）。多年来，江苏省投资增长速度超过上海市和浙江省，投资对江苏省经济增长发挥了重要贡献，与此同时，在快速资本积累过程中，江苏资本的产出效率不断下降，单位资本的产出仅为 0.31 元。江苏资本产出的低效率与江苏省产业结构有关，相对于上海而言，江苏省制造业所占比重较大，服务所占比重较小；相对于浙江省，江苏省制造业中资本密集型产业的比重相对较高，而浙江省制造业中劳动密集型产业居多。

表 4－4　　　　　　　　　部分年份长三角资本产出效率

年份 省（市）	1978	1992	2001	2007	2011
上海	1.63	0.69	0.54	0.61	0.58
江苏	1.15	0.59	0.42	0.36	0.31
浙江	0.80	0.77	0.50	0.45	0.38

注：按 1978 年价格计算。

资料来源：根据国家统计局各年度《中国统计年鉴》的有关数据计算。

在改革开放的历程中，上海市在 1978～1992 年资本产出效率下降较快，但在 1992 年之后，其资本产出效率基本没有发生太大的变化，在 0.6 上下波动。江苏省资本产出效率持续下降，1992 年之前的下降速度略快于 1992 年之后的阶段。浙江省的资本产出效率变化经历了先上升后下降的历程。在 1978～1985 年，浙江省的资本产出效率处于上升阶段，但自 1986 年以后，浙江省资本产出效率开始下降。

美国金融危机爆发后，上海市的资本产出效率出现了细微的变化。在 2007 年之前，上海市的资本产出效率表现出上升的势头，但在 2007 年之后资本产出效率出现缓慢下降。江苏省和浙江省的资本产出效率变化态势与金融危机爆发之前的差别不是很大，无论是在危机爆发之前的一段时期还是在危机爆发之后，两省的资本产出效率均在持续下降（如图 4 – 7 所示）。2001～2007 年，江苏省和浙江省的单位资本产出分别为 0.42 和 0.50，2007 年分别降至 0.360 和 0.45，金融危机爆发后进一步降至 0.31 和 0.39。上海市资本产出效率高于江苏省和浙江省的原因在于，其一，上海市产业结构与江浙两省的产业结构不同。上海市服务业比重远高于江苏省和浙江省。制造业是资本密集型产业，生产活动量越大，投资需求越多。其二，产业调整速度不同。2001 年以来上海市服务业发展速度高于江浙两省，产业结构由制造业向服务业转移的速度较快，有助于抑制资本边际产出的下降。

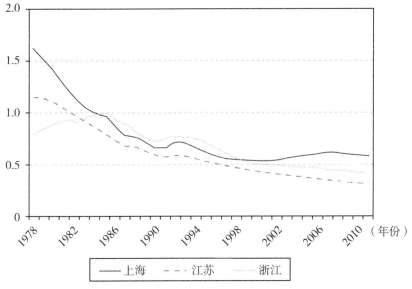

图 4 – 7　长三角单位资本产出的变化

资料来源：根据测算结果绘制。

三、单位 GDP 能耗

能源产出效率的提升对于长三角经济可持续发展意义重大。经济增长过程中能源资源投入的增长不仅会受到资源约束的制约，而且在能源消耗的过程中会形成大量的污染物，破坏生态环境。推进能源产出效率的提高是长三角地区经济增长方式转型的重要任务。

在长三角经济增长过程中，能源投入总量持续增加。1980～2011年上海市能源消耗量由2 236万吨标准煤增长至11 271万吨标准煤，2011年的能源消耗量是1980年的5倍。2011年江苏省能源消耗量是上海市的2倍以上，达到27 589万吨标准煤，是1980年江苏省能源消耗的7.6倍。浙江省能源消耗量由1980年的1 637.5万吨增加至2011年的17 827.3万吨标准煤，2011年的消耗量为1980年的10.9倍。2011年上海市、江苏省和浙江省每万吨标准煤的名义GDP产值分别为1.70亿元、1.78亿元和1.81亿元。折算成单位GDP能耗，上海市、江苏省和浙江省的能耗分别为每亿元GDP消耗0.58万吨、0.56万吨和0.55万吨标准煤。2011年全国每亿元GDP平均消耗的能源为0.80万吨标准煤，长三角单位GDP的能耗小于全国平均水平。

为观察长三角经济发展过程中能耗效率的变化，我们计算各年度单位实际GDP能耗。单位实际GDP能耗为能耗与实际GDP之比。采用1978年为基期，将各年度的名义GDP换算成实际GDP，以剔除物价变化对测算结果产生的影响。

表4-5显示，改革开放以来，长三角单位产出的能耗不断降低，说明这一地区在经济增长过程中能源产出效率得到提高。上海市的能源效率变化最为显著，1980年上海市每亿元实际GDP的能耗为4.6万吨标准煤，而在2011年，该指标降至0.1万吨，为1980年的1/50。2011年江苏省和浙江省的能耗指标分别为1980年的17%和25%，尽管也有很大程度的下降，但与上海市相比，无论在能源效率上还是在降幅上都显得相对缓慢。尤其与发达国家相比，江苏和浙江省的能耗水平依然较高，进一步提高能源利用效率、降低能耗是长三角（尤其是江浙两省）面临的艰巨任务。

表4-5   **部分年份长三角单位GDP能耗变化**   单位：万吨/亿元

年份 省（市）	1980	1992	2001	2007	2011
上海市	4.6	1.0	0.3	0.2	0.1
江苏省	12.3	5.3	2.5	2.7	2.1
浙江省	10.0	5.3	3.5	3.2	2.5

资料来源：根据国家统计局各年度《中国统计年鉴》的有关数据计算。

美国金融危机爆发后，长三角经济结构转型加快，能源产出效率得到提高。2001～2007年，江苏单位实际GDP能耗处于微弱上升阶段，但2007年之后这一趋势得到扭转，单位实际GDP能耗开始下降。同样，浙江省单位实际GDP能耗的下降速度也在金融危机后加快。2001～2007年，浙江省单位实际GDP的能耗仅下降 0.3 万吨标准煤，而 2007～2011 年的四年里降幅达到 0.7 万吨标准煤。

四、单位 GDP 废气排放量

伴随经济总量的增加，生产和生活对环境造成的负担也在相应增加。在经济发展过程中单位生产活动产生的污染排放量是体现区域经济发展质量的重要指标。以下通过测算单位生产总值的二氧化硫排放量对长三角经济增长方式的变化进行观察。

2012 年，上海市、江苏省和浙江省每亿元名义 GDP 二氧化硫排放量分别为 0.00113 万吨、0.00184 万吨和 0.00181 万吨。与全国平均水平相比，长三角单位 GDP 的排放量低于全国水平。2012 年全国单位产出的二氧化硫排放量为每亿元 GDP 排放 0.00367 万吨，约为上海市的 3 倍以上，是江苏省和浙江省的 2 倍（见表 4-6）。在两省一市中，上海市单位产出的排放量最少，江苏省和浙江省单位产出的排放量均大于上海市。上海市的产业结构与江苏和浙江不同，服务业比重相对较高是形成上述差异性的主要原因。

表 4-6 　　　　　　　部分年份长三角与全国单位名义产出
二氧化硫排放量　　　　　　　　　单位：万吨/亿元

	2003 年	2007 年	2012 年
上海市	0.006726	0.003984	0.001131
江苏省	0.009971	0.004682	0.001835
浙江省	0.007566	0.00425	0.001805
全　国	0.003744	0.004281	0.003673

资料来源：根据国家统计局各年度《中国统计年鉴》的有关数据计算。

从变化上看，长三角两省一市单位名义产出的二氧化硫排放量随时间推移而下降。无论是在金融危机爆发之前还是金融危机爆发之后，这一变化都十分明显。江苏省单位产出的二氧化硫排放量一直高于上海市和浙江省，但其排放效率的下降速度高于浙江省。2003 年江苏省单位产出的二氧化硫排放量为每亿元 0.00997 万吨，显著高于浙江省当年的每亿元 0.00757 万吨的排放量。但在 2012 年江苏和浙江省的单位产出二氧化硫排放量已经十分接近，江苏省为每亿元 0.00184 万吨，浙江省为每亿元 0.00181 万吨。2003～2012 年期间，上海市不仅单位产出的二氧化硫排放量最少，而且也是长三角两省一市中排放量下降速度最快的地区。此外，相比于全国，长三角减排效率上的提升十分突出。2003 年，长三角两省一市单位产出的二氧化硫排放量是全国平均水平的 1.8～2.7 倍，而在 2012 年长三角各地单位产出的排放量已下降至全国平均水平的 0.3 ~ 0.5 倍。全国单位产出二氧化硫的排放量在整个 2003 ~ 2012 年期间变化不大，甚至在 2003 ~ 2007 年期间处于上升的阶段。在金融危机爆发之后，全国单位产出的二氧化硫排放量才开始出现下降的趋势。由此可见，长三角在减少污染排放上的努力走在了全国前列。

为剔除物价变化对减排效率测算带来的影响，我们对单位实际产出的二氧化硫排放量进行测算。相关年度的实际 GDP 根据基准年度 GDP 与不变价格国民生产指数的乘积获得。以 1978 年为基准年测算出的相关年度的单位实际 GDP 的二氧化硫排放量如表 4 – 7 所示。

表 4 – 7　　　　　**部分年份长三角与全国单位实际产出**

二氧化硫排放量　　　　　单位：万吨/亿元

	2003 年	2007 年	2012 年
上海省	0.015798	0.010575	0.003185
江苏省	0.027281	0.015441	0.00/204
浙江省	0.027156	0.017486	0.008687
全国	0.05041	0.034274	0.016895

资料来源：根据国家统计局各年度《中国统计年鉴》的有关数据计算。

第 4 节　长三角全要素生产率变化对经济增长的贡献

一、全要素生产率的测算

全要素生产率的概念来自于索洛提出的新古典派增长理论，是指单位总投入的产出效率。按照新古典派增长理论，经济总量的增长归咎于生产能力的增长，这一增长的来源可分解为要素投入增长和生产效率提升两大部分。要素投入增长是生产要素投入量的增加；生产效率提升是指生产增长中不能用生产要素投入量增长所解释的部分，体现技术进步、组织创新、人力资本提升、规模经济等一系列因素变化对生产作用的综合效应。在经济增长中，全要素生产率增长的贡献越大，说明经济增长的集约性和可持续性越高。反之，如果经济增长中要素投入的贡献率越大，则说明经济增长方式具有粗放型特点。由于要素投入存在边际生产递减规律或存在人口和自然资源禀赋的约束，因此粗放型经济增长方式难以持续。技术进步和组织创新没有边界，不存在边际生产递减的规律，被认为是推动经济增长的永恒动力。

我们采用 DEA-Malmquist 指数法对长三角以及全国其他省市的 TFP 进行测算。按照保持投入指标间独立性、与产出指标相关性的原则，选取资本和劳动作为投入要素、实际 GDP 作为产出变量构建指标体系。为了比较长三角经济增长模式与其他地区之间存在的差异性，我们不仅测算了长三角的 TFP 增长情况，而且对除西藏以外的其他地区的 TFP 增长进行了测算。测算的时间范围为 1981～2011 年。测算中采用的实际 GDP 通过名义 GDP 和地区生产总值指数换算得到。数据来源于各省统计年鉴和《新中国 60 年统计资料汇编》。在价格折算时，选取 2000 年为基年。劳动投入以年末从业人员代替，数据来源于各省统计年鉴。部分缺失数据根据本省邻近年份增速情况加以补齐。对于实际资本存量，采用"永续盘存法"来测算，具体计算过程为：

$$K_{it} = K_{it-1} - D_{it} + I_{it}$$

其中，K_{it}、K_{it-1} 分别为当期和前一期的实际资本存量，D_{it} 为实际折旧额，I_{it} 为当期实际投资，用经固定资本形成缩减指数调整后的固定资本形成总额代替。基期资本存量直接取自张军等（2004）；1980～2004 年折旧额、固定资本形成缩减指数数据来自于《中国国内生产总值核算历史资料：1952～1995；1996～2002；1952～2004》，2005～2011 年折旧额来自《中国统计年鉴》，2005～2011年固定资本形成缩减指数用固定资产投资价格指数替代，后者取自各省统计年鉴。固定资本形成总额来源于各省统计年鉴和《新中国 60 年统计资料汇编》。

二、长三角全要素生产率的变化

图 4－8 显示了 1980～2011 年江浙沪各年度的 TFP 变化率。图中横坐标表示年份，纵坐标表示 TFP 的年增长率，单位为百分比。改革开放初期，TFP 的波动性很大，这与我国经济增长的不稳定性相对应。近十多年来江浙沪三地的 TFP增长率处于较高的增长水平。在美国金融危机爆发后，TFP 增长率略有下降。

表 4－8 列出了不同时间区间长三角两省一市年均 TFP 增长率情况。在 1980～2011 年，上海市 TFP 的年均增长率为 5.76%，在长三角两省一市中位居首位。江苏省 TFP 的年均增长率仅为 0.54%，在长三角两省一市中增长速度最慢。浙江省 TFP 的年均增长率为 2.94%，处于上海市和江苏省之间。江浙沪两省一市在 TFP 增长率上的差异性较大。产生这种差异性的原因可能与两省一市的资源禀赋和产业结构不同有关。人力资本丰富、服务业占比最大的上海市在经济发展历程中全要素生产率的增长最快。相对于上海市、浙江省乃至全国而言，制造业在江苏经济中作用尤为突出。江苏经济增长中吸引了大量的全球制造业资本，大量的资本进入又进一步带动了劳动投入的增加。资本和劳动投入的增加推动了江

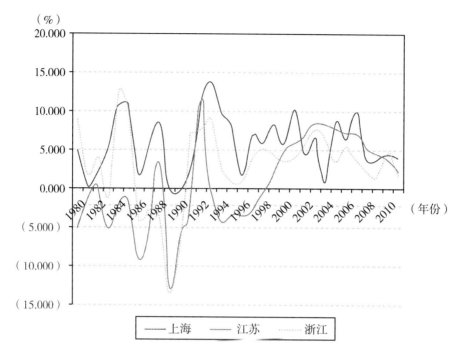

图 4 - 8　长三角地区 TFP 变化率

资料来源：根据测算结果绘制。

苏的经济发展，但在这一过程中，江苏全要素生产率的提升速度却比较缓慢。同一时期，全国各省 TFP 年均增长率的平均值为 1.34% ，整体而言长三角地区 TFP 的增长率高于全国平均水平。

表 4 - 8　　　不同时间区间长三角全要素生产率年均增长率变化　　　　单位：%

年份 省（市）	1980 ~ 2011	1980 ~ 1992	1993 ~ 2011	1993 ~ 2001	2002 ~ 2011	2002 ~ 2007	2008 ~ 2011
上海	5.76	4.82	6.41	7.73	5.23	6.11	3.92
江苏	0.54	- 3.00	3.06	- 0.24	6.08	7.56	3.89
浙江	2.94	1.33	4.06	3.80	4.30	5.44	2.62

资料来源：作者测算。

为观察制度变迁对长三角全要素生产率的影响，我们对改革开放以来长三角不同时期 TFP 的变化进行测算和比较。比较 1992 年前后 TFP 年均增长率的变化，可以发现 1992 年市场经济体制目标确立及其随后采取的改革对长三角地区全要素生产率的影响。1980 ~ 1992 年，江浙沪 TFP 的年均增长率分别为 - 3.00% 、

1.33%和4.82%，而1993～2011年期间，江浙沪三地的TFP年均增长率分别为3.06%、4.06%和6.41%。后一阶段各地TFP的年均增长率均明显高于前一时期。从变化幅度上看，在长三角两省一市中，江苏省的变化幅度最大。这一结果显示，1992年我国明确建立市场经济体制后的改革开放政策有力促进了长三角各地全要素生产率的提高。1993～2001年，全国各省年均TFP增长率为1.58%，长三角两省一市的增长率均超过全国各省市的均值。

中国于2001年12月正式加入WTO。加入WTO是我国改革开放进程中标志性的事件，对中国参与全球分工的制度、方式和环境产生了深远的影响。通过1993～2001年与2002～2011年长三角TFP的变化可以看出，江苏省和浙江省在2002～2011年TFP的年均增长率高于1993～2001年的水平，表明加入WTO之后江苏和浙江省的全要素生产率得到了提升。上海市在2002～2011年的年均TFP增长率达到5.23%，尽管处于较高的水准，但逊色于在此之前的阶段。在长三角两省一市中，加入WTO之后，TFP增长率提升幅度最大的为江苏省。加入WTO之后，全国各省TFP年均增长率的平均值为1.35%，长三角两省一市的增长率远高于全国平均水平。

2007年美国金融危机爆发后，世界经济增速大幅下降。长三角企业的出口受到较大的冲击。2009年为稳定增长和稳定就业，中国政府采取了规模巨大的扩张性财政政策，长三角的投资规模并没有因经济形势的变化而减弱。金融危机后长三角各地TFP增长率出现下降。这一下降产生的原因源自需求减少和产能过剩导致的生产增速下降。政府扩张性投资政策所造就的要素投入量增长也在一定程度上降低了全要素生产率的增长率。2008～2011年江浙沪三地的年均TFP增长率分别为3.89%、2.62%和3.92%，与2002～2007年相比，降幅分别为3.67%、2.82%和2.19%。与全国各省市TFP年均增长率的变化相比，长三角TFP下降的幅度较大，尽管如此金融危机后长三角TFP的增长率仍然高于全国的绝大多数省份。

三、全要素生产率增长对长三角经济增长的贡献率

经济增长来源于要素投入的增长和生产率的提升。全要素生产率增长对经济增长贡献率的大小可用全要素生产率变化率与经济增长率之比来衡量。对各年度全要素生产率的贡献率计算结果表明，在20世纪80年代和90年代的个别年份，长三角出现了TFP增长率小于零的情况。形成这一现象的原因主要是由于这些年份经济增长率远低于资本投入增长速度，大规模的资本增长并未产生相应的经济增长，由此导致全要素生产效率的下降。

在长三角两省一市中，江苏省资本形成增速较快，出现TFP测算结果为负

的年份也最多，如在 1989～1990 年、1994～1998 年测算出的江苏 TFP 不仅没有增加，反而出现了下降。从 1999 年开始，伴随长三角经济增长稳定性的提高，该两省一市 TFP 负增长的状况开始消失，全要素生产率增长对经济增长的贡献率全面为正。近十多年来，全要素生产率提升在长三角经济增长中发挥着重要的作用。1999～2011 年，上海市、江苏省和浙江省经济增长中全要素生产率增长贡献率的年平均水平分别为 53.25%、43.74% 和 34.61%。上海市经济增长中全要素生产率的贡献最大，已超过 50% 的临界水平，进入集约增长阶段。江苏省增长的集约化水平低于上海市，但高于浙江省的水平。表 4-9 显示了 2005 年以来江浙沪全要素生产率对经济增长的贡献率的状况。

表 4-9　　　　2005～2011 年长三角全要素生产率增长对经济
增长的贡献率　　　　　　　　　　单位：%

	2005 年	2006 年	2007 年	2008 年	2009 年	2010 年	2011 年
上海市	75.5	50.4	64.5	38.1	46.4	42.7	46.3
江苏省	52.4	47.7	47.0	40.2	35.3	30.7	20.1
浙江省	28.2	40.4	24.5	24.9	16.8	39.4	19.9

资料来源：笔者测算。

对近十多年来的全要素生产率增长对经济增长贡献率的变化进行分析可以发现，尽管在长三角各地全要素生产率增长已经在这一区域的经济增长中扮演着重要的角色，但其贡献率随时间推移的增长并不明显。这一现象说明，尽管在经济增速减弱的背景下促进经济发展方式转型成为各级部门的共识，但在具体实践中所产生的效应尚未显现，提升生产效率的任务任重道远。

四、长三角经济增长方式与全国其他省市的比较

我国区域之间存在着较大的差距，由于经济结构和发展阶段不同，各地经济增长方式存在显著的差异性。计算全国各省市全要素生产率增长对经济增长的贡献率，并将其与长三角进行比较，可以看出，近十多年来长三角经济增长的集约化程度领先于全国。2002～2011 年，江浙沪 TFP 增长对经济增长的年均贡献率分别为 46.4%、45.1% 和 36.7%，同一期间全国 30 个省市区（除西藏）的平均贡献率仅为 10.6%。

近十多年来长三角两省一市增长的集约化水平稳居全国前列。按照全要素生产率增长对经济增长贡献率的大小进行排序，2002～2011 年上海市、江苏省和浙江省分别位居全国 30 个省市的第 2 位、第 3 位和第 6 位。排名靠前的其他省

份分别为青海（第1），黑龙江（第4）和海南（第5），这些省份虽然经济发展水平不算发达，投资增长也相对缓慢，其经济增长较大程度上依赖于效率的提升。从分年度看，江浙沪经济增长的集约化特点也比较明显。表4－10显示了近十多年来江浙沪全要素生产率增长对经济增长贡献率的全国排名。自2005年起，上海市的排序保持全国前5位的地位，其中有3个年份位居全国之首。江苏省的排名稳定在全国的2～7位。浙江省的排名波动性较大，在5～15位之间变化，但绝大多数年份处于前10位，其中有一半的年份位居前7位。

表4－10　　　　2002～2011年长三角各地全要素生产率增长对
经济增长贡献率的全国排序

	2002年	2003年	2004年	2005年	2006年	2007年	2008年	2009年	2010年	2011年
上海市	11	4	18	1	4	1	5	2	4	1
江苏省	4	3	2	3	6	6	4	3	6	7
浙江省	7	5	7	14	7	15	12	9	5	8

资料来源：笔者测算。

测算结果显示，经济发达的省份不一定是经济增长中全要素生产率增长贡献率最大的省份。广东省的经济发展水平较高，但全要素生产率增长对经济增长的贡献率并不高。2002～2011年，广东省全要素生产率增长对经济增长的贡献率仅为8.4%，远低于长三角区域的水平。尤其在美国金融危机爆发后，广东省全要素生产率出现了下降，因而其对经济增长的贡献率为负值。相比于广东省的情形，长三角全要素生产率的增长相对稳定，说明长三角全要素生产率增长抵御国际需求冲击的能力大于广东省。

长三角经济圈、珠三角经济圈和环渤海经济圈是我国三大重要的经济区域。北京和天津是环渤海经济圈的核心。2002～2011年北京市和天津市的经济增长中全要素生产率增长的贡献率分别为21.2%和24.6%，低于长三角两省一市同一时期的水准。在我国三大经济圈中，长三角经济增长方式的集约化程度最高。

第5章 市场化进程与经济增长方式转变

【本章提要】 在不同的经济体制下，资源配置主体、目标和交易成本不同，个体行为的激励效应也存在差异。经济体制决定个体行为，进而决定经济增长和经济增长方式。中国三十多年的经济转轨实践佐证了经济市场化对经济增长的促进作用。中国的经济转轨具有市场经济导向的渐进式特点，在转轨过程中，资源配置中的市场作用并不充分。国内外有不少研究将中国经济增长方式存在的问题归咎于政府的干预，主张要促进经济增长方式的转变必须加快推进市场化改革。这些观点的提出大都立足于定性分析，但由于缺乏充分的定量检验，因而对现有的市场化进程与粗放型经济增长方式并存的现象解释不够充分。此外，在改革实践中，市场化的内涵十分丰富，既包括国有企业的民营化和资源价格的市场化，也包括产权制度、知识产权保护等支撑市场经济健康运行的体制建设。要制定和落实推进市场化的战略，有必要明确各项市场化举措对经济增长方式变化产生的具体效应，以此明确各项市场化举措的轻重缓急。

本章介绍经济转轨过程中长三角市场化的宏观背景，构建定量评价长三角和我国其他地区市场化进程的指标体系，实证检验减少国有企业比重、健全要素和产品市场、减少政府干预和强化法规法律建设等举措影响经济增长方式的效应，提出以市场化促进长三角经济增长方式转变的政策建议。

第1节 市场化与经济增长关系的研究文献综述

提高全要素生产率是经济可持续发展的必要前提。经济增长方式转型的本质就是从根本上改变依赖要素投入的粗放型经济增长方式，使全要素生产率成为经济增长的主导力量（刘国光，2001；赵文军、于津平，2012）。对于如何提高全要素生产率问题，伊萨克森（Isaksson，2007）认为全要素生产率主要来源于人力资本、基础设施、进口贸易、竞争机制、金融发展、地理环境、资本深化和制度，其中制度是深层次决定性因素。在新制度经济学派看来，只有实施有效制度和产权保护，刺激民间投资和技术创新，才能实现经济可持续增长。经济制度会通过影响激励结构、资源配置效率和受益权的归属等渠道决定经济增长（North & Thomas，1973；Haber et al.，2003；Acemoglu et al.，2004）。只有政治制度将权力分配给各种产权利益群体，有效约束各权力拥有者，经济制度才能有效促进经济增长（De Long & Shleifer，1993；Acemoglu et al.，2004）。国家创新体系研究则强调在现代国家中，技术进步和经济效率的提升并非仅依靠企业自身就能实现，还有赖于政府、研发机构、中介组织和金融机构等协同作用所形成的创新政策和制度体系，制度对企业创新至关重要（Freeman，1988；Lundvall，1992；Nelson，1993；Edquist & McKelvey，2000）。波特（Porter，1990）的"钻石"理论主张，国家应创造良好的支持性制度环境，如减少对要素和货币市场的干预，强化产品、安全和环保标准，增强反托拉斯法，消除贸易限制，以促使生产要素被高效地使用和升级换代，刺激企业创新，提升国家竞争优势。当然，也有不少学者认为制度与经济绩效关系极为复杂，制度变迁未必一定会带来全要素生产率或经济增长（Rodrik & Wacziarg，2005；Acemoglu，2007；Chang，2011）。

我国市场化改革是人类历史上一次最大规模的制度变迁（罗兰，2004），其对全要素生产率和经济增长方式是否具有促进作用，学者们尤其是国内学者给予了较多关注。在市场化改革与全要素生产率关系方面，从资源配置角度，李伟（Li Wei，1997）认为国有企业全要素生产率的上升在很大程度上归因于由经济改革所带来的激励机制的完善、产品市场竞争的增强和要素配置状况的改善。蔡昉等（1999）发现改革进程中非国有经济的发展，推动了劳动力市场的发育，促进了劳动力在部门和城乡间的再配置，提升了全要素生产率。王小鲁（2000）发现全要素生产率提高的主要原因是制度变革带来的大规模生产要素重新配置，特别是农村劳动力和资源从农业向乡镇企业和城市第二、第三产业转移和非国有经济的发展。方军雄（2006）发现随着市场化程度的提高，资本会实现由低效率领域向高效率领域转移，资本配置效率趋于改善。在较近的一项研究中，樊纲等（2011）指出我国市场化改革的推进对全要素生产率提高的贡献率达到39%，对经济增长的贡献达到年均1.45%。从技术进步角度分析，李萍等（2002）认为改革开放以来，引入市场机制，培育市场主体，发展市场体系，建立市场机制等一系列市场取向的改革，影响并改变了技术进步动力机制形成的内在因素和外部环境，推动了技术进步，提升了全要素生产率。李悦（2008）研究显示金融市场化改革是推动自主创新和技术进步，并有效管理经济体系风险的关键所在。

在市场化改革与经济增长方式关系方面，国内学者主要围绕市场化改革如何影响经济增长方式以及如何通过推进市场化改革来加快经济增长方式转型两个问题展开研究。关于第一个问题的研究大致集中于以下五个方面：（1）基于经济制度总体视角。王小鲁（2000）提出改革和制度建设是经济增长转换的前提。吴敬琏（2005）和姚先国（2005）认为传统的经济增长方式的根源在于现行经济制度。（2）基于市场价格体系视角。林毅夫（2007）认为要转型我国经济增长方式，应进行要素价格体系改革，使企业实际支付的要素价格体系符合我国的要素禀赋结构。（3）基于产权视角。贾彧（2006）认为企业产权、生产要素产权制度以及环境资源产权制度对于转换经济增长方式的意义重大。党印（2010）强调转型经济增长方式必须打破国有企业行业垄断。（4）基于政府经济职能视角。吴敬琏（2005）和黄晓鹏（2006）指出传统经济增长方式的根源在政府，主张政府自身改革，转换政府职能，建设有限政府。（5）基于经济法律制度视角。李世新（2010）认为知识产权保护可通过影响技术创新而间接影响经济增长方式。徐秉晖（2009）认为我国经济转型的启动与推进都与经济法有着密切的关联性，经济法律制度的建立与实施对于经济转型能否顺利推进和完成、实现效率与公平至关重要。

针对如何推进市场化改革以加快经济增长方式转型问题，刘国光等（2001）认为要实现经济增长方式的转换，就需要通过经济制度改革解决资源优化配置和建立有效的激励机制和约束机制这两个问题。张卓远（2005）提出深化企业改革，形成转型经济增长方式的微观基础，深化金融体制改革，完善市场体系和市场秩序，理顺分配关系将促使我国经济运行逐步走上转型增长方式轨道。卫兴华（2007）指出体制创新经济增长方式的一个重要基础，是要塑造集约型增长方式的微观载体，必须塑造效率主导型的投、融资机制，体制创新的关键是要转型政府职能。丁辉侠（2012）认为转型中国经济增长方式应着眼于改革政府绩效评估制度、健全知识产权和私有产权保护制度、坚持市场化改革等方面。金碚（2006）认为应在科学发展观指导下实现理论、技术、制度和管理不断创新以推动我国经济增长方式转型。

以长三角地区为研究对象，张小蒂（2005）认为加快市场化取向的改革、提高引进与利用外资的质量、充分利用外来跨国投资产生的技术外溢，是增强我国长三角区域创新活动与能力、促进其技术进步的关键。蒋伏心（2008）认为深化以政府智能转换为主要内容的改革是长三角地区转变经济增长方式的关键，在此基础上，进一步深化改革和对外开放，是实现企业和产业升级和效率提升的核心环节。黄赜琳等（2009）提出长三角要实现经济更好更快地发展，应进一步加强市场化改革，完善市场经济体系。封思贤等（2011）指出无论是应对国际金融危机，还是促进经济增长方式转变，优化金融支持结构应成为未来政策制定时考虑的重点。

已有研究从不同视角揭示了阻碍中国经济方式集约化的制度原因，并为制定促进经济增长方式转型提供了十分重要的建议。但同时我们也发现，在此领域的研究上仍然存在以下几个方面的局限。首先，已有研究在考察市场化改革对经济增长方式的作用机理时，较多将市场化改革的诸多效应割裂开来逐一进行分析，因而缺少系统性。其次，较多地采用定性分析方法研究市场化对经济增长方式的影响，实证研究较少。而在定量考察市场化改革与经济增长方式关系的少数研究中，又往往采用少数指标衡量市场化改革进程，难以揭示市场化改革总体与经济增长方式的数量关系。最后，已有研究更多基于中国总体视角，忽略市场化改革对经济增长方式影响的地区差异性，难以揭示市场化改革所产生的地区间经济结构的调整效应。

第 2 节　长三角市场化进程中的经济增长方式变化

一、我国经济转轨的制度变迁

1978 年 12 月党的十一届三中全会召开，开启了我国社会主义经济体制改革历程。在随后三十多年里，我国经济体制改革不断向纵深推进。1978～1984 年，农村改革取得突破，产生家庭联产承包责任制，城市进行扩大企业自主权改革，催生企业承包制，由此在我国形成了新型的生产关系。在全面总结改革发展的具体实践后，1984 年 10 月党的十二届三中全会发表《中共中央关于经济体制改革的决定》，突破计划经济与商品经济相对立的传统观念，明确提出社会主义经济是在公有制经济基础上的有计划的商品经济，我国经济体制改革随之进入全面改革的新阶段。1987 年 10 月党的十三大明确提出国家调节市场、市场引导企业的经济运行机制，指出社会主义有计划的商品经济体制应该是计划和市场内在统一的体制。针对改革进程中出现的一系列问题，1988 年 9 月中共十三届三中全会作出治理经济环境、整顿经济秩序、全面深化改革的决定，随后我国进入三年治理整顿阶段，这为之后几年我国经济持续、健康和高速发展以及经济体制改革顺利和稳妥的推进奠定了重要基础。

1992 年春，邓小平同志发表重要讲话，明确回答了长期以来束缚人们思想的许多重大认识问题，尤其是社会主义与市场经济关系问题。指出计划多一点还是市场多一点，不是社会主义与资本主义的本质区别。计划经济不等于社会主义，资本主义也有计划；市场经济不等于资本主义，社会主义也有市场；计划和市场都是经济手段。1992 年年底，党的十四大召开，确立了邓小平同志建设有中国特色社会主义理论在全党的指导地位，明确提出我国经济体制改革的目标是建立社会主义市场经济体制，使市场在社会主义国家宏观调控下对资源配置起基础性作用。1993 年 3 月全国人大通过的《中华人民共和国宪法修正案》明确规定国家实行社会主义市场经济。1993 年 11 月党的十四届三中全会通过《中共中央关于建立社会主义市场经济体制若干问题的决定》，对十四大提出的改革目标加以具体化和系统化，清晰地描绘了社会主义市场经济体制的基本框架，成为我国继续深化改革的宏伟蓝图。

2001 年 12 月在经济全球化发展趋势的背景下，中国对内继续深化改革，对外扩大开放，历尽艰辛，克服各种阻挠，正式成为世界贸易组织成员（下文简称 WTO）。正式加入 WTO，一方面为我国经济发展提供了更为广阔空间，另一方面对我国完善社会主义市场经济体制提出更高要求。2003 年 10 月，党的十六届三中全会通过《中共中央关于完善社会主义市场经济体制若干问题的决定》，该决定的发表，标志着我国经济体制改革在理论和实践上再度取得重大进展，使我国经济体制改革进入以完善社会主义市场经济为基本内容的制度创新阶段。2004 年 3 月召开的十届人大二次会议，通过《中华人民共和国宪法修正案》，明确规定公民的合法的私有财产不受侵犯，国家尊重和保护人权。2007 年 10 月党的十七大报告明确要求进一步完善社会主义市场经济体制，推进各方面体制改革创新，加快重要领域和关键环节改革步伐，全面提高开放水平，着力构建充满活力、富有效率、更加开放、有利于科学发展的体制机制，为发展中国特色社会主义提供强大动力和体制保障。

2008 年 2 月党的十七届二中全会审议通过《关于深化行政管理体制改革的意见》和《国务院机构改革方案》，后者在同年 3 月十一届全国人大一次会议上获得批准，这既是我国深化经济体制改革的必然要求，也是政治体制改革的重要内容，自此我国开启了新一轮行政管理体制改革进程。2012 年 11 月党的十八大召开，强调深化改革是加快转变经济发展方式的关键，经济体制改革的核心问题是处理好政府和市场的关系，必须更加尊重市场规律，更好发挥政府作用。经过三十多年的以市场化为导向的经济体制改革，我国市场化进程获得明显进展，社会主义市场经济体系基本建成，市场机制在资源配置中已发挥重要调节作用。作为经济相对发达的长三角地区，紧随我国经济体制改革步伐，利用较好的基础条件和经济发展优势，市场化改革取得显著成效，市场化进程明显快于其他地区。

二、制度变迁中长三角的市场化进展

如上所述，我国实行渐进式的改革开放，在经济体制上逐步引入市场经济成分，经济体制改革先后经历了由"计划经济为主，市场调节为辅"，"有计划的商品经济"，"计划经济与市场调节相结合"，到"社会主义市场经济"的变化。

在计划经济向市场经济转轨的进程中，政府计划管理权力不断下放，市场经济在商品交换和资源配置中的作用日益加大。经过三十多年的改革，市场经济体制已经在多数经济领域发挥着决定性的作用。但与此同时，政府对部分经济领域所有权的控制和对企业经营活动的直接干预仍然存在。由于改革开放政策、历史文化、自然条件、发展阶段、人力资本和产业结构的不同，在国内不同的地区，市场化进程差距较大。而长三角地区的市场化进展则处于全国的领先地位。

市场化不仅包括经济的自由化，而且还包括市场经济保障体系的完善化。中国改革基金会国民经济研究所樊纲和王小鲁等从政府与市场关系、非国有经济的发展、产品市场的发育程度、要素市场的发育程度、市场中介组织发育和法律制度环境等方面对我国各省市的市场化进程进行了综合评价（樊纲、王小鲁、马光荣，2012）。评价结果表明，长三角地区是我国市场化进程最快和市场化水平最高的区域。如表5-1所示，长三角的市场化指数在1997~2007年持续增加，且指数的绝对值远高于全国的平均水平。以2007年为例，上海市、江苏省和浙江省的市场化指数分别为11.71、10.55和11.39，分别位居全国31个省市的第一、第四和第二位。同年，全国所有省市的市场化指数平均值为7.5，长三角3个省市的市场化指数比全国平均值高出了至少40%。早在2001年和2002年，长三角的市场化指数就已达到2007年的全国平均水平，因此，可以认为长三角的市场化进展领先全国整体水平5~6年。

表5-1 长三角市场化指数

省（市） ＼ 年份	1997	1998	1999	2000	2001	2002	2003	2004	2005	2006	2007
上海市	5.00	5.04	4.70	5.75	7.62	8.34	9.35	9.81	10.25	10.79	11.71
江苏省	5.25	5.38	5.73	6.08	6.83	7.40	7.97	8.63	9.35	9.80	10.55
浙江省	6.17	6.41	5.87	6.57	7.64	8.37	9.10	9.77	10.22	10.80	11.39
全国	4.01	4.23	4.12	4.28	4.64	5.02	5.50	6.10	6.69	7.06	7.50

资料来源：樊纲、王小鲁、朱恒鹏：《中国市场化指数——各地区市场化相对进程2011年报告》，经济科学出版社2011年版。

一个地区的市场化进程取决于市场化取向的国家政策变化和在这一政策下地

方政府、企业和个人对政策变迁的行为调整。长三角在市场化进程中取得领先地位，主要原因可以归纳为如下三点：

第一，由沿海到内地的渐进式改革开放战略。我国许多改革开放政策常常是在经过部分地区先行先试后再推向全国的。推行渐进式开放战略固然有政治上的原因，在改革开放初期要推行全面的改革开放存在政治上的障碍，渐进式开放战略是达成各方政治妥协的最优选择。但从动态考虑，渐进式改革更多源自于经济和战略上的合理性。首先，渐进式的改革将改革开放的风险限制于局部地区和领域，可以减少改革开放可能带来的全局性风险；其次，在市场经济土壤较好或较易形成市场经济的地区和领域率先展开政策试验，可以形成较好的示范效应，推动改革开放深化；再次，渐进式开放为市场经济体系形成和微观主体行为调整提供时间，规避了休克疗法造成的计划经济失效而市场经济体系又未形成的制度真空。以长三角和珠三角为代表的沿海发达地区由于具有较好的区位优势和市场发展条件，在我国改革开放历程中，担当着先行者和试验区的角色。20世纪80年代初，国家首先设立了深圳、珠海、汕头和厦门四个经济特区，这一举措打开了中国对外开放的窗口。1984年2月，邓小平同志在视察广东、福建后，在肯定建立经济特区政策正确性的同时，建议增加对外开放城市。同年4月，中共中央、国务院根据邓小平同志的意见召开沿海部分城市座谈会，并于5月4日发出《沿海部分城市座谈会纪要》的通知，确定进一步开放14个沿海港口城市，长三角的上海市、南通市、连云港市、宁波市和温州市被划入14个沿海城市之列。在其他地区尚未开放的情况下，国家赋予开放的沿海城市和经济特区更大的自主权和优惠政策。首先，给予前来沿海开放城市的投资和提供先进技术的外商以优惠待遇；其次，扩大沿海港口城市的自主权，让这些地区的地方政府和企业有更充分的活力推动市场经济发展。进入20世纪90年代，国务院批准加快上海市浦东开放的战略，适用于经济技术开发区和经济特区的政策开始在浦东执行。浦东开发战略改变了长三角地区在开放上落后于珠三角的格局，这一开放不仅带动了上海市的发展，而且对于江浙地区产生了很强的辐射效应。长三角地区生产总值在全国的比重由此进入不断上升的时期。2013年国家在上海设立自由贸易试验区。在试验区范围内按照国际规则试行全面市场化和国际化。在一系列改革开放政策先行先试的过程中，长三角经济得到大发展，形成了经济发展和对外开放的先入优势。

第二，相对有利的发展条件。市场经济的发展依赖于微观主体参与市场竞争的意识和能力。改革开放初期，长三角地区是我国当时最大的综合性工业生产基地。1978年长三角地区的人均国内生产总值高于全国大多数地区。拥有较好的工业化基础和相对丰富人力资源的长三角地区在国家放松管制、企业和个人获得自主权后市场经济迅速得到发展。改革开放初期，苏南地区人口密集，在经历农村改革后，伴随农业生产效率的提高，大量劳动力从农业生产中解放出来。与此同时，20 世纪 80 年代国有工业企业的改革降低了非国有企业与国有企业之间的交易成本，为非国有企业进入市场提供了空间。计划经济时期苏南地区就已存在一些社办企业，这些企业是苏南改革开放初期乡镇企业发展的基础。20 世纪 80 年代末，乡镇企业规模占据苏南经济总量的 2/3，资产占农村集体经济的 80% 以上，乡镇企业发展是苏南地区 20 世纪 80 年代经济发展的支撑力量。在浙江南部的温州地区，尽管当时并不存在集体经济的优势，但这一地区历史上的商业文化底蕴十分浓厚，面对市场经济活动获得许可的机遇，善于经商的温州人马上利用外部市场积极在本地和外地创建家族企业，形成了"离乡又离土"和"小商品、大市场"的发展模式（蒋伏心、申俊喜，2009）。改革开放初期无论是以乡镇企业发展为标志的"苏南模式"还是以家族企业发展为标志的"温州模式"，都是在一定制度环境下，微观经济主体根据区域资源禀赋谋求其自身利益最大化的自我实现。20 世纪 90 年代，外商直接投资大量进入中国，长三角成为外商直接投资的集聚区域。便利的交通、临江靠海的区位、廉价高素质的劳动力和一定的工业化基础是长三角吸引外商直接投资的原因所在。外商直接投资的进入为长三角带来生产技术和先进的管理经验，通过技术外溢和产业关联带动了长三角民营经济的发展，长三角经济市场化进程得到加速。

第三，地方政府的市场化热情和制度创新。在我国经济转轨过程中，政府与市场同时在资源配置中发挥作用。作为政府管理部门的地方政府拥有较大的自主决策权和管理权。在国际环境和国内宏观政策环境的变化中，我国各地地方政府的相应态度和热情并不完全相同。长三角地区的市场化与地方政府的管理创新有着密切的关联。多年来，长三角地区的地方政府始终将经济发展作为工作的中心，积极推进改革开放在本地区的实践，为外资企业进入和本地区企业发展创造了良好的环境。20 世纪 80 年代苏南地区乡镇企业的发展本身就是地方政府直接参与经济活动的结果。进入 20 世纪 90 年代，苏南地区大力推进乡镇企业的民营化，政府的角色实现了由直接生产参与者向企业生产服务者的转变。为促进地方经济发展，苏南地区地方政府较早认识到开发区建设的必要性，率先开启了开发区建设的高潮，各类各级的开放区在苏南地区涌现。截至 2014 年 7 月，长三角内共有 51 家国家级经济技术开发区，约占全国的 1/4。其中上海经济开发区的数量为 6 个，江苏省共有 25 个，浙江省共有 20 个。在全国各省市中，江苏省和浙江省国家级开放区的数量分别名列第一和第二位。开发区建设为国内外企业投资长三角创造了有利的平台。建成后的开发区具有较好的道路交通、企业生产需要的水电能够得到保障。不仅如此，进入开发区的企业还能够享受国家和地方政府的一系列优惠政策并通过企业之间的相互作用形成产业集聚效应。进入20世纪90年代，大量外资进入苏南地区，这是苏南地区地方政府通过工业园区建设等举措积极营造有利生产条件、大力开展招商引资的结果。从90年代开始，外商直接投资在长三角经济中的比重不断增加。最近的十多年里，长三角地区根据经济发展阶段的新变化，愈发突出创新对经济发展的重要性，在创新人才和创新企业的培育上出台了一系列地方性扶持政策。长三角地区地方政府在区域发展阶段变化过程中的制度创新有力地促进了这一地区的市场化。

三、市场化进程中长三角经济增长方式的演变

我国早在"八五"规划中就明确提出转变经济增长方式的要求，并在"九五"规划中强调实现经济增长方式从粗放型向集约型的根本转变必须依靠经济体制改革。然而，在经历三十多年的以市场化为导向的经济体制改革后，中国经济增长仍表现为高度依赖资本、劳动和资源投入的粗放型特征，致使经济发展中资源短缺问题、结构性问题和环境污染问题日趋严峻。即便是经济相对发达、市场化改革进程相对较快的长三角地区，也不例外。图5-1和图5-2描绘了我国各地区包括长三角地区全要素生产率对经济增长贡献率的变化轨迹。

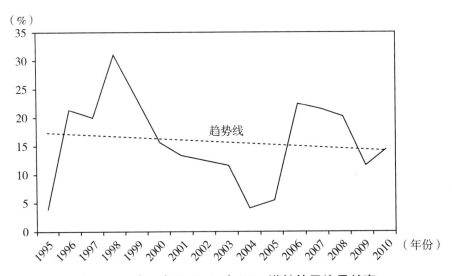

图5-1 我国省区 TFP 对 GDP 增长的平均贡献率

资料来源：根据计算结果绘制。

由图5-1可知，1995年以来，我国全要素生产率对经济增长的贡献率在较大幅度的波动中趋于下降。1995～1998年，全国30个省全要素生产率对经济增长贡献率的均值有较大幅度上升，从3.99%增至30.84%。而1999～2004年，

均值连年下滑，到 2004 年已降至 4.06% 。在随后的两年内，均值出现短暂回升。从 2007 年开始，均值再度逐年走低，2009 年已下调至 11.42% 。2010 年我国全要素生产率对经济增长贡献率为 14.26% 。从总体走势来看，1995 ~ 2010 年我国全要素生产率对经济增长的贡献率表现出缓慢下降的趋势。这表明近十多年来，我国经济总体的高速增长对资本、劳动和能源的依赖性非但没有减轻，反而呈现强化之势。

　　分解到各个地区，如图 5 - 2 所示，沿海地区全要素生产率对经济增长的贡献率有上升趋势，而内陆地区则表现出相反的趋势。类似于全国总体，我国沿海地区全要素生产率对经济增长贡献率的均值也有上升与下降交替的特点。不同的是，该地区均值呈现出缓慢上升之势。内陆地区全要素生产率对经济增长贡献率的均值具有比全国更大的波动性，总体走势与全国一致。这说明近十多年来，沿海地区经济增长的集约化程度趋于提升，而内陆地区的经济增长对资本、劳动和资源的依赖性趋于加重，拖累我国经济增长方式的转变步伐。

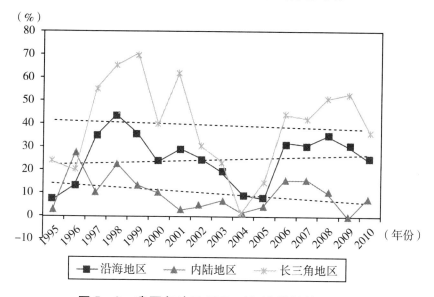

图 5 - 2　我国各地区 TFP 对经济增长的贡献率

资料来源：根据计算结果绘制。

　　具体到长三角地区，其全要素生产率对经济增长的年度贡献率几乎都高过沿海和内陆地区的平均水平，但呈现出轻微的下行之势。如图 5 - 2 所示，除 1996 年和 2004 年外，其余年份该地区全要素生产率对经济增长的贡献率都高于沿海和内陆地区的平均水平。1995 ~ 2010 年，长三角地区 TFP 对经济增长贡献率的平均值为 39.60% ，明显大于沿海地区的 24.66% ，更是大幅度高过内陆地区的

9.57%。这表明近十多年来，尽管总体上长三角地区经济增长也具有粗放型特征，但粗放程度是明显低于沿海和内陆地区整体粗放程度的。若进一步考察长三角地区内部的各个省市，上海 TFP 对经济增长贡献率的平均值为 51.5%，经济增长总体上表现出集约化特点。而江苏和浙江 TFP 对经济增长贡献率的平均值分别为 27.38% 和 39.94%，经济增长都表现出粗放型特点，其中江苏粗放程度最大。从变化趋势来看，虽然江苏全要素生产率对经济增长的贡献率有上升趋势，但由于不能完全抵消上海和浙江全要素生产率对经济增长的贡献率的下降趋向，长三角地区全要素生产率对经济增长的贡献率呈现轻微的下行之势。

概而言之，自 20 世纪 90 年代中期以来，我国沿海地区全要素生产率对经济增长贡献率有上升趋势，但不能完全抵消内陆地区的下行之势，致使我国经济增长方式的粗放和外延型特征不仅没有出现弱化趋势，反而存在加重痕迹。对于经济发达的长三角地区，由于江苏全要素生产率对经济增长贡献率的上升之势，无法完全抵消上海和浙江全要素生产率对经济增长贡献率的下降之势，该地区经济增长方式总体上也表现出轻度的粗放化特点。

我国市场化改革已走过三十多个年头，改革的深度和广度在不断拓展，但我国各地区包括经济相对发达的长三角地区粗放型经济增长方式并没有得到根本性转变。为什么我国各地区经济增长方式没有随市场化改革步伐的前行而得到转变？这需要深度剖析市场化改革与经济增长方式的内在作用机制，并展开相应的定量分析来找到答案。

第3节　中国及长三角地区市场化程度的测评

一、市场化程度的测度方法

考虑到数据的可获得性，同时尽可能涵盖我国市场化改革的内容，本章仅测度了 1995～2010 年我国各省的市场化程度，进而计算该时期我国及长三角地区市场化程度。各省市场化程度的具体测度方法如下：首先，在樊纲等（2011）研究基础上，建立以市场化程度为一级指标，经济非国有化、要素市场发育程度、产品市场发育程度、政府经济干预减少程度和经济法律健全程度为二级指标，共包括 23 个基础指标的评价体系（见表 5 - 2）。然后，基于原始数值，分别对 23 个基础指标进行极值处理，去量纲化，并赋予新值[①]，用基础指标新值

---

① 设第 i 个基础指标原始值为 x_i，若该指标为正向指标，则其新值为 $(x_i - x_{\min})/(x_{\max} - x_{\min})$；若该指标为逆指标，则其新值为 $(x_{\max} - x_i)/(x_{\max} - x_{\min})$，其中 $x_{\max}$ 和 $x_{\min}$ 分别为 2000 年该指标最大和最小原始值。

表 5 – 2　　　　　　　　**市场化程度的具体指标体系**

一级指标	二级指标	三级指标	四级指标
市场化程度（EIN）	经济非国有化程度（EPR）	工业主营业务收入中非国有企业的比重	
		社会固定资产投资中非国有企业的比重	
		社会就业中非国有企业的比重	
	要素市场发育程度（FMA）	金融市场化程度	金融业竞争程度
			信贷资金配置市场化程度
			股市发育程度
		劳动流动性	
		投资开放程度	
		科技成果市场化程度	
		土地市场化程度	
	产品市场发育程度（PMA）	产品价格由市场决定程度	农产品价格由市场决定比重
			生产资料价格由市场决定比重
			零售商品价格由市场决定比重
		国内商品市场地方保护程度	
		融入国际商品市场的程度	
	政府经济干预减少程度（RGI）	资源配置比重减少程度	
		政府规模缩减程度	全社会就业中政府的比重
			全社会消费中政府的比重
		企业负担减少程度	企业税收负担减少程度
			企业税外负担减少程度
	经济法律健全程度（ELP）	知识产权保护强度	
		消费者权益保护强度	
		劳动者权益保护强度	

增加（或减小）反映市场化程度上升（或下降）。最后，采用郭亚军（2001）提出的纵横向拉开档次评价法从基础指标开始进行自下而上的逐层合成。较之于樊纲等（2011）的研究，本章市场化程度评价方法有如下特点：新增和调整部分基础指标，拓展测度范围，使测算结果更为贴近市场化改革现实；考察期内各

基础指标含义一致，其数值具有时间维度上的直接可比性；采用纵横向拉开档次评价法进行指标合成，最大程度地突出被评价对象间的整体差异，合成结果具有横向对象间和纵向年度间的直接可比性。各级指标的具体说明如下：

（1）经济非国有化程度（EPR）。经济非国有化程度用以下三个基础指标来衡量，其分别为：工业主营业务收入中非国有企业的比重、社会投资中非国有企业的比重和社会就业中非国有企业的比重。

（2）要素市场发育程度（FMA_{it}）。要素市场发育程度是从金融市场化程度、劳动流动性、投资开放程度、科技成果市场化程度和土地市场化程度等五个方面来测度的。其中，在金融市场化程度下含有三个基础指标，分别是：金融业竞争程度、信贷资金配置市场化和股市发育程度。其依次用银行存款中非国有银行的比重、银行贷款中非国有企业获贷比重和股市成交额占 GDP 比重来衡量。劳动流动性用城镇就业增加和减少总人数占就业人数比重来表示，科技成果市场化程度用技术市场成交额与科技人员数之比来衡量，投资开放程度用外资内流与内资外流总和占 GDP 比重来衡量。对于土地市场化程度，用划拨、协议、挂牌、拍卖、招标和其他方式出让土地宗数与各自权重乘积之和占这六种方式出让土地总宗数的比重来表示，权重依次是 0.02、0.2、1、1、1 和 0.2（曲福田，2004）。

（3）产品市场发育程度（PMA_{it}）。产品市场发育程度是从产品价格由市场决定程度、国内商品市场上的地方保护程度和商品贸易的开放程度三个方面来测度的。其中产品价格由市场决定的程度用农产品价格、生产资料价格和零售商品价格分别由市场决定的比重的加权平均值来衡量，权重依次为 0.2、0.4 和 0.4（樊纲等，2011）。由于难以获得国内商品市场的地方保护程度数据，我们用当地与周边产品市场一体化程度间接衡量。根据帕斯利（Parsley，2001）的研究，当地与周边产品市场的一体化程度，用当地与周边相邻地区的产品相对价格的方差平均值来反映①。另外，融入国际商品市场的程度用进出口额占 GDP 比重表示。

（4）政府经济干预减少程度（RGI_{it}）。政府经济干预减少程度是从政府资源配置比重减少程度、政府规模缩减程度和企业负担减少程度等三个方面来测度的。政府规模缩减程度中包含两个基础指标，分别是：全社会就业中政府的比重和全社会消费中政府的比重。企业负担减少程度中也包含两个基础指标，分别是：企业税收负担和企业税外负担指标。企业税收负担用工业企业税收占其营业收入比重表示，企业税外负担直接采用樊纲（2011）的企业负担的收费及分摊

---

① 参与计算的产品包括食品、饮料烟酒、服装鞋帽、纺织品、家用电器、文化体育用品、日用品、化妆品、珠宝首饰、中西医疗设备、书报刊物、燃料和建筑材料等 13 个大类。

占其销售收入比重表示。政府资源配置比重的减少程度用财政预算内、外支出总和与 GDP 比值表示。

（5）经济法律健全程度（ELP_{it}）。本章用知识产权保护强度、消费者权益保护强度和劳动者权益保护强度三个基础指标来反映经济法律健全程度。董学兵（2012）认为知识产权保护强度可由立法强度与执法强度的乘积加以度量，本章沿用他的测算方法。但由于无法获取版权和商标权立法强度数据，我们仅用专利立法强度大致反映知识产权立法强度。消费者权益保护强度用消费者投诉案件数与 GDP 的比值衡量（樊纲等，2011）。劳动者权益保护强度用劳动争议案件数与 GDP 的比值衡量。

除来源于各省统计年鉴和《中国统计年鉴》之外，在各省份市场化程度测度中所涉及的原始数据还取自于《中国贸易外经统计年鉴》、《中国对外经济统计年鉴》、《中国对外直接投资统计公报》、《中国劳动统计年鉴》、《中国科技统计年鉴》、《中国国土资源统计年鉴》、《中国物价年鉴》、《中国财政统计年鉴》、《中国律师统计年鉴》、《中国工商行政统计年鉴》、《中国工业经济统计年鉴》、锐思金融研究数据库、国家统计局数据库和《中国地区市场化指数：各地区市场化相对进程》（樊纲，2011）。

二、长三角地区市场化进程的分析

从各省份市场化程度的测算结果可知，在 1995～2010 年，我国市场化进程取得了显著进展。从总体来看，1995 年 30 个省份的市场化程度的算术平均值为0.37，到 2010 年已上升至 1.33（见图 5－3）。从各地区来看，1995 年沿海和内陆地区市场化程度的算术平均值分别是 0.42 和 0.34，发展到 2010 年已分别增至1.49 和 1.22。从单个省份来看，所有 30 个省份的市场化进程均有不同程度的推进，即便是进展最为缓慢的云南，在此期间市场化程度值也达到年均增量 0.04。不过分时间段来看，我国市场化进程在不同时期有不同的推进速度。"九五"期间，30 个省份市场化程度的平均值年均增加 0.03，我国市场化进程整体较为缓慢。"十五"期间上升至 0.11，市场化进程明显加快，但在"十一五"期间已降为 0.05，市场化进程又大为放缓。

不仅各省份市场化进程不同步，而且相互差异性还呈现扩大的趋势。1995年市场化程度最高和最低的省份分别是浙江和湖北，相应的市场化程度值分别为0.56 和 0.17，极差为 0.38。2010 年市场化程度最高的北京是 1.98，市场化程度最低的青海是 1.02，极差已增大至 0.96。若用标准差来衡量各省份市场化进程的相互差异性，计算结果也显示各省份市场化进程的差异性有扩大趋向。1995年 30 个省份市场化程度值的标准差是 0.08，到 2010 年已升至 0.21。从地区间

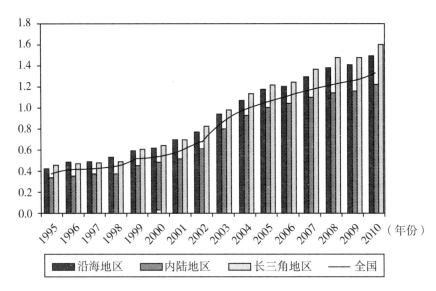

图5-3　全国和各地区的平均市场化程度

资料来源：根据测算结果绘制。

差异来看，1995年沿海地区和内陆地区的平均市场化程度相差0.08，2010年该差距已扩大到0.27，沿海地区具有相对较快的市场化进程。具体到长三角地区，如图5-3所示，该地区市场化程度一直明显高于全国平均水平，更是高过内陆地区。2000年以后，持续数年大于沿海地区平均水平，且与它们的差距也呈扩大趋势。2010年长三角地区市场化程度值为1.60，比全国平均水平高出0.27，分别超过沿海和内陆地区0.11和0.38，这表明长三角地区有相对较高的市场化改革效率。

我国和各地区市场化的分项进程见图5-4~图5-8。根据图5-4，1995年以来，我国经济非国有化改革有较快进展，非国有化程度值已从1995年0.40上升至2010年0.89，年均增加0.03。但沿海和内陆地区进度并非一致，沿海地区进度明显快于内陆地区，沿海非国有化程度值持续高于内陆地区，不过差距略有缩小，已从1995年0.35减小到2010年的0.30。对于长三角地区，经济非国有化程度不仅持续高于全国平均水平，也显著高于沿海地区的平均水平，但与沿海地区平均水平的差距有显著减小。1995年长三角地区经济非国有化程度值为0.81，高过沿海地区0.20，发展到2010年为1.13，与沿海地区平均水平的差值已缩减至0.06，沿海其他省区的经济非国有化改革正在加快步伐。

图5-5显示，近十多年来，我国要素市场化改革也有明显进展，1995年我国要素市场化程度值为0.24，尽管在随后年份内出现一定波动性，但总体上呈

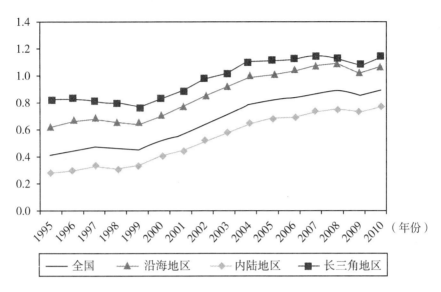

图 5 - 4　全国和各地区经济非国有化程度

资料来源：根据测算结果绘制。

较快上升之势，至 2012 年达到 1.45，年均增加 0.08。具体到沿海和内陆地区，沿海地区要素市场化进程快于内陆地区，沿海地区要素市场化程度连年高于内陆地区，且高出的幅度在 2006 年以后呈扩大趋向。2010 年沿海地区要素市场化程度值为 1.66，而内陆地区为 1.33，相差 0.33，这表明尽管我国要素市场化改革相对滞后，但近年来沿海地区还是相对地加快了要素市场化改革步伐。在长三角地区，如图 5 - 5 所示，在早些年其要素市场化改革进程领先于其他地区的程度并不明显，但在最近几年里，其改革力度有所加强，与其他地区要素市场化程度的差距拉开了。2010 年该地区要素市场化程度值已达到 1.80，高于沿海地区的平均水平 1.66，更是大于内陆地区的 1.32。

　　图 5 - 6 显示了我国和各地区产品市场化改革进展情况。从总体来看，产品市场化改革效果明显，虽然产品市场化程度具有较大的波动性，但总体上显示出较快的上行趋势。1995 年我国产品市场化程度值为 0.24，经过 11 年的发展，2006 年上升到 0.87，2007 年保持不变。2008 年国际金融危机爆发，当年产品市场化程度值下降到 0.75，2010 年上升到 0.86，与金融危机前的水平相差无几。平均来看，1995 ~ 2010 年我国产品市场化程度值每年增加 0.04。与其他研究相比，本章中我国产品市场化程度值具有较大波动性特点，原因是在测算我国各省份产品市场化程度时融入了国内产品市场地方保护程度指标。从各地区来看，如图 5 - 6 所示，沿海地区和内陆地区产品市场化程度均呈现明显上升趋势。比较

来看，目前沿海地区产品市场化程度是高于内陆地区的。2010 年沿海地区产品市场化程度值为 0.87，而内陆地区为 0.86。具体到长三角地区，其产品市场化改革进程快于沿海地区和内陆地区。2010 年长三角地区产品市场化程度值是0.91，分别比沿海和内陆地区高出 0.04 和 0.05。

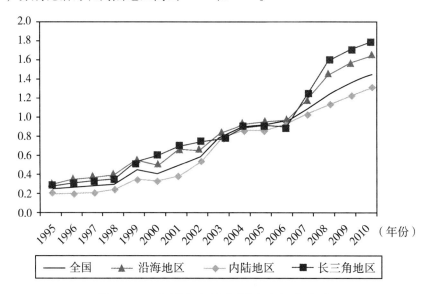

图 5-5　全国和各地区要素市场化程度

资料来源：根据测算结果绘制。

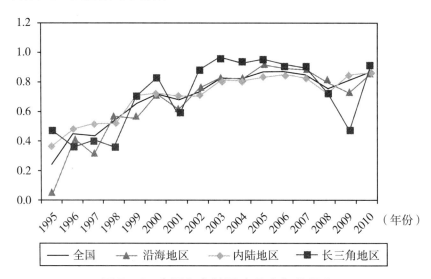

图 5-6　全国和各地区产品市场化程度

资料来源：根据测算结果绘制。

　　我国及各地区政府对经济干预情况如图 5 - 7 所示。从图中可以看出，无论在全国层面，还是在各地区层面，政府经济干预减少程度都经历了"倒 Z 型"变化轨迹。在我国加入 WTO 之前，政府经济干预减少程度值都基本保持稳定；加入 WTO 后到 2005 年之前，都有快速上升势头；在随后几年内，这种快速上升势头不再继续，呈现轻微下滑之势。总体来看，我国及各地区政府经济干预减少程度都呈上升之势，我国政府经济干预减少程度值已从 1995 年的 0.58 上升到 2010 年的 1.47。在此期间，沿海地区政府经济干预减少程度持续高于内陆地区，分别从 0.61 和 0.56 变化到 1.50 和 1.44，差距并没有太大变化。值得注意的是，虽然与沿海和内陆地区整体相比，长三角地区政府经济干预减少程度值也有三阶段的变化特点，但相对重要性却发生明显变化。2001 年及以前各年，长三角地区政府经济干预减少程度不仅低于沿海地区总体水平，也低于内陆地区。但 2001 年以后，长三角地区政府经济干预减少程度已转为高于沿海和内陆地区的总体水平。

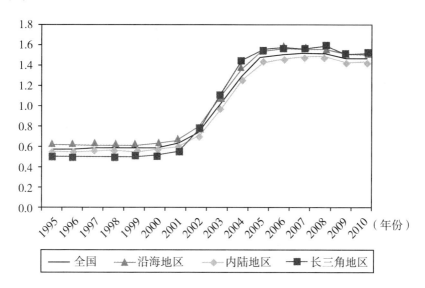

图 5 - 7　全国和各地区政府经济干预减少程度

资料来源：根据测算结果绘制。

　　图 5 - 8 描绘了我国及各地区经济法律的健全进程。从中可以看出，我国总体及各个地区在经济法律的健全方面均获得明显效果。在总体层面上，我国经济法律健全程度值连年走高，1995 年为 0.23，经历十多年的增加后，2010 年达到 1.23，平均每年增加 0.07。与全国总体一致，沿海和内陆地区经济法律健全程度值也都呈现持续增加态势，不过沿海地区的值明显高于内陆地区，且高出的幅

度有增加趋势。1995 年沿海和内陆地区经济法律健全程度值分别为 0.29 和 0.19，相差 0.1，到 2010 年这两个地区的值分别上升到 1.52 和 1.03，差距扩大到 0.49。这表明沿海地区经济法律的健全效果是强于内陆地区的。更进一步看，长三角地区的经济法律健全程度值不仅连年增加，而且持续大于沿海和内陆地区的总体水平，与沿海地区总体水平的差距也有增大趋向。这表明，在经济法律健全进程方面，长三角地区处于领先地位，对其他地区具有示范作用。

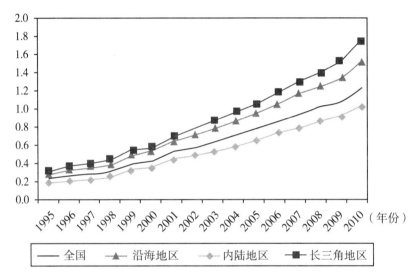

图 5 - 8　全国和各地区经济法律健全程度

资料来源：根据测算结果绘制。

第 4 节　市场化对经济增长方式的影响

一、市场化影响经济增长方式的理论机制

经济增长的动力来源于全要素生产率的增长以及资本、劳动和能源等要素投入的增加，全要素生产率对经济增长的贡献率是评价经济增长方式的核心指标。若用 CTY_{it} 表示全要素生产率对经济增长的贡献率，则该贡献率可表示为：

$$CTY_{it} = \left(1 + \frac{\alpha_{it} g_{Kit} + \beta_{it} g_{Lit} + \gamma_{it} g_{Eit}}{g_{Ait}} \right)^{-1} \qquad (5.1)$$

该式表明，经济增长方式是由全要素生产率增长率、资本增长率、劳动增长率以及能源投入增长率共同决定的。若全要素生产率增长率超过资本、劳动和能源投入增长率的加权平均值，则经济增长趋向集约化。若资本、劳动和能源投入增长率的加权平均值超过全要素生产率增长率，则经济增长趋向粗放化。这也说明，在考虑经济增长方式转型问题时，不应只关注全要素生产率的增长。因为在全要素生产率增长率提高的同时，资本、劳动和能源投入增长率可能更高，致使经济增长方式反而趋于低端化。

为明晰市场化改革对经济增长方式的理论作用机制，首先应对市场化进程的全要素生产率效应、投资效应、就业效应和能源投入效应展开分析，然后根据式（5.1）形成相应的理论假设。同时考虑到我国市场化进程涵盖诸多子项进程，不同子项进程的上述各效应不尽相同。参考樊纲等（2011），我们从经济非国有化、要素市场的发育、产品市场的发育、政府经济干预的减少和市场经济法律制度的健全五个方面分析市场化进程对经济增长方式的理论作用机制。

（1）经济非国有化与经济增长方式。在转轨经济中，非国有化改革会通过以下两个途径对全要素生产率产生正面影响。一方面，通过非国有化改革，实现改制企业治理、产权结构的优化和生产经营的自主化，强化改制企业监督和激励机制，进而带动全要素生产率的上升。另一方面，在推进非国有化改革中，非国有经济主体的增加会提高市场的竞争程度，在迫使自身提高生产效率的同时，也导致原有国有企业预算约束的硬化和政府管制的减少，引导国有企业经营目标向利润最大化转变，最终提升全要素生产率。在投资、劳动和能源投入效应方面，由于外源融资的软约束和较多地关注社会和政治目标，转型期的国有企业往往具有过度投资、人员过密和能源消耗过多的倾向。但这并非意味着非国有化改革就一定会减缓全社会资本、劳动和能源等生产要素的投入。因为在非国有化改革进程中，非国有经济往往有较快的发展，同时，投资、劳动和能源投入也有快速扩张的可能。另外，经济非国有化在提高全要素生产率的同时，也可能带来资本、劳动和能源投入的快速扩张，因此，定性分析无法确定其对经济增长方式的具体影响，也就是说经济非国有化对经济增长方式的影响并不确定。

（2）要素市场的发育与经济增长方式。要素市场发育程度的上升会通过降低交易成本和增强要素流动性，提升生产企业对资本、劳动和能源等生产要素的可获得性，引发生产企业增加资本、劳动和能源投入。要素市场的发育也会从以下几个方面提升全要素生产率：第一，随着要素市场的发育，要素的流动性不断增强，但要素的流动具有选择性，会流向具有支付价格优势的企业，强化要素使用企业之间的竞争。迫于竞争和使用成本压力，理性的生产企业往往会增进自身技术进步，改进管理方式，以提高要素使用效率。第二，要素市场发育程度的上升并非意味着只有要素使用企业之间形成竞争关系，要素提供者之间也存在竞争性，这有助于要素质量的提高，高质量要素的使用有利于企业生产效率的提升。第三，随着要素市场的成长，生产企业不仅会有更多机会从外部购进先进生产技术，还有可能从科技人员和技术成果的流动中获得技术外溢的好处。相比较而言，要素市场发育所形成的全要素生产率提高效应强于要素投入增加效应。

（3）产品市场的发育与经济增长方式。产品市场化会通过多种渠道影响全要素生产率。产品市场化会激化企业竞争，迫使生产企业转换经营理念和管理方式，提高生产效率。产品市场化使企业产品面对更多的消费者，而消费者的挑剔性和选择性会对产品提出更高要求，促使生产企业通过提升技术水平或改进生产工艺、提高产品质量和完善产品设计。地方产品市场分割的消除使得生产企业将会面临更广阔的市场空间，有助于提升企业的专业化水平。此外，企业在扩大生产规模的同时，可能会获得规模经济效益，引进技术和研发实力随之增强。不可否认，企业资本、劳动和能源投入可能会随着生产规模的扩张而增加，但在激烈的市场竞争中，企业依靠简单重复性投资、追加劳动和能源投入而生存的现象会减少。从长远来看，核心竞争力的培育和形成是生产企业在市场竞争中立于不败之地的根本，而核心竞争力往往表现为技术和人才优势。

（4）政府经济干预程度的减少与经济增长方式。在政府干预的经济效率方面，一些西方学者认为，要激发企业创新和技术进步，必须减少政府干预，推行经济自由（Kirzner，1985；Holcombe，1999）。在我国，较易认为政府经济干预有强化企业技术进步效应，因为政府部门一直在致力于招商引资、扶持新兴产业发展和鼓励企业创新。事实上，政府在实施过程中往往存在扶持范围有限、干预企业行为目标和扶持对象的选择非合理化等问题。同时，非扶持企业由于政府过度干预、税费负担沉重，行政审批程序繁杂，创新积极性和实力被削弱。这些问题很可能产生政府干预与全要素生产率的负相关。在政府干预的投资效应方面，较之于西方国家政府，由于更多地承担促进经济发展、维护社会稳定、增加财政收入等政治目标，以及追求个人利益和政治晋升等原因，我国地方政府官员有强烈地干预本地企业投资行为的动机，利用各种方式促使本地企业扩大投资，增加本地 GDP 和财政收入。政府干预越强，投资增速就越快。在政府干预的就业和能源投入效应方面，伴随企业投资的快速扩张，劳动和能源需求也随之增加。

（5）市场经济法律制度的健全与经济增长方式。市场经济法律制度的健全有助于界定市场经济参与主体的利益、权限和责任，形成公平公正、互利互惠、价值创造式的竞争环境，提高资源组合和利用效率。市场经济法律制度健全的内涵是，促进企业技术进步法律环境的改善，科学界定技术创新标准，依法选择引导和扶持对象，依法管理和监督政府技术促进性投资。经济法律体系的健全也意味着政府与私人投资界限的明确化，政府投资决策的科学和民主化，投资管理和监督的法制化，这会对政府主导的过度投资行为构成硬性约束。健全的经济法律制度可以保障劳动者的合法权益，明确用工单位的法律责任，增加生产企业的用人成本、管理成本和应诉成本，驱动企业根据价值规律调整生产要素的投入结构和减少劳动需求。经济法律制度的健全也关系到能源领域的发展，可改变能源的低成本和肆意开发的局面，促使企业提升用能产品和设备的能源效率标准，加重企业违规用能的处罚力度。企业能源使用成本也就随之增加，对能源投入的过度依赖将减轻。

综上所述，由于无法定性判断经济非国有化与经济增长方式的关系，因此需要进一步展开实证研究来明晰市场化进程对我国经济增长方式的实际作用关系。

二、实证模型构建和变量说明

1. 计量模型的设定

根据上述理论分析和研究假设，同时考虑到研发投入、人力资本、产业结构、产业集聚和环境规制也是影响全要素生产率或者要素投入的重要因素（吴延兵，2008；夏良科，2010；刘伟等，2008；朱英明，2009；张成等，2011），设计如下一组计量模型：

$$CTY_{it} = \alpha_{10} + \alpha_{11}EIN_{it} + \alpha_1 Z_{it} + \mu_{1it} \tag{5.2}$$

$$g_{it} = \alpha_{20} + \alpha_{21}EIN_{it} + \alpha_2 Z_{it} + \mu_{2it} \tag{5.3}$$

$$CTY_{it} = \beta_{10} + \beta_{11}EPR_{it} + \beta_{12}FMA_{it} + \beta_{13}PMA_{it} + \beta_{14}RGI_{it} + \beta_{15}ELP_{it}$$
$$+ \beta_1 Z_{it} + \eta_{1it} \tag{5.4}$$

$$g_{it} = \beta_{20} + \beta_{21}EPR_{it} + \beta_{22}FMA_{it} + \beta_{23}PMA_{it} + \beta_{24}RGI_{it} + \beta_{25}ELP_{it}$$
$$+ \beta_2 Z_{it} + \eta_{2it} \tag{5.5}$$

其中，下标 i 和 t 分别表示省份和时间。CTY 是全要素生产率对经济增长贡献率，g 为增长率变量，在实证分析中依次取全要素生产率增长率 g_A、资本增长率 g_K、劳动增长率 g_L 和能源投入增长率 g_E。EIN 表示市场化程度，EPR 表示经济非国有化程度，FMA 表示要素市场发育程度，PMA 表示产品市场发育程度，RGI 表示政府干预减少程度，ELP 表示经济法律制度健全程度。Z 是控制变量向量，由研发投入比率 RRD、科技人员比率 RPS、产业结构变动 ISR、产业集聚程度 HHI 和环境规制强度 RPC 等五个变量组成。μ 和 η 均为误差项。为避免伪回归和内生性问题，本章首先对计量模型所涉及的所有变量进行单位根检验，然后检验各主要变量系统是否存在协整关系，最后利用佩德罗尼（Pedroni，2000）

提出的完全修正最小二乘法（FMOLS）对各计量方程展开估计。

2. 相关变量说明

式（5.2）~ 式（5.5）中经济增长方式变量和各市场化程度变量均在前面章节作了说明，这里不再赘述。下面说明计量模型中各控制变量的构成，并对这些变量进行简要的描述。

研发投入比率 RRD 用研发支出额占 GDP 比重表示，科技人员比率用科技活动人员数占就业比重表示，产业结构用工业产值占 GDP 比重衡量。环境规制强度 RPC 用污染治理投资占 GDP 比重来衡量（张成等，2010）。借鉴范和斯科特（Fan & Scott，2003）的理论，我们将 $HHI_{it} = \sum_{j=1}^{20} (Q_{jt}/Q_i)^2$ 作为评价各省制造业产业集聚总体状况的指标，其中若 Q_{ji} 是 i 地区 j 行业企业数量，Q_i 是 i 地区企业总数量。当 i 省所有生产活动越集中于一个行业内时，HHI_{it} 就越大；反之则反是。产业结构变动 ISR_{it} 用第二产业增加值占 GDP 比重表示。为便于比较分析，我们也根据原始值，采用类似于极值处理方法，为各控制变量赋予新值，新值与原始值有一致的变动方向。

从全国总体来看，在 1995 ~ 2010 年，我国研发投入比率、科技活动人员比率、工业产值占 GDP 比重和产业集聚水平均呈现上升趋势，均值分别为 0.17、0.12、0.55 和 0.47，而环境规制强度则表现为弱化趋势，均值为 0.22。在地区层面上，沿海和内陆地区的这些变量均有与全国总体一致的变动方向，但在均值和变动速度方面存在较为明显的差异性。沿海地区研发投入比率、科技人员比率和工业产值比重的平均值分别为 0.24、0.21 和 0.61，都明显高于内陆地区，且沿海地区的研发投入比率和科技人员比率还具有相对较快的增长速度。具体到长三角地区，这些变量的平均值分别是 0.25、0.25 和 0.83，高于全国平均水平，也高于沿海地区平均水平。考察期内沿海地区环境规制强度的均值为 0.04，明显低于内陆地区的 0.18，且比内陆地区更快地趋于减小。长三角地区环境规制强度的均值为 - 0.05，低于沿海地区的平均水平。在产业集聚方面，内陆地区具有相对较高的产业集聚水平，均值达到 0.51，而沿海地区只有 0.41，这反映了沿海地区总体上企业数量众多，但在产业分布上显得更为分散。不过长三角地区产业集聚程度的均值与内陆地区相同，也为 0.51。

三、实证结果与分析

1. 面板单位根和协整检验

在对全国和地区样本的变量间关系展开回归之前，有必要先对各变量进行面板单位根检验和变量间关系的协整检验，以避免伪回归问题。在面板单位根检验中，我们采用了常用的 LLC 检验法和 Fisher-ADF 检验法，并根据变量值的变化趋势图选择合适的截距和趋势项，最佳滞后期以 SIC 信息准则而确定。单位根检验结果显示，对于全国样本，ELP_{it} 和 HHI_{it} 两个变量存在明显的单位根过程。对于各地区样本，沿海地区 FMA_{it}、ELP_{it}、ISR_{it} 和 HHI_{it} 四个变量，内陆地区 ELP_{it} 和 HHI_{it} 两个变量，长三角地区 $g_{E_{it}}$、EPR_{it}、FMA_{it}、ELP_{it}、ISR_{it} 和 HHI_{it} 六个变量都具有明显的单位根过程。在对全国和各地区非平稳变量的一阶差分变量进行单位根检验后，发现一阶差分变量都为 I（0）过程。这说明全国和各地区非平稳的原变量都是一阶单整过程。由于在全国和各地区样本中都存在非平稳变量，同时考虑到实证结果的可比性，我们在随后的协整检验和回归估计过程中，使用了所有变量的一阶差分变量。

由于面板数据模型所涉及的变量较多，而时间跨度相对较短，在协整检验过程中，我们仅选择 KAO 检验法，以判断变量间是否存在协整关系。协整检验结果表明，在 10% 的显著水平下，对于全国总体及沿海和内陆地区样本，计量方程式（5.2）~（5.5）所涉及的变量系统都存在协整关系。对于长三角地区样本，在 10% 的显著水平下，仅计量方程式（5.2）和式（5.4）所涉及的变量系统存在协整关系，式（5.3）和式（5.5）所涉及的变量系统都不存在协整关系。

2. 全国总体回归结果与分析

为避免内生性问题和简单 OLS 回归可能导致有偏问题，我们采用 FMOLS 估计方法对全国和各地区的面板数据进行拟合。全国样本的 FMOLS 估计结果见表 5 - 3。

表 5 - 3　　　　　　　　全国总体 FMOLS 回归结果

变量	CTY		g_A		g_K		g_L		g_E	
	(1)	(2)	(1)	(2)	(1)	(2)	(1)	(2)	(1)	(2)
EIN	0.15 ** (2.31)		0.04 * (5.31)		0.06 * (8.34)		0.003 (1.46)		0.20 * (12.0)	
EPR		0.09 ** (2.45)		- 0.01 (- 1.47)		- 0.02 * (- 5.60)		- 0.02 * (- 9.06)		0.08 * (6.93)
FMA		0.27 * (14.8)		0.01 * (5.85)		0.01 * (8.01)		- 0.01 * (- 5.02)		0.03 * (4.94)
PMA		0.11 * (9.22)		0.01 * (3.81)		0.02 * (13.9)		- 0.003 * (- 3.11)		- 0.04 * (- 10.4)
RGI		0.14 * (5.24)		0.04 * (10.9)		0.02 * (9.26)		0.01 * (7.68)		0.01 (1.08)

变量	CTY		g_A		g_K		g_L		g_E	
	(1)	(2)	(1)	(2)	(1)	(2)	(1)	(2)	(1)	(2)
ELP		0.58* (11.1)		0.10* (12.0)		0.05* (8.55)		−0.01*** (−1.90)		0.15* (8.25)
RRD	−1.55* (−8.42)	−1.67* (−13.3)	−0.16* (−8.03)	−0.15* (−9.28)	0.12* (7.41)	0.09* (9.20)	0.06* (10.1)	0.11* (16.5)	0.27** (5.29)	0.16* (4.32)
RPS	3.46* (13.2)	3.77* (19.0)	0.37* (13.1)	0.50* (18.4)	0.04*** (1.81)	0.03 (1.66)	−0.12* (−7.83)	−0.17* (−10.8)	−0.07 (−1.02)	0.22* (3.82)
RPC	−0.23* (−10.4)	−0.12* (−7.70)	−0.02* (−10.2)	−0.04* (−20.0)	−0.01*** (−1.99)	−0.01* (−4.37)	−0.001 (−0.94)	−0.003* (−2.86)	0.003 (0.44)	0.01 (2.81)
ISR	0.12 (1.73)	0.23* (3.82)	0.02** (2.25)	−0.01 (−0.95)	0.01*** (2.01)	−0.01 (−1.73)	0.01* (3.86)	0.03* (9.26)	−0.03** (−1.89)	−0.03*** (−1.84)
HHI	−0.01 (0.19)	−0.52* (−13.9)	−0.005 (−0.98)	−0.05* (−10.2)	0.04* (8.68)	0.05* (15.6)	−0.01*** (−1.84)	0.01** (6.43)	0.02 (1.35)	0.09* (7.36)

注：表中第一行为应变量，第一列为自变量。括号内数值为 t 统计值，*、**、*** 分别表示在 1%、5% 和 10% 显著水平上拒绝系数为零的原假设。

根据表 5 - 3 可得到如下结论：

(1) 我国市场化进程对经济增长方式的转变具有推进作用。在关于 CTY 的回归中，EIN 的系数显著为正，通过 5% 水平的显著性检验，说明我国市场化改革有助于转变经济增长方式。从内在作用机制来看，我国市场化进程存在提升全要素生产率增长率效应，在全要素生产率增长率回归中，市场化程度变量的系数为 0.04。市场化进程也具有明显促进投资和能源投入效应，在资本和能源投入增长率回归中，该变量系数分别达到 0.06 和 0.20。结合市场化进程对经济增长方式的总影响为正，可知，市场化进程通过提升全要素生产率对经济增长方式发挥的积极作用，强于通过促进投资、就业和能源投入而产生的消极作用。市场化进程对各增长率的影响均为正，也说明我国加快推进市场化进程，有助于保持经济的快速增长。

(2) 我国经济非国有化进程对转变经济增长方式具有牵引作用。在关于 CTY 的回归中，EPR 的系数显著为正，统计上高度显著，说明我国经济非国有化改革有助于转变经济增长方式。但这种积极作用相对较弱，该变量系数值仅为 0.09，低于其他变量的系数值。之所以经济非国有化改革对经济增长方式的正面影响较弱，我们认为这与我国国有经济主体在国民经济运行中有持续、较强的影响力有关。由于国有经济主体还在相当程度上影响着经济资源尤其是金融资源的流动，非国有经济主体又往往处于被排挤和打击的局面。所以非国有经济主体难以根据利润最大目标调整和优化投入结构，难以依靠自身实力增进技术水平。结果仅有经济主体结构的改善很难有明显的提升全要素生产率增长率效应。正如表5－2 所示，我国经济非国有化程度的提升对经济增长方式的促进作用主要是通过减缓投资和就业增速产生的，而不是通过提高全要素生产率增长率带来的。

（3）我国要素市场发育进程对转变经济增长方式存在促进作用。在关于 CTY 的回归中，FMA 系数显著为正，说明我国要素市场化改革对经济增长方式的转变存在推进作用。从内在作用机制来看，我国要素市场化改革存在优化资源配置效应，对转变经济增长方式会产生积极作用。我国要素市场化改革也有提高投资和能源投入增速效应，进而对转变经济增长方式形成阻碍作用。结合要素市场化改革对经济增长方式的总影响为正，可知要素市场市场化改革通过提升全要素生产率增长率和减缓就业增速对转变经济增长方式形成的积极作用大于通过增加投资和能源投入增速对转变经济增长方式产生的阻碍作用。虽然我国要素市场的培育有若干进展，但与目标仍有很大差距，要素市场化进程明显滞后（赵人伟，2008）。这说明为加快我国经济增长方式的转变，迫切需要加快要素市场化改革进程。

（4）我国产品市场发育进程对转变经济增长方式存在带动作用。在关于 CTY 的回归中，PMA 系数显著为正，说明我国产品市场化改革有利于转变经济增长方式。从内在作用机制来看，在全要素生产率增长率回归中，产品市场发育程度变量系数显著为正，在就业增长率和能源投入增长率回归中，产品市场发育程度变量系数显著为负，表明产品市场化改革会通过提升全要素生产率增长率、减缓就业和能源投入增速推进经济增长方式的转变。在资本增长率的回归中，市场发育程度变量的系数显著为正，产品市场化改革也会通过提高资本增速阻碍经济增长方式的转变。相比而言，产品市场化改革对经济增长方式的阻碍作用弱于推进作用，净效应表现为对经济增长方式发挥促进作用。虽然我国产品市场化改革进程相对较快，但省际间产品市场仍存在一定程度的分割现象，产品的跨省流动仍会遭遇诸多的显性和隐形障碍，产品市场化改革仍有一定空间。因此，在我国推进经济增长方式转变时，深化产品市场化改革仍是重要的路径。

（5）我国政府减少经济干预进程对转变经济增长方式有推动作用。在关于 CTY 的回归中，RGI 系数显著为正，说明我国政府减少经济干预会促使经济增长方式转变。从内在作用机制来看，我国政府减少经济干预对全要素生产率增长率有较强的增进作用，但也有提升投资、就业和能源投入增长率效应。结合对经济增长方式总效应为正，可知政府减少经济干预通过提升全要素生产率增长率对经济增长方式所发挥的促进作用，大于通过提升投资、就业和能源投入增速对经济增长方式所产生的抑制作用。从减少经济干预的现实情况来看，我国政府在减少企业税外负担方面有明显进展，但在减少资源配置比重和缩减自身规模方面的进展不明显。这意味着加快转变政府职能、建设有限政府既是我国深化市场化改革的重点领域，也是实现经济增长方式转变的重要的路径。

（6）我国健全经济法律进程对转变经济增长方式有较强拉动作用。在关于 CTY 的回归中，ELP 系数为 0.58，在统计上显著不为零，明显高于其他变量系数值，表明我国健全经济法律制度对转变经济增长方式具有较强的促进作用。这也意味着，尽管我国经济法律制度尚不健全，但只要经济法律制度步入快速完善的轨道，则将对经济增长方式的转型产生强劲的引领作用。这也说明，在我国未来市场化改革中，为实现经济增长方式的快速转变，建立健全经济法律体系已是非常关键的环节。从 ELP 与各增长率变量关系来看，在全要素生产率增长率回归中，ELP 系数达到 0.1，反映了我国经济法律制度已在一定程度上明确了市场参与主体利益、权限和责任，改善了市场竞争环境，全要素生产率增长率随之提升。在能源投入增长率回归中，ELP 系数显著为正，说明我国经济法律对能源消耗尚未形成强硬的约束力，未来需要强化有关能源领域的立法和执法。

3. 沿海和内陆地区回归结果与分析

为考察市场化进程对经济增长方式的作用是否存在地区差异，我们分别基于沿海和内陆地区的样本进行了实证检验，回归结果见表 5 – 4 和表 5 – 5，从中得到如下结论：

（1）沿海和内陆地区的市场化进程均对经济增长方式转变发挥推进作用，其中沿海地区的推进作用相对较强。从内在作用机制来看，沿海地区市场化进程对经济增长方式的积极作用是通过提升全要素生产率增长率和减缓就业增长率实现的，而内陆地区则是通过提高全要素生产率增长率达到的。内陆地区市场化进程对全要素生产率增长率的正面影响稍高于沿海地区，表明虽然内陆地区市场化进程慢于沿海地区，但内陆地区市场化进程的边际效应是高于沿海地区的。

（2）沿海地区经济非国有化进程对经济增长方式的转变有较强的带动作用，而内陆地区尚未显示出这样的积极影响。这与沿海和内陆地区经济非国有化进程及其对经济增长方式的作用机制存在明显差异有关。在考察期内，沿海地区经济非国有化程度的均值是 0.86。其中，2010 年经济非国有化程度值是 1.06，而内陆地区的相应值分别仅有 0.53 和 0.77。内陆地区经济非国有化程度低于沿海地区，市场体系的完善程度逊于沿海地区，这就决定了内陆地区经济非国有化进程难有明显的提升全要素生产率增长率效应，进而无法带动经济增长方式的转变。正如表 5 – 4 所示，内陆地区经济非国有化程度与全要素生产率增长率负相关，而沿海地区则相反。此外，实证结果显示，沿海和内陆地区推行经济非国有化改革均有减缓投资和就业增速效应，助推经济增长方式的改善。

表 5 - 4　　　　　　　　沿海地区 FMOLS 回归结果

变量	CTY_{it}		g_{Ait}		g_{Kit}		g_{Lit}		g_{Eit}	
	(1)	(2)	(1)	(2)	(1)	(2)	(1)	(2)	(1)	(2)
EIN	0.17*** (1.89)		0.03*** (1.97)		0.04* (4.26)		−0.01** (−2.65)		0.12* (4.93)	
EPR		0.65* (15.23)		0.07* (6.76)		−0.03* (−4.52)		−0.03* (−4.38)		−0.19* (−12.8)
FMA		0.38* (16.1)		0.02* (4.22)		0.02* (4.32)		−0.01* (−5.73)		−0.01* (−0.97)
PMA		0.15* (14.0)		0.03* (11.0)		0.01* (5.08)		0.01* (3.71)		−0.02* (−4.37)
RGI		−0.41* (−9.78)		−0.01 (−0.89)		0.05* (8.72)		−0.01** (−2.24)		0.09* (9.51)
ELP		0.33* (6.70)		0.13* (10.8)		0.09* (9.96)		−0.04 (−5.14)		−0.02 (−0.89)
RRD	−1.37* (−5.78)	−1.38* (−8.97)	−0.09* (−2.52)	−0.07** (−2.23)	0.15* (4.90)	0.08* (3.97)	0.17* (7.81)	0.28* (12.9)	−0.06** (−0.87)	−0.29* (−6.36)
RPS	1.01* (4.82)	1.06* (5.81)	0.13* (4.01)	0.05 (1.51)	0.02 (0.55)	0.11 (5.74)	−0.13* (−5.06)	−0.15* (−5.50)	0.15** (2.52)	0.61* (11.95)
RPC	−0.36* (−8.91)	0.15* (6.14)	−0.04* (−6.21)	−0.04* (−7.22)	0.000 (0.08)	−0.02* (−4.82)	0.01* (2.66)	−0.003 (−0.94)	0.05* (4.09)	0.09 (9.16)
ISR	−0.69* (−6.15)	0.71* (7.57)	−0.04* (−2.50)	−0.005 (−0.28)	0.07* (4.91)	0.08 (6.55)	0.05* (7.66)	0.11* (9.40)	0.003 (0.08)	0.08* (3.75)
HHI	−1.11* (−9.57)	−1.62* (−22.0)	−0.14* (−7.86)	−0.31* (−20.7)	0.08* (6.42)	0.10* (10.7)	0.01*** (2.00)	0.05* (8.18)	−0.04 (−1.23)	0.23* (9.41)

　　注：表中第一行为应变量，第一列为自变量。括号内数值为 t 统计值，*、**、*** 分别表示在 1%、5% 和 10% 显著水平上拒绝系数为零的原假设。

　　（3）沿海和内陆地区要素市场发育进程对经济增长方式的转变均有促进作用，其中沿海地区的促进作用相对较强。之所以沿海地区要素市场的发育对经济增长方式的推进作用强于内陆地区，主要原因表现在以下两个方面：一是由于沿海地区要素流动的便利程度相对好于内陆地区，有相对较高的资源配置效率。同时沿海地区吸收了大量外商直接投资，为本地企业实现技术进步提供了较好的学习和模仿机会。致使沿海地区要素市场的发育对全要素生产率增长率形成了相对较强的积极作用。二是沿海地区要素市场发育程度的上升有减缓能源投入增长率效应，有助于经济增长方式转变，而内陆地区则相反。

表 5 - 5　　　　　　　　　　内陆地区 FMOLS 回归结果

变量	CTY_{it}		g_{Ait}		g_{Kit}		g_{Lit}		g_{Eit}	
	(1)	(2)	(1)	(2)	(1)	(2)	(1)	(2)	(1)	(2)
EIN	0.14*** (1.87)		0.04* (5.24)		0.05* (7.29)		0.01* (4.05)		0.26* (11.53)	
EPR		-0.66* (-9.28)		-0.05* (-7.41)		-0.02* (-3.54)		-0.02* (-8.12)		0.33* (19.4)
FMA		0.17* (5.97)		0.01* (4.10)		0.01* (6.81)		-0.002 (-1.81)		0.06* (7.17)
PMA		0.02* (0.52)		-0.01* (-4.08)		0.02* (13.8)		-0.01* (-7.05)		-0.07* (-9.80)
RGI		0.53* (14.8)		0.05* (14.8)		0.01* (4.84)		0.02* (11.7)		-0.08* (-6.38)
ELP		1.09* (11.1)		0.08* (6.68)		0.02** (2.91)		0.01*** (1.74)		0.33* (11.4)
RRD	-1.64* (-7.47)	-1.98* (-9.84)	-0.19* (-8.30)	-0.19* (-10.2)	0.11* (5.57)	0.10* (8.64)	0.04* (6.68)	0.07* (10.8)	0.56** (7.54)	0.66* (10.8)
RPS	6.65* (14.2)	9.84* (19.8)	0.66* (22.5)	1.06* (18.4)	0.08*** (1.89)	-0.08** (-2.54)	-0.12* (-6.00)	-0.18* (-9.42)	-0.58* (-3.38)	-0.73* (-4.83)
RPC	-0.19* (-8.20)	-0.30* (-7.70)	-0.04* (-19.9)	-0.04* (-20.0)	-0.01** (-2.63)	-0.002 (-1.71)	-0.003 (-3.39)	-0.003** (-2.93)	-0.02** (-2.76)	-0.02* (-3.85)
ISR	0.45* (5.84)	-0.10* (-1.25)	-0.01 (-1.00)	-0.01 (-0.95)	-0.01 (-1.41)	-0.04* (-7.58)	-0.003 (1.27)	0.01* (4.27)	-0.05** (-2.50)	-0.11* (-5.43)
HHI	0.25 (5.36)	0.002 (0.04)	0.02* (3.67)	-0.05* (-10.2)	0.02* (5.97)	0.04* (11.5)	-0.01* (-4.01)	0.003 (1.61)	0.05** (2.75)	0.02*** (1.82)

注：表中第一行为应变量，第一列为自变量。括号内数值为 t 统计值，*、**、*** 分别表示在 1%、5% 和 10% 显著水平上拒绝系数为零的原假设。

　　（4）沿海和内陆地区产品市场发育进程均对经济增长方式的转变产生积极作用，其中沿海地区积极作用稍强。虽然沿海和内陆地区的产品市场发育均对经济增长方式形成正面影响，但内在作用机制明显不同。沿海地区产品市场的发育具有提升全要素生产率增长率和减缓能源投入增长率效应，对经济增长方式的转变发挥带动作用。这种带动作用足以抵消正投资和就业效应对经济增长方式的抑制作用，最终使产品市场发育程度与经济增长方式呈正相关态势。而内陆地区产品市场的发育尚无明显提高全要素生产率增长率效应，其对经济增长方式的正向影响主要是通过减缓就业和能源投入增速而实现的。

（5）内陆地区政府减少经济干预对经济增长方式的转变有促进作用，而沿海地区尚无该作用。之所以沿海地区政府减少经济干预未显现促进经济增长方式转变作用，主要原因在于该地区政府经济干预的减少不但没有带来全要素生产率增长率的提升，反而有明显的加快投资和能源投入的速度效应。这说明对于经济规模较大和企业数量众多的沿海地区，需要政府实质性和大幅度减少经济干预才可能形成政府经济干预减少对全要素生产率增长率的促进作用。

（6）沿海和内陆地区健全经济法律均有助于经济增长方式的转变，其中内陆地区促进作用相对较强。从内在作用机制来看，内陆地区经济法律健全进度与经济增长方式的相关程度高于沿海地区，但这并不意味着内陆地区经济法律的健全带来了更高的资源配置和技术效率。实证结果显示，在全要素生产率增长率回归中，沿海地区经济法律健全程度变量的系数值为 0.13，而内陆地区仅为 0.08，因此，沿海地区经济法律的健全对该地区资源配置和技术效率的正影响力是大于内陆地区的。究其原因，东部地区经济交易规模和市场竞争强度远超内陆地区，更需要健全的经济法律制度以明确各市场参与主体的权益和责任，维护公平、公正的竞争环境。而且，该地区经济法律健全进程快于内陆地区，在一定程度上迎合了这一要求。结果沿海地区经济法律的健全大大降低了交易成本，提高了资源配置效率，进而对全要素生产率增长率的正作用力强于内陆地区。不过，随着经济法律健全程度的提高，沿海地区投资增长率明显超过内陆地区，致使沿海地区经济法律的健全对经济增长方式的正面影响力低于内陆地区。

4. 长三角地区回归结果与分析

长三角地区计量方程式（5.4）和式（5.6）的回归结果如表 5 - 6 所示，从中可以看出长三角市场化进程对经济增长方式转变有较强的推进作用，这种推进作用不仅强于内陆地区，也强过沿海地区的平均水平。具体来看，长三角地区市场化各分项进程对经济增长方式转变的影响，经济法律健全进程对经济增长方式转变的积极作用最为强劲，虽与全国总体一致但又强于全国总体的作用力度。政府经济干预减少进程对经济增长方式转变的推进力度处于第二位，经济非国有化进程的正向影响力处在第三位，要素市场化进程的促进作用位列第四位。但是，产品市场化进程却表现出负向影响，不过这一指标在统计上并不显著。经济法律健全进程和政府减少经济干预对转变经济增长方式具有相对较强的牵引力，这表明长三角地区要实现粗放型经济增长方式的快速转型，加快完善经济法律制度、大幅度减少政府对经济的干预是重要途径。产品市场化进程对经济增长方式转变的影响未表现出明显的积极作用，甚至形成一定的阻碍作用。这说明当前长三角地区应加快建立公平、公正、良性竞争的产品市场环境建设。

表 5 – 6　　　　　　　　　　长三角地区 **FMOLS** 回归结果

应变量	自变量										
	EIN	EPR	FMA	PMA	RGI	ELP	RRD	RPS	RPC	ISR	HHI
CTY	2.63* (4.27)						– 0.20 (– 0.13)	0.54 (0.75)	– 0.27 (– 1.16)	0.26 (0.62)	0.95** (2.49)
		0.81* (3.46)	0.58* (5.17)	– 0.01 (– 0.14)	4.84* (15.08)	5.71* (14.29)	– 3.82* (– 4.71)	1.79* (4.98)	0.52* (3.47)	1.04* (4.35)	1.78* (9.93)

注：括号内数值为 t 统计量，*、** 分别表示在 1% 和 5% 显著性水平上拒绝系数为零的原假设。

第 5 节　主要结论与政策启示

市场化改革和经济增长方式转变是当前我国面临的重要问题，正确认识市场化进程与经济增长方式的关系对我国及长三角地区经济增长方式的有效转变具有显著意义。本章利用 1995 ~ 2010 年我国省际面板数据，采用面板 FMOLS 估计方法实证研究了市场化进程与经济增长方式的关系。研究结果表明，自 1995 年以来，全国大部分省份全要素生产率对经济增长贡献率呈现下行的态势，我国经济增长方式的粗放和外延型特征不仅没有出现弱化趋势，反而存在加重痕迹。这表明我国转变粗放型经济增长方式的压力越发沉重，也说明我国转变经济增长方式的现实要求越发急迫。

在全国层面上，我国市场化总进程对粗放型经济增长方式的转变具有促进作用，各市场化分项进程对经济增长方式转变具有推进作用，并按经济非国有化、产品市场发育、政府减少经济干预、要素市场发育和健全经济法律制度顺序依次增强。这表明在市场化改革进程中，推进经济资源的非国有化配置应是当前和未来一段时期的首要任务。

在地区层面上，沿海和内陆地区市场化总进程均有助于粗放型经济增长方式的转变，其中沿海地区的驱动力度相对较强。沿海地区经济非国有化、要素和产品市场的发育以及经济法律制度的健全都有利于经济增长方式的转变，其中经济非国有化的正向作用力相对最强。内陆地区要素和产品市场的发育、政府经济干预的减少以及经济法律的健全对经济增长方式的转变有驱动作用，其中健全经济法律制度的驱动力相对最强。这表明在我国推进市场化改革过程中，应根据不同地区侧重于不同的子项改革，沿海地区改革首要任务在于深化非国有化改革，而内陆地区应偏重于加快经济法律制度建设。

具体到长三角地区，经济法律制度的健全、政府经济干预的减少、经济非国有化和要素市场的发育都对经济增长方式转变产生拉动作用，其中经济法律制度健全的拉动作用最为强劲，而产品市场的发育尚未对经济增长方式转变形成明显的助推作用。这表明长三角地区在深化市场化改革的进程中，要偏重于进一步健全经济法律制度。

本章的研究结论对进一步推进我国市场化改革提供了重要启示，未来的市场化改革应着重在以下几个方面进行推进。

（1）我国要实现经济增长方式的根本转变，达到技术进步、人力资本、现代化管理等高端要素对经济持续快速增长的主导拉动作用，离不开市场化改革的强力支撑作用。但我国市场化改革是一项极其复杂的系统工程，不仅改革的范围在不断拓展、改革的内容在不断丰富、改革的深度在日益增加，而且各子项改革相互关联、相互作用。这就要求我国在总体上加快市场化改革进程的同时，还应重视市场化各子项改革的协调性和并进性，尽快缓解或解决一些子项改革的滞后性。

（2）实证结果表明我国经济非国有化进程对经济增长方式转变有最为强劲的积极作用，因此今后深化经济非国有化改革应成为市场化改革首要内容。为此，一方面应降低国有垄断性行业的政策性和非政策性进入门槛，引进非国有经济单位，逐步取消国有与非国有经济单位在经济资源和政策资源方面的不平等性，强化这些行业的有效市场竞争机制，并完善相应的监管体制；另一方面应大力推进国有企业产权多元化，提升非国有经济主体产权比重，优化国有企业治理结构。同时完善国有企业激励和退出机制，增强国有控股企业自主经营、自负盈亏的能力。这不仅可以提升经济资源的利用效率，还可以减轻财政压力。

（3）市场和计划是资源配置的两种手段，这两种手段的不同选择会直接关系到经济资源的配置效率，进而影响到经济增长方式的转型。实证结果表明我国减少政府对经济的干预对经济增长方式转型有相对较强的推进作用，因此，未来应努力控制政府对经济的过度干预。为此，应加快推进政府行政审批制度改革，改进政府绩效考核体系，完善政府决策、执行和监督机制，制止政府行政管理成本和人员规模的过度膨胀，优化政府组织机构，提高政府的工作效率和公共服务水平。

（4）相对于产品市场发育进程，我国要素市场发育进程明显滞后，要素市场化改革步伐亟待加快。经济增长方式反映了经济增长中各种要素的投入结构，而这种投入结构的变化从根本上取决于要素市场的发育水平。实证结果表明，虽然我国要素市场发育进程对经济增长方式转变有积极功效，但作用力度相对较弱。因此，今后在我国要素市场化改革中，应强力推进利率市场化改革，对土地、矿产等稀缺要素实行市场化定价，鼓励科技成果市场化交易，实行户籍制度改革，完善社会保障体系，促进劳动力自由流动，使生产要素的价格真实地反映供求关系。尤其是着力技术、信息、管理和人力资本等高端要素市场的培育和发展，充分发挥高度要素的大量使用在经济经济增长方式转型中的关键作用。

（5）经济法律制度的健全程度对经济增长方式的转变有重要影响，完善的经济法律体系有助于经济增长方式的快速转变。实证研究结果表明我国经济法律健全进程与经济增长方式转型呈正相关态势，但相关程度偏弱。这与我国的经济快速增长与经济法律体系建设进程不同步有关。因此，今后应加强规范微观经济主体、保障市场经济秩序、规范政府行为的法律制度建设，形成一个完整和统一的市场经济法律体系。以法律的权威性、强制性和稳定性功能来保护微观经济主体的合法经营和利益，增大微观经济主体违法行为的成本，确保市场机制的正常运行。

（6）我国各地区都在响应国家市场化改革的顶层设计，但在执行力度和效果方面存在明显差异性，内陆地区市场化进程明显落后于沿海地区。因此，今后在深化我国市场化改革中，应以更大的力度推进内陆地区市场化改革进程，快速扭转该地区经济增长方式越发粗放的趋势。同时，进一步加快长三角地区市场化改革进程，发挥长三角地区在我国转变经济增长方式方面的示范作用。

第6章 贸易开放、FDI 与经济增长方式

【本章提要】长三角地区是我国改革开放的前沿，在我国推进改革开放的过程中，这一区域的对外贸易规模日益扩大，外商直接投资企业大量进入，教育科研国际化合作和人才的国际交流显著增多。开放促进了制度改革和市场竞争，改变着区域的要素禀赋结构和生产条件，引致资源再配置和生产结构调整。在对外开放为长三角经济发展注入了强大动力的同时，长三角的经济增长方式也发生着变化。

长三角地区已经发展成为世界制造业中心。来自全球的工业企业集聚长三角，带来了先进的生产管理经验、生产技术和资本，推动了长三角地区的工业化进程和长三角地区的出口增长。廉价的要素成本优势和相对较好的基础设施是改革开放初期长三角地区贸易和外资利用增长的资源禀赋基础，也是长三角地区在对外开放中取得国际竞争力的重要源泉。廉价的劳动力成本推动了劳动密集型产业发展，而劳动密集型产业的发展又进一步加大了要素投入的需求，有可能导致经济增长过度依赖要素投入。但在另一方面，贸易开放和外商直接投资进入同样产生促进区域经济增长集约化的功能，国际贸易和外商直接投资是国内企业和个人获得管理经验和技术的重要渠道，在参与国际化的过程中，区域内企业的生产效率也会得到提升。为辨析贸易开放和外商直接投资利用对经济增长方式的影响，本章通过考察改革开放以来长三角地区对外贸易和外商直接投资（以下简称FDI）的发展状况，分析贸易开放和FDI影响经济增长方式的机制，利用中国工业企业数据实证检验贸易开放和FDI对经济增长方式的影响。

第1节 长三角对外贸易发展与 FDI 利用状况

改革开放以来,尤其是 20 世纪 90 年代以来,中国对外贸易,特别是工业对外贸易蓬勃发展,流入中国工业的 FDI 也持续快速增长。在 1990 ~ 2010 年,中国工业对外贸易年均增速高达 17.59%,2010 年中国工业对外贸易总额约为 2.7万亿美元,占中国对外贸易比重超过 90%。截至 2010 年底,中国工业累计实际使用 FDI 金额约为 7 000 亿美元,约占来华直接投资比重的 70%。

在中国工业对外贸易发展和 FDI 利用中,长三角地区发挥了重要引领作用。如图 6 - 1 所示,长三角地区对外贸易额及占中国对外贸易比重均呈上升趋势。2005 年长三角地区对外贸易额是 4 881.59 亿美元,占全国对外贸易比重为 39.84%。在随后三年内,该地区工业对外贸易额和占全国比重一路走高。由于深受国际金融危机影响,2009 年该地区工业对外贸易额和所占比重均出现下调。但在 2010年,分别反弹至 10 051.17 亿美元和 40.88%,均高于金融危机前的水平。

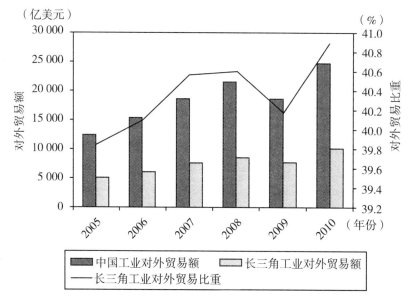

图 6 - 1　长三角对外贸易在中国对外贸易中的比重

注:根据各年度《长三角年鉴》和《中国商务年鉴》统计数据绘制。

图 6 - 2 显示,在全国工业内流 FDI 中,长三角地区一直占据主导地位。2006 年全国工业内流 FDI 为 418.19 亿美元,其中长三角地区为 237.09 亿美元,所占比重 56.69%。该年广东工业内流 FDI 也有较大规模,为 106.71 亿美元,

但明显低于江苏的 142.22 亿美元。在随后几年内，全国和长三角工业内流 FDI 规模都有一定的波动性。2010 年全国和长三角工业内流 FDI 分别达到 524 亿美元和 279.16 亿美元，前者略超过 2008 年水平，后者略少于 2008 年水平。从长三角工业内流 FDI 比重的变化来看，2006～2010 年该比重有下降趋势，但一直保持在 50% 以上。2010 年长三角工业内流 FDI 比重仍有 53.27%。2010 年江苏工业内流 FDI 为 190.6 亿美元，比广东高出 70.2 亿美元，该差距有扩大趋势。

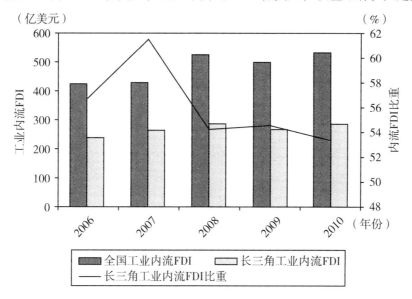

图 6 - 2　长三角工业内流 FDI 在中国工业内流 FDI 中的比重

资料来源：根据《中国统计年鉴》和江苏省、上海市和浙江省统计年鉴的数据绘制。

　　然而，在对外贸易和来华直接投资带动中国工业经济繁荣的同时，中国工业技术水平的提升速度却偏慢，工业经济增长长期依赖资本、劳动和资源的大量投入，致使资源短缺和环境恶化问题日益严峻，工业经济增长方式越发显现出粗放型特征，长三角地区也不例外。图 6 - 3、图 6 - 4 描绘了 2000 年以来我国工业增长方式的变化特征。总体来看，全要素生产率对工业经济增长的贡献率表现为先下降后上升，总体缓降趋势。图 6 - 3 描绘了 2000 年以来我国工业总体全要素生产率对其经济增长贡献率的走势情况。

　　2000 年中国 30 个工业行业的全要素生产率对产出增长的贡献率平均为 49.01%，2001 年上升至 71.92%，但在随后几年内大幅度下降，2006 下滑至 -30.86%。在之后的四年内，30 个工业行业全要素生产率对产出增长贡献率的均值出现上升趋势，至 2010 年达到 37.71%。2000 年以来的总体走势表现为缓慢下降的趋向，年均下降 1.13%。这表明进入 21 世纪以来中国工业经济增长对资本、劳动和资

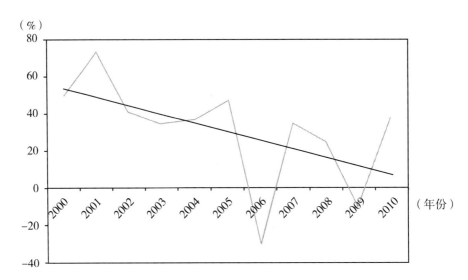

图 6 - 3　2000 年以来我国工业 TFP 对其增长的贡献率

资料来源：根据测算结果绘制。

源等要素投入的依赖性不但未出现弱化趋势，反而显示出强化迹象，中国工业经济增长方式越发显现粗放和外延型特征。

从我国工业行业来看，各工业行业全要素生产率对产出增长的贡献率存在不同的变化趋势。图 6 - 4 显示了 2000 年、2005 年和 2010 年各行业增长方式的评价结果。自 2000 年以来，饮料制造业、烟草制品业、化学制品业和黑色金属压延加工业 4 个工业行业的全要素生产率对产出增长的贡献率先上升后下降。石油开采业以及家具制造业 2 个工业行业的全要素生产率对产出增长的贡献率先下降后上升。造纸及纸制品业、印刷业、医药制造业和化学纤维制造业 4 个工业行业的全要素生产率对产出增长的贡献率呈现上升之势。橡胶制造业和塑料制造业的全要素生产率对其产出增长的贡献率分别在 20% 和 30% 上下震荡。而其余 18 个工业行业的全要素生产率对产出增长贡献率均显示下降趋势。2010 年全要素生产率对增长贡献率最大的前 5 个行业分别是石油开采业、化学纤维制造业、通信计算机业、纺织、服装及皮革制造业和家具制造业①。贡献率最小的后 5 个行业分别是食品加工制造业、煤炭采选业、化学制品业、有色金属压延加工业和有色金属矿采选业。

---

①　部分行业在一些年度出现 TFP 贡献率（全要素生产率变化率与实际产出增长率之比）超过 100% 的情况，主要原因有两点：第一，当年度产品价格的大幅上升导致实际产出增长率大幅减少；第二，行业投资的大幅下降和劳动力的减少导致资本和劳动对产出的贡献为负数。

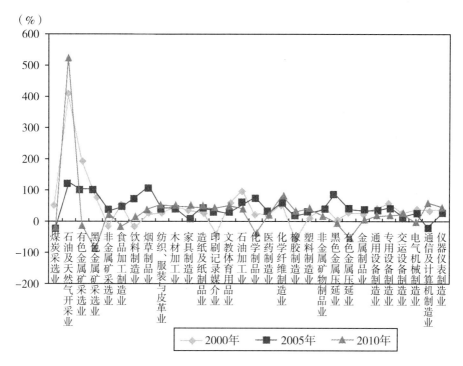

图 6 - 4　TFP 对各工业行业增长的贡献率

资料来源：根据测算结果绘制。

进入 21 世纪以来，中国大部分工业行业的全要素生产率对产出增长的贡献率呈现下滑之势，中国工业经济增长方式的外延和粗放型特征不仅未出现弱化趋向，反而具有强化迹象，而且这在长三角地区也有明显表现。为什么我国及长三角地区工业对外贸易和内流 FDI 在增长的同时，工业增长方式却越发显现粗放型特点？对此问题的回答，需要我们对我国工业对外贸易、FDI 及工业经济增长方式之间的关系展开定量分析，剖析工业对外贸易、FDI 对其经济增长方式的作用机理。

第 2 节　贸易、FDI 与经济增长关系的研究文献综述

技术进步是经济可持续发展的必要前提。加快中国经济增长方式转型就是要从根本上改变过于依靠要素投入的粗放型经济增长方式，使技术进步成为经济增长的主导力量。对于如何实现技术进步问题，凯勒（Keller，2001）认为在开放经济条件下，一国的技术进步不仅取决于国内研发支出和高科技人才的培育，而且其他国家的知识创新活动也会以知识外溢的形式，通过各种传导机制直接或间

接地作用于该国的技术进步，其中国际贸易和 FDI 是国家间知识扩散和外溢的主要渠道。

以罗默（Romer，1986）为代表的新增长理论强调国际贸易的技术扩散效应，认为对外贸易可以促进本国技术进步，促使本国经济增长。这一观点得到大量的实证研究支持（Lichtenberg & Potterie，1996；Coe & Helpman，1997；Keller，2002；Bylde，2004）。一般情况下，FDI 对东道国经济的影响不仅仅表现在弥补东道国的投资和储蓄缺口上，更重要的在于它所带来的外部性或溢出效应对东道国技术进步的推进作用，但相应实证研究结论却存在很大分歧。部分研究认为 FDI 通过技术外溢促进东道国的经济增长（Blomstrom，1986；Kokko et al.，1996；Alfaro et al.，2004），国际贸易和 FDI 不仅仅是国际技术扩散的潜在的重要传递工具，它们还能通过强化市场竞争促使东道国生产企业加快技术创新，提升东道国技术水平（Bertschek，1995；Lin，2010）。而另一些研究却认为 FDI 对东道国技术进步和经济增长不存在明显的正面影响，甚至形成负溢出效应（Haddad & Harrsion，1993；Aitken & Harrison，1999；Carkovic & Levine，2002）。

对外贸易、FDI 对中国技术进步和经济增长方式转型是否具有促进作用，国内学者也进行了较多研究。在对外贸易方面，包群等（2003）指出出口主要通过对非贸易部门的技术外溢来促进我国的经济增长。方希桦等（2004）认为通过进口传导机制，贸易伙伴国 R&D 投入、国内科技投入对我国技术进步具有显著的促进作用，但存在一定的滞后效应。李小平和朱钟棣（2006）通过实证发现国际 R&D 投资通过国际贸易途径促进了中国生产率和经济增长。许和连等（2006）认为贸易开放度主要是通过影响人力资本的积累水平影响全要素生产率，进而作用于经济增长。高凌云和王洛林（2010）发现大部分三位码工业行业面临着日益激烈的进口竞争，并通过提高技术效率的方式最终促进了工业行业全要素生产率增长。

在 FDI 方面，不同于西方学者偏重于研究 FDI 对东道国技术进步，进而对东道国经济增长的影响，国内学者在研究 FDI 对中国技术进步影响的同时，也开始直接考察 FDI 对中国经济增长方式的作用关系。沈坤荣和耿强（2001）认为外国直接投资通过外溢效应与学习效应，提升了中国经济的技术水平，提高了国民经济的综合要素生产率，促进了国民经济快速稳定增长。但赖明勇和包群（2003）及陈继勇和盛杨怿（2008）指出 FDI 对中国的技术外溢效应并不明显。将研究 FDI 对中国技术进步的影响延伸至对中国经济增长方式的影响，郭克莎（1995）认为外资的大量进入增加了国内企业提高生产水平、转变经营方式的压力和紧迫感，为经济增长方式的转变提供了资金和技术基础。洪银兴（2000）主张通过提高利用外资的效益和优化外资结构推动中国经济增长方式的转变。傅元海等（2010）认为本地企业在 FDI 溢出效应发生的不同机制下选择不同的技术进步路径，对经济增长方式产生了不同的影响。而于津平和许小雨（2011）指出外商直接投资尽管也会通过技术外溢等途径促进技术进步，但由于其对国内投资的挤入效应推动了资本的扩张，因而尚未对经济增长方式转变形成显著的效果。

上述研究对于我们分析贸易开放和 FDI 对中国工业经济增长方式的影响具有重要参考价值，但现有研究也存在局限性：（1）直接探讨贸易开放和 FDI 对经济增长方式作用关系的研究偏少。大部分研究是根据贸易开放或 FDI 对全要素生产率的影响，间接推断贸易或 FDI 对经济增长方式的影响，缺乏实证支持。其实全要素生产率变化与经济增长方式具有不同内涵，全要素生产率提升并非意味着经济增长方式也一定随之转变。即使贸易开放和 FDI 确实能够促进全要素生产率的提高，但如果贸易开放和 FDI 引致大规模的投资扩张和严重的环境破坏，经济增长方式完全可能在全要素生产率增长的同时趋于低端化。本章将经济增长中全要素增长的贡献率作为衡量经济增长方式的变量，这一变量综合考虑了贸易开放和 FDI 对经济增长方式的各方面影响。（2）较多地忽略对外贸易或 FDI 对中国产业经济增长方式影响的差异性，难以揭示贸易开放和 FDI 所产生的产业结构调整效应。如前文所述，中国对外贸易主要完成于工业企业，来华直接投资也主要流入工业领域，由此对工业行业内部不同产业间的资源配置产生影响。因此，研究比较贸易开放和 FDI 在不同产业中的增长方式效应有助于明晰贸易开放和 FDI 对增长方式影响的形成机制。

第 3 节　贸易、FDI 影响经济增长方式的机制与变量说明

一、理论机制

工业产出的增长来源于全要素生产率的增长、资本和劳动投入的增加。全要素生产增长率对产出增长的贡献率是衡量增长方式的关键指标，可表示为：

$$RTY_{it} = \left(1 + \frac{\alpha g_{Kit}}{g_{Ait}} + \frac{\beta g_{Lit}}{g_{Ait}} \right)^{-1} \tag{6.1}$$

该式表明，各工业行业经济增长方式由该行业资本增长率、劳动增长率和全要素生产率增长率决定。如果全要素生产率增长率超过劳动和资本投入增长率的加权平均值（即：$g_{Ait} > \alpha g_{Kit} + \beta g_{Lit}$），那么，$RTY_{it}$ 会增加，即经济增长方式趋于集约化。反之，如果全要素生产率的增长率小于劳动和资本投入增长率的加权平均值，经济增长方式趋于粗放化。

在市场经济条件下，要素投入增长率和全要素生产率水平均不是外生变量。伴随贸易自由化、FDI、研发投入、人力资本、金融发展水平和政策的变化，行业内的资本、就业和技术水平都会发生相应的改变。因此，描述经济增长方式的变量 RTY_{it} 实际上是受上述因素影响的内生变量。

为了厘清贸易和 FDI 等因素对经济增长方式的影响机制，首先需要对这些因素产生的投资效应、就业效应和技术进步效应进行分析，然后再根据式（6.1）形成相应的理论假说。根据这一思路，以下聚焦于贸易和 FDI 如何影响经济增长方式问题进行探讨。

贸易自由化的发展为中国参与国际分工创造了有利的条件。国际分工驱动生产要素在行业间重新配置，其最明显的表现就是出口行业资本和劳动的增加和进口行业资本和劳动的减少。如果没有相伴的全要素生产率变化，由式（6.1）可知，出口部门的增长方式就会表现出粗放型增长，而进口部门则由于要素投入的减少趋于集约化。但更为实际的情况是：出口部门生产扩张会形成产业集群效应、规模经济效应和"干中学"效应，生产效率完全可能因出口增加而提高。在此情形下，当出口引致的要素投入增长效应大于技术促进效应时，经济增长方式才会因出口增长而趋于粗放化。不过，一般认为，中国出口产品的生产仍然处于全球价值链的低端，出口增长引致的技术进步效应并不十分明显。如果这一情形属实，那么出口增长对经济增长方式的促进效应就会表现为负。对于进口部门而言，进口的增长不仅抑制甚至减少了这一部门的要素投入，而且也加剧了进口部门之间的竞争，同时还为国内企业模仿创新带来了机遇。这些影响更易于驱动进口部门技术效率的提高，使工业生产集约化。

FDI 利用对经济增长方式的影响同样来自于资本、就业和技术三个主要渠道。在资本效应方面，FDI 虽然直接增加了进入部门的资本投入，但其对于行业总资本投入的影响并非显而易见。因为，如果 FDI 进入导致竞争型国内企业经营困境，那么该行业的国内资本增加就会减少，形成投资的挤出效应。但 FDI 进入也有可能促进国内资本投入的增长，与 FDI 企业配套的国内企业会因 FDI 的增加而增加投资，由此形成挤入效应。在就业效应方面，FDI 增加一方面会形成自身企业和配套企业的劳动需求，另一方面也会使国内竞争型企业的就业减少。在 FDI 形成的技术效应方面，一般认为 FDI 带来更加先进的生产技术和管理经验，有助于技术水平的提高。尽管在 FDI 技术外溢效应不明显的情况下，FDI 的进入也会带来整个行业技术效率的提高，因为 FDI 企业拥有的技术通常高于内资企业。由于 FDI 的增加既能促进技术进步（Keller，2001；Lin，2010），同时也可能促进或减少资本和劳动投入的增长，定性分析无法对 FDI 对经济增长方式的影响进行判断。要明晰 FDI 对经济增长方式的影响，实证研究十分必要。

二、计量模型

除了出口、进口、和FDI这三个因素可能影响到经济增长方式以外，研发投入、人力资本、金融发展和政策规制也是影响技术进步或要素投入的重要因素。吴延兵（2008）研究发现中国自主研发对生产率有显著促进作用，但由于中国自主研发的吸收能力较低，阻碍了对引进技术的学习和消化，进而影响了生产率增长。夏良科（2010）研究表明工业行业自身研发是影响 TFP 的重要因素，对 TFP 增长和技术进步具有显著促进作用。人力资本不仅是技术进步和 TFP 增长的重要决定因素，而且还具有"同化器"的作用。梁超（2012）研究结果显示人力资本吸收能力有助于全要素生产率和技术进步的提高。张成等（2011）研究认为在我国东部和中部地区，初始较弱的环境规制强度削弱了企业的生产技术进步率。然而，随着环境规制强度的增加，企业的生产技术进步率逐步提高。西部地区尚无明显的"U型"关系。方军雄（2006）研究发现，随着金融市场化程度的提高，资本将从低效行业撤资，往高效领域增资，资本配置会进一步优化。为了科学评价贸易和 FDI 对经济增长方式的影响，本章采用以下的计量模型：

$$RTY_{it} = \alpha_0 + \alpha_1 \ln REX_{it} + \alpha_2 \ln RIM_{it} + \alpha_3 \ln RDI_{it} + \alpha_4 \ln RYZ_{it}$$
$$+ \alpha_5 \ln RKR_{it} + \alpha_6 \ln RWR_{it} + \alpha_7 \ln RHZ_{it} + \varepsilon_{it} \qquad (6.2)$$

其中，下标 i 和 t 分别表示中国工业行业和时间。RTY 表示全要素生产率对产出增长的贡献率，REX 和 RIM 分别表示为出口比率和进口比率，RDI 表示外商直接投资比率，RYZ 表示研发支出比率，RKR 表示科技人员比率，RWR 表示科技活动经费外部融资比率，RHZ 表示污染排放治理费用比率。

式（6.2）中所有解释变量均作了对数化处理，RTY 未取对数的原因是此变量在某些工业行业某些年份取负值，ε_{it} 为误差项。为避免伪回归和变量间内生性问题，本章在实证分析过程中，在对式（6.2）中各个经济变量进行面板数据单位根检验和各变量之间关系的协整检验后，采用由佩德罗尼（Pedroni，2000）提出的完全修正最小二乘法（FMOLS）估计方法。样本数据为中国 30 个工业行业从 2000～2010 年的年度数据。

三、变量说明、数据来源及分析

1. 行业经济增长方式（RTY_{it}）

本章用工业行业全要素生产率对本行业产出增长的贡献率 RTY_{it} 表示工业行业的经济增长方式，其测算方法及数据来源参见赵文军和于津平（2012）。

2. 行业出口率（REX_{it}）和行业进口率（RIM_{it}）

各工业行业出口率（REX_{it}）是以人民币表示的行业出口额与本行业总产出的

比值，各工业行业进口率（RIM_{it}）是以人民币表示的行业进口额与本行业销售产值的比值。为得到中国工业行业进出口数据，我们首先根据《中国国民经济行业分类（GB/T4754—2002）与国际标准产业分类（ISIC Rev3）对照表》以及《国际标准产业分类（ISIC Rev3）与国际贸易标准分类（SITC Rev3）对照表》，建立本章 30 个工业行业与国际贸易标准分类对照表。然后基于 UNCOMTRADE 数据库，对 SITC 分类下 5 位码商品的进、出口额进行归类和汇总，最后得到 2000 ~ 2010 年中国 30 个工业行业进出口额。2000 ~ 2010 年人民币对美元汇率、工业行业生产总值、工业行业销售产值等数据均来源于《中国统计年鉴》。图 6 - 5 和图 6 - 6 分别给出了 2000 年和 2010 年中国各工业行业出口和进口比重。

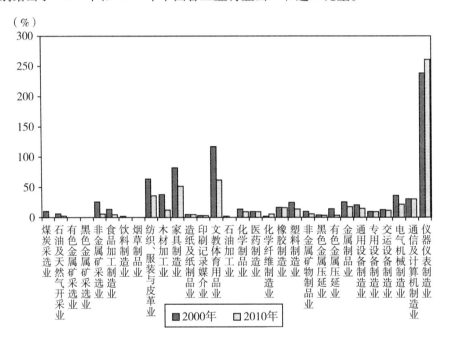

图 6 - 5　工业行业出口相对于进口的比重

资料来源：根据测算结果绘制。

从出口方面看，纺织、服装及皮革制造业、家具制造业和仪器仪表制造业出口比重一直远高于其他工业行业，尤以仪器仪表制造业最为抢眼，持续超过100%，2010 年高达 262.1%。较之于 2000 年，2010 年只有化学纤维制造业、橡胶制造业、通信及计算机制造业和仪器仪表制造业出口的比重有上升趋势，尤其是仪器仪表制造行业上升幅度最大，达到 23.3%。而其他行业的比重均下降，其中文教体育用品业下滑幅度最大，达到 54.4%。

从进口方面看，石油天然气开采业、有色金属矿采选业和仪器仪表制造业的

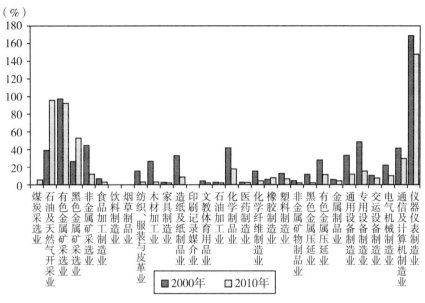

图 6-6　部分年份工业行业进口比重

资料来源：根据测算结果绘制。

进口比重在所有工业行业中位列前三位，尤其是仪器仪表制造业，进口比重更是大幅度超过 100%，2010 年为 147.2%。进一步来看，相较于 2000 年，2010 年绝大部分工业行业的进口比重有所下降，其中专用设备制造业的下降幅度最大，达到 32.8%。而煤炭采选业、石油和天然气开采业、黑色金属矿采选业、饮料制造业及橡胶制造业的进口比重有不同程度的上升，其中上升幅度最大的行业是石油和天然气开采业，升幅高达 56.4%。综合上述两个方面，仪器仪表制造业一直是我国出口和进口比重最高的行业，且进出口规模持续高过该行业的生产总值，是我国开展加工贸易的主要行业。纺织、服装及皮革制造业、家具制造业和文教体育用品制造业是我国工业行业出口比重较高的行业，出口规模基本低于相应行业的生产总值，是我国开展一般贸易出口的主要行业。石油和天然气开采业、有色金属矿采选业和黑色金属矿采选业的进口比重是我国工业行业进口比重较高的行业，进口规模基本低于相应行业的生产总值，是我国一般贸易进口的主要行业。

3. 行业外商直接投资比率

各工业行业外商直接投资比率（RDI）是各行业外商和港澳台商直接投资企业的固定资产年平均余额与整个行业固定资产年平均余额的比值。工业行业外商和港澳台商直接投资企业的固定资产年平均余额和工业行业固定资产年平均余额等数据均来自《中国统计年鉴》。图 6-7 描绘了 2000 年和 2010 年各工业行业的外商直接投资比重。

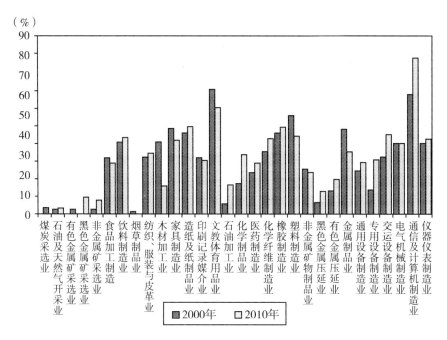

图 6 - 7　部分年份工业行业外商直接投资比重

资料来源：根据测算结果绘制。

从图 6 - 7 可以发现，各工业行业外资参与度具有明显的差异性，外商投资的产业结构存在明显的不合理性。在采掘业、烟草制品业、石油加工业、黑色和有色金属压延及加工业中，外商投资企业固定资产的比重明显偏低，均不超过 20%，是外资最难以涉足的行业，这可能与国家控制这些行业有关。文教体育用品业和通信及计算机制造业是外资进入比重最高的两个行业，外商投资企业持有的固定资产比重都超过 50%，外资企业对这 2 个行业发展的影响最为显著。在其余工业行业中，外资企业固定资产比重基本处于 20% ~ 50%。从动态变化角度看，与 2000 年作比较，在食品加工业、烟草制品业、木材加工业、家具制造业、印刷记录媒介业、文教体育用品业、塑料制造业、非金属矿物制品业、金属制品业和电气机械制造业中外资企业固定资产比重有不同程度的下降，其中木材加工业下降幅度最大，达到 22.65%。其余工业行业的比重均在走高，通信及计算机制造业、专用设备制造业和化学制品业的上升幅度位列前三位。2010 年，这 3 个行业的比重分别是 78.69%、27.30% 和 29.75%。

4. 行业研发支出比率（RYZ_{it}）和科技人员比率（RKR_{it}）

各工业行业研发支出比率（RYZ）用行业研发支出额与本行业主营业务收入之比表示，工业行业科技人员比率 RKR 等于各行业科技活动人员数与本行业就业人数的比值。其中，2000～2002年工业行业研发支出额数据根据2000～2003年工业行业的科技活动经费支出和2003年工业行业研发支出额估算而得。2000年工业行业科技活动人员数用该年各行业科技开发人员数替代，2009～2010年工业行业科技活动人员数是我们根据2008～2010年各行业研发人员数和2008年各行业科技活动人数估算的。工业行业科技活动经费支出、研发支出、科技开发人员数、科技活动人员数以及主营业务收入等数据来源于《中国科技统计年鉴》和《中国经济普查年鉴》。图6-8和图6-9分别给出了部分年份工业行业研发支出和科技人员比重情况。

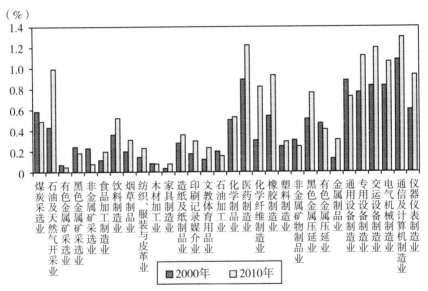

图6-8 部分年份工业行业研发支出比重

资料来源：根据测算结果绘制。

我国工业技术进步缓慢的一个重要原因就是研发支出比重过低，从而制约了自主创新和技术吸收能力的提升。如图6-8所示，在我国各工业行业中，通信及计算机制造业是研发支出占其主营业务收入比重最高的行业，该行业属于技术密集型行业，但该比重也不足1.5%。紧随其后的是医药制造业、交通运输设备制造业、专用设备制造业、电气机械制造业和石油及天然气开采业，而其他行业的比重均低于1%。较之于2000年，在所有30个行业中，绝大多数行业的研发投入比重有上升趋势。上升幅度位列前五位的行业分别是石油及天然气开采业、化学纤维制造业、橡胶制造业、交通运输设备制造业、专用设备制造业和仪器仪表制造业。与此相反，非金属矿物制品业、黑色金属采矿业、煤炭开采业、非金属矿采选业和通用设备制造业的研发支出比重均有下降，下滑幅度依次递增。

科技人员尤其是高技术专业人才的缺乏已是我国工业发展乃至国民经济发展中的软肋，直接关系到工业技术进步和生产效率的增强。图6-9显示，在30个工业行业中，即便仪器仪表制造业是科技活动人员数占就业人数比重最高的行业，该比重也不足9%。也就是在100个就业人员中，从事与科技相关的人员不到9个人。若具体到科学家和专业技术人员，则比重将更低。从比较角度看，与2000年相比较，在所有30个工业行业中，有18个行业的科技活动人员比重在上升，增幅排在前五位的行业分别是烟草制品业、煤炭开采业、医药制造业、化学纤维制造业和橡胶制造业。其余12个行业的科技人员比重均在走低，降幅居前五位的行业分别石油及天然气开采业、仪器仪表制造业、通信及计算机制造业、交通运输设备制造业、通用机械设备制造业。

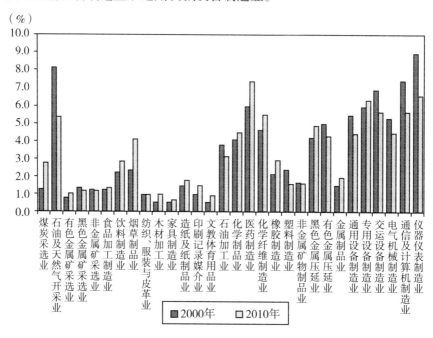

图6-9　部分年份工业行业科技人员比重

资料来源：根据测算结果绘制。

5. 行业科技活动经费外部融资比率（RWR_{it}）和污染排放治理费用比率（RHZ_{it}）

各工业行业的科技活动经费外部融资比率（RWR）是指在各行业科技活动经费筹集中本国政府、金融机构及其他外国机构的支持比重，各工业行业污染治理费用比率是指各行业废气和废水排放的处理费用占本行业主营业务收入的比重。2000～2008年各工业行业科技活动经费外部融资比率是直接根据2009年以前各年

《中国科技统计年鉴》和《中国经济普查年鉴》中分行业科技活动经费筹集统计数据计算的，而2009年和2010年该指标值是根据2010年和2011年《中国科技统计年鉴》中按行业分工业企业研发经费内部支出数据估算的。各工业行业废气和废水排放的处理费用则直接来源于各年《中国环境统计年鉴》。图6-10和图6-11反映了部分年份工业行业科技活动经费外部融资和污染排放费用比重情况。

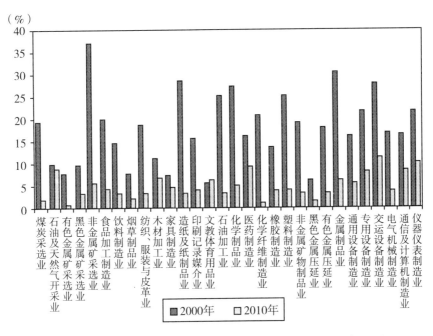

图6-10　部分年份工业行业科技活动经费外部融资比重

资料来源：根据测算结果绘制。

　　尽管我国金融市场化改革持续前行，但市场化程度仍偏低，主要表现为众多企业融资渠道狭窄，融资成本高，研发风险难以分散化。图6-10显示，2000年非金属矿采选业科技活动经费外部融资比例最高达37.08%，排在其后的金属制品业和造纸及纸制品业也分别有30.4%和28.8%。但到2010年，除文教体育用品制造业，所有其他行业外部融资比重都存在下降趋势。下降幅度超过20%的行业分别是非金属矿采选业、造纸及纸制品业、金属制品业、石油加工业、化学制品业和塑料制造业，其中非金属矿采选业减幅最大，为31.2%。不可否认的是，我们在数据采集中主要使用了大中型企业数据，这些大中型企业有不少是国有企业，他们有一定的垄断优势，可获垄断利润，较少依赖外部融资。但事实还是表明，广大企业尤其是中小企业的外部融资难度偏高，在研发投入方面更为依赖自身积累。

　　改革开放以来，工业发展一直是我国经济增长的主导促进因素。然而，在工业实现快速增长的同时，也带来了环境污染、生态失衡问题，工业增长和环境保护严重不同步，这可从图6-11看出。在我国各工业行业快速发展的同时，工业污染治理费用比重不仅过低，而且还具有减小趋势。采掘业及其延伸产业、造纸及纸制品业是产生外部污染、恶化生态环境的主要工业行业，2000年这些行业的污染治理费用比重最高值在1.6%以上。但到2010年，这些行业污染治理费用比重全面下滑，最高的行业造纸及纸制品业已不到0.8%。其他行业的比重更低。

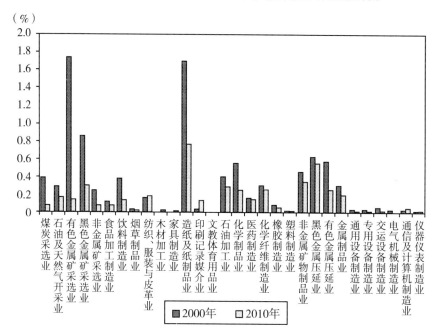

图6-11 部分年份工业行业污染治理费用比重

资料来源：根据测算结果绘制。

第4节 贸易、FDI影响经济增长方式的实证检验

一、总样本单位根检验

为保证总样本单位根检验结果的稳健性，我们采用四种常用的面板数据单位根检验法：LLC检验、IPS检验、Fisher-ADF检验和Fisher-PP检验。结果表明，RTY_{it}、$\ln RYZ_{it}$、$\ln RKR_{it}$、$\ln RWR_{it}$和$\ln RHZ_{it}$等五个变量的四种单位根检验结果均在5%的显著水平下拒绝原假设，这五个变量均不存在单位根过程，是平稳的。除LLC检验外，$\ln REX_{it}$、$\ln RIM_{it}$和$\ln RDI_{it}$三个变量的其他三种检验结果均不能在10%显著水平下拒绝原假设，说明这三个变量是非平稳的。对这三个变量作

一阶差分处理后再进行面板单位根检验，四种检验结果均一致表明 $\ln REX_{it}$、$\ln RIM_{it}$ 和 $\ln RDI_{it}$ 的差分量是平稳的，所以 $\ln REX_{it}$、$\ln RIM_{it}$ 和 $\ln RDI_{it}$ 均为 I（1）过程。由于八个变量不是同阶单整，所以在接下的面板协整检验和 *FMOLS* 估计过程中，我们用 $\ln REX_{it}$、$\ln RIM_{it}$ 和 $\ln RDI_{it}$ 的一阶差分量替代相应原变量。

二、总样本协整检验

为了检验各变量之间是否存在稳定的长期关系，我们采用建立在 Engle 和 Granger 二步法检验基础上的 Pedroni 协整检验法和 Kao 协整检验法。前者以协整方程的回归残差为基础通过构造多个统计量来检验面板变量之间的协整关系，在小样本（即时间跨度<20）情况下，其中 Panel ADF-Statistic 和 Group ADF-Statistic 统计量是最有效力的。这也是本章在进行 Pedroni 协整检验时选择这两个统计量的主要原因。不同于 Pedroni 检验，Kao 检验在第一阶段将回归方程设定为每一个截面个体有不同的截距项和相同的系数项，并将所有的趋势系数设为 0。在第二阶段，基于 DF 检验和 ADF 检验的原理，Kao 检验对第一阶段所求得的残差序列进行平稳性检验。从表 1 中检验结果来看，无论是 Kao 检验，还是 Pedroni 检验，均强烈支持前四个变量系统存在协整关系。由于最后一个变量系统中变量较多，时间跨度较短，无法实现 Pedroni 检验，所以表 6 – 1 中未列出 Panel ADF-Statistic 和 Group ADF-Statistic 统计值。但 Kao 检验在 1% 显著水平下拒绝该变量系统不存在协整关系，由此我们也认为该变量系统存在协整关系，变量间具有稳定数量关系。

表 6 – 1　　　　　　　　　总样本的协整检验结果

变量系统	Kao 检验统计量	Pedroni 检验统计量	
	ADF-KAO	Panel ADF	Group ADF
RTY、$D(\ln REX)$、$D(\ln RIM)$、$D(\ln RDI)$	1. 69 ** （0. 05）	– 3. 14 * （0. 00）	– 7. 02 * （0. 00）
RTY、$D(\ln REX)$、$D(\ln RIM)$、$D(\ln RDI)$、$\ln RYZ$	1. 85 ** （0. 03）	– 6. 32 * （0. 00）	– 5. 17 * （0. 00）
RTY、$D(\ln REX)$、$D(\ln RIM)$、$D(\ln RDI)$、$\ln RYZ$、$\ln RKR$	– 3. 45 * （0. 00）	– 3. 27 * （0. 00）	– 4. 49 * （0. 00）
RTY、$D(\ln REX)$、$D(\ln RIM)$、$D(\ln RDI)$、$\ln RYZ$、$\ln RKR$、$\ln RWR$	– 3. 69 * （0. 00）	– 2. 39 * （0. 01）	– 2. 69 * （0. 00）
RTY、$D(\ln REX)$、$D(\ln RIM)$、$D(\ln RDI)$、$\ln RYZ$、$\ln RKR$、$\ln RWR$、$\ln RHZ$	– 3. 70 * （0. 00）	—	—

注：表中各种检验法的原假设是各变量之间不存在协整关系，＊和＊＊分别表示在 1% 和 5% 的显著水平下拒绝原假设，而接受备择假设，方括号内数值为检验 P 值。

三、总样本 FMOLS 回归

在确定变量之间具有协整关系后，若直接采用普通最小二乘法（OLS）来估计方程式（6.2）中的系数，估计结果可能是有偏的。同时考虑到变量间可能存在内生性问题，我们选用 FMOLS 估计方法对总样本的面板数据进行拟合。需要强调的是 FMOLS 估计结果能很好地揭示变量间的相关程度和方向，但不足以说明变量之间的因果关系。因此，我们还进一步采用面板 Granger 因果检验法检验各变量之间的因果关系。总样本 FMOLS 回归结果和变量间因果关系检验结果见表 6 - 2。

表 6 - 2   中国工业总体的 FMOLS 回归结果（因变量：RTY）

解释变量	(1)	(2)	(3)	(4)	(5)
D (lnREX)	$- 0.23^*$ $(- 2.45)$ $\rightarrow$ ⊙⊙	$- 0.26^*$ $(- 2.97)$ $\rightarrow$ ⊙⊙	$- 0.19^*$ $(- 2.50)$ $\rightarrow$ ⊙⊙	$- 0.08$ $(- 1.30)$ $\rightarrow$ ⊙⊙	$- 0.19^*$ $(- 7.70)$ $\rightarrow$ ⊙⊙
D (lnRIM)	0.65^* (5.06) $\leftarrow$ ⊙	0.56^* (4.57) $\leftarrow$ ⊙	0.47^* (3.88) $\leftarrow$ ⊙	0.72^* (6.75) $\leftarrow$ ⊙	0.23^* (6.92) $\leftarrow$ ⊙
D (lnRDI)	0.42^* (3.82) $\leftrightarrow$ ⊙⊙⊙	0.49^* (4.75) $\leftrightarrow$ ⊙⊙⊙	0.57^* (6.12) $\leftrightarrow$ ⊙⊙⊙	0.30^* (3.38) $\leftrightarrow$ ⊙⊙⊙	1.56^* (49.01) $\leftrightarrow$ ⊙⊙⊙
lnRYZ		0.52^* (5.67) $\leftarrow$ ⊙⊙⊙	0.59^* (6.16) $\leftarrow$ ⊙⊙⊙	0.91^* (11.53) $\leftarrow$ ⊙⊙⊙	0.07^* (4.49) $\leftarrow$ ⊙⊙⊙
lnRKR			0.11 (1.14)	0.09 (1.12)	0.49^* (34.55)
lnRWR				$- 0.13^*$ $(- 3.70)$ $\leftarrow$ ⊙	$- 0.11^*$ $(- 61.8)$ $\leftarrow$ ⊙
lnRHZ					0.13^* (12.26) $\leftarrow$ ⊙

注：括号内数值为 t 统计值，＊和＊＊分别表示在 1% 和 5% 显著水平上拒绝系数为零的原假设。←表示所标变量是实际贸易余额增长的 Granger 原因，↔表示所标变量与实际贸易余额增长变量之间存在互为 Granger 因果关系。⊙、⊙⊙和⊙⊙⊙分别表示在 1%、5% 和 10% 显著水平上拒绝变量间不存在因果关系的原假设。

从总样本 FMOLS 回归结果可以看出，在回归方程中逐步加入控制变量并不改变出口比率、进口比率和 FDI 比率等核心解释变量的系数符号，中国工业出口比率与其经济增长方式负相关，进口比率、FDI 比率均与其经济增长方式正相关。除第（4）列回归结果显示出口比率变量的系数不显著外，其余系数均高度显著，这表明回归结果具有较好稳健性①。从变量间因果关系检验结果来看，中国工业出口比率变化不是其经济增长方式变化的格兰杰原因，工业进口比率变动是经济增长方式变化的格兰杰原因，且在 1% 水平下通过显著性检验。在 10% 的显著水平下，中国工业的 FDI 比率与其经济增长方式之间存在互为因果关系。综合 FMOLS 回归结果和 Granger 检验结果可知，中国工业出口对其经济增长方式的转变未表现出明显的促进作用，但工业进口和 FDI 对其经济增长方式的转型具有推进作用。

为什么中国工业出口和进口对经济增长方式存在相反影响，我们认为这一情况主要是由中国工业进、出口具有不同商品结构特征所造成的。按照比较优势的国际分工原理，中国劳动力要素相对丰裕，自然资源、资本和技术要素相对缺乏，因此中国工业出口品多为低技术劳动密集型产品和利用本国劳动进行简单加工、组装的产品，而进口产品主要是资本、技术密集型产品及资源密集型产品。因为依赖于劳动力、土地和政策优惠的劳动密集型产品和简单加工产品在国际市场上具有低价格竞争优势，大部分又是生活必需品，所以生产或加工这些产品的工业企业所面临的国际竞争压力相对较小，缺乏技术和管理创新的动力和压力，阻碍了其全要素生产率水平的提升，这些企业的粗放型生产方式也就难以转型。李春顶（2010）和金祥荣等（2012）也证实了中国出口企业并不比内销企业具有更高的生产效率。另外，由于工业出口品仍停留在劳动密集型的较低层次上，而国内工业正向资本和技术密集型较高层次上发展，所以也难以形成从出口企业向其他国内工业企业尤其是资本和技术密集型企业的技术和信息外溢效应。此外，出口增长会起到促进投资和劳动投入的作用，易于导致粗放式增长。本章关于出口对增长方式集约化不利的结论表明出口对全要素生产率的促进效应小于其对要素投入的激励效应。在已有的研究中，付（Fu，2005）和李小平等（2008）的研究表明中国工业出口对其全要素生产率不存在促进作用，何元庆（2009）的研究虽然发现出口对技术效率的提升具有正向效应，但认为这一效应并不显著。而毛日昇（2009）研究则显示中国制造业出口对该产业劳动投入具有显著

---

① 如图 6-4 所示，石油开采业全要素生产率的贡献值变化较大，可能会影响总体回归结果，而掩盖其余工业行业中各主要变量之间的数量关系。为此，我们在总样本中剔除石油开采业后作进一步回归估计，结果表明核心解释变量的系数符号并未改变，统计上均高度显著不为零，再次表明总回归结果具有较好稳健性。

促进作用，谭本艳（2008）研究指出中国出口具有加速国内资本形成效应。

进口对经济增长方式集约化产生的效应来自于其对进口行业技术进步和生产要素投入的综合影响。进口对同类行业的技术促进效应源自于竞争、产业关联、干中学和技术外溢，一般认为进口对于同类行业的技术进步效应为正（李小平等，2008）。但进口对经济增长方式集约化产生正面影响的一个更为重要的原因可能是由于其对同类行业资本投入与劳动投入的抑制作用。

中国工业FDI之所以能推进经济增长方式的转变，对此我们的解释是，在行业内，外资企业的进入强化了国内市场竞争程度，挤占内资企业的市场份额，迫使内资企业提高技术和管理水平，转变其粗放型经营方式。由于多数在华外资企业所使用的技术高于国内同行业内资企业，甚至有不少在华外资企业采用世界先进技术，因此同行业内资企业通过学习、模仿以及员工在内外资企业之间的流动提高了自身的技术水平。在行业间，上游内资企业必须进行自主技术改造和升级，或接受外资企业的技术指导以满足其外资客户对中间产品高质量和高技术含量的要求。下游内资企业同样要自主技术升级或接受技术指导以高效地使用外资企业的中间产品，以获取更多的经济效益。中国工业FDI在提升工业全要素生产率水平的同时，也带动了工业经济增长方式的转型。邱斌等（2008）也认为FDI通过水平和产业间关联对工业全要素生产率的提升发挥了积极作用，但没有深入探讨FDI是否促进了工业经济增长方式的转型问题。

从表6-2还可以看出，中国工业加大研发支出比重会有助于其经济增长方式的转变，在其他条件不变的情况下，研发支出比重每增加1个百分点，工业全要素生产率对其经济增长贡献率将提高0.07~0.91个百分点。中国工业科技活动人员的增加对其经济增长方式的转型也有积极作用，但作用力度有限，因为格兰杰因果检验不支持科技活动人员比率变动是经济增长方式变化的原因。表6-2也显示强化工业企业污染排放治理责任对于工业经济增长方式转变具有重要意义，会迫使工业企业变革自身的生产技术和方式，提高全要素生产率对工业经济增长的贡献度。最后，在企业科技活动经费外部融资方面，由政府和金融机构支持的科技活动经费对工业经济增长方式的转型尚不具有显著促进作用，这可能与政府和金融机构的支持力度有限和附加条件较多有关。

第5节　贸易、FDI效应的分样本检验

在运用所有30个工业行业数据来估计出口、进口、FDI与经济增长方式之间的作用关系时，暗含的假定是各行业具有相同的生产技术，所估计的系数值在各行业中相同，从而忽略了这些变量之间关系在不同行业内的差异性。显然，行

业要素密集度和平均规模因素也会影响到出口、进口、FDI 对经济增长方式的作用关系。为揭示这两种因素的具体影响，我们按照要素密集度和平均规模对 30 个工业行业进行分组处理，进而探讨不同约束条件下进出口贸易、FDI 与经济增长方式的作用关系。

一、按要素密集度分组的实证结果与分析

根据韩燕等（2008）的资源集约度产业分类方法，我们将本章 30 个工业行业分为两组：一组是资本和技术密集型行业组，包含 14 个工业行业，分别为文教体育用品制造业、石油加工及炼焦业、化学原料及化学制品制造业、医药制造业、化学纤维制造业、塑料制品业、黑色金属冶炼及压延加工业、有色金属冶炼及压延加工业、通用机械设备制造业、专用机械设备制造业、交通运输设备制造业、电气机械及器材制造业、电子及通信设备制造业和仪器仪表及文化、办公用机械制造业。另一组是资源和劳动密集型行业组，由其余 16 个工业行业组成。在对这两组样本进行单位根和协整检验后，发现检验结果与总体样本类似，为节省篇幅，本章未列出这两项检验的具体结果。表 6-3 为这两组样本的 FMOLS 回归和 Granger 因果检验结果，我们从中可以得到如下结论：

第一，无论是资本和技术密集型行业组，还是资源和劳动密集型行业组，添加控制变量并不改变出口率、进口率和 FDI 比率等变量的系数符号，回归结果均具有较好的稳健性。从出口方面看，这两大类工业的出口均无助于各自经济增长方式的转变，其中在资本和技术密集型工业中，出口贸易甚至会阻碍其经济增长方式的转型，因为格兰杰因果检验在 5% 显著水平下拒绝了该行业组的出口比率不是其经济增长方式的格兰杰原因。之所以会形成阻碍作用，这与资本和技术密集型工业行业的出口主要是机电产品的加工贸易有关。从事这种贸易的国内企业主要负责投入劳动、追加资本进行简单加工和组装，无须过多考虑销路问题，还能获取一定加工费。因此，缺乏技术进步的积极性，自然也不利于自身甚至行业生产方式的转变。

第二，资源和劳动密集型工业的进口对其经济增长方式的正向作用力强于资本和技术密集型工业。形成这一情况的原因有以下两个方面：一是由于国外对于高技术产品的出口采取了种种限制条件，不利于国内企业吸收、模仿国外先进技术，而资源和劳动密集型产品的进口限制条件较少，国内外技术差距也相对较小，国内企业较容易吸收国外先进技术。二是与总样本回归结果分析一致，由资源类产品大量进口而引发的生产成本快速上升和海外供应风险的增加会迫使国内企业进一步加快技术进步，改变其粗放型生产方式。

表 6 – 3　　按要素密集度分组的 FMOLS 回归结果（因变量：RTY）

D（lnREX）	D（lnRIM）	D（lnRDI）	lnRYZ	lnRKR	lnRWR	lnRHZ
资本和技术密集型行业组						
-0.27**	0.35*	0.78*				
(-2.06)	(2.30)	(3.82)				
↔⊙⊙	←⊙⊙⊙	←⊙⊙				
-0.35*	0.49*	2.11*	0.92*	-0.15*	0.03	0.13*
(-6.81)	(6.83)	(23.40)	(15.83)	(-4.52)	(1.15)	(6.28)
↔⊙⊙	←⊙⊙	←⊙⊙	←⊙⊙	→⊙⊙	←⊙⊙	←⊙⊙
资源和劳动密集型行业组						
0.09	0.45*	0.04				
(0.76)	(2.60)	(0.31)				
	←⊙⊙	↔⊙				
0.77*	1.39*	0.40*	0.14	0.56	0.03	0.56*
(14.28)	(18.82)	(8.60)	(1.91)	(6.10)	(1.16)	(14.19)
←⊙⊙	←⊙⊙	→⊙⊙			←⊙⊙⊙	←⊙⊙⊙

注：括号内数值为 t 统计值，＊和＊＊分别表示在 1% 和 5% 显著水平上拒绝系数为零的原假设。←表示所标变量是实际贸易余额增长的 Granger 原因，↔表示所标变量与实际贸易余额增长变量之间存在互为 Granger 因果关系。⊙、⊙⊙和⊙⊙⊙分别表示在 1%、5% 和 10% 显著水平上拒绝变量间不存在因果关系的原假设。

第三，资本和技术密集型工业的外资流入对其经济增长方式的促进作用强于资源和劳动密集型工业。对此我们的解释是，对于资本和技术密集型工业，由于其具有资本密集或技术和知识密集等重要特点，该类工业内资企业更为关注技术、知识和管理等要素对产出的作用，拥有或创造更多接触 FDI 先进技术的机会，同时也具有较好的技术吸收和消化能力，所以该类工业的 FDI 对其经济增长方式转变的正向作用强于资源和劳动密集型工业。

第四，资本和技术密集型工业的研发支出对该工业经济增长方式具有显著推进作用，与资源和劳动密集型工业中的微弱作用形成鲜明对比，表明资源和劳动密集型工业的技术进步更多地依赖外来技术。与总体分析结果一致，在这两大类工业中，科技活动人员的增加、由政府和金融机构支持的科技活动经费对产出增长方式的转变均不具有明显促进作用。在资源和劳动密集型工业中，污染排放治理支出会对该工业经济增长方式的改进产生正向作用，且强于资本和技术密集型工业。

二、按平均规模分组的实证结果与分析

我们首先计算了30个工业行业的平均固定资产额。如果某个行业的平均固定资产额大于2 230万元（2 230万元是各工业行业的平均固定资产额的中位数），则将该行业划归为平均规模较大的行业组，否则将该行业划归为平均规模较小的行业组。平均规模较大的行业有15个，它们是煤炭采选业、石油和天然气开采业、有色金属矿采选业、饮料制造业、烟草加工业、造纸及纸制品业、石油加工及炼焦业、化学原料及化学制品制造业、医药制造业、化学纤维制造业、橡胶制品业、黑色金属冶炼及压延加工业、有色金属冶炼及压延加工业、交通运输设备制造业和电子及通信设备制造业。其余15个工业行业被划归为平均规模较小的行业组。在对这两组样本进行单位根和协整检验后，发现检验结果也与总体样本类似，为节省篇幅，我们未列出这两项检验的具体结果。表6－4为这两组样本的FMOLS回归结果和Granger因果检验结果，我们从中可得到如下结论。

表6－4　　　按企业规模分组的FMOLS回归结果（因变量：RTY）

D（lnREX）	D（lnRIM）	D（lnRDI）	lnRYZ	lnRKR	lnRWR	lnRHZ
平均规模较大的行业组						
-0.07 (-0.41) ←⊙⊙	1.07* (4.52) ←⊙⊙⊙	0.32*** (1.93) ←⊙				
0.15 (1.39) ←⊙⊙	1.39* (11.15) ←⊙⊙⊙	1.06* (10.97) ←⊙⊙	0.80* (5.19) →⊙⊙	-0.22 (-0.99)	0.31* (4.72) ←⊙⊙⊙	0.54* (5.42) ←⊙⊙
平均规模较小的行业组						
-0.44 (-1.87) ↔⊙⊙⊙	1.44 (0.57) ←⊙	0.78 (0.69) ↔⊙⊙				
-0.13 (1.25) ↔⊙⊙⊙	0.39* (5.75) ←⊙	-0.24 (-0.35) ←⊙	-0.29* (-4.14) →⊙⊙	0.97 (7.36) ←⊙⊙	0.02 (0.59) ←⊙⊙	0.25* (2.85) ←⊙⊙

注：括号内数值为t统计值，＊和＊＊分别表示在1%和5%显著水平上拒绝系数为零的原假设。←表示所标变量是实际贸易余额增长的Granger原因，↔表示所标变量与实际贸易余额增长变量之间存在互为Granger因果关系。⊙、⊙⊙和⊙⊙⊙分别表示在1%、5%和10%显著水平上拒绝变量间不存在因果关系的原假设。

第一，在出口方面，尽管在添加控制变量后，平均规模较大行业组的出口比

率变量的系数由负值转向正值,因果检验结果也支持出口比率变化是增长方式转变的 Granger 原因。但结合该变量系数值的显著性检验结果,该类工业的出口对其增长方式的转变仍不具有明显的促进作用。与总样本回归结果一致,添加控制变量并不改变平均规模较小行业组的出口比率变量的系数符号,综合显著性检验和因果检验结果,该类工业出口对其增长方式的转型存在微弱的抑制作用。

第二,在进口方面,添加控制变量对进口比率变量的系数符号没有影响,但结合显著性检验和因果检验结果,进口与增长方式在不同行业组中具有不同作用关系。在平均规模较小行业组中,进口对该组工业增长方式转型的积极作用有限,而在平均规模较大行业组中,进口对其增长方式转变却表现出强劲推进作用。这可能与平均规模较大工业行业倾向于并有能力进口高技术生产设备有关。

第三,在 FDI 方面,在平均规模较大的行业组中,添加控制变量不改变 FDI 比率变量的系数符号,且显著性增强,结合因果检验结果,FDI 流入对该组工业增长方式的转型具有显著带动作用。与此不同的是,在平均规模较小的行业组中,内流 FDI 的影响力有限,因为该组 FDI 比率变量的系数在添加控制变量的前后在统计上均不显著。这种 FDI 影响的差异性可能是由相对于平均规模较小的工业行业来说,平均规模较大的工业行业具有更多的与 FDI 接触机会,拥有较好的技术吸收和创新基础而造成的。

第四,平均规模较大的工业行业研发支出对其增长方式具有明显的推进作用,而平均规模较小的工业行业研发支出对其增长方式尚未表现出积极作用。在这两个行业组中,科技活动人员数量的增加对各自增长方式的影响有不同效应,在平均规模较小的工业行业中,科技活动人员数上升会明显地推进其增长方式的转型,而在平均规模较大的工业行业中,则出现相反的现象。平均规模较大的工业行业的科技活动经费外部融资比重、污染排放治理支出的增加均会推动本行业增长方式的改善,且推动力均强于平均规模较小的工业行业。

第6节 主要结论与政策启示

在比较分析了我国和长三角地区对外贸易和外资利用的变化特征后,本章基于 2000 ~ 2010 年工业行业数据,测度了我国工业经济增长方式,同时采用 FMOLS 高级经济计量方法,从不同工业行业视角分别考察了贸易开放、FDI 对我国和长三角地区工业经济增长方式转变的影响,得到如下结论和政策启示。

一、主要结论

(1) 自 2000 年以来,中国大部分工业行业的全要素生产率对产出增长的贡献率在波动中呈现下滑之势，2000～2010年，我国工业全要素生产率对其经济增长的贡献率年均下降1.13%，工业经济增长方式的外延和粗放型特征不仅不存在弱化趋向，反而具有强化迹象。由于工业增长在我国和长三角地区经济增长中均具有决定性影响，所以我国和长三角地区转变工业经济增长方式的日益严峻形势，意味着我国和长三角地区整体经济增长方式的转变任重道远。

（2）中国工业出口对其经济增长方式的转变不具有明显促进作用，在资本和技术密集型、劳动和资源密集型、平均规模较大型、平均规模较小型行业中，都是如此。这表明进入21世纪后我国和长三角地区出口贸易的快速增长，更多地表现为对经济总量的拉动作用，对提升经济增长质量的积极影响十分有限，甚至起到负向效果。这也意味着我国和长三角地区依靠量的扩张而推动的出口发展模型是不可持续的。

（3）中国工业进口有助于其经济增长方式转型，其中资源劳动密集型和平均规模较大的工业行业进口对本行业经济增长方式转型的推进力强于资本技术密集型和平均规模较小的工业行业。这表明虽然与出口贸易相比，我国和长三角地区进口贸易规模偏小，但进口贸易的增长还是有一定内在质量的提高，对我国和长三角工业地区经济增长方式的转变发挥着积极作用。

（4）中国工业FDI的增加会带动工业经济增长方式转型和升级，其中资本技术密集型和平均规模较大的工业行业FDI对本行业经济增长方式转型的拉动力强于资源劳动密集型和平均规模较小的工业行业。这表明我国引进的FDI，不仅仅有数量上的持续增加，也伴随着外部先进技术和现代管理等高端要素的不断内流。且这种高端要素对国内企业生产和经营方式的影响具有普遍性，对资本技术密集型和平均规模较大工业企业生产方式的积极影响表现得更为明显。

二、政策启示

上述分析结论为我国和长三角地区转变工业乃至整体经济增长方式提供了重要的政策启示：

（1）在出口贸易方面，着重出口商品结构的调整和升级。就出口商品结构而言，应通过提升内资企业技术改进和创新能力，加快内资企业优势资源整合，以扩大资本技术密集型产品的出口，强化深加工的资本、资源密集型产品的出口。就贸易方式而言，应逐步摆脱对简单加工贸易出口的依赖，利用各种优势条件向一般贸易出口的倾斜。在加工出口方面，要提高加工贸易品的加工深度和增值比例，深层次参与富有技术含量贸易品的加工、制造。

（2）在进口贸易方面，在扩大进口贸易规模的同时，应优化进口贸易结构。过去，我国进口贸易发展一直滞后于出口贸易，而实证结果已显示进口贸易有助于我国工业增长方式转型，因此，今后在我国对外贸易中应重视进口贸易的增长。其实扩大进口贸易尤其是资本、高技术密集型产品进口，不仅会增加内资企业的竞争压力，也为内资企业尤其是经营规模较大的企业创造了更多接触外来先进技术的机会。就进口来源而言，应通过强化知识产权保护、加强国际间协调和深度国际合作，来增加发达国家产品，特别是高技术产品的进口，以逐步改变我国进口主要来源于周边和资源丰富型国家或地区的不合理结构。

（3）在引进 FDI 方面，着重 FDI 结构的优化。20 世纪 90 年代以来，来华 FDI 持续增加，致使我国已成为发展中国家中吸收 FDI 最多的国家，甚至在部分年份成为世界最多的国家，但来华 FDI 的结构不尽合理。今后应有选择地利用 FDI，积极吸收高技术含量的外商投资，实现外来投资量和质的同步发展，为内资企业改进生产技术和提高管理水平创造外部条件。同时大力推进内资企业重组，扩大企业生产规模，增强内资企业对 FDI 技术外溢效应的承接能力。此外，长期以来，来华 FDI 主要集中于东部地区，中西部地区难以获得 FDI 的优势资源。这就要求未来在引进 FDI 时，应创造各种有利条件引导 FDI 流向中西部地区，为中西部地区内资企业的技术和管理改进提供条件。

（4）长三角地区是我国经济发展的前沿地区，其在优化出口产品结构、扩大进口贸易和利用高质量 FDI 方面比国内其他地区有明显的优势，该地区应充分利用政策优势、地缘优势、贸易优势和 FDI 集聚优势，鼓励企业研发创发，引导产学合作，加快专业技术人才培养，推进生产企业生产方式和经营管理理念的转换，促进经济增长方式转型，以引领国内其他地区，甚至全国粗放型经济增长方式的转型。

第7章 汇率与经济增长方式

【**本章提要**】 转变经济增长方式就是要优化生产要素的组合，促进竞争和创新，提升全要素生产率对经济增长的贡献率。在市场经济条件下，全要素生产率的提升有赖于价格机制的杠杆效应。实际汇率作为重要的相对价格变量，其变化会改变一国参与国际化的比较优势，对该国经济增长方式构成影响。

中国是世界上最大的商品出口国，国际贸易和外商直接投资是多年来推动中国经济发展的重要力量。汇率的变化不仅会影响进口和出口，而且会影响国际资本的流向。自1994年汇率并轨，尤其是2005年人民币汇率制度调整以来，人民币汇率长期处于升值状态，与此同时也一直承受着人民币升值的国际压力。如何看待人民币升值的经济效应？支持人民币升值的观点认为，低估的人民币汇率恶化了中国的贸易条件，造成中国出口产品附加价值长期偏低，因此，人民币升值有助于中国贸易结构和产业结构升级，可以改变中国经济对外需的过度依赖，提高国际分工地位、促进企业走出去。但反对者则强调，人民币升值会使中国企业失去出口竞争力，导致国内企业陷入经营困境。

了解汇率变化的经济增长方式效应是推进汇率制度改革和正确把握汇率调控方向的重要前提。探讨人民币实际汇率升值如何以及在多大程度上影响我国整体和长三角地区经济增长方式的转变具有重要的现实意义。

由于我国各省之间对外经济贸易结构不同，人民币汇率变化的区域经济效应存在差异。为揭示实际汇率变化对经济增长方式的影响，本章根据各省的贸易结构和物价水平测度出1995～2012年期间的区域实际汇率，剖析实际汇率变化的区域特征。然后分析实际汇率对经济增长方式的理论作用机制，并构建关于实际汇率与经济增长方式的计量模型。最后利用动态面板系统 GMM 估计法，分别在全国和地区层面上定量考察我国实际汇率与经济增长方式的关系。

第 1 节　汇率与经济增长方式关系的文献回顾

自改革开放以来，我国经济持续强劲增长，2013 年国内生产总值已高达 56.88 万亿元，为 1978 年的 156 倍，年均增长 15.52%。作为我国经济强势增长的引擎之一，2013 年长三角地区实现生产总值 11.83 万亿元，是 1978 年的 183 倍，年均增长 16.05%。然而，无论是在全国层面，还是在长三角地区，与经济高速增长相伴随的资源短缺和环境污染问题都日益严重，转变粗放型经济增长方式刻不容缓。我国转变粗放型经济增长方式就是要优化生产要素的组合方式，提升全要素生产率对经济增长的贡献率，减轻经济增长对资本和资源的过度依赖，实现经济可持续增长。在市场经济条件下，全要素生产率的提升有赖于价格机制的杠杆效应。实际汇率作为重要的相对价格变量，其变化会影响一国或地区生产要素的积累，改变该国或地区生产要素的组合方式，对该国或地区经济增长方式构成影响。从人民币实际汇率的变化来看，自 1994 年人民币汇率并轨以来，人民币实际汇率升值趋势明显。尤其是从 2005 年我国实行汇率制度新改革以来，人民币实际汇率升值趋势进一步加强。因此，探讨人民币实际汇率升值如何以及在多大程度上影响我国整体和长三角地区经济增长方式的转变具有重要的现实意义。

实际汇率是影响经济增长或经济增长方式的重要因素之一。多拉尔（Dollar，1992）的研究认为实际汇率贬值会对贫困国家的经济增长发挥强劲推进作用。拉辛和柯林斯（Razin & Collins，1997）的研究则表明，实际汇率严重高估或低估均不利于经济增长，温和低估会带来经济的快速增长。洛艾萨等（Loayza et al.，2004）指出拉美和加勒比海国家的实际汇率高估，通过引发资源错配、增加国际收支危机风险和减少实际经济活动对经济增长产生了负面影响。豪斯曼等（Hausmann et al.，2004）认为经济加速增长往往伴随着实际汇率的贬值。罗德里克（Rodrik，2008）研究表明发展中国家持续的实际汇率贬值增加了贸易部门投资收益，减轻了由制度和市场扭曲而产生的经济成本，进而出现更快的经济增长。麦克罗德和米列瓦（Mcleod & Mileva，2011）认为实际汇率贬值促进了全要素生产率和经济增长，其中制造部门的出口是关键的传导路径。姆巴耶（Mbaye，2012）研究显示全要素生产率增长是货币低估促进经济增长的最重要渠道，汇率低估 10%，通过全要素生产率增长渠道，将促使经济增长 0.14%。当然，也有学者认为实际汇率升值也会对全要素生产率产生积极作用，进而带动经济增长

（Onjala，2002；Fung，2008）。

近年来，随着人民币的国际影响不断增强和国内转变经济增长方式的压力不断加大，部分学者开始研究人民币汇率对我国全要素生产率或经济增长方式的作用关系。索玛琳等（2005）基于我国 29 个省区 1993～2001 年面板数据，研究指出人民币实际汇率升值会对我国技术进步产生不利影响，但对效率的提高则会产生有利影响，综合效应表现为对全要素生产率具有较弱的负面影响。曹垂龙（2009）认为理论上人民币升值具备中国经济增长方式改善效应，然而现实中却受制于中国国情、人民币升值的成本、产业结构与增长方式的刚性等，形成现实绩效远小于理论效应。尼古拉斯等（2013）认为为了保持经济适度较快增长，中国必须转变经济增长方式，摆脱对投资的过度依赖，实现经济再平衡，而再平衡的关键是让市场来决定利率、汇率和能源价格。

这些文献对于我们认识人民币实际汇率与我国经济增长方式关系具有重要参考价值，但要深度把握人民币实际汇率对我国经济增长方式的影响，展开直接的定量研究不可或缺。虽然已有部分文献定量分析了人民币实际汇率与我国全要素生产率的作用关系，但这种作用关系还不足以反映人民币实际汇率对我国经济增长方式的影响。因为全要素生产率增长并非一定伴随着经济增长方式集约化发展，若实际汇率的变化在提升全要素生产率的同时，也带来了大规模的投资扩张和环境破坏，则经济增长方式在全要素生产率增长的同时反而趋向低端化。同时，上述文献也较多地忽略了我国各省份实际汇率变化的非同步性，难以揭示各省份实际汇率对经济增长方式影响的差异性。鉴于此，本章首先测度 1995～2012 年我国各省份的实际汇率，深层次揭示我国实际汇率的变化特征。然后分析实际汇率对经济增长方式的理论作用机制，并据此构建关于实际汇率与经济增长方式的计量模型。最后利用动态面板系统 GMM 估计法，分别在全国和地区层面上定量考察我国实际汇率升值与粗放型经济增长方式转变的实际作用关系。

第 2 节　我国实际汇率的度量及特征

一、我国省份实际汇率的度量方法

在我国实际汇率的测度中，一些国际组织如 IMF 和 BIS 做了大量的测算工作，并提供了测算结果。同时，出于不同的研究目的，国内学者在实证研究中也对我国实际有效汇率进行了多种测算（李亚新等，2002；巴曙松等，2007；赵先立，2013）。这些国际组织和学者的测算结果具有重要的应用价值，但他们的测算均基于我国总体视角，较多地忽略了我国各省份实际有效汇率的差异性。虽然我国各省份使用统一货币人民币，但由于物价水平的变化和贸易对象的范围及重要性不尽相同，各省份实际有效汇率的变动难以一致。这在各省份对外开放水平日益提高的今天，更是如此。为深度揭示我国实际有效汇率的变化特征，我们首先测算 1995～2012 年我国 30 个省、区（市）（不包括西藏，以下简称省份）。实际有效汇率指数，再据此形成我国总体实际有效汇率指数。在计算各省份实际有效汇率指数 RER_{it} 时，我们采用了双边贸易加权模型，具体公式如下：

$$RER_{it} = RER_{i0} \times \prod_{j=1}^{20} \left(\frac{E_{jt}}{E_{j0}} \times \frac{CPI_{it}}{CPI_{i0}} \middle/ \frac{CPI_{jt}}{CPI_{j0}} \right)^{\omega_{ij}}, \sum_{j=1}^{20} \omega_{ij} = 1 \qquad (7.1)$$

其中下标 t 和 0 分别表示第 t 年和基年，类似于 IMF 做法，我们将基年定在 2005 年，且设 RER_{i0} 为 100。CPI_i 表示 i 省的消费价格指数，CPI_j 表示 j 国或地区的消费价格指数，CPI_{i0} 和 CPI_{j0} 也均为 100。E_j 是以间接标价法表示的人民币与 j 国或地区货币的双边名义汇率。ω_{ij} 表示 i 省与 j 国或地区双边贸易额占该省与所选贸易对象总贸易额的比重。从理论上来说，在计算一省实际有效汇率指数时，应将该省所有贸易对象包括进来，同时采用随时间变化的动态双边贸易权重。但考虑到各贸易对象并非同等重要，以及贸易数据的连续性和可获得性，我们将各省份参与计算的贸易对象选定为 2005 年排名前 20 位的国家或地区。

如表 7-1 所示，30 个省份与前 20 位贸易对象的贸易额占各自对外贸易总额比重均超过 70%，其中 21 个省份超过 80%，黑龙江、海南、青海和新疆都超过 90%。在长三角地区，浙江对外贸易相对分散，与前 20 位贸易对象的贸易比重为 73.15%，上海和江苏相对集中一些，对应的比重分别 83.60% 和 85.59%。各省份与前 20 位贸易伙伴的贸易比重均大于 70%，大部分高于 80%，这表明选择前 20 位贸易对象来计算实际汇率具有很强的代表性。此外，我们从表 7-2 可以看出，在各省份对外贸易中，各贸易对象的地位并非同等重要。就长三角地区而言，江苏前 4 位贸易对象分别是日本、美国、韩国和中国台湾，江苏与这 4 位贸易对象的贸易比重相差不大，在 12%～18% 之间，比重之和为 60.84%。而在上海和浙江，仅有与前 2 位贸易对象的贸易比重大于 10%，比重之和分别为 40.72% 和 36.30%。对于对外贸易规模相对较小的省份来说，也有各贸易对象重要性的明显差异。比如日本、印度和美国是贵州前三大贸易对象，贵州与这 3 个贸易对象的贸易比重均在 10% 以上，最高 15.48%。而在宁夏和青海，日本和美国是主要的贸易伙伴，这两个地区与日本的贸易比重均在 20% 以上，与美国的比重均在 10%～20% 之间。

表 7-1　　　　　2005 年各省份与前二十位贸易对象的总贸易比重

省份	比重（%）	省份	比重（%）
北京	78.56	河南	79.12
天津	84.23	湖北	80.81
河北	81.01	湖南	78.27
山西	88.46	广东	80.05
内蒙古	86.25	广西	83.41
辽宁	81.09	海南	90.38
吉林	87.42	重庆	76.27
黑龙江	90.35	四川	81.02
上海	83.60	贵州	83.16
江苏	85.59	云南	81.29
浙江	73.15	陕西	84.51
安徽	74.51	甘肃	88.85
福建	77.10	青海	92.18
江西	73.51	宁夏	86.78
山东	79.15	新疆	95.13

资料来源：国研网统计数据库。

表 7-2　　　　　2005 年部分省份与前 20 位贸易对象的贸易比重　　　　单位：%

广东		江苏		上海		浙江		山东	
中国香港	26.01	日本	17.66	美国	21.20	美国	21.49	韩国	22.53
美国	18.98	美国	16.69	日本	19.52	日本	14.81	美国	17.99
日本	12.52	韩国	13.56	中国台湾	8.01	韩国	6.54	日本	16.69
中国台湾	9.79	中国台湾	12.93	韩国	7.19	德国	6.49	俄罗斯	4.82
韩国	5.89	中国香港	7.63	德国	7.15	沙特阿拉伯	6.17	中国香港	4.03
德国	3.49	德国	5.38	中国香港	6.13	中国台湾	5.02	德国	3.91
新加坡	2.96	荷兰	3.57	马来西亚	3.86	伊朗	4.44	澳大利亚	3.40
马来西亚	2.79	马来西亚	3.32	新加坡	3.61	中国香港	3.61	沙特阿拉伯	2.71
泰国	2.30	新加坡	2.99	菲律宾	2.86	意大利	3.47	印度	2.38

续表

广东		江苏		上海		浙江		山东	
荷兰	2.20	菲律宾	1.91	法国	2.86	英国	3.31	安哥拉	2.32
英国	2.07	泰国	1.89	荷兰	2.65	阿联酋	3.25	巴西	2.28
澳大利亚	1.59	澳大利亚	1.89	澳大利亚	2.36	俄罗斯	3.03	中国台湾	2.28
菲律宾	1.52	英国	1.85	英国	2.29	法国	2.90	加拿大	2.28
法国	1.51	加拿大	1.63	泰国	2.17	荷兰	2.49	泰国	1.95
印度尼西亚	1.22	印度	1.37	加拿大	1.79	西班牙	2.44	印度尼西亚	1.89
加拿大	1.21	法国	1.29	意大利	1.77	加拿大	2.40	英国	1.86
意大利	1.16	印度尼西亚	1.26	印度	1.30	澳大利亚	2.26	马来西亚	1.82
沙特阿拉伯	1.03	意大利	1.20	比利时	1.21	印度	2.21	新加坡	1.70
比利时	0.89	巴西	1.13	巴西	1.10	新加坡	1.96	荷兰	1.59
俄罗斯	0.86	俄罗斯	0.85	爱尔兰	0.98	印度尼西亚	1.71	意大利	1.56
甘肃		海南		贵州		宁夏		青海	
澳大利亚	21.78	日本	26.07	日本	15.48	日本	21.53	日本	24.94
美国	9.46	中国香港	18.10	印度	10.08	美国	14.43	美国	17.10
德国	9.42	美国	12.90	美国	10.02	澳大利亚	9.90	韩国	9.49
智利	9.26	德国	5.92	中国香港	8.83	意大利	7.08	澳大利亚	8.86
日本	9.08	越南	5.44	澳大利亚	8.56	印度	6.30	中国香港	7.31
韩国	8.68	韩国	3.78	韩国	6.29	德国	5.14	阿联酋	5.82
蒙古	4.55	中国台湾	3.68	加拿大	5.56	荷兰	4.92	印度	3.21
中国台湾	3.36	法国	3.16	越南	5.31	韩国	4.84	德国	2.90
秘鲁	2.86	澳大利亚	2.58	中国台湾	5.10	英国	4.30	中国台湾	2.86
印度	2.57	马来西亚	2.46	泰国	3.41	中国香港	3.46	意大利	2.82
印度尼西亚	2.51	印度尼西亚	2.06	印度尼西亚	3.03	比利时	2.89	波斯尼亚	2.38
中国香港	2.41	新加坡	2.00	法国	2.97	牙买加	2.77	俄罗斯	2.33
哈萨克斯坦	2.26	伊朗	1.79	德国	2.95	蒙古	2.23	新加坡	2.25
伊朗	2.19	泰国	1.71	荷兰	2.66	中国台湾	1.97	罗马尼亚	1.95
意大利	2.16	意大利	1.67	菲律宾	2.28	西班牙	1.93	哈萨克斯坦	1.52
荷兰	1.88	罗马尼亚	1.65	马来西亚	1.80	马来西亚	1.42	英国	1.14

续表

甘肃		海南		贵州		宁夏		青海	
新加坡	1.58	缅甸	1.49	西班牙	1.53	加拿大	1.28	牙买加	0.85
西班牙	1.57	孟加拉国	1.29	南非	1.51	法国	1.22	印度尼西亚	0.83
菲律宾	1.52	加拿大	1.23	新加坡	1.38	泰国	1.20	秘鲁	0.80
俄罗斯	0.91	比利时	1.04	伊朗	1.25	奥地利	1.19	荷兰	0.66

注：广东、江苏、上海、浙江和山东是该年对外贸易规模排在前5位的省份，甘肃、海南、贵州、宁夏和青海是该年对外贸易规模排在后5位的省份。

把各省份对外贸易的份额作为权重，对30个省份 RER_{it} 进行加权平均，可将我国总体实际有效汇率指数 RER_{ct} 表示成：

$$RER_{ct} = \sum_{i=1}^{30} q_{it}RER_{it} \qquad (7.2)$$

其中，q_{it} 表示第 i 省第 t 年对外贸易额占全国对外贸易总额的比重。

在数据来源方面，我国30个省份 CPI 数据取自于 EPS 数据库，各省份前20位贸易对象 CPI 数据以及人民币与这些贸易对象货币的双边名义汇率数据来源于 IMF 和 EUI 数据库。

二、我国总体实际汇率的变化特征

利用式（7.1）和式（7.2），我们计算出了1995年以来我国总体实际有效汇率指数，图7－1描绘了其变化轨迹。从中可以看出，自1995年以来，我国实际有效汇率指数经历了上升与下降相互交替的波动过程。1995～1998年、1999～2001年、2005～2009年和2010～2012年是该指数的4个上升阶段，各阶段年均增长率分别为7.57%、2.37%、3.94%和3.52%。1998～1999年、2001～2005年和2009～2010年是该指数的3个下降阶段，各阶段的年均降幅分别为4.17%、2.79%和0.97%，下降幅度依次减小。若用标准差来衡量1995～2012年我国实际有效汇率指数的波动性，通过计算得到此期间标准差为8.55，这表明近十多年来我国实际有效汇率指数存在较强的波动性。从总体走势来看，1995年以来我国实际有效汇率指数呈现较快升值趋势，1995年实际有效汇率指数为90，发展到2012年达到124，年均增长1.92%。

为什么1995年以来我国实际有效汇率指数表现出较快的上升趋势，这可从图7－2中看出其缘由。根据式（7.2）可得出我国实际有效汇率的变化可分解为两个部分：名义有效汇率的变化和国内 CPI 相对于国外的变化。图7－2清晰

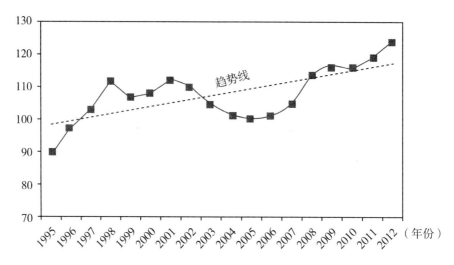

图 7 - 1　1995 年以来我国实际有效汇率指数的变化趋势

注：实际有效汇率指数上升，表明人民币实际升值。

资料来源：根据国研网统计数据库数据绘制。

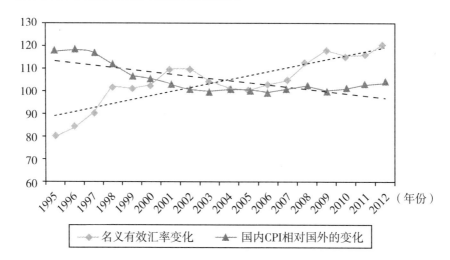

图 7 - 2　1995 年以来我国名义有效汇率指数及国内 CPI 相对国外的变化趋势

注：国内 CPI 相对值也是在各省份 CPI 相对值基础上经过加权而得。

资料来源：根据国研网统计数据库数据绘制。

地显示出，1995～2003 年，相对于国外，国内 CPI 的变化呈现下降趋势，2003 年以后基本保持稳定，总体上表现出缓慢下降趋向。而我国名义有效汇率的变化具有较强的波动性，上升与下降相互交替，总体上表现出快速上升趋势。可见，近十多年来我国实际有效汇率的升值趋势是主要由名义有效汇率推动的。其实，通过比较实际和名义有效汇率的变化，我国实际和名义有效汇率具有相似的变化轨迹，只是在国内外 CPI 作用下，在变化幅度上存在一些差异。

三、各省区实际汇率的变化特征

1. 各省区实际有效汇率的总体走势具有明显的非一致性

从年均增长率来看，如图 7 - 3 所示，1995 ~ 2012 年，我国 30 个省份实际有效汇率指数的年均增长率范围从黑龙江的 - 0.58% 到青海的 2.94%，极差达 3.52%。这在一定程度上反映了各省份实际有效汇率的变化趋势不尽相同①。从线性趋势来看，1995 ~ 2012 年，在 30 个省份中，黑龙江、新疆、内蒙古、河北和云南 5 个省份的实际有效汇率指数呈不同程度的下降趋势，其余 25 个省份则表现出不同程度的上升趋势，再次表明各省份实际有效汇率的变化趋势具有非同步性。

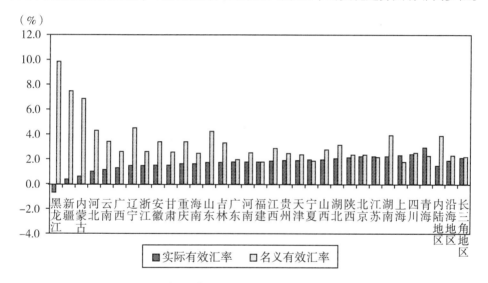

图 7 - 3 1995 ~ 2012 年各省区名义和实际有效汇率指数的年均增长率
资料来源：根据测算结果绘制。

将 30 个省份归类为沿海和内陆地区，沿海地区实际有效汇率指数年均增长率为 1.96%，高于内陆地区的 1.52%。具体到长三角地区，1995 ~ 2012 年实际有效汇率指数年均增长 2.15%，不仅高于沿海地区总体增速，更是高于内陆地区总体增速，对全国实际有效汇率指数的不断走高发挥主要牵引作用。进一步看长三角地区内部，上海实际有效汇率指数的年均增速最高，为 2.35%，其次是

① 本书中沿海地区包括北京、天津、河北、辽宁、山东、江苏、上海、浙江、福建、广东、广西和海南等 12 个省区和直辖市，其他 18 个省、市、自治区归类为内陆地区。

江苏，为 2.32%，浙江最低，为 1.56%。

2. 各省区实际有效汇率变化的来源存在很大差异

从图 7-3 可以看出，在 30 个省份中，只有 4 个省份实际有效汇率指数的年均增速高于名义有效汇率指数的年均增速，其余 26 个省份实际有效汇率指数的年均增速均低于名义有效汇率指数的年均增速。这表明相对于 1995 年，2012 年我国绝大部分省份实际有效汇率的升值主要来源于名义有效汇率的提高，而非CPI 的相对变化。比较而言，在这 26 个省份中，名义有效汇率的提高对实际汇率升值的推进力度还是有很大差异的。比如黑龙江名义有效汇率指数的年均增速最高，达到 9.85%，但由于贸易对象总体 CPI 相对于该省 CPI 上升过快，最终使该省实际有效汇率指数出现负增长。新疆和内蒙古的名义有效汇率也有很高的年均增速，分别达到 7.50% 和 6.93%，由于这两个地区的 CPI 相对于贸易对象总体在较快下降，结果这两个地区实际有效汇率指数的增速相对较低。河北、云南、辽宁、安徽、山东和湖南 5 省份名义有效汇率指数年均增速也在 3.5% 以上，但归因于其 CPI 相对于贸易对象总体下降速度较慢，这 5 个省份实际有效汇率指数的增速高于新疆和内蒙古。将 30 个省份集结为沿海地区和内陆地区，内陆地区名义有效汇率对实际有效汇率上升的助推作用强于沿海地区，内陆地区名义有效汇率指数的年均增速 3.93%，约高出沿海地区 1.6%。但由于内陆地区相对于贸易对象总体，其 CPI 下降速度大幅度高于沿海地区，结果出现内陆地区实际有效汇率指数的增长速度慢于沿海地区。对于长三角地区，浙江名义有效汇率指数年均增速高于实际有效汇率指数，而上海和江苏则相反。这说明浙江实际有效汇率的升值主要来源于名义有效汇率的提升，而上海和江苏则主要来源于各自CPI 相对贸易对象有较快的上升速度。

3. 各省份实际有效汇率环比增速的差异性有缩小趋向

虽然 30 个省份实际有效汇率指数的变化趋势各异，但环比增速的差异性在波动中趋于缩小。1996 年 30 个省份的环比增速的标准差为 5.24，1997 年较快地下降到 2.13，1998 年和 1999 年连续上升，1999 年达到最大值 7.47。2000 年标准差大幅度下滑至 2.27，2007 年，波动性明显减小，2007 年为 1.95。2008 年和 2009 年再度连年上升，2009 年上升到 3.10。2010 年和 2011 年连续下降，2011 年降至 1995 年以来的最低点 0.73。虽然 2012 年有所反弹，但也只有 2.73。总体来看，如图 7-4 中虚线所示，30 个省份实际有效汇率指数环比增速的标准差呈下降趋势，这表明 30 个省份实际有效汇率的环比增速具有收敛性特征。

总之，自 1995 年以来，由于物价水平的变化和对外贸易对象的范围及重要性不尽一致，我国 30 个省份实际有效汇率的走势表现出明显的差异性，绝大多数省份的实际有效汇率呈现不同程度的升值趋势。沿海省区实际有效汇率升值势

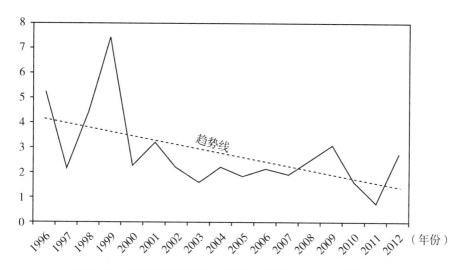

图 7 - 4 我国省份实际有效汇率指数环比增速的标准差

资料来源：根据测算结果绘制。

头强于内陆地区，而沿海地区实际有效汇率的快速升值离不开长三角地区实际有效汇率提高所发挥的主要推进作用。对 30 个省份实际有效汇率指数进行加权平均后，显示我国实际有效汇率在较大波动中呈现较快升值趋向。转变粗放型经济增长方式是当前我国经济发展中亟待解决的重大问题。作为重要的相对价格指标，我国实际汇率较快升值对经济增长方式的转变是发挥促进作用还是阻碍作用？该问题的回答，需要我们对我国实际汇率升值与经济增长方式关系展开定量分析。

第3节 模型构建和方法说明

一、计量模型的设定

转变经济增长方式的本质就是提高经济增长质量，发挥技术进步、劳动力素质的提升和资源利用效率的提高对经济增长的推动作用，即提升全要素生产率在经济增长中的贡献（刘国光，1983；于津平等，2011；赵文军等，2012）。因此，在下面的分析中，我们将全要素生产率对经济增长的贡献率作为经济增长方式的衡量指标。

假设我国 i 省 t 时的生产函数为：$Y_{it} = A_{it}K_{it}^{\alpha_i}L_{it}^{\beta_i}E_{it}^{\gamma_i}$，其中 Y_{it}、A_{it}、K_{it}、L_{it} 和 E_{it} 依次表示该省总产出、全要素生产率、资本存量、就业人数和能源投入。α_i、β_i 和 γ_i 分别表示该省的资本、就业和能源产出弹性。根据该生产函数，可将 i

省总产出增长率 g_{it}^Y 表示为其全要素生产率增长率 g_{it}^A、资本增长率 g_{it}^K、就业增长率 g_{it}^L 和能源投入增长率 g_{it}^E 的函数，即：

$$g_{it}^Y = g_{it}^A + \alpha_i g_{it}^K + \beta_i g_{it}^L + \gamma_i g_{it}^E \qquad (7.3)$$

将式（7.3）两边同除以 g_{it}^Y，并用 CTY_{it} 表示全要素生产率对经济增长的贡献率 $\dfrac{g_{it}^A}{g_{it}^Y}$，则有：

$$CTY_{it} = \left(1 + \frac{\alpha_i g_{it}^K + \beta_i g_{it}^L + \gamma_i g_{it}^E}{g_{it}^A}\right)^{-1} \qquad (7.4)$$

该式表明 i 省经济增长方式的变化取决于其全要素生产率、资本、就业和能源投入的相对变动。若全要素生产率增长率大于资本增长率、就业增长率和能源投入增长率的加权和（即 $g_{it}^A > \alpha_i g_{it}^K + \beta_i g_{it}^L + \gamma_i g_{it}^E$），则 CTY_{it} 增加，该省经济增长方式趋于集约化。若全要素生产率增长率小于资本增长率、劳动增长率和能源投入增长率的加权和（即 $g_{it}^A < \alpha_i g_{it}^K + \beta_i g_{it}^L + \gamma_i g_{it}^E$），则 CTY_{it} 减小，该省经济增长方式趋于低端化。

式（7.4）也说明，若要明晰实际汇率 RER_{it} 变化对经济增长方式的实际作用关系，有必要分别定量分析实际汇率与全要素生产率增长率、资本增长率、就业增长率、能源投入增长率、经济增长率和全要素生产率对经济增长贡献率的关系。以在明示实际汇率与经济增长方式数量关系的同时，揭示促成这种数量关系的内在作用机制。因此，我们设定如下面板数据模型：

$$Z_{it} = \varphi_0 + \varphi_2 RER_{it} + \upsilon_i + \mu_{it} \qquad (7.5)$$

式中，Z_{it} 依次取 CTY_{it}、g_{it}^A、g_{it}^K、g_{it}^L、g_{it}^E 和 g_{it}^Y，φ_0 为常数项，υ_i 为各省不可观测效应，μ 为随机误差项。

为了考察当期应变量值是否受前一期值的影响，我们在计量模型中加入了这些应变量的滞后项，将模型（7.5）变为动态面板数据模型：

$$Z_{it} = \varphi_0 + \varphi_1 Z_{it-1} + \varphi_2 RER_{it} + \upsilon_i + \mu_{it} \qquad (7.6)$$

然而，在现实经济中，影响经济增长方式的因素很多，不只是实际汇率。为更好地检验实际汇率与经济增长方式之间的关系，应控制住其他因素的影响，通常做法是引入控制变量。但在控制变量的选择方面，目前没有可供参考的标准。为避免控制变量选择的主观和随意性，我们借鉴了弗兰克（Frank，2005）和干春晖等（2011）的做法，回避控制变量的选用，利用应变量与实际汇率的交差项进行控制，将计量模型（7.6）扩展为：

$$Z_{it} = \varphi_0 + \varphi_1 Z_{it-1} + \varphi_2 RER_{it} + \varphi_3 Z_{it} \times RER_{it} + \upsilon_i + \mu_{it} \qquad (7.7)$$

式中，系数 φ_2 反映与实际汇率相联系的相对价格变化对应变量的影响，φ_3 反映实际汇率变化与影响应变量的其他因素的相互作用对应变量所形成的影响。

为便于分析，我们将 φ_2 视为实际汇率变化对应变量的直接效应的度量，$\varphi_3 \bar{Z}$ 视为实际汇率变化对应变量的间接效应的度量，其中 $\bar{Z}$ 为应变量的样本均值。实际汇率变化对应变量的总效应为直接效应与间接效应的加总。

二、估计方法

由于回归变量中出现应变量的滞后项和交叉项，模型（7.6）存在内生性问题。如果使用传统面板估计方法，则会导致参数估计的有偏性和非一致性。针对这种情况，阿雷利亚诺和邦德（Arellano & Bond，1991）首先提出了一阶差分广义矩估计法（DIF-GMM），其基本思路是首先对原水平方程进行差分，去掉固定效应的影响，再将解释变量的水平滞后值作为差分方程的工具变量，以得到差分广义矩估计量。虽然 DIF-GMM 估计法可有效地克服内生性问题，但该方法会导致样本信息损失，也可能产生弱工具变量问题，影响估计结果的渐进有效性。为此，阿雷利亚诺和鲍威尔（Arellano & Bover，1995），布伦德尔和邦德（Blundell & Bond，1998）进一步提出了系统广义矩估计法（SYS-GMM），这种估计方法是把水平方程和差分方程综合起来加以估计，用解释变量的水平滞后项作为差分方程的工具变量，解释变量的一次差分项作为水平方程的工具变量，从而提高估计结果的有效性和一致性。因此，我们选用 SYS-GMM 估计法对我国 30 个省份 1995～2012 年的面板数据进行估计。在具体估计过程中，我们采用阿雷利亚诺和邦德二阶序列自相关检验 AR（2）来判断差分的随机扰动项的自相关性问题，利用汉森（Hansen，1982）过度识别 J 检验来判别工具变量的过度识别问题。

三、数据说明

各省份实际汇率 RER_{it} 的衡量方法和有关数据的来源均在第 2 节中作了详细说明，这里不再赘述。

各省份全要素生产率对经济增长贡献率 CTY_{it} 用各自全要素生产率增长率与实际 GDP 增长率之比衡量。在测算各省份全要素生产率时，我们视各省份为基本决策单元，将实际资本存量、就业人数和能源投入作为投入变量，实际 GDP 作为产出变量，并假定规模报酬可变。各省份实际 GDP 数据是根据名义 GDP 和 GDP 缩减指数计算而得，GDP 缩减指数的基年定在 2005 年。各省份 GDP、就业人数和能源投入数据来源于各省统计年鉴、《新中国六十年统计资料汇编》和《2013 年中国统计年鉴》，2012 年官方暂未公布的部分数据是根据同一指标上年环比增速估算的。

由于我国官方未提供省际实际资本存量，我们采用永续盘存法按不变价格估算各省份的资本存量。在利用永续盘存法估算各省实际资本存量中，首年度选在1978年，该年各省份名义资本存量数据来自张军等（2004）。各年度固定资本形成额来自各省统计年鉴和《新中国六十年统计资料汇编》。1978～2004年各省份固定资本折旧额和固定资本形成缩减指数来自《中国国内生产总值核算历史资料：1952～2004》。2005～2012年各省份固定资本形成额来自《中国统计年鉴》，2005～2012年各省份固定资本形成缩减指数用固定资产投资价格指数替代，数据来自各省统计年鉴。各省份固定资本形成缩减指数的基期均定在2005年。本章主要变量的描述性统计见表7-3。

表 7 – 3　　　　　　　　　　**主要变量的描述性统计**

变量	全国总体		沿海地区		内陆地区		长三角地区	
	平均值	标准差	平均值	标准差	平均值	标准差	平均值	标准差
RER	109.01	10.14	108.08	8.57	109.64	11.03	107.25	8.87
CTY	16.22	40.39	26.71	39.01	9.22	39.83	41.77	27.78
g^A	1.91	4.28	3.14	4.06	1.09	4.23	4.72	3.33
g^K	14.79	4.94	15.12	4.37	14.57	5.28	15.44	3.70
g^L	1.54	2.41	2.00	2.88	1.23	1.98	1.47	2.68
g^E	8.01	6.94	7.79	5.56	8.15	7.74	7.33	5.16
g^Y	11.56	2.47	11.71	2.39	11.46	2.52	11.88	2.16

第4节　汇率影响增长方式的实证检验结果与分析

前文在对我国实际汇率变化的考察中，已经指出我国各省份实际汇率的变化趋势不尽一致。因此，要深度认识我国实际汇率升值对经济增长方式的影响，有必要进行不同层面的实证分析，并比较实证结果的差异性。

一、全国总体的实证分析

表7-4中各项回归的 Hansen 检验和 Arellano-Bond 的 AR（2）自相关检验的 p 值均超过10%的显著水平。这表明工具变量的选择是有效的，估计结果是合理的。

表 7 - 4   **全国总样本的系统 GMM 估计结果**

应变量 Z	CTY	g^A	g^K	g^L	g^E	g^Y
Z_{t-1}	0.050 *** (1.96)	0.055 *** (2.22)	0.150 ** (2.32)	0.009 *** (2.00)	0.061 * (2.93)	0.066 (1.46)
RER	-0.129 * (-3.65)	-0.014 * (-3.26)	-0.136 * (-13.81)	-0.017 * (-3.40)	-0.083 * (-13.87)	-0.100 * (-26.29)
Z * RER	0.008 * (17.27)	0.008 * (22.94)	0.008 * (13.12)	0.009 * (26.68)	0.009 * (45.20)	0.008 * (14.26)
C	15.009 * (3.64)	1.632 * (3.32)	15.148 * (15.50)	1.839 * (3.72)	9.019 * (11.45)	11.428 * (38.94)
AR（2）检验	0.460	0.877	0.803	0.285	0.232	0.120
Hansen 检验	0.896	0.604	0.726	0.246	0.190	0.110
观测值数	510	510	510	510	510	510
工具变量数	7	7	7	7	10	7
工具变量滞后	[2 2]	[2 2]	[4 5]	[2 2]	[6 7]	[2 2]
直接效应	-0.129	-0.014	-0.136	-0.017	-0.083	-0.100
间接效应	0.133	0.016	0.112	0.014	0.070	0.094
总效应	0.005	0.002	-0.024	-0.003	-0.013	-0.006

注：（1）圆括号内数值是经过温德梅杰纠正的二步估计稳健标准差；（2）*、** 和 *** 分别表示 1%、5% 和 10% 的显著水平；（3）在各项回归中，均选择了 collapse 选项，避免工具变量过度的偏差；（4）Arellano-Bond 二阶序列自相关检验 AR（2）报告的是 p 值；（5）Hansen 过度识别检验报告的也是 p 值。

（1）实际汇率升值的直接效应。从 CTY 的回归结果看，实际汇率 RER 的系数为 -0.129，在统计上高度显著。这表明我国实际汇率升值对经济增长方式的转变存在直接的负效应，在其他条件不变情况下，实际有效汇率指数每增加 1 点，将直接致使全要素生产率对经济增长的贡献率减少近 0.13 个百分点。进一步看实际汇率对各增长率的影响，如表 7 - 4 所示，我国实际汇率升值将直接减缓投资、就业和能源投入的增速，对转变粗放型经济增长方式产生积极作用。但实际汇率升值也直接导致全要素生产率增长率下降，对转变粗放型经济增长方式形成阻碍作用。结合实际汇率升值对增长方式的直接效应为负，由此可知，此情形下的阻碍作用是强过积极作用的。因为实际汇率升值对资本、就业和能源投入的增长率存在直接的负面影响，所以实际汇率升值会直接削减经济增速。表 7 – 3 显示，在经济增长率的回归中，实际汇率 RER 的系数为 – 0.1，通过 1% 水平的显著性检验。在其他条件不变时，实际有效汇率指数每增加 1 点，将直接导致经济增速下降 0.1%。

为什么我国实际汇率升值对全要素生产率、投资、就业和能源投入存在直接的负面影响？我们认为这与实际汇率升值直接引致生产要素在部门间重新配置的低效化有关。实际汇率升值意味着贸易品价格相对下降，非贸易品价格相对上升，这对贸易部门的利润空间产生挤压作用，削弱贸易部门的自融资能力和投资积极性，引发贸易部门的生产要素流向非贸易部门[①]。但由于我国要素市场尚不健全，非贸易部门吸纳能力有一定限度，贸易部门释放出来的生产要素并不能完全被非贸易部门吸收，进而导致整个社会的资本、就业和能源投入负增长。由于相对于贸易部门，我国非贸易部门生产效率较低，全要素生产率增长较慢，甚至负增长（赵文军等，2011），以及在贸易品相对价格下行的打压下，贸易部门生产积极性趋于弱化，我国实际汇率升值对全要素生产率增长率的直接影响就显示为负。

（2）实际汇率升值的间接效应。在 CTY 的回归中，CTY * RER 的系数为正值 0.01，且在统计上高度显著，这表明我国实际汇率升值对经济增长方式的影响不仅取决于其本身，还有赖于全要素生产率对经济增长的贡献率。当全要素生产率对经济增长的贡献率相对较低时，实际汇率升值对经济增长方式转变的正面影响有限。而当全要素生产率对经济增长贡献率较高时，实际汇率升值则会对转变经济增长方式形成明显的促进作用。该交叉项系数显著为正，也说明我国实际汇率升值与影响经济增长方式的其他变量存在明显的相互作用关系，实际汇率升值对经济增长方式具有间接影响。表 7 – 4 显示这种间接效应的值为 0.133，在其他条件不变情况下，实际有效汇率指数每增加 1 点，将间接地促使全要素生产率对经济增长的贡献率提高约 0.13 个百分点。

进一步看我国实际汇率升值对各增长率的间接效应。在各增长率的回归中，Z * RER 的系数均显著为正，各增长率的变化都受到来自实际汇率升值的间接影响。比较而言，实际汇率升值对资本增长率的间接影响最强，在其他条件不变时，实际有效汇率指数每增加 1 点，资本增长率将提高 0.11 个百分点。实际汇率升值对就业增长率的间接影响最小，其他条件不变时，实际有效汇率指数每增

---

① 张斌等（2006）认为作为非贸易品价格与贸易品价格之比的实际汇率，即内部实际汇率，与作为国内价格水平与国外价格水平之比的实际汇率，即外部实际汇率的关系，在满足一些条件时，可直接表现为对数线性关系。

加 1 点，就业增长率将提高 0.01 个百分点。实际汇率升值对全要素生产率增长率的间接正面影响力处在上述两者之间，实际汇率升值是有助于加快我国全要素生产率增长的。结合我国实际汇率升值对经济增长方式存在间接正向作用关系可知，我国实际汇率升值通过间接途径对全要素生产率，进而对经济增长方式所发挥的积极作用，强过由升值间接扩大资本、就业和能源投入，进而对经济增长方式所形成的阻碍作用。实际汇率升值会间接地加快资本、就业和能源投入的增长，表明实际汇率升值会间接地对经济增长速度发挥推进作用。表 7－3 显示，这种间接效应的值达到 0.094，即在其他条件不变时，实际有效汇率指数每增加 1 点，经济增速将提高约 0.1 个百分点。

我国实际汇率升值是如何间接地带动全要素生产率、资本、就业和能源投入增长的？通常认为，随着世界经济一体化程度的不断深化，经常项目和资本项目是汇率变化影响各国国内经济运行的主要媒介（李建伟等，2003）。在我国，由于资本项目尚未完全开放，对外直接投资又处于起步阶段，对外贸易和 FDI 成为我国实际汇率升值间接影响国内全要素生产率、资本、就业和能源投入的主要中间变量。长期以来，加工贸易在我国对外贸易中占据很高的比重（见图 7－5），该类贸易的主要特点是两头在外，进出口多以外币计价，实际汇率升值对加工贸易企业的负面影响较小，甚至存在正面影响（李辉，2010）。我国一般出口贸易

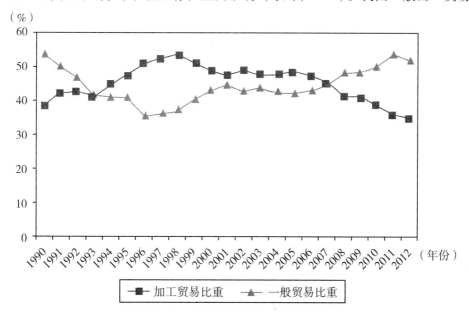

图 7－5 我国加工和一般贸易比重

资料来源：根据中国资讯行数据库和国研网数据库数据绘制。

主要集中在需求价格弹性较低、劳动密集型的生活必需品上，加上国内低成本劳动优势，实际汇率升值对一般出口贸易企业的负面影响有限。资源类产品和资本品是我国一般进口贸易的主导产品，实际汇率升值会降低这些产品的进口价格，引发大量进口。由于开放度和国内政策的稳定性，我国实际汇率升值不仅不会减少 FDI 的流入（徐伟呈等，2010），在强烈升值预期下，反而会促进 FDI 的内流。FDI 的进入通过与 FDI 配套对国内投资有着显著的挤入效应，促进了国内资本形成和就业增加（于津平等，2011）。上述影响促成了实际汇率升值对国内资本、就业和能源投入增长的间接带动作用。不仅如此，由于进口和 FDI 增加存在竞争、干中学和技术外溢效应（李小平等，2008；赵文军等，2012），实际汇率升值也间接促进了我国全要素生产率的增长。

（3）实际汇率升值的总效应。分别加总直接和间接效应，我国实际汇率升值对全要素生产率增长率的总效应为正，对资本、就业和能源投入增长率的总效应均为负，进而对我国经济增长方式的总效应为正，即我国实际汇率升值有助于粗放型经济增长方式的转变。不过，这种积极作用不是很强劲，因为在 CTY 回归中，实际汇率升值的总效应值仅有 0.005。在经济增长率 g^Y 的回归中，实际汇率升值的总效应值为 -0.006，这说明我国实际汇率升值会减缓经济增速。我国实际汇率升值在放慢经济增长速度的同时，提升经济增长质量的结论，是与我国领导人提出的"为了转型宁可慢一点"主张相适应的。

此外，从各应变量的自身内在作用规律来看，如表 7 - 3 所示，各滞后应变量的系数均为正值，除了 g_{t-1}^Y 的系数在统计上不显著，其余系数均在 10% 的显著水平下拒绝为 0 的原假设。这表明，我国经济增长方式、全要素生产率增长率、资本增长率、就业增长率和能源投入增长均存在明显的惯性，其中资本增长率的惯性尤强。我国经济增长方式存在明显的惯性，说明我国扭转越发粗放的经济增长方式非常不易，但只要被扭转过来，则在自身的强化作用下，我国经济增长方式将快速趋于高端化。

二、地区的实证分析

为考察我国沿海和内陆地区实际汇率与经济增长方式的作用关系，我们分别对沿海和内陆地区的面板数据进行了系统 GMM 估计，估计结果见表 7 - 5 和表 7 - 6。在所有 12 项回归中，除在沿海地区 g^Y 回归中 Hansen 检验的 p 值为 10% 外，其余 Hansen 检验和 Arellano-Bord 的自相关检验 AR（2）的 p 值都超过 10% 的显著水平，我们认为在这些回归中工具变量的选择是有效的，估计结果是合理的。

表 7 - 5 　　　　　沿海地区样本的系统 GMM 估计结果

应变量 Z	CTY	g^A	g^K	g^L	g^E	g^Y
Z_{t-1}	-0.034 (-1.21)	-0.029 (-0.69)	0.118* (3.09)	-0.006 (-0.99)	0.029 (0.91)	0.022 (1.28)
RER	-0.180** (-2.26)	-0.024* (-4.41)	-0.144 (-18.99)	-0.026* (-4.37)	-0.063* (-5.47)	-0.106* (-17.83)
Z*RER	0.010* (32.63)	0.095* (19.36)	0.008* (22.34)	0.009* (46.93)	0.009* (42.09)	0.009* (38.03)
C	19.42** (2.28)	2.616* (4.75)	15.27* (17.25)	2.838* (4.36)	6.663* (5.01)	11.462* (18.37)
AR（2）检验	0.356	0.568	0.285	0.199	0.172	0.161
Hansen 检验	0.415	0.220	0.327	0.526	0.120	0.100
观测值	204	204	204	204	204	204
工具变量数	10	7	7	7	10	10
工具变量滞后	[3 4]	[3 3]	[2 2]	[2 2]	[3 4]	[2 3]
直接效应	-0.180	-0.024	-0.144	-0.026	-0.063	-0.106
间接效应	0.257	0.030	0.126	0.019	0.072	0.106
总效应	0.077	0.006	-0.018	-0.007	0.009	0.000

注：（1）圆括号内数值是经过温德梅杰纠正的二步估计稳健标准差；（2）*、** 和 *** 分别表示 1%、5% 和 10% 的显著水平；（3）在各项回归中，均选择了 collapse 选项，避免工具变量过度的偏差；（4）Arellano-Bond 二阶序列自相关检验 AR（2）报告的是 p 值；（5）Hansen 过度识别检验报告的也是 p 值。

（1）实际汇率升值的直接效应。与全国总体一致，沿海和内陆地区的实际汇率升值均会对全要素生产率增长、资本增长、就业增长和能源增长产生直接的负面效应，这表明沿海和内陆地区都存在由实际汇率升值引起生产要素在部门之间重新配置的低效化现象。比较而言，沿海地区实际汇率升值对全要素生产率增长、资本增长和就业增长的直接负效应略高于内陆地区，这可能与沿海地区经济开放度、对贸易品与非贸易品相对价格变化的敏感度高于内陆地区有关。进一步看实际汇率升值对经济增长方式的影响，沿海地区实际汇率升值对其经济增长方式的直接作用关系显著为负，说明在实际汇率升值的直接促动下，该地区全要素生产率的下降速度显著快于资本、就业与能源投入的加权降速。内陆地区实际汇率升值对经济增长方式有微弱的、直接的正向作用，说明在实际汇率升值的直接引致下，内陆地区全要素生产率的下降速度略慢于资本、就业与能源投入的加权降速。在实际汇率升值对经济增速的直接影响方面，沿海和内陆实际汇率升值均将直接致使经济增速明显下滑。在经济增长率的回归中，沿海和内陆地区的 *RER* 系数分别为 -0.106 和 -0.100。

（2）实际汇率升值的间接效应。与全国总体一致，沿海和内陆地区的交叉项 *CTY* * *RER* 系数均显著为正。相比较而言，沿海地区的系数值高于内陆地区，这说明沿海地区实际汇率升值与影响经济增长方式的其他变量的相互作用对经济增长方式的推进作用强于内陆地区。进一步计算实际汇率升值对经济增长方式的间接效应值，沿海地区该值为 0.257，远大于内陆地区的 0.083。在 g_{it}^A、g_{it}^K、g_{it}^L 和 g_{it}^E 的回归中，沿海和内陆地区的实际汇率与这些增长率的交叉项系数也均显著为正，表明这两个地区实际汇率升值均会通过与影响这些增长率的其他变量相互影响而间接地提升这些增长率。表 7-5 显示沿海地区实际汇率升值对全要素生产率、资本、就业和能源投入的间接效应值依次为 0.030、0126、0.019 和 0.072，基本都高于内陆地区。之所以沿海地区的这些间接效应值大于内陆地区，我们认为这与在实际汇率升值的驱使下，我国对外贸易和内流 FDI 的增加主要集中在沿海地区有关。沿海地区实际汇率升值带动的资本品进口规模和与 FDI 配套效应高过内陆地区，结果自然有沿海地区实际汇率升值对其资本和就业增长率的促进作用大于内陆地区。也正是因为进口规模和 FDI 内流规模远高于内陆地区，沿海地区来自进口和 FDI 的竞争、干中学及技术外溢效应强于内陆地区，从而有沿海地区实际汇率升值对全要素生产率增长率的积极作用也超过内陆地区。

（3）实际汇率升值的总效应。所谓总效应是指直接效应和间接效应的总和。实证研究表明，沿海地区实际汇率升值对全要素生产率和能源投入增长的总效应均为正，对资本和就业增长的总效应均为负，而内陆地区实际汇率升值对全要素生产率、资本、就业和能源投入增长的总效应一致性地表现为负。在实际汇率升值对经济增长的总效应方面，沿海地区实际汇率升值对经济增速基本没有影响，总效应值接近 0。内陆地区实际汇率升值对经济增速有微弱的负面影响，总效应值为 -0.004。在实际汇率升值对经济增长方式的总效应方面，沿海和内陆地区有明显差异。沿海地区实际汇率升值对经济增长方式的总效应值为 0.077，内陆地区为 0.151，内陆地区实际汇率升值对经济增长方式转变的促进作用明显强于沿海地区。

在经济增长方式的自身内在作用规律方面，沿海地区 CTY_{t-1} 系数值为负，内陆地区 CTY_{t-1} 系数值为正，但在统计上均不显著。这说明就单个地区而言，沿海和内陆地区当期全要素生产率对经济增长的贡献率都几乎不受前期值的影响，但融入这两个地区的相互联系后，将这两个地区视为一个整体，正如全国总样本的回归结果，当期全要素生产率对经济增长的贡献率就明显受到前期值的影响，使粗放型经济增长方式表现出明显的惯性。内陆地区其他应变量的自身内在作用规律如表 7 - 6 所示，沿海地区和内陆地区当期资本增长率明显受前期值的正向影响，固定资本投资显示出具有较强的惯性。内陆地区前期全要素生产率和就业增长率对当期值都有显著正影响，这是内陆地区提高生产效率和减轻就业压力的重要有利条件。

表 7 - 6　　　　　　　内陆地区样本的系统 GMM 估计结果

应变量 Z	CTY	g^A	g^K	g^L	g^E	g^Y
Z_{t-1}	0.043 (0.40)	0.173 ** (2.40)	0.417 * (3.05)	0.016 *** (1.74)	0.016 (0.72)	0.05 (0.77)
RER	0.068 (0.72)	- 0.023 * (- 3.13)	- 0.106 (- 5.52)	- 0.010 * (- 3.19)	- 0.093 * (- 13.52)	- 0.100 (- 16.90)
Z * RER	0.009 * (8.00)	0.007 * (7.89)	0.005 * (3.57)	0.009 * (41.55)	0.009 * (35.14)	0.008 (12.37)
C	- 7.819 (- 0.73)	2.634 * (3.16)	12.657 * (6.38)	1.179 * (3.55)	10.271 * (11.03)	11.372 (22.18)
AR（2）检验	0.500	0.725	0.146	0.232	0.116	0.346
Hansen 检验	0.359	0.133	0.695	0.148	0.722	0.299
观测值	306	306	306	306	306	306
工具变量数	7	7	7	7	7	7
工具变量滞后	[6　6]	[2　2]	[4　4]	[2　2]	[5　5]	[2　2]
直接效应	0.068	- 0.023	- 0.106	- 0.010	- 0.093	- 0.100
间接效应	0.083	0.007	0.070	0.011	0.073	0.096
总效应	0.151	- 0.016	- 0.036	- 0.001	- 0.020	- 0.004

注：（1）圆括号内数值是经过温德梅杰纠正的二步估计稳健标准差；（2）*、**和***分别表示1%、5%和10%的显著水平；（3）在各项回归中，均选择了collapse选项，避免工具变量过度的偏差；（4）Arellano-Bond二阶序列自相关检验AR（2）报告的是p值；（5）Hansen过度识别检验报告的也是p值。

第5节　主要结论与政策启示

开放条件下的经济转型必然受到对外经济交往的影响，而汇率，作为对外经济交易的价格指标，也就对经济增长方式转变构成影响。本章首先通过构建地区层面上的评价指标，对 1995 ~ 2012 年我国 30 个省份的实际有效汇率进行了测算，然后利用系统 GMM 面板数据模型，分别在全国和地区两个层面上考察了我国实际汇率升值对转变粗放型经济增长方式的影响。经过分析，我们形成如下主要结论和政策建议。

一、主要结论

（1）我国各省份实际汇率的变化趋势存在明显差异性，绝大多数省份的实际汇率表现出不同程度的升值趋向，少数省份的实际汇率却显示出贬值之势。沿海地区实际汇率升值势头强于内陆地区，沿海地区实际有效汇率的强势升值离不开长三角地区实际有效汇率提高的强力推动。我国总体实际汇率在较大波动中呈现出较快升值趋势。

（2）在全国层面上，我国实际汇率升值不仅对经济增长方式的转变具有负的直接效应，抑制经济增长方式的转变，也会通过与影响经济增长方式的其他因素相互作用对经济增长方式的转变形成正的间接效应，推动经济增长方式的转变。正负效应相抵后，我国实际汇率升值对转变经济增长方式发挥促进作用。在影响经济增长方式的同时，我国实际汇率升值也会作用于经济增速，减缓我国经济的高速增长态势。

（3）在地区层面上，沿海地区实际汇率升值对经济增长方式的转变具有直接、不利的影响，而内陆地区实际汇率升值则会对经济增长方式形成直接、有利的影响。沿海和内陆地区实际汇率升值均会通过与影响经济增长方式的其他因素相互作用对转变经济增长方式产生间接的促进作用。分别加总直接和间接效应，沿海和内陆地区实际汇率升值均有助于经济增长方式的转变，其中内陆地区的推进作用强于沿海地区。沿海地区实际汇率升值在推进经济增长方式转变的同时，未对经济增速形成明显影响，而内陆地区实际汇率升值对经济增速有一定的减缓作用。沿海地区实际汇率升值有助于经济增长方式转变，这也在一定程度上说明了，长三角地区实际汇率升值有利于该地区转变经济增长方式。

二、政策建议

根据本章的研究，我们提出以下几点建议。

（1）我国各地区实际汇率变化具有明显差异性特征，在促进增长方式转型的政策设计中，充分认识到汇率变化对区域经济增长方式效应的区域差异性。就现有研究文献和政策文献来看，对我国实际汇率的关注主要集中在全国整体实际汇率层面上，鲜有重视地区实际汇率变动的非一致性。实证研究结论已显示尽管近年来我国大部分地区实际汇率呈升值之势，但升值速度有显著差异，而其余地区实际汇率则表现出平稳甚至下降趋向。这意味着在研究和制定汇率政策时，不应只片面地关注调节全国总体实际汇率可能带来的各种影响。在此基础上，应考虑到由于贸易对象、物价水平的不一而引致地区实际汇率不同变动的各种效应。

（2）应有效发挥实际汇率变化对经济增长方式转型的直接和间接效应。在经济系统中，各变量之间往往存在着相互关联、互为因果关系。实际汇率变动不仅会对经济增长方式转变产生直接影响，也会通过与其他变量相互作用对经济增长方式转变构成间接效应。若仅关注调节实际汇率与经济增长方式转变的直接或间接效应，由此引申出的政策措施的效果可能是有限的，甚至起到相反作用。实证研究结论表明，无论在全国层面上，还是在地区层面上，实际汇率升值对经济增长方式都有明显的直接和间接效应，且这两种效应并非完全一致。这就要求在制定调节实际汇率政策时，应兼顾实际汇率的调节所带来的直接和间接效应。

（3）人民币名义汇率是调节经济增长与增长方式的工具之一，但在汇率变化中，应防止人民币过快升值对短期经济增长的负面冲击。强势人民币是人民币国际化的重要条件，伴随而来的是对人民币有升值要求。但实证研究结论显示，虽然我国和地区实际汇率升值均有助于经济增长方式转型，但经济增速也随之下降，而确保一定的经济增速是我国经济良好发展的重要前提。因此，在转变我国经济增长方式过程中，应渐进式地扩大人民币汇率的浮动幅度。为实现经济增长方式转型，并适当减轻人民币升值压力，应加快优化国内投资和出口商品结构，大幅度提升居民收入和消费水平，扩大进口贸易，以减少贸易顺差；积极引导和鼓励本国企业开展对外直接投资，转移国内过剩产业，将外汇储备资产转化为产业资本；加快推进外汇管理体制改革，完善国内金融市场，为国内居民开展外国证券投资提供条件。

（4）保持国内物价水平相对稳定。物价水平是实际汇率的重要构成因素，要保持人民币实际汇率水平的相对稳定，国内物价水平的相对稳定是重要条件。因此，应完善价格调控机制和政策，控制货币信贷总量，促进社会供求基本平衡。针对外汇储备增长过快而导致流动性过剩问题，可通过增强央行流动性调节功能，丰富央行公开市场对冲工具，扩大外汇储备对外投资等渠道加以缓解。

（5）扩大与宏观经济环境相对稳定的发展中国家的贸易。贸易对象不同是形成地区实际汇率走势差异的主要来源，进而部分地导致地区实际汇率与经济增长方式之间表现出不同关联关系。因此，保持实际汇率相对稳定，各地区在对外贸易中，应扩大与宏观经济环境良好的发展中国家的贸易。

第 8 章　金融结构与经济增长方式

【本章提要】 多年来，长三角地区的金融规模扩张有力支撑了区域经济增长。与此同时，金融资源对粗放型产业的过度支持也是造成经济增长方式长期粗放化的原因所在。由于金融改革相对滞后，我国的金融体系依然存在着国有商业银行的垄断、社会融资高度依赖间接金融、政府部门对金融企业的过多干预等结构性问题。在这一特定的金融体系下，金融企业形成了对国有企业和重资产部门的信贷偏好，由此加剧了资源配置的扭曲和创新型民营企业的融资约束。金融机构对粗放型产业的信贷偏好有悖于经济增长方式转变的客观要求。要实现经济增长方式转型，必须实施金融体系改革，使金融产业更好地服务于经济增长集约化的转型需要。

本章首先考察长三角金融结构的演化和现状，揭示区域金融产业的结构特征，然后剖析金融结构影响经济增长方式的机制，并采用实证方法检验金融结构与经济增长方式的关系。在上述研究的基础上，提出深化金融改革促进长三角经济增长方式转型的对策。

第 1 节　长三角金融结构的演化

近年来，伴随金融领域改革步伐的加快，长三角地区金融业发展迅速，金融总量稳步提升。从信贷资金上看，长三角地区金融机构人民币各项存款、贷款年末规模稳步上升。2006~2011 年，存款数额年均增速达到 28%，占全国金融机构人民币存款总额的比重维持在 22% 以上，到 2011 年末地区金融机构人民币存款余额将近 18 万亿元。贷款规模上也表现出较高增速，2006～2011 年，长三角地区金融机构人民币贷款余额平均增速为 28.3%，占全国贷款总额的比重也稳定维持在 24% 以上，到 2011 年末贷款余额超过 13 万亿元。从证券市场上看，不论从上市公司数目还是流通市值上，长三角都占据中国证券市场的龙头地位。截至 2011 年末，长三角在沪深交易所上市公司数目达到 637 家，占全国总数的 27%。在证券融资上，长三角地区借助股票市场融资活跃，2006～2011 年证券发行融资规模迅速扩张，年均增速将近 90%。2008～2011 年证券融资规模均占据全国总量的 10% 以上，2011 年长三角证券首发和增发融资占全国比例的 36% 和 24%，长三角板块已成为中国证券市场上一支强劲力量。

　　以下从金融体系内部结构的视角对长三角金融结构演化特征进行事实分析，衡量各种金融工具和金融机构在中国金融体系占据的相对比例关系。具体可以细分为以下几个维度：社会融资结构，即直接融资和间接融资比重；信贷主体结构，即针对公有制和非公有制企业的信贷投向；银行业市场结构，即银行业垄断程度；资本市场结构，包括资本市场的层次结构和私募股权的分布结构。

一、社会融资结构

　　长期以来中国社会融资结构一直以间接融资为主，尤其高度依赖银行信贷融资，直接融资比重过低。事实上，拥有成熟的直接融资体系、以直接融资为主的融资结构是发达国家一个共同特征。

　　为观察长三角融资结构的差异和演变趋势，我们选取各地区证券融资占各项贷款和证券市场融资总额的比值[①]，来构造衡量各地区融资结构的统计指标。在测算出各省（自治区、直辖市）的证券融资占比后，分别以各省（自治区、直辖市）融资规模合计（贷款和证券融资）占各区域、全国融资规模合计的比重为权重，衡量长三角、中西部经济区域以及全国的直接融资比重[②]。原始数据来源于《新中国 60 年统计资料汇编》和各省 2012 年统计年鉴。

　　如图 8-1 所示，20 世纪 90 年代初期，上海和深圳证券交易所相继挂牌成立，中国资本市场蓬勃发展，直接融资在社会融资中的比重不断扩大。尽管如此，目前我国直接融资比重依然偏低。按照本文的统计口径，证券融资比例尚未突破 10%。分区域来看，长三角证券融资比重低于全国平均水平，相比中西部地区的优势并不明显。纵向上看，直接融资比重短期内还容易受到金融体系波动

---

　　①　"证券市场融资"的统计口径包括股票首发、定向增发、公开增发、配股、可转债发行、债券发行等几种融资途径。

　　②　此处样本省份范围、三大区域划分、全国加总的处理方式与前文测算增长方式时一致。

的影响。在 1997 年亚洲金融危机、2008 年国际金融危机爆发之前，证券融资占比分别达到两次高点，但股市行情下挫、政府信贷刺激的双重因素进一步提高了银行在资金配置中的绝对主体地位，直接融资比例都对应地发生大幅回落。

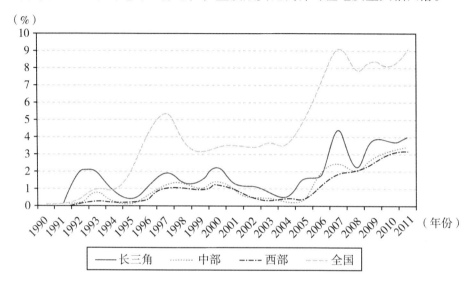

图 8 – 1 中国分区域融资结构的变化趋势

资料来源：笔者根据测算结果绘制。

由此可见，虽然直接融资比重总体表现出提升的趋势，然而仍以银行信贷为主的现实窘境未有实质性改观。

二、信贷主体结构

我国当前国民经济整体上表现出公私产权并存、不同产权性质企业待遇与效率不匹配等显著特点。长期以来，国有企业产权模糊和治理结构缺陷使其严重依赖于政府的支持。国有企业即使长期亏损，也不会破产倒闭，国家会通过各种形式的补贴维持其生存下去。国有企业对银行信贷的刚性依赖进一步演变为一种特权，能够便利地从银行获得信贷资金。对于民营企业来说，所有制的约束，致使它们始终难以从国有商业银行获得信贷资金，其投资资金主要来自于自有资本和民间金融。

虽然国有大中型企业（特别是央企）是国民经济的主体，在国民经济的关键领域和主要部门处于支配地位，但是民营企业的地位和作用不容忽视。长三角地区民营经济活跃，集聚着中国最广泛的民营企业群体，成为研究中国乃至世界民营经济的典型生态样本。考察长三角地区信贷资源在国有企业和非国有企业之间的配置现状，检验非国有企业的信贷便利性，对于研判区域金融结构具有重要的参考价值。

由于官方并未公布按照融资主体的产权属性进行划分的完整信贷数据，在测算方法上，我们按照赵勇和雷达（2010）的思路，假定各地区分配到国有企业（1991年以前按全民所有制经济统计）的贷款与国有企业的固定资产投资成正比，从而间接推算非国有部门贷款，分经济类型固定资产投资数据来源于1983～2011年期间各年度的《中国统计年鉴》。

如图8-2所示，非国有企业贷款占GDP比重总体呈现出上升的趋势，仅在2008年国际金融危机期间占比出现明显下降。从横向比较来看，长三角地区非国有企业贷款占GDP比重高于全国平均水平，并显著高于中西部地区，且上升幅度更为迅猛，进入2000年之后涨幅最为明显，并与中西部地区比重的缺口逐渐扩大。2009年长三角地区非国有企业贷款占GDP比重首次超越100%。统计结果表明，长三角地区投向非国有企业的信贷资金比重不断提升，贷款投放总规模中长三角地区对非国有企业的信贷投放占比高于全国平均水平与中西部地区。

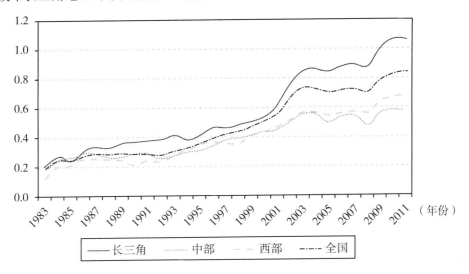

图8-2 各区域非国有企贷款占GDP比重

资料来源：笔者根据测算结果绘制。

三、银行业市场结构

伴随中国经济体制改革和金融改革进程的不断向前，中国银行业市场主体数量不断增加，银行机构网点数量快速膨胀。截至2012年底，长三角辖内银行业法人机构总数达到370家，包括3家股份制商业银行，18家城市商业银行，25

家外资银行等。营业网点机构总数达到 26 898 个，其中大型商业银行 10 182 个，国家开发银行和政策性银行 167 个，股份制商业银行 2 074 个，城市商业银行 1 741 个等①。仅从机构数量上看，长三角银行业市场结构看似业已具备较好的竞争性和市场化。

在产业组织理论中，市场集中度与垄断程度呈现正相关关系，即集中度越高，垄断程度越高。具体来说，银行业市场结构是指银行体系中银行机构的数量、规模、份额的相对分布以及由此决定的竞争形式的总和，集中体现了银行体系的垄断程度。以银行业市场结构为例，CR_n 指数是指最大的前 n 个银行的资产（存款、贷款）占整个银行业资产（存款、贷款）的比重之和，即

$$CR_n = \sum_{i=1}^{n} \frac{x_i}{X} \qquad (8.1)$$

其中，n 代表最大的几家银行数目（通常取 3~5 之间），x_i 表示行业第 i 大银行的资产（存款、贷款），X 为整个银行业的总规模。可知，CR_n 指数越大，银行业的集中度越高，表示银行体系的垄断程度越高。

囿于数据限制，无法获得中国银行业内每个银行机构的贷款数据，本书将基于 CR_n 指标来衡量中国银行业的市场结构，同时选取 $n=4$，即考察 1985~2011 年中国四大国有商业银行（中国工商银行、中国农业银行、中国银行和中国建设银行，以下简称"四大行"）在银行业的市场势力，以此作为中国银行业垄断程度的判断标准。此数据来源于各年份《中国金融年鉴》和四大行年度报告②。

图 8-3 绘制了各省市代表性年份四大行贷款投放的 CR_4 指数，三条曲线分别代表时间跨度的两端和中点。1985 年 CR_4 曲线整体介于 0.9 和 1 之间，说明四大行对于全社会银行信贷资金拥有绝对的控制地位，也体现出较强的市场垄断程度。2011 年 CR_4 指数总体降至 0.4 左右，降幅显著，CR_4 指数在 0.5 以上的仅有宁夏、贵州和上海三地，三者的 CR_4 指数分别为 0.64、0.56 和 0.51。按照时间先后顺序，CR_4 指数曲线逐渐向下平移（除了青海 1998 年 CR_4 指数大于 1985 年外），表明中国银行业的市场集中度逐步下降，银行业的垄断程度也是不断下降的，这与中国金融发展现状是吻合的，也在一定程度上佐证了中国金融改革所

---

① 资料来源：《2012 年中国区域金融运行报告》。

② 1991 年中国建设银行（时称"中国人民建设银行"）分地区存贷款数据缺失，按前后两年数据插值补充。

2005~2011 年，四大行各省（直辖市、自治区）贷款数据存在部分缺失，按照各银行年度报告的贷款区域分布数据进行拆分（严格按照各银行各自的区域划分标准），根据长期历史数据统计可见，贷款的区域内分布比例存在极为显著的稳定性，我们在设定区域内各省的配比权重时沿用了上一年的比例权重。

取得的成就。

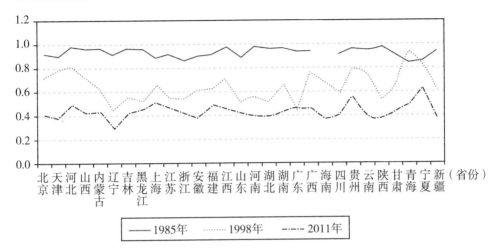

图 8 - 3　代表性年份四大行贷款投放的 CR_4 指数

资料来源：笔者根据测算结果绘制。其中，1985 年海南省相关数据缺失。

基于测算出的 1985 ~ 2011 年各地银行业 CR_4 指数的面板数据，分别根据各省（自治区、直辖市）贷款占所处区域、全国合计的比例为权重，测算出不同区域和全国的加权平均 CR_4 指数。如图 8 - 4 所示，各区域 CR_4 指数总体呈现出下降的变动趋势[①]，全国加权均值由 1985 年的 0.93 降至 2011 年的 0.43，降幅超过 50%，国有银行垄断程度得到缓解。然而，银行业垄断程度下降的进程是缓慢的，直至 2004 年之后 CR_4 指数才降至 0.5 以下，且曲线斜率更加平坦，说明未来提升中国银行业竞争性的速度存在下降的趋势。从绝对数值上看，四大行仍旧支配着很大比重的银行信贷资金，2011 年全国加权 CR_4 指数为 0.43，按照 Bain（1981）市场结构划分标准，中国银行业仍属于中等集中寡占型，[②] 距离 $CR_4 = 0.3$ 的竞争型市场结构的临界点仍有较大的距离。

通过横向分区域比较，可以看出不同地区银行业垄断程度经历了显著的分化

[①] 1996 年和 1997 年 CR_4 指数止降并短暂上升，是与当时中国银行业正经历重大改革相关的。1994年，国家成立了三家政策性银行，实现了政策性金融与商业金融的分离，为四大行（时称专业银行）的商业化松绑。1995 年，国家颁布了《中华人民共和国商业银行法》，从法律上确立了四大行的国有独资商业银行地位，明确规定了商业银行"实行自主经营，自担风险，自负盈亏，自我约束"，四大行商业化进程进一步提速。在前两年政策红利触发下，四大行市场份额于 1996 年、1997 年出现短暂提升。

[②] 该标准又被称为"贝恩分类法"，在产业组织研究中应用广泛，按照 CR_4 指标共分为 6 种市场结构，CR_4 超过 0.75 为极高寡占型，0.65 ~ 0.75 之间为高寡占型，0.3 ~ 0.65 之间为中集中寡占型，0.3 ~ 0.35 之间为低集中寡占型，0.3 以下为竞争型市场结构。

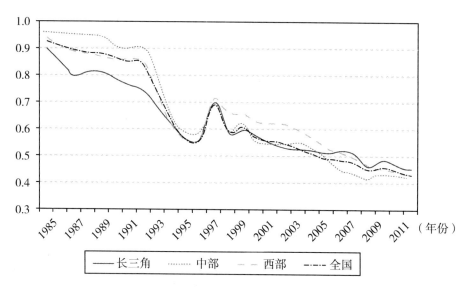

图 8-4 分区域四大行贷款投放的 CR_4 指数

资料来源：根据测算结果绘制。

变迁。1996 年以前，中部地区 CR_4 曲线处于最上方，依次往下分别是西部和长三角，说明中部地区银行业垄断性最高，而长三角地区银行业垄断程度最低。1997 年之后很长一段时期里，西部地区 CR_4 曲线转而处于最上方，长三角地区银行业竞争程度依然最高。然而，近年来长三角地区银行业竞争程度不再领跑全国，2004 年 CR_4 指数开始超越全国平均值，又分别于 2005 年、2006 年先后超越中部和西部地区，现已成为市场集中度最高的区域。

通过横向比较可知，银行业垄断程度最高的区域先后经历"中部—西部—长三角"的转换。究其原因，可能与近年来中西部地区新型农村金融机构①的快速扩张有关，使得中西部银行业金融机构的法人机构数目超越东部地区，从而降低了中西部地区银行业的市场集中度。近年来区域银行业垄断程度的转换的背后，既包含中西部地区银行业法人机构市场主体更为丰富、金融发展进一步深化的积极现象，也隐含着长三角地区银行业市场结构竞争化空间的不足。

四、资本市场结构

1. 市场层次结构

中国长期呈现以间接融资为主、直接融资发展滞后的融资结构，导致资源配

---

① 新型农村金融机构主要包括村镇银行、贷款公司、农村资金互助社、小额贷款公司等组织类型。

置效率低下，这与成熟的资本市场缺位密切相关。自20世纪90年代初期沪深证券交易所相继成立起步，中国资本市场从无到有、从小到大，仅用短短20多年的时间就实现了发达国家资本市场百余年的历程，已成为全球最大的新兴市场。但从全球范围看，中国资本市场直接融资比重仍然相对较低，债券市场发展滞后和证券市场的结构性问题是形成这一现象的原因。

按照证券交易的组织形式，资本市场可以划分为交易所市场和场外交易市场。主板（深交所和上交所）、中小板和创业板属于交易所市场，场外交易市场则以新三板为代表。成熟的资本市场应当具有多层次性，通俗地说，就是呈现金字塔状结构。

中国的证券交易所市场层次存在"头重脚轻"的分布结构，表现为主板容量大、中小板少、创业板更少的递减的梯级市场。一方面，从三个分层市场上市公司数量来看，主板市场占据绝对优势，创业板市场最少。2004年5月中小企业板推出，2009年10月创业板推出，标志着中国建立多层次资本市场体系的两次重要跨越，在此之前我国证券交易所市场长期只有沪深主板市场，市场结构单一，无法为不同公司提供差别化的上市通道。如图8-5所示，2004年有38家企业在中小企业板挂牌上市，从此开启了中国证券交易所市场的多层次化道路，然而直到2008年中小板挂牌企业数目尚不及主板企业数目的20%，2011年中小板和创业板发展迅猛，上市公司数目达到927家，仍不及主板市场的2/3，"头重脚轻"的分布结构仍未扭转。

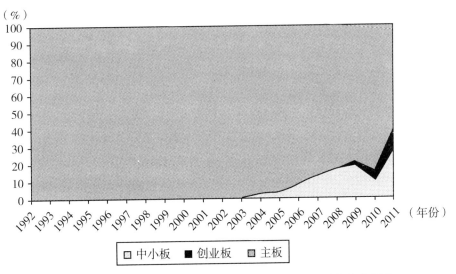

图8-5　中国境内上市公司数量在交易所市场的分布结构

资料来源：笔者根据《中国证券期货年鉴2012》统计数据绘制。

根据前文分析易知，以"新三板"为代表的场外交易市场①是打造"正金字塔形"资本市场层次结构的基础环节。"新三板"全称为"全国中小企业股份转让系统"，是全国统一的场外交易市场。2013年1月"新三板"于北京正式挂牌成立，自此开始与上海证券交易所和深圳证券交易所共同形成鼎足的格局，并能与之相互补充，良性互动，是继中小板和创业板之后中国建设多层次资本市场体系的又一重大跨越。首先，"新三板"主要面向中小企业，为中小企业提供正规的直接融资渠道，对于填补资本市场长期的组织空白、发挥金融支持实体经济转变发展方式具有重要的意义；其次，"新三板"在资本市场层次中具有承上启下的作用，在"新三板"挂牌的公司，若达到上市条件，可以直接向证券交易所申请上市；在区域性股权交易市场进行股权转让的公司，若满足挂牌条件，可以申请在"新三板"挂牌。在转板机制作用下，"新三板"能够为主板市场提供优质的投资标的，是主板优质股的自然孵化器。

然而，由于起步时间晚，"新三板"容量在不断扩充，但在区域分布上却呈现出显著的不平衡。根据 WIND 统计数据，截至 2014 年 2 月 5 日，新三板挂牌企业数目为 621 家，总市值约合 769.16 亿元。如图 8 – 6 所示，由于新三板成立初期仅局限在北京、上海和武汉等高科技园区的企业，挂牌企业也主要集中在北京、上海、湖北等地区，其中，北京挂牌企业数目达到 262 家，上海 67 家，湖北 46 家。从长三角地区来看，三地合计挂牌企业总数超过 120 家，占全国总数的 19.5%，其中上海最多，江苏 44 家，浙江 10 家。长三角地区中小企业众多，但是限于全国范围试点推进缓慢，未能充分借助新三板投融资渠道的优势、完善资本市场的层次结构。

与此同时，挂牌企业地区间的市值分布同样表现出显著的差异。如图 8 – 7 所示，"新三板"挂牌企业市值最高的地区主要集中在北京、广东等地，其中，北京 331.5 亿元，广东 80.5 亿元，在全国挂牌企业总市值占比分别达到 43.1%、10.5%。对于长三角地区，上海挂牌企业市值达到 45.6 亿元，排在全国第三位，江苏达到 38.8 亿元，而浙江中小企业在"新三板"挂牌市值尚不到 1%，三地挂牌企业总市值仅占全国的 11.6%。

由此可见，由于长期试点范围的局限，像江苏和浙江等民营经济同样非常活跃的省市，并没有得到"新三板"的充分识别。作为全国统一的中小企业股份转让市场，"新三板"市值分布仍表现出显著的区域不平衡，这将极大地抑制"新三板"在便利中小企业融资、发挥金融支持实体经济转型升级等方

---

① 场外交易市场还包括地方性（区域性）股权交易市场等，但多由各地政府主办，缺乏明确的市场定位和统一的行业规范，发展现状良莠不齐，且难以获得权威的统计数据，故本文此处不予考虑。

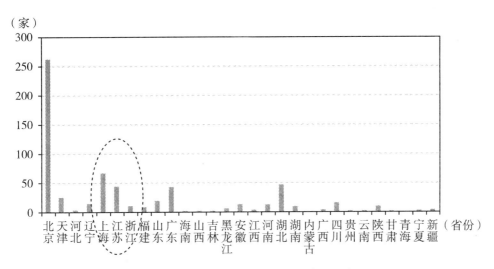

图 8－6 各地在"新三板"挂牌企业数目

资料来源：根据 WIND 数据库数据绘制。

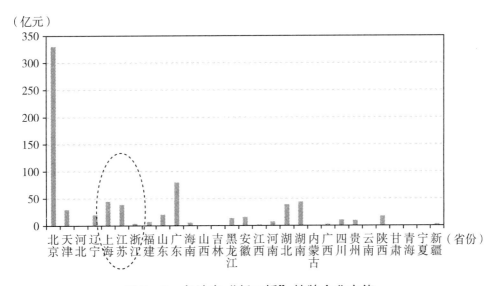

图 8－7 各地在"新三板"挂牌企业市值

资料来源：根据 WIND 数据库数据绘制。

面的积极作用。

2. 募集方式结构

从企业融资的角度，根据资本的形态可以分为股权融资和债务融资，根据募集方式不同又可以分为公募融资和私募融资，两两结合从而形成四种融资方式，分别对应资本市场中股票市场、私募股权融资、债券市场、银行信贷等四个子系统①。中小企业难以借助股票市场、债券市场和银行信贷进行融资，私募股权融资则成为中小企业融资的重要突破口。

私募股权投资（Private Equity，简称"PE"）主要是指以协商、招标等非公开方式对企业进行权益性投资；广义的私募股权投资是指包括针对初创期的风险投资（也称创业投资，Venture Capital，简称"VC"）在内的、企业公开上市前的所有股权融资②。为保持数据统计口径上的一致，我们使用不包括创业投资的狭义上的私募股权投资进行统计。从投资主体的角度看，私募股权基金往往聚焦产业发展前沿，对于高知识、信息和技术密集的新兴产业具有强烈的投资意向；然而，从融资主体的角度看，由于产业风险高、缺乏有效的担保和评估，这些新兴企业发展初期难以经由传统金融渠道融资，投、融资的完美耦合最终决定私募股权投资能够成为搭建科技创新和金融资本的重要桥梁。因此，私募股权投资对于促进产业结构优化和经济转型升级意义重大。

首先，从各地区企业发生私募股权融资案例的数量来看，如图 8-8 所示，绝大多数私募股权投资案例发生在东部地区，其次是中部地区，西部地区私募股权投资案例最少。具体来看，按照已披露案例数据统计，2013 年全国共计发生私募股权投资案例 660 件，案例数最多的前三个省市依次是北京、上海和江苏，三地企业合计进行了 271 件私募股权融资，占比超过全国 40%。2013 年浙江发生私募股权投资案例 34 件，排在全国第六位。长三角三地合计发生私募股权投资案例 173 件，占全国总数的 26.2%，保持连续增长的势头。作为全国最早引入创业投资和私募股权投资机制的区域之一，长三角地区私募股权基金市场发展迅速，正逐步成为全国私募股权基金的聚集地。

同时，私募股权投资金额的地区分布同样呈现出显著的区域不均衡，区域集中度甚至相比投资案例的分布更为显著。如图 8-9 所示，私募股权投资金额绝大部分投向于东部地区，中西部地区严重不足。具体地，按照已披露私募股权投资金额统计，2013 年通过私募股权融资规模达到 242.89 亿美元。按照融资金额规模最大的前三位省市依次是北京、上海和江苏，三地私募股权融资规模占比就已经超过 50%。浙江中小企业通过私募股权形式融资 6 亿美元，位列全国第 9

---

① 企业向银行融资属于非公开地向特定对象融资，因而可以视为私募债务融资。此外，前文提及的中小企业私募债也属于私募债务融资的类型，但起步非常晚，2012 年 6 月 8 日才推出国内首只中小企业私募债。

② 其实，在实际的投融资业务中，PE 与 VC 的界限愈加模糊，两者更多只是概念上的区分。广义上讲，企业上市前的股权融资都可以统称为私募股权融资。

位。长三角三地中小企业合计实现私募股权融资 56.90 亿美元，占全国总融资规模的 23.4%，融资规模同样保持全国前列。

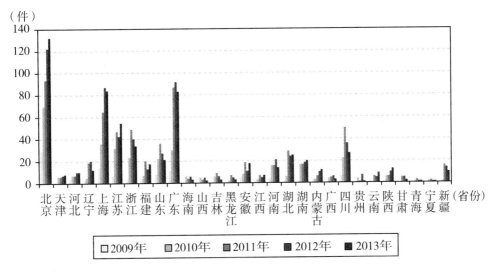

图 8 - 8　2009 ~ 2013 年中国私募股权投资案例地区分布

资料来源：根据清科研究中心《中国私募股权投资年度统计报告》各期数据绘制。

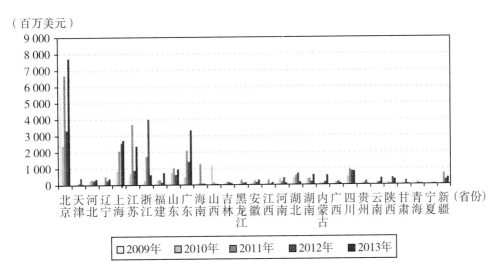

图 8 - 9　2009 ~ 2013 年中国私募股权投资金额地区分布

资料来源：根据清科研究中心《中国私募股权投资年度统计报告》各期数据绘制。

第2节　金融结构影响经济增长方式的机制

为了探究长三角金融结构与经济增长方式耦合背后的潜在关联，本节将围绕以下问题进行机制分析。金融结构失衡与粗放式经济增长之间的不良耦合是否存在经验证据支撑？金融体系的不同结构性特征对经济增长方式究竟产生了怎样的影响？政府行为如何经由金融体系影响到经济增长方式？要促进经济增长方式的转变，金融体制改革的方向是什么？

已有文献中鲜有专门探讨金融结构与经济增长方式的研究范例，以下将结合相关研究成果和中国经济金融现状，针对不同金融结构对经济增长方式的作用、以及不同金融结构之间的相互作用机制提出研究假设。

一、信贷投放结构与经济增长方式

金融深化过程不仅表现在信贷总规模的扩大，更体现为信贷资源配置结构的优化，无效率的信贷规模增加甚至是金融深化的逆向指标。因为资源配置结构会对生产率产生重要影响，信贷资源对低效率企业的错配会抑制经济增长方式集约化。一直以来，国有企业低效多为人诟病，生产率显著低于非国有企业，杰弗逊等（Jefferson et al. , 2000）、余淼杰（2010）、聂辉华和贾瑞雪（2011），勃兰特等（Brandt et al. , 2012）等研究均证实国有企业存在明显 TFP 差距。虽然国有企业改革后 TFP 增速开始反超非公企业，但并未能扭转效率上仍低于非公企业（Song & Hsieh，2013）。进一步地，国有企业和非国有企业间效率差距与资源配置结构有关。据此推演，如果将资源投入从低效率的国有企业分流至高效的非国有企业，资源重新优化配置将会带来中国企业 TFP 整体提升。

信贷资金是企业重要的资源要素，信贷资金配置失衡成为国有企业和非国有企业间资源误置的典型特征，这也与产权差异化决定的预算约束性质、国有金融主导下的信贷配给等原因有关。一方面，国有企业产权缺失和治理结构缺陷使其严重依赖于政府的支持，国有商业银行信贷由此成为国有产权的主要融资渠道，并具有明显的"软约束"性质[①]。即使国有企业长期亏损，也不会破产倒闭，国家会通过各种形式的补贴维持其生存下去（科尔内，1986）。在信贷软约束下，国有企业对银行信贷的刚性依赖进一步演变为一种特权，资金利用效率低下，严

[①] 有相当多的国有企业即使经营效益好、资金充裕、有能力还贷，也会故意拖延贷款不还。针对国有企业的调查问卷显示，企业资金充裕时偿还贷款的优先度（30%）远低于扩大生产投资的优先度（76%）。详见袁钢明：《中国国有企业不良负债的实证分析》，载《经济研究》2000 年第 5 期。

重依赖于生产要素的大量投入维持增长，从而固化了粗放型经济增长方式。与此对应地，另一方面，在所有制产权约束下，非公企业常常是信贷配给的主要对象，非公经济的重要地位未能得到金融体系的有效识别。非公企业具有提高经营效率、进行有效项目评估的内在动力，资金利用效率高，创新程度活跃，有助于推动经济增长方式向集约型转变。由此推之，信贷资金在国有企业和非国有企业的配置结构将对经济增长方式产生重要影响。研究证据同样表明，非国有部门贷款对全要素生产率增长有显著的促进作用，例如张军和金煜（2005）、赵勇和雷达（2010）等。据此本文初步假定：

H1：信贷投放的国有产权偏好可能是导致增长方式长期粗放的重要金融结构因素；扩大非公信贷的结构占比，有助于提高资源配置效率，促进经济增长方式转变。

二、银行业市场结构与经济增长方式

不仅银行信贷资金投向高度集中于缺乏效率的国有企业，导致资金配置低效，而且银行业金融资产高度集中于效率不高的国有银行（刘伟和黄桂田，2002）。从金融结构视角来看，国有银行垄断可能是造就粗放型经济增长的另一个重要因素。

首先，高度集中的银行业市场结构会加剧信贷资源误置，固化粗放的经济增长方式。单就银行垄断对企业融资的影响来看，垄断的银行业结构相比竞争性银行结构更容易导致信贷成本增加（Guzman，2000），从而恶化非公经济的融资条件。经验证实，银行业高度集中会导致许多企业面临融资障碍（Beck et al.，2004）。相反，竞争的银行业结构则能给中小企业带来较好的信贷条件（Agostino & Trivieri，2010）。中国银行业市场结构表现出明显的垄断特征，国有银行长期占据绝对的市场份额，必然造成非国有企业的融资难问题，根据假设H1 的论证逻辑，这将会抑制非公经济 TFP 提高以及总体生产效率。

其次，国有银行金融垄断与银行业进入壁垒之间双向强化，严重阻碍了与非公企业发展相适应的非国有银行体系成长壮大。为了固守国有银行的垄断势力，银行业存在严格的市场准入条件，主要表现为以国家法律监管为代表的政策性壁垒，进一步地，政策性壁垒可以兼顾强制性和差异性，尤其对民营资本的准入更为严格；即使已成立的民营银行，在国有大银行主导的金融体系中，也很难获得"国民待遇"。而在差异化功能上，以民营银行为代表的中小金融机构主要面向非公企业，相比国有大银行具有显著的信息和成本优势。不难推知，国有银行高度垄断也限制了其他金融机构为中小企业服务的能力；极其缺乏以民营资本为主导的银行业市场主体，势必导致国有银行寡占富余金融资源、非公企业求贷若渴的供需错位。

最后，国有银行体系自身经营效率低下，不能有效服务实体经济，甚至长期成为历史包袱。由于长期不良资产积累以及贷款投放的所有制歧视等问题，国有商业银行体系还普遍存在着规模不经济性，效率与规模并不正相关（徐传谌等，2002；陆磊和李世宏，2004）。此外，国有银行垄断不仅带来国有商业银行低效经营、风险积聚、信贷歧视、资金配置低效等问题，还对中国工业技术创新产生了效率损失（齐兰和王业斌，2013）。林毅夫（2012）根据"最优金融结构"理论认为，降低四大行市场垄断、提高中小金融机构市场份额能够提高资金配置效率、促进经济增长，应当作为最优银行业结构的优化方向。据此本文初步假定：

H2：较之竞争性市场结构，高度垄断的银行业结构不利于非国有企业获得银行贷款；高度垄断的银行业结构会对经济增长方式向集约化转变产生阻碍作用。

三、社会融资结构与经济增长方式

中国的社会融资结构主要以间接融资为主，直接融资发展长期滞后；间接融资渠道中尤以银行信贷占据主导地位。银行体系长期垄断低效、信贷投放结构存在所有权和规模歧视、直接融资体系发展滞后的金融结构与经济增长方式长期粗放呈现出不良耦合。事实上，拥有成熟的直接融资体系、以直接融资为主的融资结构是发达国家的共同特征。相比之下，直接融资可能更有助于促进经济增长方式转变①。

首先，直接融资可能更有助于社会研发和创新的发展。直接融资允许投资者分散化并更为有效地管理风险，从而鼓励更多的外部资金供应，有利于形成竞争的资金环境，进而为研发和增长提供更强的激励效应。因此，直接融资可能会在推动创新和促进更多研发企业发展方面更为有效（Allen & Gale，2000）。直接融资能够规避银行贷款所需的固定资产抵押担保要求，从而开拓融资渠道，对于提升企业创新投资、培育初创型企业具有重要作用（李汇东等，2013）。与此相对应，银行花费大量成本用于搜寻企业的各种信息，并以利息的形式将这些成本转移给企业，从而抑制企业投资高风险、高回报项目的能力；此外，鉴于债务合约的性质决定了银行无法从公司的高收益中额外获益但却要承担公司的高风险，因而银行更偏向于对安全和低收益的项目提供贷款，从而抑制了研发创新。

其次，直接融资还能够促进间接融资发展，从而实现企业财务结构的良性循

---

① 从广义上讲，这仍属于"银行主导论"和"市场主导论"孰优孰劣的争议范畴（Allen and Gale，2000；Levine，2002），但本文此处更具体着眼于两者在提高经济增长效率方面的比较优势。

环。例如，股票上市有助于拓展企业的银行融资渠道，这也是企业上市的重要优势，该结论早在 Pagano et al.（1998）的研究中就被证实，他们发现在首次公开发行前后，这些企业有更多的银行可供选择借贷，且借款成本更低，这既有股票上市带来的信息公开效应，也来自于上市融资渠道赋予企业在向银行借贷时更多的议价能力。公开发行证券融资的非国有企业需要经过严格的资格审查，享有较高的行业知名度，更容易获得市场认可，具有贷款优势，借款利率相对较低（Yu and Liang，2013）；公司上市的信号功能和声誉机制不但有助于非国有企业本身获得银行贷款，非国有企业还能够借助其他上市公司担保从银行借款（孙铮等，2005）。

另外，发挥直接融资的比较优势还需要满足特定的外部条件。直接融资发展虽然能够提高社会资本的配置效率，但前提必须是有效率的资本市场，只有有效的市场才能够促进资源有效配置（Demirguc-Kunt & Levine，1996）；功能特定金融结构（市场主导还是银行主导）的效率还依赖于契约、法律和制度环境，只有在契约环境和制度条件完善的经济体，才能充分发挥直接融资的优势功能（Rajan & Zingales，1998；Tadesse，2002）。本文据此初步假定：

H3：直接融资渠道有助于非国有企业获得银行贷款，并能通过提高资源配置效率、提升企业创新投资，从而推动经济增长方式向集约化转变。

四、政府干预与经济增长方式

中国金融体系沉疴难消，既包括自身的结构性问题，又表现在政府对金融行为的过度干预。对于中国这样的转轨经济体，制度条件和计划经济历史决定了不论是经济转型还是金融体制改革，必须经历由政府主导的自上而下的渐进过程。如果忽略政府行为，就不可能有效厘清粗放式增长的行政动机、金融结构的形成演变，以及两者之间的交互作用。

一方面，政府干预对地区经济增长方式产生影响。中国经济发展进程带有强烈的政府烙印，政府的偏好和效率决定政府对生产要素产权的分割，进而影响技术进步和生产效率，最终决定经济增长方式和经济发展方式。然而，政府干预往往存在经济增长方式悖论，导致实际经济增长方式背离最优增长方式（刘培林，2009）。究其原因，我们认为，地方政府追求自身利益的强烈动机往往会使其在转变经济增长方式进程中摇摆不定，甚至违背集约化增长的政策承诺，即出现所谓的动态不一致性[①]。魏杰（2011）认为，政府主导的发展模式过度地干预市场

---

① 动态不一致性（time inconsistency），又称"时间不一致性"，最早由 Kydland & Prescott（1977）在讨论有关中央银行货币政策应当采取"单一规则"还是"相机抉择"时提出，用以描述政策制定者违背事先承诺的内在动机。

经济活动的内在机制，损害市场经济的基础性作用，是转变经济增长方式中亟须改革的主要对象。

另一方面，政府干预过度介入金融体系，还会对金融体系的结构失衡、资源配置低效造成重要的影响。财政分权和官员晋升诱使地方政府产生干预经济运行的强烈动机，金融体系在资源配置中无法替代的作用使其成为政府干预的主要抓手。政府干预信贷资金配置常以垄断的银行体系为伴生条件，尤其以国有银行垄断为典型特征。例如，贝克等（Beck et al.，2004）实证发现，政府过分干预银行系统会进一步强化银行垄断对企业融资的抑制效果；陆磊和李世宏（2004）基于中央、地方和国有银行之间的公众博弈推演后发现，国有银行体系是政府和央行的政策传导渠道，对其采取行政干预进而成为必然。在研究证据上，张杰（1996）、方军雄（2007）、李青原等（2013）等均从不同角度揭示了地方政府干预金融体系造成资金配置低效率的作用机制。

当然，正确处理政府和金融市场的关系，在纠偏政府职能越位、错位的同时，更不能忽视政府的缺位。金融体系离不开政府的监管和合理的干预，从而弥补市场失灵等缺陷，维护市场资源配置的决定性作用。据此，我们提出初步假设：

H4：在政府力量过度介入地方经济发展的背景下，支配信贷资金投放可能是政府干预的主要手段之一，政府过度干预经济会抑制经济增长方式向集约化转变。

第3节 金融结构与经济增长方式关系的实证研究

聚焦长三角两省一市的数据开展实证研究存在样本数太少的局限。为解释金融结构对经济增长方式的影响，本节采用利用全国各省份的数据开展实证研究，检验第2节提出的假说。

一、数据来源和处理方法

本节选择中国内地 27 个省、自治区、直辖市（不包括海南、西藏、宁夏，且重庆并入四川）、时间跨度为 1990～2011 年的面板数据。鉴于海南、西藏和宁夏相关统计数据缺失，在实证研究中我们未将上述地区纳入研究样本。样本时期的选择主要考虑 1990 年中国股票市场才起步，因此从 1990 年开始测算。

我们用全要素生产率增长对经济增长的贡献率作为衡量经济增长方式的变量。本节采用 Malmquist-Luenberger 指数法测算全要素生产率，该方法与传统测算方法的区别在于将能源消耗作为一种投入、将污染排放作为一种负产出，由此衡量的全要素生产率更好地体现了经济增长的质量。用 *mlegm* 表示全要素生产率增长对经济增长的贡献度，关于该指标测算中采用的数据来源和数据处理方法已在第 4 章中介绍，这里不再重复描述。

计量模型中的解释变量包括金融结构变量和其他影响经济增长方式的控制变量。用 *FS* 表示金融结构变量，这些变量包括：直接融资结构（*fstrucn*）、信贷融资主体的所有权结构（*nsoecred*、*nosoecred*）、银行业机构的行业结构（*credsob*、*herfcred*）等。

其中，*fstrucn* 为证券融资占各地区各项新增贷款和证券市场融资总额的比值①，用来衡量直接融资比重，相比此前基于贷款余额的占比测算，根据新增贷款的流量数据重新测算融资结构更加科学合理。该数据来源于《新中国 60 年统计资料汇编》和各省 2012 年统计年鉴。

nosoecred 表示非国有企业贷款占 GDP 比重，鉴于长期以来中国信贷投放中存在政策性贷款、所有制歧视和不良贷款等问题，全部信贷占比会高估非公企业贷款比重，但在另一方面仅用私人企业贷款占比来替代也会低估金融深化程度，在测算方法上，按照赵勇和雷达（2010）的思路，假定各地区分配到国有企业（1991 年以前按全民所有制经济统计）的贷款与国有企业的固定资产投资成正比，从而间接推算非国有部门贷款，分经济类型固定资产投资数据来源于《中国统计年鉴》各期。此外，借鉴张军和金煜（2005）的办法，假定国有企业贷款与国有企业工业总产值成正比，间接构造非国有部门贷款 *nosoecred*，数据来源于中经网中国经济统计数据库。

credsob 表示银行贷款集中率，本书用各地区工、农、中、建四大行贷款合计占各项贷款的比重衡量地区银行业机构的垄断程度和国有金融的集中度；*herfcred* 表示基于四大行贷款占比计算的各地银行业机构的赫芬达尔指数，进一步衡量各地银行业机构的市场集中度，数据来源于《中国金融年鉴》各期、四大行年度报告②（见图 8-1）。

---

① 证券市场融资包括股票首发、定向增发、公开增发、配股、可转债发行、债券发行等几种融资形式。

② 1991 年中国建设银行（时称"中国人民建设银行"）分地区存贷款数据缺失，按前后两年数据插值补充。2005～2011 年，四大行各省（直辖市、自治区）贷款存在部分缺失，按照各银行年度报告的贷款区域分布数据进行拆分（严格按照各银行各自的区域划分标准），根据长期历史数据统计可见，贷款的区域内分布比例存在极为显著的稳定性，我们在设定区域内各省的配比权重时遵照了上一年的比例权重。

表 8 – 1 变量描述性统计

变量名称	变量缩写	定义说明	均值	标准差	最小值	最大值
增长方式	*mlegm*	ML 全要素生产率对经济增长的贡献率	0.339	0.511	– 0.698	2.165
	rmltfp	ML 全要素生产率的增长率	0.036	0.052	– 0.079	0.216
融资结构	*fstrucn*	直接融资比重	0.101	0.151	0.000	0.799
产权结构	*nsoecred*	非国有企业贷款/GDP[1]	0.484	0.217	0.147	1.229
	nosoecred	非国有企业贷款/GDP[2]	0.430	0.232	0.105	1.437
行业结构	*credsob*	四大国有商业银行贷款占比	0.612	0.162	0.285	0.989
	herfcred	四大国有商业银行贷款 HHI 指数	0.126	0.082	0.022	0.390
政府干预	*fisca*	地方财政支出/财政收入	1.876	0.742	0.812	4.349
研发水平	*prds*	人均实际研发资本存量的对数	5.212	1.457	1.331	9.471
对外开放	*rfdi*	实际利用外商直接投资/GDP	0.031	0.032	0.000	0.195
	trade	进出口总额/GDP	0.314	0.424	0.032	2.258
要素禀赋	*kln*	资本—劳动比的对数	10.406	0.946	8.626	12.803

资料来源：笔者计算。[1]、[2] 分别代表根据非国有企业固定资产投资占比、工业产值占比两种方法近似估算的非国有企业贷款比重。

控制变量组 *X*。影响地区全要素生产率提升和经济增长方式转变的因素，除金融结构变量之外，主要还包括：

测算研发资本 *prds*。本书以研发累计资本存量作为研发资本，因为各地区 R&D 经费支出是当期流量指标，由于 R&D 活动投入产出的时滞性和不确定性，R&D 经费支出的效果可能并不能在当期完全显现，对此后的创新和知识生产也将产生影响。因此，测算创新活动的效率时应该首先核算 R&D 资本存量。参考格里利谢斯（Griliches，1980）的做法，R&D 存量用永续盘存法来测算：

$$RDS_{it} = RDS_{it-1}(1-\delta) + RD_{it-1} \tag{8.2}$$

其中，RDS_{it} 表示地区 i 在 t 时期（期初）的研发资本存量，RD_{it} 表示地区 i 在 t 时期的实际研发经费支出，δ 为折旧率。此外，为了剔除价格因素的影响，还必须构造研发支出价格指数 PI_{it} 用于名义研发支出的价格平减。相关处理过程简要说明如下。

1. 平减研发经费支出 RD_{it}

首先，获得各地区年度研发经费支出（当年价）。《中国科技统计年鉴》仅公布 1998 年以后的各地区研究与发展（R&D）经费支出数据，对于 1990~1997 年数据，本文根据 1998~2011 年《中国科技统计年鉴》中研究与发展经费支出构成，按照研究与开发机构、大中型工业企业、高等学校等三个主体的研发经费支出加总得到，其中大中型工业企业和高等学校的研发经费支出直接取自《中国科技统计年鉴》各期；对于研究与开发机构，《中国科技统计年鉴》仅公布了 1990~1997 年各地区经费支出总额，本书进一步根据 1998 年各地区研究与开发机构的研发经费占经费支出总额的比重作为参考标准，推算各地区研究与开发机构 1990~1997 年研发经费支出数据。其次，构造研发支出价格指数。研发支出平减指数一直是创新经济学在定量研究中的一个棘手的问题（吴延兵，2006）。根据 R&D 经费支出细目，主要由劳务费、业务费和固定资产构建费等部分构成，因而现有研究通常据此构造加权平均指数①，例如，贾菲（Jaffe，1972）、朱平芳和徐伟民（2003）、吴延兵（2006）等的研究。本章运用朱平芳和徐伟民（2003）的方法构造各地区研发支出的价格平减指数，即 R&D 价格指数 = 0.55 × 消费价格指数 + 0.45 × 固定资产投资价格指数，定基于 2000 年。其中各地区消费价格指数来自中经网统计数据库，对于固定资产投资价格指数，中国从 1991 年才开始公布该指数，数据来源于中经网中国经济统计数据库，此前数据按照张军等（2004）的方法测算投资隐含平减指数代替（天津市数据欠缺，直接使用商品零售价格指数近似）。

2. 研发资本折旧率 δ

因相关统计数据的缺失，针对研发资本折旧率多采用经验设定的办法，② 多数研究均设定为 15%（Hall & Mairesse，1995；Hu et al.，2005；吴延兵，2006；白俊红等，2009）。此外，根据吴延兵的研究（2006），研发资本折旧有别于物质资本，随着新知识不断取代旧知识以及技术外溢，会使得知识的专用性不断下降，从而决定研发资本的折旧率往往大于物质资本的折旧率。现有针对中国物质资本折旧率的设定范围主要在 4%~11% 之间，例如，杨格（Young，2003）设定折旧率为 6%、张军等（2004）假定各省市折旧率为 9.6%、白重恩等（2007）设为 11%、董敏杰和梁泳梅（2013）设定为 10.96%，此外，鉴于各地区经济发展和科学技术水平的横向差异和纵向变迁，资产折旧速度不可能一成不

---

① 但也不乏单独选取消费价格指数（李习保，2007）、固定资产投资价格指数（岳书敬，2008）、GDP 平减指数（杜传忠和曹艳乔，2010）等处理方法。

② 更多关于研发资本折旧率的处理方法可见吴延兵（2006）的综述。

变，吴（Wu，2007）测算中国各省平均折旧率为 4%，其中广东省最高，6.9%，青海最低，2.4%；张健华和王鹏（2012）重新测算中国分地区分时段的最优折旧率，发现最高为 1993～2010 年广东的 10.8%，最低为 1952～1992 年青海的 2.8%。据此，本章设定各省研发资本折旧率为 15%。

3. 初期研发资本存量 RDS_{i0}

作为不可观测变量，本章采取如下方法加以估计。参考后藤和铃木（Goto & Suzuki，1989）、吴延兵（2006）的方法，假定研发资本存量 RDS 与研发支出 RND 的平均增长率相同，且均为 g_i，则有：

$$(RDS_{it} - RDS_{it-1})/RDS_{it-1} = (RD_{it} - RD_{it-1})/RD_{it-1} = g_i \qquad (8.3)$$

易知，$RDS_{i1} = (1 + g_i)RDS_{i0}$，再根据式（8.1）得到 $RDS_{i1} = RDS_{i0}(1 - \delta) + RD_{i0}$，联立即可解出初期研发资本存量为：

$$RDS_{i0} = \frac{RD_{i0}}{g_i + \delta} \qquad (8.4)$$

其中，RD_{i0} 为地区 i 初期的实际研发支出，对于 g_i 我们根据地区 i 在样本期实际研发支出的平均增长率替代。在获得初期实际研发资本存量后，就可以根据式（8.2）的永续盘存法依次得到各地区各年度的实际研发资本存量。计算各地区人均实际研发资本存量的对数 $prds$，其中各地区人口数来源于中经网中国经济统计数据库。

4. 政府干预程度（$fisca$）

按照前文假设 H4，政府过度干预经济可能会抑制经济增长方式向集约化转变。财政压力是地方政府干预金融市场、借其充当"第二财政"的主要动机，以往研究多采用政府财政支出（或政府消费）占 GDP 比例来衡量干预程度，但无法排除高财政收入的情形，存在衡量偏误。为了间接衡量政府干预程度，本文选取地方财政决算支出占财政决算收入的比重来代替，数据取自中经网统计数据库。

5. 对外开放水平（$trade$、$rfdi$）

基于国际贸易开放和直接投资开放两个角度，分别用进出口总额、实际利用外商直接投资占 GDP 比值表示，数据来源于中经网中国经济统计数据库、各地统计年鉴。

要素禀赋（kln）。使用资本—劳动比的对数形式来衡量地区要素禀赋结构，数据来源及处理参见本书第 4 章第 4 节。

二、金融结构、政府干预与经济增长方式的关系检验

1. 计量方程

为了检验金融结构、政府干预与经济增长方式的作用关系，本文构建如下计量模型：

$$mlegm_{it} = u_i + \alpha' FS_{it} + \beta' X_{it} + \varepsilon_{it} \qquad (8.5)$$

其中，i、t 分别表示地区和时间。$mlegm_{it}$、FS_{it} 分别代表经济增长方式和金融结构变量，X_{it} 是一组控制变量。u_i 表示不随时间变化的个体效应，我国幅员辽阔，地理区位、环境资源、政策导向等存在较大的地区差异，这些非量化因素均会对地区经济增长方式产生影响。ε_{it} 为随机误差项，服从均值为 0、方差为 σ^2 的独立同分布。在实证估计中，本书对式（8.5）依次进行面板单位根检验、面板协整检验，避免伪回归的发生，进而采用完全修正的最小二乘法（FMOLS）估计协整方程，它能够有效克服潜在的序列相关及内生性问题。

2. 单位根检验

在实证估计之前，首先对样本数据进行单位根检验。为保证结果的稳健性，分别采用 LLC、IPS、Fisher-ADF、Fisher-PP、Breitung、HT 等 6 种检验方法。如表 8 - 2 所示，rmltfp 的 6 种检验结果在 1% 的显著性水平下均拒绝原假设；对于 mlegm、fstrucn、credsob、rfdi，除了一种检验在 5% 显著性水平下拒绝原假设外，其他 5 种检验结果同样能在 1% 的显著性水平下拒绝原假设；fisca 同样能够在 1% 的显著性水平下通过 5 种单位根检验；nosoecred 在 1% 显著性水平下通过 4 种单位根检验，并在 5% 显著性水平下通过 HT 检验；herfcred 在 1% 显著性水平下通过半数单位根检验，并在 5% 显著性水平下通过 Breitung 检验，故这 8 个变量是平稳的。其余 5 个变量 nsoecred、cred、kln、prds、trade，均无法在 5% 的显著性水平下通过半数的单位根检验，经一阶差分再进行面板单位根检验，6 种检验结果中至少存在 5 种能够在 1% 的显著性水平下拒绝原假设，说明这 5 个变量是一阶单整的，在估计中，我们选用一阶差分量代替其水平值。

表 8 - 2 面板数据单位根检验

	LLC	IPS	Fisher-ADF	Fisher-PP	Breitung	HT
mlegm	- 15. 67 (0. 00) ***	- 15. 19 (0. 00) ***	190. 63 (0. 00) ***	482. 06 (0. 00) ***	- 3. 99 (0. 00) **	- 0. 13 (0. 00) ***
rmltfp	- 14. 07 (0. 00) ***	- 14. 20 (0. 00) ***	242. 78 (0. 00) ***	442. 10 (0. 00) ***	- 4. 02 (0. 00) ***	- 0. 10 (0. 00) ***

续表

	LLC	IPS	Fisher-ADF	Fisher-PP	Breitung	HT
nsoecred	-4.60 (0.00) ***	-1.43 (0.08) *	66.98 (0.11)	53.33 (0.50)	-2.10 (0.02) **	0.69 (0.69)
Dnsoecred	-17.50 (0.00) ***	-16.39 (0.00) ***	316.12 (0.00) ***	478.88 (0.00) ***	-7.25 (0.00) ***	0.00 (0.00) ***
nosoecred	-6.31 (0.00) ***	-2.81 (0.00) ***	55.20 (0.43)	84.53 (0.01) ***	-2.21 (0.01) ***	0.60 (0.03) **
fstrucn	-7.03 (0.00) ***	-5.44 (0.00) ***	78.33 (0.02) **	165.63 (0.00) ***	-2.23 (0.01) ***	0.29 (0.00) ***
credsob	-6.73 (0.00) ***	-3.45 (0.00) ***	99.81 (0.00) ***	74.00 (0.04) **	-3.86 (0.00) ***	0.56 (0.00) ***
herfcred	-6.90 (0.00) ***	-2.84 (0.00) ***	110.34 (0.00) ***	60.56 (0.25)	-1.71 (0.04) **	0.66 (0.40)
cred	-1.33 (0.09) *	-0.70 (0.24)	61.40 (0.23)	63.17 (0.18)	-2.39 (0.01) ***	0.88 (0.69)
Dcred	-15.79 (0.00) ***	-15.01 (0.00) ***	288.61 (0.00) ***	393.64 (0.00) ***	-11.53 (0.00) ***	0.02 (0.00) ***
fisca	-5.44 (0.00) ***	-2.54 (0.01) ***	82.33 (0.01) ***	85.58 (0.00) ***	-1.10 (0.14)	0.51 (0.00) ***
kln	-2.99 (0.00) ***	3.40 (0.99)	76.34 (0.02) **	16.25 (1.00)	1.05 (0.85)	0.97 (1.00)
Dkln	-4.90 (0.00) ***	-3.44 (0.00) ***	79.09 (0.01) ***	119.66 (0.00) ***	-1.04 (0.15)	0.67 (0.00) ***
prds	-0.11 (0.45)	5.85 (1.00)	28.16 (0.99)	18.07 (1.00)	1.71 (0.96)	0.88 (1.00)
Dprds	-7.80 (0.00) ***	-5.94 (0.00) ***	114.20 (0.00)	174.48 (0.00) ***	-2.99 (0.00) ***	0.28 (0.00) ***
trade	-2.43 (0.01) ***	-0.87 (0.19)	50.09 (0.63)	57.21 (0.36)	-2.36 (0.01) ***	0.85 (0.27)

续表

	LLC	IPS	Fisher-ADF	Fisher-PP	Breitung	HT
Dtrade	-17.77 (0.00) ***	-15.82 (0.00) ***	229.88 (0.00) ***	448.16 (0.00) ***	-6.44 (0.00) ***	-0.01 (0.00) ***
rfdi	-5.20 (0.00) ***	-4.55 (0.00) ***	126.02 (0.00) ***	72.86 (0.04) **	-3.71 (0.00) ***	0.78 (0.00) ***

注：基于各截面绘制时序图判断，序列 mlegm、rmltfp、nsoecred、nosoecred、fstrucn、credsob、herfcred、fisca、kln、prds 表现出明显的时间趋势特征，在单位根检验时选择包含趋势项。D～表示一阶差分。按照赤池信息量准则（AIC）确定最佳滞后阶数。各检验方法的原假设均为：面板序列存在单位根，*、**、*** 分别表示在1%、5%和10%显著性水平下拒绝原假设，括号内为伴随 P 值。Fisher 检验报告采用逆卡方统计量。

3. 面板协整检验

为了保证结果的可靠性，本章分别采用考（Kao，1999）的 ADF 统计量、佩德罗尼（1999）的 7 个统计量对变量系统进行面板协整检验。如表 8-3 所示，所有变量系统的 Kao 检验结果在1%的显著性水平均拒绝原假设。对于所有变量系统分别进行 Pedroni 检验，至少存在 5 个统计量结果能够据此判断在1%的显著性水平均拒绝原假设。在小样本情况下，组间统计量（group）比组内统计量（panel）更具有检验效力（Pedroni，2004）。从 3 种组间统计量检验结果看，变量系统绝大多数统计量能够在1%的显著性水平拒绝原假设，除倒数第二组外，所有组间统计量均能够在5%的显著性水平拒绝原假设。可见，经济增长方式与金融结构之间存在协整关系，可以认为两者之间存在长期稳定的均衡关系。

4. 协整方程估计结果分析

在确定增长方式和金融结构之间存在协整关系后，若直接采用 OLS 来估计参数则是有偏的（Phillips，1986），我们运用完全修正的最小二乘法（FMOLS）估计两者之间的协整系数。FMOLS 能够有效克服潜在的序列相关及内生性问题。具体系数估计结果如表 8-4 所示。从回归结果可知，非公信贷、直接融资结构、银行垄断程度等金融结构变量与经济增长方式均表现出正相关，逐步引入要素禀赋结构、研发资本、国际贸易规模、实际利用外资和政府干预等控制变量并不影响金融结构系数符号。在所有回归结果中，银行垄断程度回归系数在1%的显著性水平上均是显著的，非公信贷和直接融资结构回归系数大多数情况下在5%的显著性水平上是显著的。此外，资本—劳动比与增长方式表现出显著的负相关，研发资本与经济增长方式之间负相关无法通过显著性检验，国际贸易程度、吸引

表 8-3

面板协整检验结果

变量	考 (Kao, 1999) Kao ADF	佩德罗尼 (Pedroni, 1999) Panel v	Panel rho	Panel t (NP)	Panel t (P)	Group rho	Group t (NP)	Group t (P)
mlegm, Dnsoecred, fstrucn, herfcred,	-11.21 (0.00)***	61.84 (0.26)	-108.40 (0.00)***	-23.86 (0.00)***	-69.63 (0.00)***	-109.09 (0.00)***	-25.16 (0.00)***	-25.34 (0.00)***
mlegm, Dnsoecred, fstrucn, herfcred, Dkln	-11.41 (0.00)***	63.17 (0.21)	-105.54 (0.00)***	-23.78 (0.00)***	-68.69 (0.00)***	-108.28 (0.00)***	-25.24 (0.00)***	-25.65 (0.00)***
mlegm, Dnsoecred, fstrucn, herfcred, Dkln, Dprds, Dtrade, rfdi	-11.48 (0.00)***	55.95 (0.00)***	-109.80 (0.02)**	-24.77 (0.00)***	-76.99 (0.00)***	-108.82 (0.00)***	-25.67 (0.00)***	-26.29 (0.00)***
mlegm, Dnsoecred, fstrucn, herfcred, Dkln, Dprds, Dtrade, fisca	-11.42 (0.00)***	55.48 (0.00)***	-105.32 (0.01)***	-23.82 (0.00)***	-74.67 (0.00)***	-109.86 (0.00)***	-25.76 (0.00)***	-26.28 (0.00)***
mlegm, Dnsoecred, fstrucn, herfcred, Dkln, Dprds, rfdi, fisca	-11.47 (0.00)***	58.46 (0.00)***	-106.94 (0.01)***	-24.16 (0.00)***	-74.30 (0.00)***	-108.82 (0.00)***	-25.71 (0.00)***	-26.36 (0.00)***
mlegm, Dnsoecred, fstrucn, herfcred, Dkln, Dprds, Dtrade, fisca	-11.42 (0.00)***	55.48 (0.00)***	-105.32 (0.01)***	-23.82 (0.00)***	-74.67 (0.00)***	-109.86 (0.00)***	-25.76 (0.00)***	-26.28 (0.00)***
mlegm, Dnsoecred, fstrucn, herfcred, Dtrade, rfdi, fisca	-10.87 (0.00)***	56.70 (0.00)***	-108.87 (0.32)	-23.69 (0.00)***	-73.17 (0.00)***	-108.95 (0.01)***	-24.99 (0.00)***	-25.43 (0.00)***
mlegm, Dnsoecred, fstrucn, herfcred, Dtrade, rfdi, fisca	-10.87 (0.00)***	56.70 (0.00)***	-108.87 (0.32)	-23.69 (0.00)***	-73.17 (0.00)***	-108.95 (0.01)***	-24.99 (0.00)***	-25.43 (0.00)***
mlegm, Dnsoecred, fstrucn, herfcred, rfdi, fisca	-10.97 (0.00)***	58.22 (0.01)***	-109.36 (0.08)*	-23.72 (0.00)***	-72.34 (0.00)***	-109.25 (0.33)	-25.11 (0.00)***	-25.52 (0.00)***
mlegm, Dnsoecred, fstrucn, herfcred, fisca	-11.09 (0.00)***	60.45 (0.16)	-107.21 (0.00)***	-23.75 (0.00)***	-70.48 (0.00)***	-109.43 (0.02)**	-25.22 (0.00)***	-25.50 (0.00)***

注：考 (1999) 的 ADF 检验、佩德罗尼 (1999) 的 7 个检验原假设均为变量系统不存在协整关系，在原假设下统计量均服从渐进正态分布，*、**、*** 分别表示在 10%、5% 和 1% 显著性水平下拒绝原假设，括号中报告 p 值。下同。

直接投资与经济增长方式正相关。政府干预与增长方式的相关性总体并不显著，且回归系数符号正负不定。

表 8 – 4　　　　　　　　面板协整方程估计结果 FMOLS

	（1）	（2）	（3）	（4）	（5）	（6）	（7）	（8）	（9）
Dnsoecred	0.52 ** (1.76)	0.63 ** (1.95)	0.48 * (1.53)	0.56 ** (1.78)	0.42 * (1.36)	0.56 ** (1.78)	0.54 ** (1.67)	0.58 ** (1.83)	0.65 ** (2.01)
fstrucn	0.38 ** (2.21)	0.50 *** (2.96)	0.43 *** (2.59)	0.44 *** (2.65)	0.34 ** (2.11)	0.44 *** (2.65)	0.36 ** (2.14)	0.35 ** (2.09)	0.42 *** (2.49)
herfcred	2.44 *** (7.96)	2.93 *** (9.06)	2.81 *** (8.84)	2.80 *** (8.02)	2.62 *** (7.51)	2.80 *** (8.02)	2.66 *** (7.46)	2.69 *** (7.57)	2.69 *** (7.68)
Dkln		− 0.79 ** (− 1.78)	− 0.90 ** (− 1.95)	− 0.76 ** (− 1.73)	− 1.35 *** (− 2.97)	− 0.76 ** (− 1.73)			
Dprds			− 0.24 (− 1.12)	− 0.07 (− 0.34)	− 0.22 (− 1.01)	− 0.07 (− 0.34)			
Dtrade			0.31 * (1.28)	0.34 * (1.38)		0.34 * (1.38)	0.40 ** (1.63)		
rfdi			2.24 *** (2.44)		2.52 *** (2.78)		0.94 (1.07)	0.98 (1.11)	
fisca				0.01 (0.22)	0.04 (0.65)	0.01 (0.22)	− 0.04 (− 0.59)	− 0.04 (− 0.61)	− 0.03 (− 0.46)

　　注：括号内为 t 值，*、**、*** 分别表示在 10% 、5% 、1% 的显著性水平上拒绝系数为零的原假设。

　　非公信贷增加能够促进经济增长方式向集约型转变。该结论证实了前文的假设，同样拓展了张军和金煜（2005）、赵勇和雷达（2010）等的研究成果，他们均发现非国有部门贷款对全要素生产率增长有显著的正向作用，本书研究则证实非公信贷还能够提升全要素生产率对经济增长的贡献程度。

　　直接融资提高能够如预期般地显著促进经济增长方式向集约型转变。对于长期以间接融资为主导的融资体系，国有银行成为调配金融资源的主要渠道，资本配置效率低下；直接融资相比银行信贷具有显著的优势，能够通过提高资源配置效率、提升企业创新投资，从而推动经济增长方式向集约化转变。然而，直接融资当前的积极作用可能主要来自于中国证券市场起步晚所带来的边际效应集聚显现。

检验结果未能证实银行垄断阻碍经济增长方式的集约化，反而发现银行垄断与经济增长方式集约化正相关。这一结果说明降低我国银行垄断程度未能推动经济增长方式向集约化转变。实际上，随着金融改革的推进、银行准入的逐步放宽，中国银行业市场集中度确实在显著降低，但与此同时，经济增长集约化却表现出下降趋势。为何银行垄断程度降低并没有如预期般地促进增长方式转变？我们认为，首先，虽然国有商业银行贷款集中率下降，但信贷资金配置决策中仍无法摆脱政府的行政干预，不论是股份制商业银行、地方城市商业银行还是农村商业银行。地方主导型经济特征决定了政府在支配信贷资源上的绝对地位，且干预手段多样化，商业银行更多是按照行政区划设置分支机构，很难摆脱政府的"指挥棒"。其次，从贷款投向结构看，所有制偏见不仅为国有商业银行独有，股份制商业银行依然沿袭国有银行的运作模式和经营方式，同样将大企业（包括民营大企业）作为主体授信对象，民营企业依然受制于信贷配给。经验证据上，徐传谌等（2002）研究认为，虽然股份制银行名义上产权明晰，但实质上它们仍然与政府有着千丝万缕的联系，这就必然导致其在实际的贷款过程中仍存在着很多不规范的操作及所有制歧视的现象。不可否认，农村商业银行等的确将中小企业作为主要客户，但面临民企融资难的巨大缺口，中小金融机构难免陷入杯水车薪的尴尬。

对于控制变量，首先，国际贸易和外商直接投资通过对外开放的途径，充分利用全球化带来的市场、技术、资源等各方面优势，能够提高全要素生产率对经济增长的贡献率，促进经济增长方式转变。

至于资本—劳动比为何与增长方式负相关，我们认为，可能存在以下三个方面的原因：第一，该结论与涂正革（2008）、王兵等（2010）的研究结果是一致的。他们研究认为，资本—劳动比反映该地区要素禀赋结构，资本—劳动比上升表明该地区经济结构由劳动密集型向资本密集型转变，两者又往往分别对应轻污染产业和重污染产业，从而给经济效率带来负面影响。第二，由于资本边际生产率递减，资本投入的增加也会对增长方式集约化程度产生负面效应。统计数据支持，中国投资增速堪称史无前例，过去30年固定资产投资年均扩张速度达到22%，固定资本形成占GDP比重由1980年28.8%上升至2011年46%，该指标甚至超越20世纪80~90年代东南亚高速经济体的峰值。与此同时，中国的资本积累却存在缺乏效率、投资质量不高的现象。韩立岩等（2002）、蒋云赟和任若恩（2004）等研究证实中国企业资本配置效率和资本收益率均呈现下降趋势。

本书实证结果并未发现研发资本促进经济增长方式转变的经验证据，稳健性检验结果甚至支持两者存在负相关。本书研究结论并非异类，质疑研发促进生产率增长看似与常识相悖，但亦有经验支撑和直觉解释。一方面，已有研究对于中国研发投入是否促进生产率提升是存在争议的。相对于传统的"促进论"，张海洋（2005）研究证实，研发投资对 TFP 的影响并不稳定，原因在于研发阻碍了技术效率的提升；进一步来说，李小平和朱钟棣（2006）研究发现国内本行业的研发资本存量、其他行业的研发资本存量甚至会阻碍行业技术进步、技术效率和全要素生产率的提升；李宾（2010）基于最新统计数据、规范的实证方法同样证实了国内研发阻碍中国全要素生产率提升这一"反常识"结论。另一方面，首先，在研发强度上，中国相比发达国家仍有巨大差距。统计数据表明，2012年中国研发投入占 GDP 的 1.98%，首次超越欧盟 28 成员国的总体水平，但相比韩国（4.36%）、日本（3.34%）、美国（2.79%）等国家仍有较大差距[①]；考虑到发达国家早已进入工业化后期，中国与其并不处于相同的研发阶段，即使将中国当前研发强度与发达国家 20 世纪 70～80 年代比较，中国研发强度还是相对较低（陈实和章文娟，2013）。其次，研发强度低客观决定着要在对外开放中采取以市场换技术的政策导向，而外资企业为充分利用技术优势，通常将先进技术采取分等级地梯度引入（李宾，2010），国内企业被迫开展学习、吸收和模仿，绝大部分是应用型的研发，国内用于模仿学习的研发投入总是被下一阶梯的技术引进所报废，产生大量的资源损耗、贻误缩短技术差距的良机，却没有推动技术前沿的进步，从而对 TFP 的提升产生负面作用。最后，在研发投入结构上，出于实用性目的过分注重试验发展和应用研发，基础研究比重过低，自主研发投资不足，这将严重制约自主创新能力和可持续性；从研发资金来源上，依旧是政府主导的研发主体结构，造成中国研发强度偏低的主要原因在于企业研发投入不足。作为市场经济的主体，企业却不是研发创新的发起者，这必将削弱研发的市场转化，制约研发对生产率提升的积极作用。

实证结果表明，政府干预并未直接对经济增长方式产生抑制作用，且作用方向尚不明确。既然如此，按照研究假设，两者之间可能存在中间作用媒介，使得政府干预经由影响信贷配置间接作用于地区经济增长方式，后文将对此展开探索。

5. 稳健性检验

为了保证上述结果的可信度，我们还进行如下的稳健性检验，沿用变换估计方法和替换变量指标等两个角度展开。一方面，我们选取动态最小二乘法（DOLS）重新估计协整方程。在有限样本情况下，FMOLS 估计系数可能是有偏的，DOLS 则能够避免估计冗余参数，估计结果甚至优于前者（Kao & Chiang，

---

① 资料来源：OECD Main Science and Technology Indicators Database。

2000）。鉴于此，我们基于 DOLS 方法重新拟合了协整方程。如表 8 – 5 中（1）~
（3）列所示，非公信贷、直接融资、银行垄断均与增长方式之间存在显著正相
关，且回归系数与 FMOLS 估计结果总体较为接近，引入政府干预控制变量后，
回归系数依然不显著。

表 8 –5　　　　　　　　　　　　　稳健性检验结果

	（1）	（2）	（3）	（4）	（5）	（6）	（7）
Dnsoecred	0.14 ** (1.86)	0.22 ** (1.76)	0.29 ** (1.83)	0.06 ** (2.06)	0.27 ** (2.23)	0.39 * (1.26)	0.13 ** (1.94)
fstrucn	0.30 ** (1.70)	0.32 ** (1.84)	0.42 *** (2.34)	0.05 *** (2.90)	0.13 (0.83)	0.25 * (1.54)	0.14 (0.84)
herfcred	2.41 *** (7.21)	2.38 *** (6.47)	3.11 *** (8.45)	0.28 *** (8.21)	2.41 (6.39) ***	0.87 *** (4.79)	0.81 *** (3.92)
Dkln	– 1.50 *** （– 3.08）	– 1.33 *** （– 2.86）		0.00 (0.10)	– 1.68 ** （– 3.75）	– 1.68 *** （– 3.70）	– 1.84 *** （– 4.11）
Dprds	– 0.87 *** （– 3.87）	– 0.84 *** （– 3.71）		– 0.01 （– 0.28）	– 0.45 ** （– 2.08）	– 0.49 ** （– 2.29）	– 0.57 *** （– 2.68）
Dtrade	0.33 * (1.31)	0.39 * (1.51)		0.04 ** (1.71)			
rfdi	1.91 ** (1.98)				2.19 *** (2.46)	1.85 ** (2.07)	1.96 ** (2.22)
fisca		– 0.04 （.– 0.66）	– 0.04 （– 0.64）	– 0.00 （– 0.44）	0.06 (0.94)	– 0.01 （– 0.15）	0.01 (0.17)

　　注：（1）~（3）基于 DOLS 估计方法；（4）~（7）基于 FMOLS 估计方法。其中，（4）列
中被解释变量用 TFP 变化率（rmltfp）替换，（5）~（7）列仅替换解释变量，（5）列 *Dnsoecred*
用 nosoecred 替换，（6）列 *herfcred* 用 credsob 替换，（7）列 *Dnsoecred* 用 nosoecred 替换、*herfcred*
用 credsob 替换。括号内为 t 值，*，**，*** 分别表示在 1%、5%、10% 的统计水平上
显著。

　　此外，我们还对主要变量进行了指标替换，主要表现在被解释变量和解释变
量两个方面，为了保证结果与表 8 – 4 的可比较性，仍然报告 FMOLS 方法的实证
估计结果。如表 8 – 5 中（4）~（7）列所示，非公信贷、直接融资和银行垄断依

然与增长方式表现出显著的正向关系，但在第（5）、（7）列中直接融资的估计系数没有通过显著性检验。

综合稳健性检验结果，主要待检验金融结构变量的回归结果与表8－4较为接近，回归系数符号一致，且显著性结果相近。控制变量回归系数较为一致，政府干预同样对增长方式的影响同样不显著。据此可知，上述结论较为稳健。

三、信贷结构影响的实证检验

实证检验表明，非公信贷长期压抑是固化经济增长方式持续粗放的原因，直接融资发展、银行垄断降低并没有促进增长方式转变，政府干预也不是导致增长方式长期粗放的直接原因。研究至此，非公信贷成为金融结构影响经济增长方式的关键因素，我们认为该结论是金融结构、政府干预和增长方式直接作用效果的集中体现，但尚未触及三者相互间的作用机制和强化路径。上述实证工作并未考查金融结构之间、金融结构与政府干预之间的交互影响，及其对增长方式转型的间接作用，而发掘表象背后的这些深层次问题，对于破解中国长期粗放的增长方式更为关键。[①]

1. 计量方程

上述实证检验并不支持银行垄断、直接融资和政府干预直接作用于经济增长方式，按照研究假设，三者均可能影响信贷资金在产权差异化主体间的配置结构，从而间接作用于经济增长方式。从逻辑上，除了上述金融结构变量外，信贷资金的规模总额同时也会影响到非公经济主体的可贷资金，在建立计量模型时需要对此进行控制。引入 cred 作为控制变量，以金融结构作为解释变量，从而建立如下计量方程：

$$nsoecred_{it} = v_i + b_1 \times fstrucn_{it} + b_2 \times credsob_{it} + b_3 \times cred_{it} + b_4 \times fisca_{it} + \eta_{it} \quad (8.6)$$

其中，i、t 分别表示地区和时间，v_i 表示不随时间变化的个体效应，η_{it} 为随机误差项。下文将依次进行面板协整检验，并直接采用 DOLS 方法估计协整方程。

2. 面板协整检验

首先，本文同样采用考（Kao, 1999）和佩德罗尼（Pedroni, 1999）方法对金融结构和政府干预等构成的变量系统进行面板协整检验（见表8－6）。

---

① 本节针对非公信贷影响因素的实证检验并不否定第4节的总体回归结果，针对表8－4回归方程的多重共线性检验得出解释变量平均 *VIF*、单个解释变量 *VIF* 均小于2，不存在显著的多重共线性。

表8-6

金融结构与政府干预的协整检验结果

	考(Kao,1999)	佩德罗尼（Pedroni，1999）						
	Kao ADF	Panel v	Panel rho	Panel t (NP)	Panel t (P)	Group rho	Group t (NP)	Group t (P)
Dnsoecred, fstrucn, credsob	-4.25 (0.00)***	36.86 (0.47)	-37.91 (0.28)	-12.33 (0.00)***	-232.19 (0.00)***	-37.46 (0.02)**	-11.76 (0.04)**	-12.52 (0.00)***
Dnsoecred, fstrucn, credsob, Dcred	-4.14 (0.00)***	36.19 (0.06)*	-36.19 (0.04)**	-11.78 (0.30)	-230.86 (0.00)***	-35.31 (0.00)***	-11.10 (0.02)**	-11.87 (0.15)
Dnsoecred, fstrucn, credsob, Dcred, fisca	-4.12 (0.00)***	33.21 (0.00)***	-36.64 (0.00)***	-11.85 (0.07)*	-241.03 (0.00)***	-35.05 (0.00)***	-11.08 (0.00)***	-11.85 (0.00)***
nosoecred, fstrucn, herfcred	-2.68 (0.00)***	32.84 (0.35)	-30.16 (0.35)	-10.99 (0.03)**	-209.38 (0.00)***	-30.76 (0.00)***	-9.98 (0.32)	-10.54 (0.41)
nosoecred, fstrucn, herfcred, Dcred	-2.35 (0.01)***	31.23 (0.03)**	-29.30 (0.01)***	-10.70 (0.33)	-219.76 (0.00)***	-29.71 (0.00)***	-9.51 (0.00)***	-9.92 (0.00)***
nosoecred, fstrucn, herfcred, Dcred, fisca	-2.47 (0.01)***	29.52 (0.00)***	-31.04 (0.00)***	-11.16 (0.02)**	-234.67 (0.00)***	-31.09 (0.00)***	-9.79 (0.00)***	-10.24 (0.00)***

注：括号内为 p 值，*，**，***分别表示在1%、5%、10%的统计水平下显著。

如表 8 - 6 所示，对于 6 个变量系统，大多数检验均能够拒绝不存在协整关系的原假设。其中，所有变量系统的 Kao 检验结果均在 1% 的显著性水平上拒绝原假设。如果侧重于 Pedroni 组间统计量的检验效力，从 3 种组间统计量检验结果看，除了第四组变量系统仅通过一个协整检验外，其他各组依然存在拒绝原假设的充分证据。可见，金融结构与政府干预之间存在长期稳定的协整关系。

3. 实证结果分析

在确定金融结构与政府干预之间的协整关系后，我们采用 DOLS 方法估计协整方程。系数估计和检验结果如表 8 - 7 所示。从回归结果可知，直接融资与非公信贷表现为显著的正相关，且所有系数均在 1% 的显著性水平上显著，政府干预、银行垄断均与非公信贷表现出显著的负相关，回归系数也均能通过显著性水平为 1% 的检验。为保证结论的可信度，我们还替换非公信贷、银行垄断的衡量指标重新进行方程估计，上述结论依然稳健，可归纳如下。

表 8 - 7　　　　　　　金融结构与政府干预的协整估计结果

	Dnsoecred				nosoecred		
fstrucn	0.47 *** (6.14)	0.48 *** (6.37)	0.45 *** (6.09)	*fstrucn*	0.36 *** (4.41)	0.36 *** (4.62)	0.26 *** (3.40)
credsob	− 0.82 *** (− 11.22)	− 0.82 *** (− 11.49)	− 0.82 *** (− 10.20)	*herfcred*	− 1.64 *** (− 11.59)	− 1.63 *** (− 11.84)	− 1.69 *** (− 10.79)
Dcred		0.28 *** (3.15)	0.27 *** (3.10)	*Dcred*		0.45 *** (4.75)	0.38 *** (4.17)
fisca			− 0.03 *** (− 4.22)	*fisca*			− 0.15 *** (− 5.29)

注：括号内为 t 值，＊，＊＊，＊＊＊分别表示在 10%、5%、1% 显著性水平下拒绝原假设。

首先，直接融资与非公信贷之间存在双边正向强化效应，有利于推动增长方式转变。结合前文研究证据，直接融资不但能够通过提高资源配置效率、提升企业创新投资，直接推动经济增长方式向集约化转变，还能够经由促进非公信贷发展的中介机制最终发挥对增长方式转变的积极作用。直接融资不仅有着拓宽多元化融资渠道、优化资本结构的功能，还有助于企业（特别是此前不被银行眷顾的非国有企业）借助上市信号和外部评级机制从银行获得贷款，缓解当前银行信贷投放中的所有制歧视，形成良性的资金循环，推进经济增长方式向集约化转变。

其次，银行垄断与非公信贷之间存在双边逆向强化效应，从而抑制非公信贷对增长方式转变的促进作用。中国银行业的市场结构具有寡头垄断特征，这种由历史沿袭和行政手段铸就的垄断格局并没有形成规模优势，国有商业银行经营效率长期低下。垄断的银行业结构相比竞争性银行结果更容易导致信贷配给，由此引发的信贷配给后果更为严重，在政治关联和所有制偏好下，国有企业成为主体授信对象，非公信贷长期面临信贷配给。国有银行金融垄断还造成银行业进入壁垒，严重阻碍了与非国有企业发展相适应的非国有银行体系的发展。

最后，政府干预会对非公信贷产生抑制作用，进而间接地阻碍经济增长方式转变。结果证实了此前的研究假设，银行信贷是政府干预作用经济增长方式的重要手段。政府干预通过绑架银行信贷资金，介入非公信贷的配置流向和效率，最终演变成为金融发展的逆向指标，会抑制经济增长的集约程度，从而固化中国长期以来粗放型经济增长方式的持续性。该结果是对张军和金煜（2005）、张璟和沈坤荣（2008）、赵勇和雷达（2010）等经验证据的有力补充，他们均发现政府对银行信贷的干预会恶化全要素生产率。

四、基于联立方程模型的进一步检验

在以上实证检验中，我们按照实证研究的基本逻辑，从检验金融结构与经济增长方式的关系入手，首先确立非公信贷成为影响经济增长方式转型的主要金融结构变量，再进一步探究影响非公信贷的主要因素，从而厘清金融结构、政府干预与经济增长方式之间的交互作用系统。研究结果证实，非公信贷既与其他金融结构指标共同构成经济增长方式的解释变量，自身又作为被解释变量受金融结构和政府干预的影响。本节旨在借助专门针对变量间多向因果关系的联立方程模型，进一步检验金融结构与经济增长方式之间的交错关系。实证数据来源及处理方法同第3节。

1. 模型及方法说明

基于初步证实的金融结构、政府干预与经济增长方式之间相互关联的作用机制，本节旨在通过联立方程模型进一步检验三者之间的作用机制。联立方程模型的进一步检验是对前文实证工作的补充和修正，因为联立方程模型更能捕捉多方程系统内部的关联机制。

通俗地讲，联立方程模型就是指在某方程组系统中一个方程的解释变量作为另一个方程的被解释变量。基于已有的实证结果，本节将非公信贷既作为经济增长方式的解释变量，又视作被解释变量受金融结构和政府干预的影响，非公信贷从而充当该方程系统的联接点。

$$mlegm_{it} = u_i + \gamma_1 \cdot nsoecred_{it} + \alpha' FS'_{it} + \beta' X_{it} + \varepsilon_{it} \qquad (8.7)$$

$$nsoecred_{it} = v_i + a' FS'_{it} + b' X'_{it} + \eta_{it} \qquad (8.8)$$

其中，i、t 分别表示地区和时间。$mlegm_{it}$ 代表基于 Malmquist-Luenberger 指数法测算的、兼顾能源消耗和污染排放的经济增长方式变量，$nsoecred_{it}$ 是非公信贷变量，FS'_{it} 表示其他金融结构变量，X_{it}、X'_{it} 均表示控制变量组。u_i、v_i 表示不随时间变化的个体效应，ε_{it}、η_{it} 为随机误差项。方程式（8-7）、式（8-8）构成联立方程模型，在下文中两者分别简称"增长方式方程"和"非公信贷方程"。

针对联立方程模型的估计方法可以分为单一方程估计法和系统估计法，前者主要以普通最小二乘法（OLS）和二阶段最小二乘法（2SLS）为代表，它们每次仅对模型系统中的单个方程的结果参数进行估计，其不足之处在于未能充分利用方程系统之间的关联信息，包括各方程扰动项之间的潜在相关性，因而不及将方程系统作为整体估计的结果更为有效率；系统估计法则能够充分利用模型系统先决变量和各方程之间相关信息，估计过程使用了更多的信息，因而相比之下估计结果更为有效（Wooldridge，2002），常用的估计方法主要以三阶段最小二乘法（3SLS）为代表，通俗地讲，它的基本思路就是先以 2SLS 估计单个方程，再通过广义最小二乘法 GSLS 估计方程系统。

在针对联立方程模型进行估计之前必须讨论模型的识别问题（Identification），因为"可识别"是进行参数估计的前提条件。判断联立方程模型可识别的一种简便标准就是秩条件（rank condition）和阶条件（order condition），前者是判断模型可识别的既充分又必要条件，后者是可识别的必要条件。但在实际计量检验中可能方程众多、变量繁杂，严格应用这两个识别条件，特别是秩条件需要针对未知参数进行线性代数运算，显然较为困难，甚至不太可能，为此常常进一步简化为一些经验法则，只考查阶条件。按照陈强（2010），阶条件要求结构方程所排斥的外生变量的数目不小于该方程所包含的内生解释变量的个数。在本书构建联立方程模型中，只有经济增长方式 $mlegm_{it}$、非公信贷 $nsoecred_{it}$ 为内生变量，其余均为外生变量，故满足阶条件，模型系统是可识别的，可以进行参数估计。

2. 实证结果分析

本节同时采用 OLS、2SLS 和 3SLS 三种方法分别进行模型估计，鉴于 3SLS 方法的相对优越性以及论文客观的篇幅限制，书中仅描述了基于 3SLS 方法的估计结果，后续的分析论述也将以该结果为依据展开。估计结果如表 8-8 所示，共对比报告了 7 组联立方程的估计结果，每组左右两列分别代表增长方式方程和非公信贷方程的估计结果。非公信贷方程的设定形式较为固定，解释变量依旧包括金融结构、信贷总规模和政府干预；对于经济增长方程，则在三个金融结构变量的基础上依次引入其他控制变量，并根据模型的解释力和检验结果不断进行微调。

表 8 - 8　联立方程模型的 3SLS 估计结果

	I mlegm	I nsoecred	II mlegm	II nsoecred	III mlegm	III nsoecred	IV mlegm	IV nsoecred	V mlegm	V nsoecred	VI mlegm	VI nsoecred	VII mlegm	VII nsoecred
nsoecred	0.956*** (4.49)		1.018*** (4.54)		1.069*** (3.28)		0.963*** (3.04)		0.964*** (3.09)		0.776*** (2.69)		0.861*** (3.21)	
fstrucn	-0.001 (-0.00)	0.179*** (4.87)	-0.016 (-0.09)	0.180*** (4.88)	-0.040 (-0.23)	0.180*** (4.88)	-0.009 (-0.06)	0.179*** (4.85)	-0.035 (-0.20)	0.179*** (4.86)	-0.037 (-0.22)	0.179*** (4.86)	-0.040 (-0.23)	0.180*** (4.89)
herfcred	3.286*** (8.17)	-1.587*** (-24.81)	3.445*** (7.85)	-1.592*** (-24.80)	3.454*** (7.36)	-1.592*** (-24.80)	3.230*** (7.17)	-1.583*** (-24.72)	3.185*** (7.37)	-1.584*** (-24.74)	3.010*** (7.16)	-1.583*** (-24.72)	3.191*** (6.63)	-1.581*** (-24.71)
cred		0.377*** (19.58)		0.375*** (19.34)		0.375*** (19.34)		0.380*** (19.72)		0.379*** (19.65)		0.379*** (19.64)		0.378*** (19.50)
kln					0.034 (0.71)		0.058 (1.32)		0.060 (1.36)		-0.002 (-0.04)			
prds					-0.058* (-1.93)		-0.063** (-2.12)		-0.065** (-2.18)					
trade					0.140* (1.75)		0.106 (1.35)		0.139** (2.17)		0.106* (1.68)		0.061 (0.74)	
rfdi					0.894 (1.11)		0.628 (0.80)						0.734 (0.93)	
fisca		-0.046*** (-7.20)	0.028 (0.93)	-0.048*** (-7.05)	0.064 (1.07)	-0.048*** (-7.05)		-0.044*** (-6.83)		-0.044*** (-6.90)		-0.044*** (-6.80)		-0.043*** (-6.78)
_cons	-0.537*** (-3.89)	0.382*** (16.28)	-0.638*** (-3.61)	0.389*** (15.79)	-0.850** (-2.30)	0.389*** (15.79)	-0.861** (-2.34)	0.376*** (15.93)	-0.851** (-2.32)	0.377*** (15.99)	-0.427 (-1.24)	0.377*** (15.84)	-0.517*** (-3.03)	0.377*** (15.80)
R^2	0.003	0.704	-0.007	0.704	-0.005	0.704	0.007	0.704	0.003	0.704	0.027	0.704	0.017	0.704

注：分别表示以经济增长方式 mlegm 和非公信贷 nsoecred 作为被解释变量的回归方程。括号内为 z 值，*、**、*** 分别表示在 10%、5%、1% 的显著性水平上拒绝系数为零为零的原假设。

关于金融结构的实证结论总体较为稳健，同样能够证实金融结构、政府干预与经济增长方式之间存在的关联机制：非公信贷是影响经济增长方式转变的核心金融结构变量，银行垄断仍然与经济增长方式显著正相关，银行垄断和政府干预对非公信贷产生阻碍作用从而间接抑制经济增长方式转变。只有直接融资估计结果出现较大偏差，直接融资对经济增长方式影响不再显著，但依然会通过促进非公信贷发展间接地作用于经济增长方式。

直接融资提高并没有预期般地显著促进经济增长方式向集约型转变，我们认为这主要是由证券市场的结构畸形和契约环境不完善导致的，不满足证券市场有效性的前提。一方面，从表象上看，直接融资结构畸形制约了证券市场效率。首先，在直接融资方式上，股票和债券融资比例失调，过度依赖股票融资，债券市场长期没有发展起来；在债券市场内部，结构失衡同样严峻，国债、金融债占据绝对主导，企业发行债券则困难重重。其次，从股票市场的体系结构看，截止至2012 年底，主板、中小板、创业板和新三板挂牌企业分别为 1 423、694、355 和200 家，呈现"倒三角"结构层次，缺乏高成长性、创新性企业的基数支撑，无法实现良性循环的自生机制。再次，从上市公司构成来看，主要以国有企业为主，截至 2012 年底，国有控股企业占据 A 股市场 88% 的总资产、82% 的净资产，其中 130 多家大型国企就占到总市值的 60%，低效率的国有企业本已占据绝对的信贷资源，优先上市融资虽为其锦上添花，却也进一步扭曲了资源配置效率。最后，从行业分布结构看，上市企业主要以金融、工业和材料等周期类、高投资类企业为主，资本市场的弹性和包容性不足，众多初创的、新兴业态的、新商业模式的企业无法得到有效识别，资本市场的行业结构优化未能顺应经济结构转型升级的要求。另一方面，从根本上讲，在于中国资本市场的契约环境长期不健全。契约性质是资本市场所有参与主体的共性，契约环境是决定金融结构有效性的重要因素（Rajan and Zingales，1998；Tadesse，2002），在市场制度和交换契约不健全的情况下，资本市场效率无从谈起。中国资本市场起源于政府强制性的制度变迁，最初定位为国有企业融资脱困，先天的排异于良性的契约环境，主要呈现出国有产权主体虚置、上市公司股权分置、政府行政干预强烈、法律和诚信亟待完善等显著特征。不论是微观契约主体、契约内容，还是履约机制，契约制度不健全构成中国资本市场的深层次矛盾，成为制约资本市场资源配置效率的根本原因。

政府干预并不直接对经济增长方式产生显著影响。如第 Ⅱ、Ⅲ 组所示，在增长方式方程中引入政府干预变量 fisca 后，回归系数无法通过显著性检验，其他回归系数则未发生明显变化，但 R^2 均变成负值。首先，对于工具变量估计（2SLS、3SLS 估计本质上同样属于工具变量法）中 R^2 为负值的情形，伍尔德里奇（Wooldridge, 2013）说明如下：计量软件根据公式 $R^2 = 1 - SSR/SST$ 计算并报告 R^2，SSR 表示 IV 残差的平方和，SST 是 y 的总离差平方和。与 OLS 估计不同，IV 估计时 SSR 常常大于 SST，从而产生负的 R^2。因此，报告 IV 估计后的 R^2 并无害处，但却也没有什么用处。此外，由于 3SLS 估计过程可以视为 2SLS + GSLS，对于 2SLS/IV 估计中 SSR 常常大于 SST 的原因，根据斯里贝尼等（Sribney et al., 2013），第二阶段回归得到的残差为 $r = y - (PX)\hat{\beta}_{2SLS}$，P 为投影矩阵，显然这一残差平方和总是小于总离差平方和 SST；但按照定义，2SLS/IV 估计中正确的残差应为 $e = y - X\hat{\beta}_{2SLS}$，但由于 2SLS 模型并不属于"y 仅对截距项回归的模型"（constant-only model）的嵌套模型（nested model），无法保证 e 的平方和总是小于总离差平方和 SST，从而可能出现 R^2 为负的情形。因而在 3SLS 估计结果中，R^2 为负并可能没有任何统计意义，并不否定 II、III 组估计结果的可信度。

但与此同时，除了第 II、III 组外，其他几组联立方程估计中并没有出现 R^2 为负的情形。这一发现也促使笔者重新审视在经济增长方式回归方程中引入政府干预变量 fisca 的必要性，引入 fisca 这一无关解释变量可能导致模型设定误差，从而产生负的 R^2。为此，在随后第 IV、V、VI 组估计模型中，笔者不再引入政府干预变量 fisca，此后回归结果显示，R^2 由负转正，主要解释变量的符号、量纲以及显著性均未出现明显变化。

控制变量方面。研发资本 prds 对经济增长方式呈现显著的负效应，国际贸易 trade 维持促进作用，但系数显著性不高；但资本—劳动比 kln、外商投资 rfdi 对经济增长方式的影响被证实不再显著。

首先，资本—劳动比的检验结果表明，要素禀赋可能与经济增长方式并无必然联系。资本富足的要素禀赋结构并没有促使经济结构的自主升级。一方面，资本—劳动比对于经济增长效率的作用并非单一方向。若按照涂正革（2008）的资本密集型产业对应重污染经济结构的逻辑，资本—劳动比上升表明地区经济结构由劳动密集型向资本密集型转变，两者往往分别对应轻污染产业和重污染产业，从而给经济效率带来负面影响。然而，王兵等（2010）在承认这一逻辑的同时，也不否认资本—劳动比对环境全要素生产率存在显著的正向关系，可能主要是由于资本密集型企业的技术进步抵消了其对环境效率的负面影响。既然如此，资本—劳动比对于经济增长方式的最终作用就取决于正负方向的角力。另一方面，中国人均资本存量仍处于较低水平，尚未临界能够触发增长方式转变的阈值。虽然发达国家的经济发展史揭示，随着人均资本存量增加，经济增长的动力机制遵循"要素驱动—投资驱动—创新驱动"的演化路径。然而大量经验研究证实，长期以来中国资本存量相比美日等发达国家要低得多，如张帆（2000）、孙文凯等（2010）。汇丰银行和高盛的研究报告[①]表明，2010 年中国人均资本存量约合 1 000 美元，尚不及美国的 8%，韩国的 17%；劳动者平均资本存量仅相当美国 6%、韩国 15%，甚至落后于泰国、南非、马来西亚和墨西哥等新兴市场国家。可见，中国经济增长动力机制仍处于"投资驱动"的区间，资本存量尚未触及能够通过规模经济、产业集群等效应推进集约化增长的临界值。总之，中国资本存量低、积累效率低，要赶上发达国家，客观要求经历一个漫长的累积过程，那么粗放的增长阶段就不可避免。

其次，实证结果未发现外商投资对经济增长方式的显著促进作用。首先，在经验证据上，对于 FDI 是否促进经济增长集约化程度尚存在争议。根据本章对经济增长方式的定义，这一问题可以细分为 FDI 技术溢出效应、FDI 环境规制效应这两个经典命题，虽然经过学界长期大量的实证检验，至今仍无定论，代表文献此处不胜枚举。单就 FDI 与生产率的关系来看，同样不乏争议，张海洋（2005）实证研究发现，外资活动对生产率提高都没有显著影响，主要原因在于过低的 R&D 吸收能力抑制了生产率的增长，外资往往通过竞争效应抑制行业技术效率的增长。涂正革（2008）的研究结果同样发现，FDI 企业投资规模增加并没有带来环境效率水平提高，与此相反，甚至倾向于支持 FDI 的"污染转移论"（或称"污染天堂假说"），FDI 规模每增长 1%，环境技术效率反而下降 3.2%。与此相反，王兵等（2010）则研究发现，FDI 对环境效率和环境全要素生产率具有显著的正向作用。其次，结合中国对外引资政策的现状特征，也将不难理解为何 FDI 对中国经济增长效率的促进作用可能被高估了。中国现已成为全球吸引 FDI 规模最大的东道国之一，FDI 对中国经济保持高速增长发挥了巨大作用。然而，随着对外开放的不断深化，在"唯 GDP"发展导向驱使下，中国经济严重依赖外商投资，地方政府在引资策略上逐渐背离应有的产业引导和能污约束，盲目跟风，展开引资竞赛。由于国内企业市场竞争力低下，没有筹码逼迫拥有先进技术的外国跨国公司带来更高的技术，更没有力量将那些根本没有任何技术含量的外国资本拒之门外（蒋殿春和张宇，2008），导致"以市场换技术"成效不彰；加之国内环境规制水平低，不加遴选、盲目引进 FDI 也易于演变成国际污染产业转移的天堂。

至此可以发现，金融体系的结构失衡、地方政府干预对于中国长期粗放的经济增长方式具有较好的解释力，如图 8-10 所示，三者彼此交互作用，共同构成一个传导系统，从而固化了中国"粗放型"增长方式。其中，非公信贷成为促

---

① HSBC，2012，Global Research，Macro China Economics，14 February 2012；Goldman Sachs，2012，Asia Economics Analyst，3 September 2012，Issue No：12/15.

进增长方式转变的核心因素，政府干预、直接融资和银行垄断通过影响信贷资金在不同所有权融资主体间的分布结构间接作用于经济增长方式。政府干预通过抑制非公信贷从而间接地阻碍经济增长方式转变、银行垄断与非公信贷之间存在双边逆向强化效应从而间接阻碍增长方式转变、直接融资与非公信贷之间存在双边正向强化效应从而间接促进增长方式转变，由此推知，政府干预和银行垄断根深蒂固、直接融资长期发展滞后的金融体系，自然会阻碍经济增长方式转型。

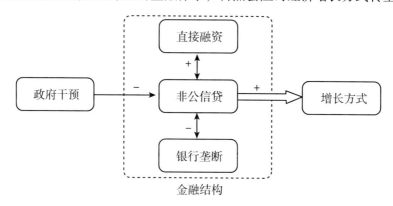

图 8 - 10　金融结构、政府干预对增长方式的作用机制

第 4 节　主要结论与政策建议

本章考察了长三角地区的融资结构特征，剖析融资结构影响经济增长方式的机制。利用 1990 ~ 2011 年的省级面板数据开展计量分析，检验金融结构与经济增长方式的关系。本章得出的主要结论和政策建议如下。

一、主要结论

（1）长三角的融资结构具有如下特征。第一，长三角地区的直接融资规模及其在社会融资中的比重不断上升，但间接融资仍然是长三角地区社会融资的主要渠道。长三角地区间接融资在社会融资中的占比高于全国平均水平。第二，随着民营企业和外资企业的快速发展，长三角地区的金融信贷对象正逐步由国有企业向其他所有制企业转移，金融发展对区域非公企业发展的意义越来越突出。第三，长三角地区银行业的竞争不断加剧，间接融资集中于主要银行的格局有所改变。四大行间接融资集中度超过全国平均水平。第四，长三角企业直接融资方式趋于多样化，在证券市场上的上市公司数量和融资规模不断增加。

（2）社会信贷中对国有企业信贷比重太大、对民营企业信贷占比太小是造成经济增长方式长期粗放的原因。对国有企业的信贷偏好与金融体制改革滞后有关，这一偏好一方面助长了国有企业的粗放型投资，另一方面加剧了非公企业的融资制约，不利于民营企业的创新发展。减少社会信贷的所有制歧视对经济增长方式集约化的促进作用十分显著。

（3）直接融资市场不发达、间接融资市场中的高度垄断、政府部门对信贷的干预是造成非公信贷受限的重要原因。利用中国经验数据的实证研究发现，银行业竞争会显著影响社会信贷对象。银行间竞争程度越高，非公信贷的比例会越大。促进银行业竞争的政策可以为民营企业发展创造有利的融资环境，从而推动经济增长方式集约化。

二、政策建议

（1）大力推进金融体制改革，减少政府对金融机构经营的行政干预，提升信贷资金配置效率。不仅要改革银行信贷管理体制，更要加快转变政府职能。银行信贷作为主要融资渠道，若受制于政府"指挥棒"，必然会损害信贷资源市场化配置机制，从而阻碍增长方式转变。一方面，地方政府官员的政治晋升和财政收支压力，决定其存在争夺信贷资金转嫁改革成本的强烈动机；另一方面，银行信贷"投其所好"，也是特定制度下的次优选择，一则可以扩大在当地经济的势力范围，再则名义上的预算软约束也诱使国有银行向上转嫁风险。鉴于此，要继续深化经济体制改革，特别是投融资体制改革，厘清政府与市场的边界，明确企业的投资主体地位，培育商业银行"用好增量、盘活存量"的自主地位，确立市场配置资源的决定性作用，从而更好地发挥政府作用。

（2）加强金融监管制度建设，提高风险控制能力，大力发展多层次资本市场，更好地服务于经济转型升级。继续推进新股发行体制改革，优化主板市场、创业板市场的制度安排，降低上市公司的准入条件，优化股市发行和定价制度，大力推进"新三板"扩容和区域性股权交易市场。推行信贷资产证券化。鼓励创新、创业型中小企业的直接融资；优化直接融资内部结构，加快推进债券市场发展，促进股权融资与债券融资协调发展。通过发展多层次的资本市场，尤其是直接融资市场，发挥市场的作用，使社会资本更多地流向具有良好发展前景的企业。为保证资本市场健康顺利发展，应进一步完善资本市场的监管制度和风险防范制度，限制资本市场上的投机行为，使证券市场更好地服务于实体经济。

（3）降低银行业的准入门槛，鼓励民间资本进入银行业，鼓励互联网金融等新型金融业态的发展。通过新银行的进入和增加服务的多样性，促进银行业竞争，倒逼大银行提高经营效率、优化信贷配置，弥补非公经济的融资缺口，为民营企业、创新型企业和中小型企业发展提供良好的金融环境。

（4）推进利率市场化改革，发挥利率对资本供需的调节作用，淘汰落后和经营不善的金融机构，降低实体经济融资成本。没有利率市场化，单纯依靠行政的调节，难以保证资本的供需平衡，商业银行的经营决策也会缺乏灵活性。统一的利率本质上是对银行垄断地位的保护，抬高了实体经济的融资成本。推进利率市场化会极大地激发商业银行的创新管理，驱使其在管理、产品、服务和经营模式上不断改进，在此过程中，将会有越来越多的金融业企业为中小企业和民营企业提供越来越多的融资服务，非公企业信贷规模将会因此而增加。

（5）加大资本项目的开放，建立和完善金融机构经营风险防范和处理机制。促进竞争的金融体制开放和改革具有必要性，但在激烈竞争中必然会导致部分金融机构被淘汰。如何化解由此产生的社会矛盾并防止个案引起的连锁反应，是推行金融改革制度设计中不可或缺的内容。因此，必须强化金融监管、建立居民存款保险制度、完善金融企业兼并重组的规章条例。

（6）通过财政资金配套和担保，引导金融机构对中小企业和创新型企业提供融资和信贷服务。现有的金融体制下，中小型企业和创新型企业普遍存在融资难的问题。银行基于控制经营风险的需要，对中小型企业和创新型企业的信贷存在顾虑。如果政府能够设立专项财政基金，为中小型企业和创新型企业提供一定的信用担保或风险补偿，允许金融机构在服务创新型企业上改变方式，将会有效调动金融机构的信贷积极性。

第9章 长三角的金融效率与技术进步

【本章提要】改革开放至今的三十多年里，金融改革不断推进，在市场化和产品多样化上取得了显著的成就。但也应当承认，我国的金融体系仍然存在着诸多结构性问题。进一步打破国有商业银行的垄断、促进直接融资市场稳定健康发展、发挥市场在资源配置中的决定性作用已经成为经济发展方式转型时期金融改革的重要任务。

从宏观层面看，所谓金融效率是指金融发展对经济增长的贡献率，这一效率既包括金融体系将社会储蓄转化为投资的效率，也包括金融体系优化资本配置的能力。金融效率对经济增长的作用可细分为直接作用和间接作用两个方面：首先，金融服务是国民经济的重要组成部分，金融效率提升是金融业国际竞争力增强和金融机构盈利能力提高的基础，金融效率提升推动金融业发展，直接贡献于经济增长。此外，金融效率提升也会通过推动其他产业发展促进经济增长。企业融资成本随金融效率提升而下降，社会资金流向效率最高的产业部门，新兴产业成长加快，落后产业加速退出市场，产业结构得到优化。

目前，我国创新型产业普遍面临较为严重的融资约束瓶颈，现有的金融体系还难以满足创新型经济的要求，因而不利于社会生产的技术进步。提高金融效率是金融体系改革的目标，也是促进经济增长集约化的手段。

本章首先利用经济增长理论揭示金融效率影响技术进步的机制，然后评价长三角核心圈各地级市的金融效率和技术进步的客观状况，最后采用各地级市的样本数据，实证分析检验金融效率对全要素生产率的影响。本章研究给出了通过提升金融效率推进技术进步的观点。

第1节 金融效率与生产率关系的文献回顾

金融发展对于技术进步和经济增长具有重要意义。度量金融发展的一个重要指标就是金融效率。但是，在传统的经济学模型中，金融效率并未以适当形式出现。例如，阿罗（Arrow，1964）和德布鲁（Debreu，1959）在状态依存形权益的框架内，直接认为信息收集成本和其他各种交易成本都不存在。然而，金融中介机构和金融市场存在的最重要的原因，就是资金供给者和资金需求者之间存在着不完全信息，同时各种摩擦因素的存在导致资金供求双方的收集信息能力和成本都有很多差异。正是由于这些原因，银行等金融中介机构才会以专业化的身份出现在市场上，沟通资金供求双方，减低金融借贷交易的成本。

在现实世界中，尽管金融中介有存在的必要，但是研究者一开始并不是直接研究金融中介对于技术进步的影响，而是更多地研究金融中介对资本积累的影响。毕竟，金融中介的最直接的作用就是使资本积累方式更有效率。内生增长理论中最早的一批模型大多采用资本外部性来揭示经济增长的内生动力（Romer，1986；Lucas，1988）。这些模型认为，传统的增长理论之所以缺乏内生增长的动力机制，是因为资本积累存在边际报酬递减效应。即使引进金融中介机构，这种递减的边际报酬倾向并未因此而消失。内生经济增长理论认为，传统经济增长理论的一大缺陷在于忽视了资本积累形成的规模效应和外部经济效应，如果考虑这些效应的存在，资本边际报酬就不一定是递减的，从整个社会生产看，可能会出现资本边际报酬不变或递增的现象。阿罗的模型首先将投资形成的干中学效应纳入分析框架，认为投资带来的生产增加会使生产者积累更多的经验，生产效率随生产经验的增加而提高。罗默（Romer，1986）的内生经济增长理论吸纳了阿罗的分析思想，认为物质资本的投资并不仅仅是有形资本的形成，在物质资本积累过程中还会产生知识的积累。伴随生产的增加，人们积累的生产经验和知识会越丰富，生产效率因知识积累而提高。生产中积累的知识会对后续投资活动形成良好的反馈和指导，可以有效降低后续投资活动的出错概率，降低后续投资的摩擦成本。卢卡斯从人力资本积累的角度提出了相似的观点，他认为，个人的人力资本投资会提升整个社会的平均人力资本水平，而社会平均人力资本水平的上升则是推动经济增长的不可忽视的力量。

金融部门在现实经济中发挥着信息搜寻、筹集资金、调节经济等方面的作用。金融体系的效率提升可以降低投资的成本，为投资者提供多样化的优质服务，因而能够在促进自身产业增长的同时，增强实体经济的创新能力，为技术进步提供强有力的支撑。

第 2 节　金融效率影响全要素生产率的机制

在传统的拉姆齐经济中，储蓄（S）完全转化为投资（I），即：

$$I = S \tag{9.1}$$

该等式本质上假设储蓄的转化效率为 1。这种理想状况在一定的抽象程度上是成立的。但是，现实中的转化效率却并不总是等于 1。储蓄转换为投资的过程总是具有一定程度的摩擦。转换过程会消耗掉一定资源，因而 1 单位的储蓄转化后的投资额会小于 1 单位；如果出现权力寻租，投资者为了获得 1 单位的资本，往往要付出高于 1 单位的成本。储蓄向投资的转换效率反映了金融效率的高低，一国金融市场越发达或金融机构的管理效率越高，储蓄向投资转化过程中的消耗越少。令储蓄向投资的转换效率为常数 $\phi \in [0,1]$，那么，投资和储蓄的关系可表示为：

$$I = \phi \cdot S = \phi \cdot (Y - C) \tag{9.2}$$

其中，Y 表示国民收入，C 表示消费。金融发展通过以下途径影响转化效率：第一，金融发展导致货币化程度上升，交易个体之间的交易成本会下降，从而提升储蓄向投资的转化率；第二，金融发展导致市场交易机会的增加。不同个体如果无法及时发现交易机会，本可以顺利进行的交易会无法进行。交易机会的上升意味着在同样条件下，储蓄转化为投资的渠道更加通畅，转化效率会更低；第三，金融发展促进了价格的发现，使得金融价格更加合理，更加反映资源稀缺状况；在市场经济下，价格传递着重要的信号。交易主体依据更加可靠的信号，可以做出更加可靠的决策，错误决策的概率就会更小。因此，更合理的价格进一步降低了储蓄向投资转化的成本，提高了转化效率。第四，金融发展包含了微观金融主体生产效率的提升，金融机构经营效率越高，储蓄转化为投资的消耗成本越低。

假设生产函数为劳动增进型技术进步的新古典生产函数：

$$Y(t) = F[K(t), A(t)L(t)] \tag{9.3}$$

该生产函数是资本（K）和劳动（L）的一次齐次函数，即

$$F(\lambda K, \lambda AL) = \lambda F(K, AL) \tag{9.4}$$

该性质表示经济中的企业生产规模的变化并不影响最优资本和劳动的投入比例，技术进步表现为劳动生产效率的提升。

考虑资本折旧，资本存量的变化可表示为：

$$\dot{K} = \phi \cdot (Y - C) - \delta K \tag{9.5}$$

其中 δ 为资本的折旧率。利用式（9-3）和式（9-5），可获得单位有效劳动产出和有效劳动平均资本变化的表达式：

$$\hat{y} = F(\hat{k}, 1) = f(\hat{k}) \tag{9.6}$$

$$\dot{\hat{k}} = \phi \cdot (\hat{y} - \hat{c}) - (g_A + n + \delta)\hat{k} \tag{9.7}$$

其中 $\hat{y}$，$\hat{k}$，$\hat{c}$ 分别表示单位有效劳动的产出、资本和消费，即，$\hat{y} = Y/(AL)$，$\hat{k} = K/(AL)$，$\hat{c} = C/(AL)$。g_A 表示技术水平 A 的增长率，n 表示人口增长率。假设经济中消费者的效用函数为：

$$u(c) = \frac{c^{1-\theta} - 1}{1 - \theta} \tag{9.8}$$

则该经济中的动态最优化问题可以归结为：

$$\max V_0 = \int_0^\infty u(c) e^{-(\rho-n)t} dt \tag{9.9}$$

$$s.t. \quad \dot{\hat{k}} = \phi \cdot [f(\hat{k}) - c/A] - (g_A + n + \delta)\hat{k} \tag{9.10}$$

其中，c 为人均消费。为求解动态最优化解，构建以下哈密尔顿函数：

$$H = u(c) e^{-(\rho-n)t} + \lambda [\phi(f(\hat{k}) - c/A) - (g_A + n + \delta)\hat{k}] \tag{9.11}$$

根据动态优化的一阶条件可得：

$$c^{-\theta} e^{-(\rho-n)t} = \lambda \phi/A \tag{9.12}$$

$$-\frac{\dot{\lambda}}{\lambda} = \phi f'(\hat{k}) - (g_A + n + \delta) \tag{9.13}$$

将式（9.12）中的 λ 代入式（9.13），可得到稳态下的经济增长率：

$$g = [\phi f'(\hat{k}) - \delta - \rho]/\theta \tag{9.14}$$

其中，$f'(\hat{k})$ 是资本的边际产出。$\phi f'(\hat{k})$ 就是经过金融效率修正后的资本边际产出（Efficiency-adjusted MPK，EMPK）。同传统的拉姆齐模型结论相比，这是在资本积累过程中引入摩擦因素后的一个自然推广。该表达式表明投资转换效率 ϕ 通过影响资本收益率来影响经济增长率。如果所有的储蓄都能完全转换为投资，则 $\phi = 1$，等式（9.14）就变成传统的拉姆齐经济增长率 $g = [f'(\hat{k}) - \delta - \rho]/\theta$。如果投资转换过程中出现损耗，或者因为金融发展程度低下而出现部分储蓄无法转换成投资，则 $\phi < 1$，经济增长率随之降低。由此可见，金融发展程度对经济的增长具有正面效应。

金融效率影响鞍点均衡状态下的资本规模，从而对全要素生产率形成影响。在鞍点均衡状态下，资本为常量，经济增长率与技术增长率相等，因此全要素生产率的增长率也可用式（9.14）表示。所以，我们构建如下实证分析模型。

$$gtfp_{it} = \gamma_0 + \gamma_1 empk_{it} + \gamma X_{it} + \eta_i + v_{it} \tag{9.15}$$

其中，$gtfp$ 表示全要素生产率的增长率，$empk$ 为修正资本边际产出。X 包含必要的控制变量。η_i 是和地区有关、但同时间无关的地区效应，v_{it} 是随机扰动。

第3节　金融效率与全要素生产率的测算

本书采用中经网统计数据库中长三角核心圈16个市的统计数据。这16个城市分别为：上海市、南京市、无锡市、常州市、苏州市、南通市、扬州市、镇江市、泰州市、杭州市、宁波市、嘉兴市、湖州市、绍兴市、舟山市和台州市。如果涉及名义变量，一列用GDP缩减指数（以2001年价格为基准）折算为实际变量。样本区间为2003~2010年。

在估计模型（9.15）时，需要用到技术进步率（TFP增长率）、金融效率 φ，资本边际产出以及其他控制变量。为了获得实证分析所需的变量数据，在开展实证分析之前，以下对长三角地区的金融效率和全要素生产率进行测算。

一、资本存量的估计

我们利用各年度投资数据估算长三角各地级市的资本存量，长三角地级市各年度的投资量数据来自于中经统计网数据库。资本存量估算方法为常见的永续盘存法，即当年度资本存量等于剔除折旧后的上年度资本存量与本年度新增投资量之和：

$$K_{i,t} = (1 - \delta)K_{i,t-1} + I_{i,t-1} \tag{9.16}$$

其中 δ 是资本的折旧率，这里暂且假设为15%。后文会进一步对其他水平的折旧率进行稳健性检验。$I_{i,t-1}$ 是地区 i 在 $t-1$ 期的投资，采用该地区实际固定资产投资总额。$K_{i,t}$ 是个体 i 在 t 期的资本存量。根据永续盘存法原理，物质资本的初始水平设定为：

$$K_{i,0} = \frac{I_{i,0}}{g_i + \delta} \tag{9.17}$$

其中 g_i 是投资的不变增长率。在实际数据的计算中，采用样本范围内区域实际固定资产投资增长率的平均值代理。

二、全要素生产率的估计

本书利用索罗剩余法测算全要素生产率。假设生产函数为

$$Y_{it} = A_{it} K_{it}^\alpha L_{it}^\beta \tag{9.18}$$

其中 Y_{it} 是产出，A_{it} 是技术系数，K_{it} 是资本，L_{it} 是劳动。两边求对数得到：

$$\ln Y_{it} = \ln A_{it} + \alpha \ln K_{it} + \beta \ln L_{it} \tag{9.19}$$

要估算全要素生产率，需要估计出参数 α 和 β 的值。按照式（9.19）可以建立如下计量模型：

$$\ln Y_{it} = \eta_i + \alpha \ln K_{it} + \beta \ln L_{it} + \varepsilon_{it} \tag{9.20}$$

常见的传统估计方法就是利用上述计量方程估计出参数 α 和 β，然后将这些系数、区域资本和劳动总量代入式（9.19），由此推算出 $\ln A_{it}$。

然而，上述测算全要素生产率的方法存在一定的局限。具体而言，在估计参数 α 和 β 的过程中，有以下两个因素未加考虑。

第一，过去技术水平对未来技术水平的影响。这种影响的方向取决于三种效应的相对大小：巨人肩膀效应、钓鱼效应和踩脚效应。巨人肩膀效应指过去的技术水平越高，后续研究可以站在前人肩膀上，从而更容易获得新知识。这种效应是已经存在的知识对未来知识创新的正向外部性。钓鱼效应指知识犹如池塘中鱼。前人钓的鱼多了，后人钓鱼难度会上升。因此过去技术水平越高，后续进一步创新的难度会上升。踩脚效应指知识越多，重复研究概率就会上升，这会导致智力浪费增加。三种效应叠加得到了 $A_{i,t-1}$ 对 A_{it} 的净影响。假设这种影响可以表示为 AR（1）的形式：

$$\ln A_{it} = \rho \ln A_{i,t-1} + e_{it} \tag{9.21}$$

其中 ρ 是自回归系数，$e_{it} \sim MA(0)$。如果 $\rho > 0$，表示三种效应叠加为正，过去的知识存量对未来创新有正的净效应。如果 $\rho < 0$，表示过去的知识存量对未来创新有负的净效应。

第二，式（9.20）中的变量在实际测量过程中会出现测量误差。考虑到测

量误差，式（9.20）可以改写为：

$$\ln Y_{it} = \ln A_{it} + \alpha \ln K_{it} + \beta \ln L_{it} + m_{it} \tag{9.22}$$

显而易见，我们可以得到

$$\rho \ln Y_{it-1} = \rho \ln A_{it-1} + \rho \alpha \ln K_{it-1} + \rho \beta \ln L_{it-1} + \rho m_{it-1} \tag{9.23}$$

将式（9.22）减去式（9.23）得到：

$$\begin{aligned} \ln Y_{it} = &\rho \ln Y_{i,t-1} + \alpha \ln K_{it} - \rho \alpha \ln K_{i,t-1} + \beta \ln L_{it} - \rho \beta \ln L_{i,t-1} + \\ &m_{it} - \rho m_{i,t-1} + e_{it} \end{aligned} \tag{9.24}$$

考虑到误差项中同 t 无关的因素，并且让 $E(m_{it} - \rho m_{i,t-1} + e_{it}) = 0$，我们在式（9.24）中加入 η_i：

$$\begin{aligned} \ln Y_{it} = &\rho \ln Y_{i,t-1} + \alpha \ln K_{it} - \rho \alpha \ln K_{i,t-1} + \beta \ln L_{it} - \rho \beta \ln L_{i,t-1} + \\ &\eta_i + m_{it} - \rho m_{i,t-1} + e_{it} \end{aligned} \tag{9.25}$$

式（9.25）改写为计量模型就是：

$$\ln Y_{it} = \beta_1 \ln Y_{i,t-1} + \beta_2 \ln K_{it} + \beta_3 \ln K_{i,t-1} + \beta_4 \ln L_{it} + \beta_5 \ln L_{i,t-1} + u_{it} \tag{9.26}$$

其中 $u_{it} = \eta_i + m_{it} - \rho m_{i,t-1} + e_{it}$。这就是我们用来估计生产函数的计量模型。该模型为动态面板模型，其中的残差项是一个 MA（1）过程。模型中的系数满足以下非线性约束关系：

$$\beta_1 \beta_2 + \beta_3 = 0 \tag{9.27}$$

$$\beta_1 \beta_4 + \beta_5 = 0 \tag{9.28}$$

如果生产满足规模报酬不变规律，还应满足以下线性约束条件：

$$\beta_2 + \beta_4 = 1 \tag{9.29}$$

本章以长三角地级市数据为样本，估算出式（9.28）计量模型中的各个参量，然后再代入式（9.19）推算全要素生产率的增长率。

三、金融效率的估测

本章用储蓄转化为投资的效率作为衡量金融效率（φ）的指标，采用年末金融机构各项贷款总额除以年末金融机构各项存款总额，该比值用 *fin* 表示。各地区的金融效率变化见图 9-1。所有的城市在 2009 年后开始严重下滑，这与美国金融危机后长三角各地的贷款数量急剧下降有关，说明金融危机后，长三角的金融效率受到显著的影响。根据金融效率和资本的边际产出的乘积计算出修正后的资本边际产出，用 *empk* 表示，各地 *empk* 的变化如图 9-2 所示。从中可以发现，在 2000～2010 年，长三角各地级市的 *empk* 不断下降，金融危机通过影响金融效率使这一指标的下降加速。

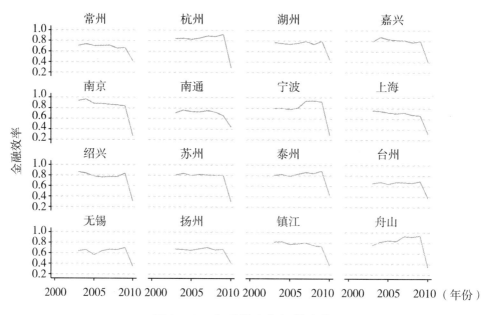

图 9 – 1　金融效率指标的变化

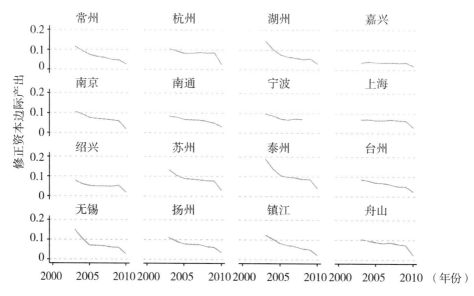

图 9 – 2　修正资本边际产出的变化

四、其他控制变量

技术进步率的影响因素很多。消费的跨时替代弹性（θ）和时间偏好率ρ都会影响全要素生产率。如果认为在样本区间2003～2010年内这两个因素并没有显著改变，那么这些因素可以被归入地区效应η_i内。这种做法的内在含义是：同一地区的人群由于当地习俗和习惯性思维等特征而表现出心理因素的某种趋同。例如，有些地方人群始终过着优哉闲散的生活，他们的时间偏好率就相对较小。有些地区的人群由于现代化程度较高而生活节奏普遍较快，他们的时间偏好率就相对较小。但是这些因素并不随时间而发生太大的改变。因此，θ和ρ的影响最后会进入地区效应中。另外，折旧率在本文被假设成常数，因此进入常数项。

内生增长理论的发展表明，技术进步更重要的决定因素是研发活动和人力资本（Romev，1990；Lucas 1988）。因此，本书控制变量X中主要包含研发活动和人力资本。研发活动采用研发支出代理。研发支出越高，技术进步率会越高。人力资本有很多因素可以代理，例如受教育年限水平、科技人员数量等。受教育年限水平对于长期经济增长具有重要意义。但是，由于数据限制，该代理变量不可得。本书采用科技人员数量作为人力资本的代理。通常科技人员数量越多，表示研发力量越强，研发成功的可能性越大，技术进步率会越高。因此，研发和人力资本都应该和技术进步率正相关。

变量的定义见表9－1，常见的描述统计量见表9－2，变量之间的相关系数见表9－3。

表9－1 **各变量的定义**

变量	定义
ry	实际 GDP，2001 不变价，亿元
$k15$	实际资本存量，折旧率 15%，亿元
$labor$	平均劳动力（实际 GDP ×10 000/人均 GDP），万人
$gtfp15$	TFP 增长率（考虑测量误差和技术持续性，资本折旧率取为 15%）
$empk15$	修正资本边际产出（金融发展效率×资本边际产出），元
rrd	实际研发支出（GDP 缩减指数调整），万元
h	人力资本（科学研究、技术服务和地质勘查业从业人员数），万人
fin	金融效率（年末金融机构各项贷款/存款）

表 9 – 2　　　　　　　　　　　　描述统计量

变量	观察值	均值	标准差	最小值	最大值
ry	158	1 249.7219	2 118.9379	86.9560	12 630.2294
$k15$	159	1 842.0033	3 137.5153	77.5731	18 502.5027
$pop3$	158	274.4601	381.1484	59.5100	2 186.6891
$gtfp15$	141	0.1062	0.0221	0.0498	0.1781
$empk15$	126	0.0708	0.0288	0.0186	0.1893
rrd	158	51 926	205 110	231	1 687 129
h	129	1.7619	3.9795	0.0000	23.1900
fin	128	0.7241	0.1611	0.2717	0.9654

表 9 – 3　　　　　　　　　　　　相关系数矩阵

	lnry	lnk15	lnlabor	gtfp15	empk15	lnrrd	Lnh	fin
lnry	1.0000							
lnk15	0.9578 ***	1.0000						
lnlabor	0.9404 ***	0.8746 ***	1.0000					
gtfp15	− 0.1946 *	− 0.2360 **	− 0.1193	1.0000				
empk15	− 0.0961	− 0.3424 ***	0.0096	0.2122 *	1.0000			
lnrrd	0.8031 ***	0.8641 ***	0.6839 ***	− 0.3317 ***	− 0.3948 ***	1.0000		
lnh	0.9112 ***	0.8734 ***	0.9432 ***	− 0.1265	− 0.0511	0.6855 ***	1.0000	
fin	− 0.1285	− 0.1596	− 0.0839	0.1068	0.5374 ***	− 0.2283 *	− 0.0481	1.0000

注：* 、** 、*** 分别表示在 10%、5%、1% 的显著性水平下拒绝原假设。

第 4 节　技术进步与金融效率关系的实证检验

一、TFP 估计结果

由于传统的生产函数估计方法中并不考虑测量误差和技术的自相关性，为了比较，本书分别对传统模型（9.20）和动态模型（9.26）分别进行估计。如果差别不大，表示传统方法忽略的两个因素对估计结果并未产生显著影响。如果差别很大，表示传统方法的估计是有偏的。检验结果如表 9 – 4 所示。表中列 1 是传统方法估计的结果，列 2 是动态模型估计的结果。在具体的估计方法的选择上，考虑到变量的内生性问题，传统模型采用 GMM 方法估计，动态模型采用系统 GMM 方法估计。

表 9 – 4   生产函数的估计

	（1）	（2）
	lnry	lnry
ln$k$15	0.5182 *** (0.0515)	0.1366 *** (0.0475)
ln$labor$	0.5513 *** (0.1227)	− 0.0140 (0.0148)
$L.$ lnry		0.9752 *** (0.0438)
$L.$ ln$k$15		− 0.1246 *** (0.0338)
$L.$ ln$labor$		0.0230 (0.0213)
_cons	0.1142 (0.4003)	0.1325 (0.1276)
N	157	141
CRS 检验（chi2）	0.6567	691.6638
COMFAC（chi2）		0.3336
Sargan 检验	1339.5448	151.2171
Hansen 检验	14.5853	15.7126
AR1 检验	− 1.2973	− 2.4734
AR2 检验	− 0.1657	− 2.1694

注：括号内数值为标准误差。 *** 表示在 1% 显著性水平下拒绝原假设。

估计结果显示，传统模型中的关键变量资本和劳动的估计系数都在 1% 水平上显著为正，而且规模报酬不变假设的 Wald 检验统计量的 p 值为 0.42，因此无法拒绝规模报酬不变的假设。这同已有的文献结论基本类似。工具变量的有效性检验中，Sargan 检验拒绝了有效性假设，但是 Hansen 检验并未拒绝有效性假设。因此两个统计量检验结果存在矛盾。不过，Sargan 检验非常不稳健，容易受到工具变量数量的影响。因此，当两种检验方法存在矛盾时，我们以 Hansen 检验结果为准。

对于残差，本章进行了残差的一阶差分项的一阶自回归和二阶自回归的检验。如果残差不存在序列相关，则 AR1 检验应该发现显著负相关性，而 AR2 检验应该发现不存在显著相关性。但是根据表中的 p 值，两种检验都未拒绝原假设，说明残差项可能并不符合标准假设。这意味着测量误差和技术的自相关问题可能比较严重。因此，传统模型的估计结果值得怀疑。

对动态模型的估计结果表明，在资本和劳动两个关键变量中，只有资本的估计系数显著为正，估计值为 0.1366，并且要远远小于传统模型的对应估计值。劳动的估计系数不显著，与传统模型的估计结果存在较大差别。同时因变量的一阶滞后项系数为 0.9752，在 1% 水平上显著，这表明产出变量具有高度持续性。因此，差分 GMM 估计方法可能不适用于本章的研究，而系统 GMM 方法则应是更好的选择。在公共因子检验（COMFAC）中，我们计算了约束条件（9.27）和（9.28）同时成立的 Wald 统计量，发现 χ^2 的值为 0.3336，p 值为 0.8463，表明不能拒绝这两个条件成立的原假设。进一步检验（9.27）、（9.28）和（9.29）三个约束条件同时成立的假说，检验统计量 p 值为 0.0000，表明规模报酬不变假设被拒绝。从资本的估计系数不难发现长三角城市的生产函数，规模报酬是递减的。此外，工具变量有效性的 Hansen 检验表明工具变量是有效的。残差的一阶差分的自相关检验表明，AR1 确实在 5% 的显著性水平上显著为负，但 AR2 在 5% 的水平上也显著为负，这表明原始残差并不是不存在自相关。因此本书使用的自相关假设得到支持。因此，本书根据列（2）的估计结果，按照索罗剩余方法估算长三角地级市的全要素生产率水平。

二、金融效率对技术进步率影响的检验

为了检验金融发展和技术创新之间的关系，本文采用不同的实证分析模型开展检验。首先将金融发展、研发投入和人力资本变量看成外生变量，采用静态面板方法估计。检验结果如表 9 - 5 所示。表中列（1）、列（3）和列（5）为固定效应面板模型检验结果，列（2）、列（4）和列（6）为随机效应面板模型检验结果。关键变量为金融发展指标和资本边际产出的乘积项：修正资本边际产出 empk。控制变量包含研发支出 lnrrd 和人力资本水平 lnh。列（1）和列（2）中，控制变量只有研发支出。

表 9 - 5　　　　　金融效率对技术进步影响的静态面板估计结果

	(1)	(2)	(3)	(4)	(5)	(6)
	FE	RE	FE	RE	FE	RE
*empk*15	0.2194 ** (0.0975)	0.1253 * (0.0759)	0.3046 *** (0.0814)	0.2296 *** (0.0669)	0.2124 ** (0.0995)	0.1077 (0.0803)
ln*rrd*	− 0.0030 * (0.0016)	− 0.0034 *** (0.0012)			− 0.0028 (0.0018)	− 0.0043 *** (0.0015)
ln*h*			− 0.0104 (0.0106)	− 0.0021 (0.0020)	− 0.0043 (0.0112)	0.0022 (0.0025)
_cons	0.1196 *** (0.0202)	0.1299 *** (0.0146)	0.0803 *** (0.0063)	0.0904 *** (0.0054)	0.1155 *** (0.0230)	0.1400 *** (0.0189)
N	125	125	125	125	125	125
Hausman 检验（chi2）	12.0565		22.2610		41.8739	

注：括号内数值为标准误差。 * 、 ** 、 *** 分别表示在10% 、5% 、1% 的显著性水平下拒绝原假设。

可以看到，修正资本边际产出和研发支出都在10% 水平上显著。其中，修正资本边际产出的固定效应估计值为0.2194，在5% 水平上显著；研发支出系数估计值为 − 0.0030，在10% 水平上显著。修正资本边际产出的符号同理论预期相符。由于资本边际产出越高，理论上 TFP 增长率就会越高，因此 *empk* 系数显著为正反映了金融发展对于技术进步具有正面效应。但是，本书实证研究却显示研发支出并不能推进全要素生产率的提高，这一结论与直觉相反。产生这一独特结果的原因可能与区域研发成果产业化程度低或研发投入产出效率低下有关。

列（2）是用随机效应模型重新估计，与列（1）得到的结论基本类似，但是系数估计值有一些差异。根据豪斯曼（Hausman）检验结果，p 值为0.0024，在1% 的显著性水平上拒绝随机效应假设。因此固定效应估计结果更为可靠。

列（3）和列（4）的估计中，控制变量只包含人力资本，*empk* 的系数在1% 水平上显著为正，但是人力资本的系数在10% 水平上不显著。

列（5）和列（6）同时控制研发支出和人力资本，结果仍然显示金融效率的系数为正。

考虑到变量之间可能存在内生性和 TFP 增长率的自相关性，以下采用动态面板方法估计。检验结果如表 9 - 6 所示。列（2）、列（4）和列（6）用差分 GMM 方法估计。为了观察内生性对系数估计的影响，列（1）、列（3）和列

（5）给出了传统固定效应估计方法的估计结果。

从差分 GMM 的估计结果看，TFP 增长率的滞后项在 10% 水平上都不显著，说明动态面板并不是一个必需的设定。其次，*empk* 的估计系数都在 1% 水平上显著为正，再次支持了金融效率提升显著促进技术进步的假设。

用传统的固定效应模型估计动态模型，发现因变量的滞后项、*empk* 和研发支出的系数与差分 GMM 方法相近。

表 9 - 6   金融效率对技术进步影响的动态面板估计结果

	（1）	（2）	（3）	（4）	（5）	（6）
	FE	DiffGMM	FE	DiffGMM	FE	DiffGMM
*L. gtfp*15	0.0360 (0.0815)	0.0058 (0.1008)	0.0273 (0.0865)	− 0.1006 (0.0953)	0.0291 (0.0859)	0.0289 (0.0975)
*empk*15	0.2175 ** (0.0980)	0.2083 *** (0.0677)	0.3052 *** (0.0818)	0.2437 *** (0.0901)	0.2127 ** (0.1000)	0.2110 *** (0.0686)
lnrrd	− 0.0029 * (0.0017)	− 0.0031 ** (0.0013)			− 0.0028 (0.0018)	− 0.0024 (0.0015)
lnh			− 0.0093 (0.0112)	− 0.0272 ** (0.0136)	− 0.0031 (0.0118)	− 0.0071 (0.0117)
_cons	0.1153 *** (0.0226)		0.0780 *** (0.0097)		0.1131 *** (0.0241)	
N	125	109	125	109	125	109
Hansen 检验		15.8692		15.9452		15.8331

注：括号内数值为标准误差。＊、＊＊、＊＊＊分别表示在 10%、5% 和 1% 的显著性水平下拒绝原假设。

三、稳健性分析

在测算物质资本存量时涉及折旧率的选择，本书将这一折旧率设定为 15%。折旧率的改变是否会对本章的结论产生重要影响呢？本节将折旧率的取值范围扩展至区间 [0%，40%]。对于文献中的折旧率取值，基本在这个范围内。而且，通常情况折旧率的选择都至少 5% 以上。然后按照 1% 的步长，让折旧率逐渐从 0% 上升至 40%。对于每一种折旧率水平，分别重新估计物质资本存量，重新计算 TFP 的增长率和金融效率，并检验金融效率对全要素生产率的影响。最后以折旧率为横轴，金融效率变量的估计系数为纵轴，画出各变量检验系数随折旧率变化的曲线。

生产函数方程的系数估计值随折旧率的变化如图9－3所示。图中中间的曲线为系数的估计值，上下两条线分别为系数估计值正负1.96个标准差。资本（ln$k$）的估计系数随着折旧率的上升而轻微下降，但是在1.96个标准差范围内显著大于0。因此折旧率的选择对于资本的估计系数并没有很大影响，即资本的估计系数对于折旧率具有很高的稳健性。劳动的估计系数同样变化不大，而且正负1.96个标准差范围基本没太大差异。因此劳动的估计系数同样具有很高稳健性。同理，L. ln$labor$ 也非常稳健。L. lnry 和 L. ln$k$ 的系数估计则受到折旧率的一定程度影响。其中，L. lnry 的估计系数在折旧率处于5%时发生轻微变化，但是估计的标准差则迅速下降。尽管存在标准差突变，但是在整个折旧率区间内，正负1.96个标准差的阴影区域都在0的上方，表示 L. lnry 始终是显著为正，基本结论还是稳健的。同理，L. ln$k$ 的系数估计值和标准差随着折旧率的上升而逐渐上升，正负1.96个标准差的区域逐渐收敛。但是整个区域位于0的下方，因此显著为负，结论并未因折旧率的选择而发生显著改变。

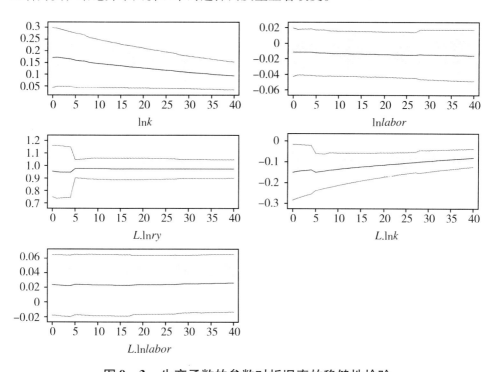

图9－3　生产函数的参数对折旧率的稳健性检验

图9－4和图9－5分别显示了利用静态面板固定效应模型和动态面板差分GMM方法的估计结果。对应不同的折旧率，利用静态模型获得的 $empk$ 系数的估

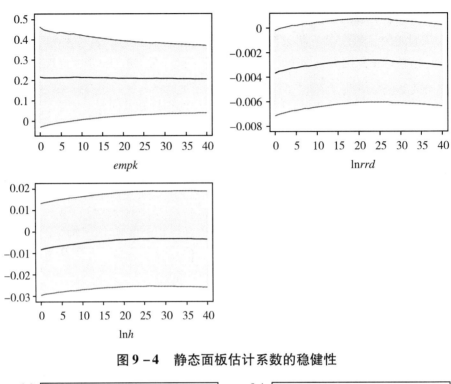

图 9 - 4　静态面板估计系数的稳健性

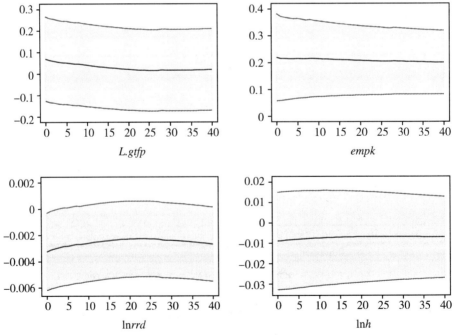

图 9 - 5　动态面板估计系数的稳健性

计值比较接近，但估计系数的标准差随折旧率的上升而下降。在折旧率为 0% 时 *empk* 的系数估计值在 5% 水平上显著为正。动态面板差分 GMM 估计结果也显示了金融效率对技术进步的显著促进作用。

第5节 主要结论和政策启示

本章剖析了金融效率影响全要素生产率的机制，测算长三角各地级市金融效率和资本的边际生产率，检验了金融效率对长三角全要素生产率的影响。本章给出的主要结论和政策启示如下。

一、主要结论

（1）金融效率是影响经济增长和全要素生产率的重要因素。提升金融效率可以降低金融中介成本，纠正资本配置扭曲，促进市场竞争。利用长三角地区的样本数据的实证检验表明，金融效率修正后的资本边际生产率对全要素生产率产生显著的影响，金融效率提高可以显著促进全要素生产率的增加。

（2）随着长三角地区储蓄和投资规模的增加，单位居民储蓄转化为生产的能力（用金融效率修正后的资本边际生产率）呈现出下降的态势。资本边际生产递减和金融效率下降使得长三角地区的资本利用效率下降。特别是在 2009 年之后，长三角地区经济增长减速，企业投资的资金需求减少，金融体系的效率加速下滑。在经济发展新阶段，提升资本边际效率的意义尤为突出。

二、政策启示

（1）提升金融效率是促进经济增长方式集约化的有效途径。多年来，资本积累在长三角经济增长中发挥着重要作用，区域经济增长很大程度上依赖于投资的增长。伴随投资的增加，长三角已经出现资本边际生产递减的效应，继续增加资本形成的产出效应不断弱化。为保持长三角经济可持续发展，长三角地区应转变过度依赖大规模投资的增长方式，应致力于金融体系改革的深化，通过金融效率根除使经济增长方式粗放化和低效率的制度根源。

（2）完善金融体系的管理制度。一方面要加强监管、健全金融风险防范机制，从制度上保证货币政策和金融体系在宏观经济调控中的作用；另一方面要在金融部门大力引入竞争，发挥市场竞争促进效率提升的作用。在现有阶段，金融体系的竞争状况并不充分。国有银行的垄断、民营资本进入银行业存在壁垒、金融业企业的软约束、直接融资市场不够发达、利率市场化程度不高、政府干预过度等一系列现象制约了竞争效率的发挥。竞争是企业效率提升和创新的力量，必须通过竞争发挥金融服务企业在金融效率提升中的主体作用。

（3）鼓励金融创新，发展和培育多层次的资本市场，增强资本市场活力，降低社会融资成本。企业对金融产品的需求多种多样，传统的金融服务难以满足经济转型时期不同企业的发展要求。在经济全球化和网络化的时代，企业趋于小微化，中小企业在创新型经济中发挥着越来越重要的作用。提升金融效率，首先要鼓励金融服务业中小企业的发展，通过企业多元化推动金融产品服务的多样化；其次要鼓励金融企业为中小型创新企业提供更加便捷的服务；最后要充分利用互联网技术，推动金融业商业模式的创新，探索安全高效的互联网金融服务管理制度和服务体系，通过创新技术的引进降低金融服务的成本。

第10章 贸易环境变化与企业国际化经营方式转型

【本章提要】出口在长三角经济增长中扮演着重要的角色。长期以来，依托相对廉价的要素价格，逐步融入全球生产分工体系的长三角地区已经成为全球制造业的生产加工基地。自美国金融危机爆发后，国际贸易环境发生了一系列变化：各国经济衰退引致需求减弱和贸易保护主义抬头，多边贸易体系推动贸易自由化的步伐放缓，主要贸易伙伴国迅速发展的自由贸易区战略形成贸易转移，发达国家陆续施行的量化宽松货币政策加剧了人民币升值。在一系列国际贸易环境的变化中，长三角地区出口主导型的国际化方式面临考验。

推进企业国际化经营方式由出口向对外直接投资转型是长三角地区应对国际经济形势变化的要求，也是促进经济增长方式转型的重要内涵。事实上，在国际形势变化中，越来越多的长三角企业开启了对外直接投资的探索之路。但由于受到跨文化管理能力、技术水平、人力资本和商业渠道的制约，成功实现国际经营方式转型依然任重道远。

国际贸易环境变化对企业国际化经营方式转型的倒逼效应很大程度上依赖于企业的国际化经营能力。国际贸易保护主义对企业对外直接投资的触发效应反映了企业国际化能力的强弱。为了揭示中国企业走出去的动因、制定促进企业走出去的对策，本章将聚焦分析进口国贸易壁垒对中国企业对外直接投资的影响，实证检验中国企业实现国际经营模式转型的潜力和存在的制约。

第1节 贸易壁垒与企业对外直接投资状况

一、贸易壁垒对出口的冲击

近年来，许多国家陷入经济增长的困境。为振兴经济和促进就业，以美国为代表的发达国家反思金融危机的教训，开始推行回归实体经济的战略。2010 年 8 月《美国制造业振兴法案》正式生效，其目的就是要通过贸易保护与产业政策促进美国制造业企业的国际竞争力。新时期发达国家的贸易保护涉及的产品领域宽泛，即使是发达国家一贯倡导发展的节能环保产品也成为了贸易保护的实施对象。2010 年以来，中国出口的晶体硅光伏电池和应用级风电塔等产品多次遭遇美国发起的 301 调查和反倾销调查。

中国是世界上涉及贸易纠纷案件最多的国家。根据 WTO 统计，1995 ~ 2013 年，中国累计遭遇反倾销调查 989 件，占全球案件总数的 21.9%。国外对华反倾销涉及的产品种类多，涉案产品的贸易规模较大。反倾销给中国涉案企业带来了损害，也增加了其他企业出口的经营风险。反倾销对出口的影响往往具有长期性，因为反倾销一旦实施，保护期便会长达 5 年之久。不仅如此，即使经过 5 年期之后，反倾销措施依然存在延续的可能。中国出口美国的部分产品，如氯化钡、碳钢焊接钢管、三氯硝基甲烷、铁铸件、石蜡蜡烛、搪瓷厨具、高锰酸钾等，已经被连续征收了 20 年的反倾销税。

长三角是中国遭遇贸易保护主义危害的重灾区，在全球贸易环境变化中，越来越多的企业被卷入国外发起的贸易纠纷。据江苏省商务厅统计，江苏省出口企业遭遇的贸易救济案件数量和金额不断攀高。2002 年江苏省企业遭遇的国外贸易救济调查案件不到 10 起，涉案金额为 4 000 多万美元，但到 2012 年，涉及案件数已增至 100 起，涉案金额上升到 120 亿美元①。

国外对华贸易保护主义升温与国内劳动力成本上升、人民币升值等因素交织在一起，冲击着长三角地区的出口。根据 2003 ~ 2014 年上海市、江苏省和浙江省的统计年鉴报告的数据，可以发现，2002 ~ 2007 年，长三角出口的年均增长率高达 35.1%，而在金融危机爆发后的 2008 ~ 2013 年，长三角地区出口的年均增长率仅为 9.7%。其中，上海市、江苏省和浙江省的年均出口增长分别由 2002 ~ 2007 年的 32.4%、38.8% 和 33.3% 下降至 2008 ~ 2013 年的 7.0%、9.5% 和 12.8%。2013 年长三角出口的增长率仅为 2.9%，其中，上海市陷入负增长，江

---

① 资料来源：江苏省商务厅网站：http://www.jsdoftec.gov.cn/zxft/zxft20130520.asp

苏省为零增长，仅有浙江省的增速与全国平均增速相当。

金融危机爆发后，全国各地出口均经历了类似的变化。然而，金融危机对长三角出口的影响远大于全国。金融危机爆发前的 6 年里，长三角的出口增速大于全国；但在金融危机爆发后的 6 年里，长三角地区的平均增速反而低于全国平均水平。出口增速的相对下降引致长三角地区在全国出口中的占比下降。2007 年，全国出口中长三角的占比为 39.2%，而 2013 年这一占比已经下降至 35.4%。

二、对外直接投资的现实意义

国际贸易环境变化对长三角增长动力机制、产业结构和企业国际化方式产生了极其深刻的影响。在出口遭遇壁垒和国内劳动力成本不断增加的背景下，长三角企业正致力于国际化战略的调整，越来越多的企业将目光聚焦于对外直接投资。

一般认为，对外直接投资是企业绕过贸易壁垒的重要途径，因而贸易壁垒增多会驱使更多的企业走出去经营。但在实践中，置身于他国的生产经营不得不面对政治、经济、文化、语言的差异性，企业对外直接投资活动也会受到企业技术能力和国际经营管理能力的制约。只有在一定的条件下企业才会开展对外直接投资，究竟企业能否通过对外直接投资应对贸易壁垒的负面影响并因此获得更高的盈利能力仍然具有不确定性。

长期以来，中国开放型经济以大规模出口和大规模的外资利用为特征。这一特征的形成归因于中国特定发展阶段的资源禀赋优势。低廉的劳动力成本和土地价格、相对宽松的环境政策、巨大的市场成长潜力是中国能够成功吸引外商直接投资的重要原因，也是中国产品赢得国际市场竞争力的基础。如今，原有的资源禀赋优势已经伴随中国的经济发展而减弱。对于人均 GDP 跨过 1 万美元的长三角地区而言，相对于国内外日益开放的发展中国家和地区，不仅不再拥有劳动力成本优势，而且其经济发展也受到了日益显性化的土地和资源环境制约。在国际贸易环境的变化中，拓展企业国际化经营方式和推进对外直接投资是符合经济发展规律和企业利益的必然选择。

企业国际化经营方式的转型是区域经济发展方式转型的微观基础。为促进中国经济增长方式的转型，国家和各级政府对企业对外直接投资寄予厚望。企业对外直接投资对经济增长方式转变的促进作用可以体现在以下方面：第一，对外直接投资是获得国外先进技术和管理经验的重要渠道，有利于企业的技术进步。在拥有充裕创新信息、创新人才、创新资本、创新政策和创新产业集群的发达国家直接进行生产经营，能够更好地了解国际技术信息的新动态，学习吸收和利用国际新技术，整合东道国的创新资源，促进企业技术创新能力和管理能力的提升。

企业对外直接投资包括绿地投资和并购两种主要方式。绿地投资是在东道国创建拥有所有权、经营权和控制权的企业；对外直接投资的并购方式是指兼并和收购国外的企业。通过并购国外的企业，可以直接获得被收购企业拥有的技术。改革开放以来，中国在制造业生产的终端环节形成了较强的产业基础，但无论在技术研发和核心零部件生产的上游环节，还是在品牌塑造和销售服务的下游环节上，仍然高度依赖国外。对国外上下游企业的并购可以推动企业生产向高端价值链延伸，并打破核心技术和品牌长期被国外企业垄断的格局。邓宁（2006）认为，中国对发达国家的投资很难用主流的投资理论解释，地理位置和经济的相似性并不显得十分重要。日本学者筑波昌之（2006）分析了中国的对日投资，发现中国企业为获取技术、品牌、先进管理经验和国际销售网络的投资不断增加。第二，对外直接投资能够缓解能源和矿产的资源瓶颈，为国内经济的可持续发展创造条件。中国是石油和矿产资源的进口大国，国外资源供给能力的变化和供给的稳定性关系到中国的经济利益和经济安全。实际上，中国对外直接投资中资源类企业的投资占有相当高的比例。2013 年，中国采矿业的对外直接投资高达 248 亿美元，占中国对外直接投资总额的 1/3 以上[①]。第三，改善生态环境。中国的生态环境问题十分严重，高能耗、高污染、难循环的生产方式亟须转变。要实现这一转变，长期来看淘汰落后产业成为必然。伴随环境政策和产业政策的变化，高能耗、高污染产业在中国生产的比较优势逐步消失。但从全球看，这些产业在工业化程度低的落后国家和地区仍然存在比较优势。通过对外直接投资，实现产业的区位转移，一方面可以充分利用企业多年积累的技术和管理经验，改善企业的利润状况，为企业创新积累留下时间；另一方面，可以减轻国内资源环境负担，使国内生产要素流向创新型的新兴产业。日本学者小岛清研究了日本经济转型时期的对外直接投资特征，提出了边际产业扩张论，论证了将本国夕阳产业转移到仍然具有比较优势的国家对于企业和国家而言都是有利的合理选择。第四，对外直接投资能够减少贸易壁垒的危害。在世界主要经济体中，中国是最大的贸易顺差国，其贸易依存度远高于其他国家。长期的贸易顺差是中国对外贸易遭遇壁垒的原因。将生产转移到国外，不仅可以绕过贸易壁垒，而且可以促进贸易再平衡，降低国外对华实施反倾销带来的风险和损失。

根据商务部发布的《2013 年度中国对外直接投资统计公报》，中国已成为世界上规模最大的三大投资国之一。2007 年美国金融危机爆发后，中国对外直接投资持续高速增长。2013 年中国对外直接投资额高达 1 078 亿美元，是 2007 年的 4 倍。在地方企业非金融类对外直接投资中，经济发达地区走在前列。长三角两省一市的

---

① 资料来源：商务部网站：http：//www.fdi.gov.cn/1800000121 - 33 - 4266 - 0 - 7.html

对外直接投资规模屡创新高。2012 年上海市对外直接投资增速高达 80.4%。

三、相关文献回顾

贸易和对外直接投资是两种不同的企业参与国际化的方式。在生产据点的地理分布上，出口企业的生产基地在国内；对外直接投资的生产据点在国外。生产据点的转移决定了企业生产投入要素的区别，出口产品的生产利用本国的劳动力和土地，而对外直接投资则利用东道国的劳动力和土地。面对制度、文化和生产要素成本的差异，企业的生产技术和管理方法都应随环境的变化做出调整。在本国生产能够取得国际竞争力的企业未必一定能在对外直接活动中取得成功。许多研究表明，进口国的贸易壁垒对企业对外直接投资有一定的激励作用，但也有研究指出，这种激励作用主要适用于发达国家。阿兹拉克和怀恩（Azrak & Wynne，1995）实证检验了美国反倾销行为对日本对美投资的影响，认为美国的贸易保护政策诱发了日本企业的对美直接投资。而对于发展中国家，由于企业跨文化管理能力较弱或产业高度依赖本国的廉价要素成本，在其遭遇进口国贸易壁垒时，并没有足够的实力开展对外直接投资。关于中国企业是否有能力通过对外直接投资应对进口国的贸易壁垒问题，杜凯和周勤（2010）进行了研究，发现进口国关税和反倾销的贸易壁垒能够诱发中国对外直接投资。

第 2 节　企业对外直接投资与国外贸易保护关系的理论分析

一、国外贸易保护与企业国际化经营方式

出口与对外直接投资是企业国际化经营的两种重要方式。决定企业选择出口还是对外直接投资的决定性因素在于区位优势。当外国需求产品生产的区位优势由本国转移到国外时，具有在全球配置资源的跨国企业就会将国际化经营方式由原先的出口转变为对外直接投资。国外贸易保护使产品销往国外市场的流通成本增加，由此削弱本国生产的区位优势，从而有可能导致企业转移生产据点，倒逼企业开展对外直接投资。

在贸易保护增加的情况下，企业国际化经营方式的变化主要有以下三种形式：一是减少甚至中止对贸易保护国市场的出口，重新开拓第三国市场或增加向第三国市场的出口，即通过贸易转移减少危害；二是减少或中止向贸易保护国市场出口，转向国内市场销售；三是将生产转移至贸易保护国或第三国，即实施对外直接投资战略。当第一和第二种情况出现时，贸易保护不能有效促进企业的对

外直接投资，只有在第三种情况出现的情况下，贸易保护才能影响对外直接投资。

第一种策略仅是出口市场的转移，生产基地仍然保留在国内。其优点在于企业可以继续利用本国生产的优势基础，但为开拓第三国市场、企业需要构建全新的销售网络体系，营销投入成本较高。一般而言，在某一进口国贸易壁垒增加的情况下，开拓第三国出口市场的难度也会提高。因为贸易保护主义往往具有传染性，一旦主要贸易大国发起贸易保护，其他国家会竞相效仿。

第二种策略实际上是企业国际化进程的倒退。在国外贸易壁垒强大和企业国际化能力较为脆弱的情况下，这类现象易于发生。扩大国内销售尽管也需要一定的营销投入，但与开拓第三国市场相比，营销投入相对较少。由于企业生产仍然保留在国内，没有转移生产基地，企业也无须支付对外直接投资的费用。

第三种策略是企业经营国际化方式由出口向直接投资的转变。由于将生产基地转移到他国，企业在他国投资建厂和组织生产需要较大的固定投入，并需要克服生产经营中的跨文化障碍。企业在他国的直接投资活动可以充分利用东道国的本地市场优势、减缓和规避贸易保护增加对企业经营产生的冲击。

为揭示贸易壁垒对企业国际化经营方式的影响，以下借助一个简单的理论模型，分析企业选择出口或选择直接投资需要满足的条件。该模型假设在进口国市场上，中国企业与进口国本地企业相互竞争，两国企业生产的产品有一定差异性，各国企业均以利润最大化为目标确定产品的销售价格。

1. 自由贸易条件下的企业决策

假设中国产品进入进口国市场之前，进口国存在同类产品的生产企业。进口国贸易保护措施增加中国产品进入进口国市场的成本，削弱中国产品在进口国市场上的竞争优势。

在进口国市场上，同类产品的供给企业分别为进口国的本土企业（h）和中国出口企业（c）。市场对进口国产品和中国产品的需求分别用 q^h 和 q^c 表示。对中国产品的需求随中国产品价格的上升而下降，随进口国本土产品价格的上升而上升。进口国本土企业和中国企业的产品需求量分别为：

$$q^h = 1 - p^h + kp^c \tag{10.1}$$

$$q^c = 1 - p^c + kp^h \tag{10.2}$$

其中，p^h 表示进口国企业的产品价格，p^c 为中国企业的产品价格。参数 k（$0 < k \leqslant 1$）反映两国企业产品的差异化程度。k 越大，表示进口国企业的产品销售价格对中国产品的需求影响越大，产品间的替代性越强。

企业以利润最大化为目标，确定产品的市场价格。用 π_{FT}^c 和 π_{FT}^h 表示自由贸易情况下中国出口企业和进口国企业的利润，各企业以利润最大化为目标确定产品销售价格。

$$\max_{p^c} \pi_{FT}^c = (p_{FT}^c - c^c - s) q_{FT} (p_{FT}^h, p_{FT}^c) \tag{10.3}$$

$$\max_{p^h} \pi_{FT}^h = (p_{FT}^h - c^h) q_{FT}^h (p_{FT}^h, p_{FT}^c) \tag{10.4}$$

其中，各变量的下标 FT 表示自由贸易条件下的变量，上标 c 和 h 分别表示中国和进口国的相关变量，c^h 和 c^c 表示进口国企业和中国企业生产单位产品的成本，s 表示中国企业将单位产品出口到进口国市场的运输成本。

中国企业和进口国企业之间相互博弈，进口国企业扮演着价格领导者的角色，中国企业根据进口国企业设定的价格调整出口价格。利用式（10.1）~（10.4），求解博弈均衡解，可获得自由贸易条件下中国企业和进口国本土企业的产品价格和产量：

$$p_{FT}^h = \frac{2 + (2 - k^2) c^h + k(c^c + s + 1)}{2(2 - k^2)} \tag{10.5}$$

$$p_{FT}^c = \frac{2k + k(2 - k^2) c^h + (4 - k^2)(c^c + s + 1)}{4(2 - k^2)} \tag{10.6}$$

$$q_{FT}^h = \frac{2 - (2 - k^2) c^h + k(c^c + s + 1)}{4} \tag{10.7}$$

$$q_{FT}^c = \frac{8 + 2k - 4k^2 + k(2 - k^2) c^h + (3k^2 - 4)(c^c + s + 1)}{4(2 - k^2)} \tag{10.8}$$

2. 贸易保护政策下中国企业与进口国企业的决策

进口国的贸易保护为中国产品进入进口国市场设置了障碍。假设进口国以反倾销名义阻碍中国出口，对单位中国出口产品征收反倾销税，反倾销税率为 t。那么中国企业利润最大化目标变为：

$$\max_{p^c} \pi_{AD}^c = (p_{AD}^c - c^c - s - t) q_{AD}^c (p_{AD}^h, p_{AD}^c) \tag{10.9}$$

其中，下标 AD 表示征收反倾销税征税后的变量。在进口国实施贸易保护政策后，进口国企业利润最大化目标为：

$$\max_{p^h} \pi_{AD}^h = (p_{AD}^h - c^h) q_{AD}^h (p_{AD}^h, p_{AD}^c) \tag{10.10}$$

中国企业与进口国企业博弈，博弈均衡解为：

$$p_{AD}^h = \frac{2 + (2 - k^2) c^h + k(c^c + s + t + 1)}{2(2 - k^2)} \tag{10.11}$$

$$p_{AD}^c = \frac{2k + k(2 - k^2) c^h + (4 - k^2)(c^c + s + t + 1)}{4(2 - k^2)} \tag{10.12}$$

$$q_{AD}^h = \frac{2 - (2 - k^2)c^h + k(c^c + s + t + 1)}{4} \tag{10.13}$$

$$q_{AD}^c = \frac{8 + 2k - 4k^2 + k(2 - k^2)c^h + (3k^2 - 4)(c^c + s + t + 1)}{4(2 - k^2)} \tag{10.14}$$

进口国征收反倾销税的目的在于削弱中国企业在其市场上的价格优势，从而保护本国企业的利益。如果关税不足以抵消中国企业的成本优势，即 $t < c^h - c^c - s$，中国企业在进口国市场上销售的产品价格仍然具有优势，即 $p_{AD}^c < p_{AD}^h$，反倾销税使中国出口减少，但中国产品的出口市场依然存在。如果进口国征收的反倾销关税达到一定临界值，使中国企业的产品进入市场成本与进口国企业产品生产成本相等（$t = c^h - c^c - s$），此时中国产品的市场定价会小于进口国企业的定价，即 $p_{AD}^c < p_{AD}^h$。由于进口国企业在本国市场销售中存在先入优势，中国企业要在进口国市场取得利润，具有生产销售成本优势是必要条件。进口国企业征收反倾销税后，中国企业的利润和产量减少。

3. 企业对进口国的直接投资

当企业选择对外直接投资时，需要开展大量的固定投入。对外直接投资是将企业的生产制造和服务转移到其他国家，由于国家之间制度不同、语言文化不同、产业基础不同，为了熟悉和了解进口国的制度文化、重构客户关系，企业直接投资的固定投入成本较大。无论是新建还是兼并形式的直接投资，均需要投入大量的资金用于建设厂房、设备购置或购买进口国原有企业的所有权。用 F 表示直接投资需要的固定投入，直接投资企业根据利润最大化目标确定产品价格：

$$\max_{p^c} \pi_{DI}^c = (p_{DI}^c - c^c)q_{DI}^c(p_{DI}^h, p_{DI}^c) - F \tag{10.15}$$

其中，下标 DI 表示对外直接投资企业的相关变量。此时，进口国企业的利润最大化目标为：

$$\max_{p^h} \pi_{DI}^h = (p_{DI}^h - c^h)q_{DI}^h(p_{DI}^h, p_{DI}^c) \tag{10.16}$$

博弈均衡解为：

$$p_{DI}^h = \frac{2 + (2 - k^2)c^h + k(c^c + 1)}{2(2 - k^2)} \tag{10.17}$$

$$p_{DI}^c = \frac{2k + k(2 - k^2)c^h + (4 - k^2)(c^c + 1)}{4(2 - k^2)} \tag{10.18}$$

$$q_{DI}^h = \frac{2 - (2 - k^2)c^h + k(c^c + 1)}{4} \tag{10.19}$$

$$q_{DI}^c = \frac{8 + 2k - 4k^2 + k(2 - k^2)c^h + (3k^2 - 4)(c^c + 1)}{4(2 - k^2)} \tag{10.20}$$

比较不同情形下的均衡价格和产量，可以发现以下关系：

$$p_{DI}^c < p_{FT}^c < p_{AD}^c \tag{10.21}$$

$$q_{DI}^c > q_{FT}^c > q_{AD}^c \tag{10.22}$$

$$p_{DI}^h < p_{FT}^h < p_{AD}^h \tag{10.23}$$

$$q_{DI}^h > q_{FT}^h > q_{AD}^h \tag{10.24}$$

即，如果企业在本国生产和进口国生产的边际成本相同，企业对外直接投资后，在进口国市场的销售价格会低于出口时的定价，而产量则大于出口量。进口国国内企业的产品价格和产量也会因中国由出口转变为直接投资的经营方式变化而变化，直接投资使进口国企业的产品价格下降，产量增加。对以上结论的解释是：企业最优决策取决于边际成本，直接投资活动增加的固定投入成本并不影响定价和产量，但因直接投资活动绕过了进口国的关税并节约了产品由中国出口到进口国所需的运输成本，使产品服务的边际成本下降。企业的产量随边际成本下降而增加，产品的价格则因企业供给量的增多而下降。

二、企业国际化方式的选择

利润是企业国际化方式选择的依据。将企业确定的价格和产量代入利润函数，可以得到不同经营环境和经营方式下中国企业的利润。

首先，自由贸易条件下企业通过出口可获得的利润为：

$$\pi_{FT}^c = \left[\frac{2k + k(2-k^2)c^h + (4-k^2)(c^c+s+1)}{4(2-k^2)} - c^c - s \right] \times$$
$$\left[\frac{8 + 2k - 4k^2 + k(2-k^2)c^h + (3k^2-4)(c^c+s+1)}{4(2-k^2)} \right] \tag{10.25}$$

其次，存在反倾销税时企业通过出口可获得的利润为：

$$\pi_{AD}^c = \left[\frac{2k + k(2-k^2)c^h + (4-k^2)(c^c+s+t+1)}{4(2-k^2)} - c^c - s - t \right] \times$$
$$\left[\frac{8 + 2k - 4k^2 + k(2-k^2)c^h + (3k^2-4)(c^c+s+t+1)}{4(2-k^2)} \right] \tag{10.26}$$

最后，企业通过对外直接投资可获得的利润：

$$\pi_{DI}^c = \left[\frac{2k + k(2-k^2)c^h + (4-k^2)(c^c+1)}{4(2-k^2)} - c^c \right] \times$$
$$\left[\frac{8 + 2k - 4k^2 + k(2-k^2)c^h + (3k^2-4)(c^c+1)}{4(2-k^2)} \right] - F \tag{10.27}$$

当企业发现对外直接投资能够获得比出口更多的利润时，企业就会推进由出口向对外直接投资的转型。企业出口的利润与进口国的贸易保护程度有关，进口国的贸易保护会使出口企业利润减少，因此当贸易保护壁垒达到一定临界值后，有一定国际化经营能力的企业会选择对外直接投资。

对外直接投资的固定成本是影响企业国际化经营方式的重要因素。如果国内外生产的边际成本相同，只有企业对外直接投资的固定成本小于一定临界值后，企业才会选择直接投资方式。

在特定的固定成本下，企业对外直接投资的利润等于自由贸易条件下的出口利润，将这一特殊的固定成本称之为临界固定成本（F_{FT}^*）。按照两种情况下利润相等的条件可得：

$$F_{FT}^* = (4 - 3k^2) s \frac{A + (3k^2 - 4) s}{4(2 - k^2)} \qquad (10.28)$$

其中，$A = 2k(2 - k^2) c^h + 2(3k^2 - 4) c^c - 2k^2 + 4k + 12$。只要直接投资需要的固定成本小于临界成本 $F < F_{FT}^*$，企业就会选择直接投资。反之，如果直接投资需要的固定成本大于临界成本，企业将选择出口的方式。

在进口国实施贸易保护征收反倾销税后，企业通过出口获得的利润减少，这将会增加企业对外直接投资的可能性。此时出口和对外直接投资利润相等时的临界固定成本（F_{AD}^*）为：

$$F_{AD}^* = (4 - 3k^2)(s + t) \left[\frac{A + (3k^2 - 4)(s + t)}{4(2 - k^2)} \right] \qquad (10.29)$$

如果直接投资需要的固定成本小于上述临界成本，企业将选择直接投资。比较式（10.28）和式（10.29）可知，$F_{AD}^* > F_{FT}^*$。即，进口国采取贸易保护措施后，选择直接投资的临界固定成本上升，部分企业将由原来的出口转变为直接投资，因而形成了贸易壁垒触发直接投资的效应。

第3节　贸易保护直接投资效应的实证分析

中国是出口大国，同时也是遭遇贸易壁垒最多的国家。各国针对中国采取的贸易保护措施形式多样，除传统的关税壁垒外，还包括反倾销、反补贴、反垄断和特殊保障措施等非关税贸易救济措施。在诸多非关税贸易保护措施中，无论从案件数量还是从涉案贸易规模上看，反倾销案件最为突出。本节以进口关税、反倾销和特殊保障措施作为中国遭遇贸易壁垒的变量，实证研究贸易壁垒对中国对外直接投资的影响。

一、贸易保护诱发直接投资的初步检验

本节暂不控制其他影响直接投资的因素，直接检验进口方关税、反倾销和特

殊保障措施与中国对该进口方直接投资的关系。在实证研究中，将 2003 ~ 2011 年中国对主要国家和地区的直接投资规模作为被解释变量。

实证分析模型如下：

$$\ln odi_{it} = \beta_1 D_{it}^{AD} + \beta_2 D_{it}^{SG} + \beta_3 \ln tariff_{it} + \varepsilon_{it} \qquad (10.30)$$

其中，$\ln odi_{it}$ 为中国在 t 期对 i 国（地区）直接投资总额的对数值，$\ln tariff_{it}$ 表示 i 国（地区）t 期平均关税率的对数值，D_{it}^{AD} 表示 i 国（地区）在 t 期对中国实施反倾销情况（是取 1，否取 0），D_{it}^{SG} 表示 i 国（地区）在 t 期对中国实施特殊保障措施情况（是取 1，否取 0）。把影响中国对外直接投资的其他因素归纳于误差项 ε_{it} 中。

对外直接投资总量数据来源于 2010 年中国对外直接投资统计公报，样本覆盖如表 10 - 1 所示的 90 个国家和地区。在这些国家和地区中，部分是频繁对华实施贸易保护措施的，但也有很多从未对华实施贸易保护措施。对外直接投资规模（$\ln odi_{it}$）使用存量。关税变量（$\ln tariff_{it}$）用所有产品的最惠国加权平均税率（%）衡量，数据来源于世界银行数据库。各国（地区）是否对华实施反倾销和特保措施的信息 D_{it}^{AD} 和 D_{it}^{SG} 来源于世界银行"临时性贸易壁垒数据库（含全球反倾销数据库）"。

表 10 - 1　　　　　　　　　　　样本包含的国家和地区

阿尔巴尼亚	白俄罗斯	洪都拉斯	马里	塞尔维亚	乌拉圭
阿尔及利亚	贝宁	吉布提	毛里求斯	塞内加尔	中国香港
阿根廷*	波斯尼亚和黑塞哥维那	吉尔吉斯斯坦	毛里塔尼亚	塞舌尔	新加坡
阿曼	玻利维亚	几内亚	美国*	沙特阿拉伯	新西兰*
阿塞拜疆	博茨瓦纳	加拿大*	孟加拉国	斯里兰卡	叙利亚
埃及	多哥	加蓬	秘鲁*	苏丹	也门
埃塞俄比亚	多米尼加共和国	柬埔寨	摩洛哥	塔吉克斯坦	伊朗
澳大利亚*	俄罗斯	喀麦隆	莫桑比克	泰国	以色列*
巴巴多斯	厄立特里亚	科特迪瓦	墨西哥*	坦桑尼亚	印度
菲律宾*	巴布亚新几内亚	科威特	纳米比亚	印度尼西亚*	突尼斯
哈马	冈比亚	克罗地亚	南非*	土耳其	约旦
巴基斯坦*	刚果（金）	肯尼亚	挪威	委内瑞拉	越南
巴拉圭	哥伦比亚*	老挝	欧盟*	文莱	赞比亚
巴拿马	哈萨克斯坦	黎巴嫩	日本*	乌干达	乍得
巴西*	韩国*	马来西亚*	瑞士	乌克兰	智利

注：表中带有 * 号的国家实施过对华反倾销。

考虑到反倾销和特保措施对贸易和投资的影响可能具有持续性，在设置虚拟变量的过程中，我们选用了以下两种处理方法：

第一，如果进口国（地区）i在t期对中国实施反倾销或特保措施，则将该期的虚拟变量取值为 1，如果没有则取 0。这一处理方法仅考虑反倾销和特保措施的当期效应，忽视了贸易保护措施的后续影响。

第二，如果进口国（地区）i在t期只要对中国实施反倾销或特保措施，则将该期及以后各期的虚拟变量均取为 1，此前的各期取 0。这一处理方法考虑了反倾销等贸易保护政策的长期效应。在实践中，反倾销政策一旦实施，常常会持续较长时间，因此反倾销的效应一般不会局限于发起反倾销的年份。

实证检验的结果如表 10-2 所示。从第一种处理方法的检验结果看，非关税贸易保护措施与直接投资之间存在正相关关系，但这一关系并不显著。也就是说进口国（地区）的非关税贸易保护措施并不能立即触发中国对进口国（地区）的直接投资。因为直接投资需要大量的调研和准备工作，在进口国（地区）采取贸易保护措施后，中国企业很难在短期内做出直接投资的决策响应。第二种方法的检验结果显示，进口国（地区）的关税和非关税贸易保护措施均与中国对进口国（地区）的直接投资存在显著的正相关关系。进口国（地区）税率越高，中国对进口国（地区）的直接投资就越多；在进口国（地区）实施反倾销或特保措施等非关税贸易保护措施之后，中国对该国（地区）的直接投资显著增加。与从未实施过非关税贸易保护措施的国家（地区）相比，中国对实施过贸易保护措施国家（地区）的直接投资水平显著较高。以上检验初步显示了进口国（地区）贸易保护对直接投资的影响。

表 10-2　　　　贸易保护措施与直接投资关系的初步检验

	第一种方法	第二种方法
是否实施反倾销	0.342 (1.19)	1.501 *** (5.02)
是否实施特保措施	0.413 (0.43)	1.174 * (1.72)
关税	0.875 *** (3.41)	0.583 *** (3.33)
随机效应	否	是
固定效应	是	否

续表

	第一种方法	第二种方法
Hausman 统计量	15. 45***	5. 91
观测值	475	475
R^2	0. 75	0. 09

注：（1）***、**、*分别表示显著性水平为1%、5%、10%。（2）Hausman 检验确认了第一种方法采用固定效应，第二种方法采用随机效应。括号内数字为t值。

二、贸易保护触发直接投资的再检验

实际上，影响中国对外直接投资的因素较多，中国对外直接投资的动机也不局限于绕过贸易壁垒。要揭示贸易保护对中国对外直接投资的触发效应，有必要控制其他因素进行再检验。以下控制可能对中国对外直接投资产生影响的变量，进一步检验贸易保护对中国对外直接投资的触发效应。被控制的变量包括：进口国经济规模、自然资源禀赋、政治风险、通货膨胀率、对中双边贸易关系和进口国的市场开放度。

进口国经济规模。中国企业家调查系统关于《中国企业战略：现状、问题及建议》的调查报告表明，占领市场是中国企业对外直接投资的首要目标。无论是对发达国家还是对发展中国家的投资，以占领市场为目标的对外直接投资企业数量占比最大。邓宁（Dunning，1977，1981，1988）提出的 OIL 理论也强调了市场规模作为区位优势在决定企业对外直接投资行为中的作用。东道国市场规模越大，实现企业直接投资规模经济效应和范围经济效应的潜力越大。因此，进口国经济总量越大，中国企业对该国的直接投资规模会越大。

自然资源禀赋。随着中国经济的高速发展，中国对石油、矿产资源的进口依赖不断加大。2010 年中国对石油等主要资源的外依存度已经超过50%。在国内市场巨大需求的驱动下，以国有企业为主的中国企业积极投资国外，以此获得资源开采权。近年来，中国对外直接投资的大型收购项目大多集中于石油等资源类行业。例如，2009 年中石油收购新加坡石油公司，中石化并购瑞士 Addax 公司；2010 年中石化收购集团位于安哥拉的油块资产，购买美国康菲石油加拿大油砂公司、西班牙雷普索尔巴西公司和 OXY 阿根廷子公司，2013 年中海油收购加拿大尼克森公司等。

政治风险。政治风险高的国家，制度和政策的稳定性较差，企业对此类国家投资存在较大的经营风险。在其他条件给定的情况下，企业的直接投资会倾向于选择政治风险较低的国家。巴克利等（Buckley et. al，2007）的研究发现，政治风险与中国对外直接投资负相关。

通货膨胀。进口国的通货膨胀会增加企业投资规划的不确定性。一方面，通货膨胀下工资、原料等要素成本的上涨会削减进口国的成本优势；另一方面，进口国的通货膨胀也会导致进口国货币的贬值。无论是要素成本的上升还是货币的贬值均减少了用投资母国货币衡量的直接投资的预期经济利润，从而对市场寻求型 FDI 产生抑制作用。

双边贸易规模。双边贸易规模反映了中国与进口国之间的合作基础。约翰逊和保罗（Johanson & Paul，1975），约翰逊和瓦伦（Johanson & Vahlne，1977，1990）提出的企业国际化进程模型认为，企业的国际化过程一般经历由进、出口到在国外成立销售子公司，再走向对外直接投资的过程。进、出口贸易增进了本国企业对贸易伙伴国制度、文化和市场信息的了解。出口过程也是企业技术水平、管理能力和国际化能力增强的过程。双边贸易规模越大的国家之间，相互之间的交往越频繁，彼此之间的信息交换越充分，经济联系越密切。这为企业在国外设立销售子公司和兴建新的企业创造了条件。

外资开放度。各国外资利用态度存在很大差异，部分国家为吸引外资制定了优惠政策和良好的政府服务，而另一些国家为了保护国内企业的利益，尽力限制外资进入。我们用外资占国民生产总值的比重反映东道国的外资开放度。

引入上述解释变量后，构建以下两种形式的模型。模型设定如下：

面板数据模型：
$$\ln odi_{it} = \alpha_{it} + \beta_{it} x'_{it} + \mu_{it} \tag{10.31}$$

动态面板模型：
$$\ln odi_{it} - \delta y_{i,t-1} + \beta_{it} x'_{it} + \mu_{it} + \nu_i \tag{10.32}$$

其中，$\ln odi_{it}$ 代表中国对外直接投资的对数，x_{it} 代表解释变量向量，包括进口国对华反倾销诉讼案件数、经济规模、资源禀赋、政治风险、通货膨胀和外资开放度等变量。ν_i 代表进口国的个体差异，μ_{it} 表示一般误差项。假设 $\nu_i \sim \text{IID}(0, \sigma_\nu^2)$，$\mu_{it} \sim \text{IID}(0, \sigma_\mu^2)$，并且 μ_{it} 和 ν_i 相互独立，μ_{it} 不存在序列相关。

在利用模型实证检验之前，首先检验被解释变量和解释变量数据的平稳性。在假设面板数据中各截面成员具有相同单位根的情况下，进行 LLC 检验、Breitung 检验和 Hadri 检验；在假设面板数据各截面成员具有不同单位根的情况下，进行 Im-pesaran-Skin 检验、Fisher-ADF 检验和 Fisher-pp 检验。然后利用 Kao、Pedroni 和 Johansen 方法进行协整检验，检验结果显示被解释变量和解释变量之间存在协整关系，即被解释变量能够被解释变量的线性组合所解释，两者之间存在稳定的均衡关系。最后对各个变量之间进行格兰杰因果关系检验。实证分析采用的数据来源及处理方法如表 10－3 所示。

表 10 - 3　　　　　　　　　　变量含义和数据来源

指标	变量符号	衡量数据	数据来源
直接投资	odi	中国对进口国的直接投资存量	2010 年中国对外直接投资统计公报
反倾销	ad	进口国对中国发起的反倾销立案次数	WTO 反倾销数据库
经济规模	gdp	进口国国内生产总值	世界银行数据库
自然资源禀赋	nr	进口国石油和金属矿物出口占该国出口贸易比重	世界银行数据库
政治风险	pol	世界银行 WGI 中衡量政治稳定和无暴力/恐怖的指数	世界银行数据库
通货膨胀率	ifl	进口国通货膨胀率	世界银行数据库
经济开放度	op	进口国 FDI 流入占 GDP 比重	发起国 FDI 来源于世界银行数据库
出口贸易	ex	中国的出口额	2011 年中国统计年鉴
进口贸易	im	中国的进口额	2011 年中国统计年鉴

注：参照巴雷尔和帕因（Barrell & Pain，1993，1999）的研究，对外直接投资采用存量指标。

2003～2011 年，对中国实施反倾销的主要国家和地区包括：阿根廷、澳大利亚、巴西、加拿大、哥伦比亚、欧盟、埃及、日本、印度、以色列、印度尼西亚、印度、韩国、墨西哥、新西兰、巴基斯坦、秘鲁、泰国、土耳其、乌克兰、美国和南非。本节分析以上述 21 个国家和地区为样本。样本数据的主要统计指标如表 10 - 4 所示。

表 10 - 4　　　　　　　　　　样本描述性统计

变量	均值	最大值	最小值	标准差
odi	62 880.872	1 249 689.000	6.000	135 467.493
ad	12.218	86	0	15.300
gdp	153 398 811.713	1 167 084 625	3 928 854	308 378 479.63
nr	0.210	0.683	0.012	0.178
pol	- 0.31	1.494	- 2.705	0.962
ifl	0.053	0.253	- 0.013	0.046
op	2.425	10.488	- 5.115	2.154
ex	3 315 413.873	31 121 916.000	35 373.900	6 433 429.575
im	2 489 893.217	17 673 610.000	6 045.900	4 012 871.585

我们采用格兰杰因果检验法，检验直接投资与各解释变量间可能存在的因果关系，结果如表 10 – 5 所示。在 10% 显著水平下拒绝进口国反倾销措施不是中国企业投资的原因的假说，这意味着国外反倾销行为的变化引起了中国对外直接投资的变化。进口国经济规模不是企业对外投资的假说在 5% 显著性水平下被拒绝，因此，进口国经济规模是中国 OFDI 的格兰杰原因。中国与进口国之间的贸易同样也在 5% 显著水平拒绝原假设，因此，双边贸易规模是中国 OFDI 变化的原因。检验还发现，进口国的膨胀和政治风险变化并不是影响中国对外直接投资的格兰杰原因，这一结果与预期并不一致。

表 10 – 5　　　　　　　　　　　格兰杰因果检验结果

零假设	观测值	F 统计量	概率	检验结果
反倾销立案次数不是中国企业投资的格兰杰原因	147	3.716	0.056	拒绝原假设
中国企业投资不是反倾销立案次数的格兰杰原因		0.954	0.330	接受原假设
出口不是中国企业投资的格兰杰原因	147	6.639	0.011	拒绝原假设
中国企业投资不是出口的格兰杰原因		2.159	0.144	接受原假设
进口不是中国企业投资的格兰杰原因	147	6.229	0.014	拒绝原假设
中国企业投资不是进口的格兰杰原因		2.040	0.155	接受原假设
进口国经济规模不是中国企业投资的格兰杰原因	145	4.063	0.046	拒绝原假设
中国企业投资不是进口国经济规模的格兰杰原因		7.822	0.006	拒绝原假设
进口国通货膨胀不是中国企业投资的格兰杰原因	147	0.332	0.565	接受原假设
中国企业投资不是发起国通货膨胀的格兰杰原因		0.755	0.386	接受原假设
自然资源不是中国企业投资的格兰杰原因	147	0.701	0.404	接受原假设
中国企业投资不是自然资源的格兰杰原因		0.609	0.436	接受原假设
政治风险不是中国企业投资的格兰杰原因	147	0.714	0.399	接受原假设
中国企业投资不是政治风险的格兰杰原因		2.354	0.127	接受原假设
外资开放度不是中国企业投资的格兰杰原因	145	4.108	0.045	拒绝原假设
中国企业投资不是外资开放度的格兰杰原因		11.975	0.001	拒绝原假设

注：VAR 模型最优滞后期根据 AIC 与 SC 统计量进行选择。

根据格兰杰因果检验，在模型估计过程中剔除通货膨胀、自然资源禀赋和政治风险 3 个变量。此外，为了避免多重共线性，我们考察了其他解释变量之间的相关性，计算出相关系数，结果如表 10 - 6 所示。由于变量 lngdp、lnex 和 lnim 之间具有较强的相关性，所以在后续的实证检验模型中，尽可能避免同时使用这三个解释变量。

表 10 - 6　　　　　　　　　相关系数检验

	ad	$\ln gdp$	$\ln op$	$\ln ex$	$\ln im$
ad	1				
$\ln gdp$	0.467	1			
$\ln op$	-0.184	-0.461	1		
$\ln ex$	0.484	0.870	-0.370	1	
$\ln im$	0.316	0.774	-0.460	0.856	1

表 10 - 7 给出了利用全部国家的数据估计的结果。考虑到国家间差异可能会使结果出现较大偏差，我们进一步将样本国区分为发达国家和发展中国家，然后分别进行了估计。本章根据联合国《2010 年人文发展报告》把澳大利亚、加拿大、欧盟、日本、韩国、新西兰和美国作为发达国家，将样本中的其他国家视为发展中国家。在估计过程中，首先利用 Hausman 检验对模型采用固定效应还是随机效应进行选择，结果显示，所有模型均应选择固定效应模型。为了进一步验证模型估计结果的稳健性，本节同时利用随机效应模型进行估计。考虑到不同的截面可能存在异方差现象，采取截面加权（Cross-section weights）方法，两种估计结果与固定效应估计结果一致。但限于篇幅，我们只给出了固定效应模型估计结果。在动态面板模型的估计上，本节利用了两阶段动态面板估计方法，工具变量选取利用 Arellano-Bond 方法。为防止存在过度识别问题，分别给出了每个动态面板模型的 J 统计量，其相伴概率显示模型不存在过度识别。

表 10 - 7　　　　　　　　　全样本的估计结果

解释变量	模型 1		模型 2		模型 3		模型 4	
	FE	GMM	FE	GMM	FE	GMM	FE	GMM
ad	0.035***	0.026***	0.027***	0.018***	0.047***	0.022***	0.028***	0.023***
	(4.447)	(3.113)	(3.365)	(2.892)	(5.770)	(3.879)	(3.416)	(3.619)
$\ln odi\ (-1)$		0.414***		0.438***		0.468***		0.342***
		(3.749)		(4.518)		(6.926)		(3.146)
$\ln gdp$	7.535***	3.588***			3.425**	1.027		
	(9.590)	(2.610)			(1.982)	(0.680)		

续表

解释变量	模型 1		模型 2		模型 3		模型 4	
	FE	GMM	FE	GMM	FE	GMM	FE	GMM
$lnex$			1.435 *** (9.956)	0.710 *** (2.880)			0.644 * (1.699)	0.283 (0.454)
$lnim$					1.184 *** (7.613)	0.642 ** (2.582)	0.280 (1.262)	0.507 ** (2.163)
$lnop$	7.464 * (1.828)	0.809 (0.389)	3.914 (0.952)	-0.698 (-0.293)	14.460 *** (3.354)	3.772 * (1.694)	6.302 (1.477)	1.775 (0.770)
观测值	166	124	166	124	166	124	166	124
Hausman 统计量	97.296 ***		16.663 ***		11.998 ***		11.118 **	
J 统计量		85.949		85.586		40.978		78.094
相伴概率		0.542		0.553		0.601		0.716
调整后 R^2	0.876		0.879		0.854		0.882	

注：括号内数字为 t 值。*** 、** 、* 分别表示显著性水平为 1%、5%、10%。

以所有国家为样本的实证分析结果如表 10-7 所示。无论是固定效应模型还是动态面板数据模型，解释变量反倾销的系数均显著为正，这意味着反倾销案件的增加会显著增加中国的对外直接投资。也就是说，国外对华反倾销的增加会触发中国企业对外直接投资。

以发达国家为样本的估计结果如表 10-8 所示。将经济规模、经济开放度、进口贸易和出口贸易均选为控制变量后，实证检验未能给出反倾销显著影响直接投资的结果。控制变量之间存在的相关性可能是导致这一模型估计结果不显著的原因。当部分控制变量被删去后，估计结果开始给出反倾销显著影响对外直接投资的结果。

表 10-8　　　　　　　　　发达国家为样本模型估计结果

解释变量	模型 1		模型 2		模型 3		模型 4	
	FE	GMM	FE	GMM	FE	GMM	FE	GMM
ad	0.043 *** (4.564)	0.139 *** (5.222)	0.021 ** (2.125)	0.157 *** (5.471)	0.017 * (1.998)	0.117 *** (5.420)	0.005 (0.612)	0.194 * (1.697)
$lnodi$ (-1)		-0.803 *** (-3.865)		-1.268 *** (-3.949)		-1.100 *** (-3.613)		-1.600 * (-1.933)

续表

解释变量	模型 1		模型 2		模型 3		模型 4	
	FE	GMM	FE	GMM	FE	GMM	FE	GMM
lngdp	6.673*** (3.154)	9.421** (2.385)					−10.415*** (−3.483)	−11.150 (−0.503)
lnex			1.517*** (5.474)	1.764*** (2.780)			1.143** (2.044)	2.815 (0.487)
lnim					1.832*** (7.084)	1.404** (3.115)	2.133*** (4.402)	0.426 (0.156)
lnop	7.620 (1.359)	2.852 (0.398)	3.818 (0.782)	−3.348 (−0.219)	7.132* (1.693)	2.556 (0.368)	6.080 (1.518)	2.480 (0.077)
观测值	54	40	54	124	54	40	54	40
Hausman	9.678**		11.317***		27.274***		91.050***	
J 统计量		2.615		1.337		1.712		0.714
相伴概率		0.455		0.720		0.634		0.398
调整后 R^2	0.794		0.850		0.882		0.904	

注：括号内数字为 t 值。***、**、* 分别表示显著性水平为 1%、5%、10%。

以发展中国家为样本的检验结果如表 10 - 9 所示。所有结果均显示发展中国家的反倾销显著促进了中国的对外直接投资。

表 10 - 9　　　　　　发展中国家为样本模型估计结果

解释变量	模型 1		模型 2		模型 3		模型 4	
	FE	GMM	FE	GMM	FE	GMM	FE	GMM
ad	0.025** (2.018)	0.028*** (2.032)	0.033** (2.681)	0.034*** (4.355)	0.062*** (5.343)	0.028*** (3.280)	0.024** (1.970)	0.048** (1.977)
lnodi (−1)		0.410*** (8.938)		0.431*** (4.460)		0.382*** (5.049)		−0.230* (−1.324)
lngdp	8.130*** (8.031)	2.822** (2..245)					5.946*** (2.548)	16.487 (3.591)
lnex			1.385*** (7.519)	0.507** (2.588)			0.292 (0.609)	−2.080* (−1.922)
lnim					1.024*** (5.423)	0.595*** (3.483)	0.176 (0.686)	0.870 (1.128)

续表

解释变量	模型 1		模型 2		模型 3		模型 4	
	FE	GMM	FE	GMM	FE	GMM	FE	GMM
lnop	6.900 (1.222)	-2.420 (-1.252)	4.151 (0.701)	-5.449 (-1.412)	18.150*** (2.949)	0.882 (0.290)	6.853 (1.112)	13.490 (0.702)
观测值	112	84	112	84	112	84	112	84
Hausman 统计量	80.876***		14.475***		17.836***		17.654***	
J 统计量		11.169		11.022		12.668		5.470
相伴概率		0.514		0.356		0.242		0.708
调整后 R^2	0.851		0.843		0.809		0.850	

注：括号内的数字为 t 值。（1）*、**、*** 分别表示在10%、5%、1%水平上显著；（2）J 统计量的相伴概率显示所有动态面板数据模型均不存在过度识别问题。

大多数模型的实证结果均显示，中国对外直接投资与进口国（东道国）GDP、对中进出口贸易规模显著正相关。进口国经济规模越大，市场需求越大，对中国对外直接投资的吸引力越强。中国对东道国的出口规模越大，市场寻求型的中国对外直接投资越多；中国从东道国的进口规模越大，资源需求型的中国对外直接投资也会显著增加。此外，中国与东道国之间的贸易往来也增进了中国与这些国家之间的相互了解，为对外直接投资奠定了较好的基础。

第4节　主要结论与政策启示

本章剖析了进口国贸易壁垒触发中国企业对外直接投资的机制，并实证检验了贸易壁垒对中国对外直接投资的影响。主要结论和启示如下。

一、主要结论

在全球经济增速减弱和国外对华贸易保护措施日益增多的经济全球化变化中，中国出口型企业正处于国际化经营模式的转型之中，越来越多的长三角制造业企业正步入由出口向对外直接投资转型的新阶段。通过对外直接投资方式绕过贸易壁垒是中国企业减少进口国贸易保护措施损害的重要举措。企业国际化经营方式的这一变化将会对出口地位突出的长三角地区经济社会带来深刻的影响。一方面，产业转移将会缓和区域资源环境压力，驱动企业创新和产业升级，为区域经济增长方式转型和提升区域国际分工地位带来有益的影响；但在另一方面，贸易保护引发的投资转移也会削弱区域集群优势，可能致使区域经济空心化，对区域经济增长速度产生一定的负面影响。

对于区域企业而言，国际经济形势变化对其经营的影响依赖于企业国际化经营方式转型的能力。跨国经营能力越强的企业，应对贸易壁垒的能力越强。企业对外直接投资对贸易环境的变化相应也与企业在国外生产经营需要投入的初期固定成本有关。企业之间的差异性和企业所在行业的差异性决定了对外直接投资初期固定成本投入的高低。一般而言，在国外组织生产经营的直接投资对企业人力资本有着比出口更高的要求。直接投资是将生产活动转移到国外，企业将置身于制度、法律、文化、语言和货币完全不同于国内的异国环境。此外，在对外投资的起步阶段，企业直接投资需要搜寻市场信息、兴建厂房、购买设备、构建营销网络，招聘国际化人才和提升企业经营人员国际化能力，生产活动开展之前的固定投入较大。相对于东道国企业，对外直接投资企业必须具有所有权优势，这种所有权优势可以来自于技术诀窍、规模经济、商业渠道、融资成本优势或管理经验。没有所有权优势，企业就无法通过直接投资在东道国的市场竞争中持续盈利。所以，企业对外直接投资是一国经济发展水平达到一定阶段、企业发展具备一定竞争力的产物。贸易环境变化能否有效触发直接投资很大程度上取决于企业的国际化能力。

在全球化变化新阶段，中国企业对外直接投资出现快速增长。对外直接投资规模屡创新高，2013 年首次突破千亿美元。中国对外直接投资规模已经迈入世界前三位。对外直接投资规模的增加标志着中国企业参与全球分工的角色正在转变，正由先前的内生国际化向外生国际化转变。

进口国贸易壁垒的增加降低了出口企业的利润，贸易壁垒越严重，企业通过出口获得的利润会越低。相对于出口而言，企业对外直接投资需要打破以往对出口的路径依赖，需要在生产基地转移和在不同文化环境中构建全新的生产营销网络，对于任何一个企业而言都不得不投入巨大的固定成本和承受信息不确定性带来的风险。一般而言，企业国际化经验越丰富，对国外制度、法律、文化和政策的了解越充分，企业对外直接投资需要的成本就会越低，国际贸易壁垒就越容易催生此类企业由出口向直接投资转型。

本章以中国企业对外直接投资为样本，实证检验贸易壁垒对中国对外直接投资影响的显著性。实证结果显示，进口国对中国的贸易壁垒显著影响了中国的对外直接投资，中国的对外直接投资随国外对华反倾销案件的增加而增加。这一结果既适用于发达国家，同样也适用于发展中国家。由此说明我国企业已经具备一定的以对外直接投资应对国际贸易壁垒的能力。

二、政策启示

对外直接投资是一国经济发展到一定阶段后企业追求利润最大化和长远发展的自主选择。长期以来，中国凭借相对廉价的生产要素、相对宽松的环境政策和巨大的市场潜力，成功吸引和利用了大量的外商直接投资。外商直接投资和日益增加的国际贸易是中国企业获得国际市场信息、技术和管理经验的重要渠道。在中国企业参与国际化的过程中，企业的国际竞争力也在发生着变化。中国对外直接投资的发展正是经济全球化环境和企业国际竞争力演变的结果。贸易壁垒对中国对外直接投资显著的诱发作用显示出对外直接投资已经成为中国企业应对全球化环境变化的新手段，是企业国际化经营能力高端化的表现。因此，在国际化水平相对较高的长三角地区，将会有越来越多的企业走出去，成为其他区域和国家的资源整合者。随着企业国际化能力的增强和对外直接投资的增加，长三角地区的产业结构和经济增长方式将会因此而改变。

我国政府充分认识到对促进中国企业对外直接投资的必要性。在党的十六大报告中，明确提出了实施"走出去"战略的任务目标。为促进企业"走出去"开展对外直接投资，国家和地方政府出台了一系列政策，落实和完善已有的政策并进一步深化改革开放将会起到推动长三角地区企业国际化经营方式转型的作用。

（1）完善企业对外直接投资的政策管理体制。基于国家经济安全考虑，中国的资本市场开放比较谨慎。资本管制具有必要性，但也给企业对外直接投资带来不便。限制资本流出的政策限制仍然很多。进一步有序推进资本市场的开放，减少企业对外直接投资的行政审批事项，简化对外直接投资审批程序和落实对外直接投资事后备案制度，有助于降低企业对外直接投资的成本。

（2）强化对外直接投资的促进和支持体系建设。中国企业"走出去"发展较快，但存量仍然较小，企业对外直接投资的经验不足，为"走出去"提供服务支撑的组织和产业链不够健全。各级政府部门应聚焦"走出去"企业的共性需求提供东道国政治、经济、法律、文化等方面的信息服务和培训，同时积极发挥行业协会和中介服务机构的作用，为企业提供法律、财务、知识产权和认证等方面的咨询服务。近年来，长三角地区地方政府和行业协会为服务企业"走出去"开展了大量的工作，积极组织"走出去"企业的交流，加强企业管理人员的知识培训。政府和行业协会的服务工作取得了很好的效果，得到了企业的高度评价。

（3）发挥中国的制度优势和国家优势为企业对外直接投资创造条件。中国是世界上外汇储备最多的国家。使用好外汇储备、提高外汇储备资金的使用效率是中国政府需要考虑的重大问题。中国推行"一带一路"战略立足于中国在资金和基础设施建设上的优势，"一带一路"的建设可以增进中国与相关国家之间的区域经济合作，并创造出对外工程承包和对外直接投资的商机。

（4）加强企业投资的国外园区建设，充分发挥对外直接投资的集群优势。长三角地区拥有雄厚的制造业产业集群，工业园区规划建设对于产业集群的形成发挥了重要的载体作用。在企业"走出去"过程中，将中国工业园区建设经验转移到国外，形成由龙头企业带领关联企业的产业群投资，将会增强对外直接投资企业的核心竞争力。2006年南京市江宁经济开发区等国内4家单位合作，在尼日利亚拉各斯州整体开发建设30平方公里的莱斯自由贸易区，将国内开发园区的建设经验应用到国外。开发园区的建设有效地促进了区域产业的对外直接投资。

（5）重视国际化人才培养和引进，提高企业跨文化管理能力。企业将生产活动转移到国外，生产经营的环境完全不同于国内。因不熟悉东道国的政治、经济、法律和文化，导致企业对外直接投资失败的案例并不少见。中国企业对外直接投资需要依托优秀的国际化管理人才，企业应在不断提升内部管理人员国际化能力的同时，积极利用全球人才资源，以开放的意识在全球范围内进行招聘，在海外经营中积极推进管理人才本土化。

（6）通过对外直接投资增强企业核心竞争力。企业是对外直接投资的主体，对外直接投资能否成功最终依赖于企业的核心竞争力。与发达国家相比，中国企业的技术水平依然较低。单纯采取新建工厂的方式进行投资，企业很难在竞争中取胜。对上述国家的投资，企业应主要借助兼并和并购的方式。通过兼并和并购，企业可以获得被收购企业拥有的品牌、技术和销售渠道，使企业的核心竞争力在直接投资中得到提升。对于发展中国家的投资，可以充分利用中国已经形成的劳动密集型产业的优势，将不再适应中国资源禀赋格局或在中国本地市场需求不足的传统产业转移到国外，延长产品的生命周期，为企业继续创造利润。

（7）处理好对外直接投资和国内产业发展的协调关系。企业对外直接投资与区域内产业发展之间的关系既存在互补性也存在替代性。在贸易壁垒增多和区域内生产要素成本上升背景下的企业对外直接投资带有一定的被动性，在推进企业对外直接投资过程中，应防止产业转移引起长三角经济的空心化。创新是经济增长的永恒动力，长三角地区应聚焦创新体系完善，大力改善创新环境，努力提升长三角创新要素和产业的积聚力。以区域创新性经济的发展打造国际竞争新优势，将会有助于对外直接投资和区域经济转型升级之间实现良性互动相互支撑。

第11章 创新与长三角经济增长方式

【本章提要】 创新是推动经济社会发展的永恒动力。不同国家和各国不同发展阶段，创新对经济增长的贡献不同。在经济全球化的今天，发达国家与发展中国家在经济增长动力上的最大区别在于创新对经济增长的作用。发展水平越高的国家，创新能力越强、对经济增长的贡献率越大；而经济发展水平较低的国家，经济增长的动力主要来源于要素的大量投入。从各国发展史上看，由粗放型增长向集约型增长的转变是经济发展的必然规律。发展中国家能否在经济发展过程中实现创新能力的提升是决定其能否跨越"中等收入陷阱"的决定性因素。实现经济增长方式的转型就是要摆脱经济增长对资源和要素投入的高度依赖，使创新成为经济增长的主动力。多年来，我国的经济增长之所以粗放，主要原因就是由于创新能力不足。

经济全球化的发展使产品和生产要素的跨国流动便利化，也加剧了各国之间的竞争。在全球分工与竞争中，一国和一个区域的创新环境对该国和该区域国际分工地位和要素聚集的作用愈加突出。凡是创新制度和创新环境越好的国家和地区，在吸引全球创新企业和创新要素上的优势越明显。

中国政府高度重视创新。党的十八大报告明确指出，科技创新是提高社会生产力和综合国力的战略支撑，必须摆在国家发展全局的核心位置。要坚持走中国特色自主创新道路，以全球视野谋划和推动创新，提高原始创新、集成创新和引进消化吸收再创新能力，更加注重协同创新。为促进创新能力的提升，国家和各级地方政府出台了一系列改革和促进政策。

长三角地区是我国创新基础较好、创新资源较为充裕的区域。无论从政府制定的发展规划还是从企业实践上看，长三角区域对创新的重视程度超过了历史上的任何一个时期。本章分析决定创新能力的决定机制，考察长三角地区的创新现状和特点，探讨在经济全球化条件下提升长三角创新能力的对策，相关数据来自于相关年份《中国科技统计年鉴》。

第1节　创新概念及相关文献回顾

一、创新的内涵

对创新的系统研究可以追溯到奥地利经济学家熊彼特 1912 年提出的创新理论。熊彼特在《经济发展理论》一书中将创新定义为实现生产要素和生产条件变化的新组合，是企业家创造性毁灭过程。企业家是创新活动的主角，企业家为了获得利润，利用新发明、生产新产品、利用新技术、开辟原料供应的新来源和产品新销路。熊彼特认为，创新对经济增长具有决定性作用，创新周期决定了经济周期。

创新是指形成和应用新思想、新理论、新技术、新管理和新渠道的一系列活动。从创新知识来源看，创新活动可以分为三类：第一类为原始创新，此类创新活动集中于基础科学和前沿技术领域，以科学发现和技术发明为目的；第二类为集成创新，是指通过信息技术和管理，对已经存在的众多的技术信息进行挑选，并将已有技术进行融合，形成新技术和新产品；第三类为引进消化吸收再创新，即通过引进国外的先进技术、设备和关键部件，在学习吸收和模仿的基础上实现进一步的创新。对于技术水平与发达国家存在较大差异的发展中国家，引进消化国外的先进技术可以在较短的时间内以较低的成本实现技术提升、发挥后发优势，使本国的研发创新立足于更高的平台，加快缩小与发达国家在技术差距。但伴随技术差距的缩小，发展中国家的创新活动应逐步由消化引进吸收再创新向集成创新和原始创新转变。一方面是由于发展中国家的创新条件伴随其发展逐步改善，另一方面是由于发达国家企业基于自身利益的保护，不会愿意将技术转让给其他国家，发展中国家要掌握前沿的核心技术必须通过自主创新能力的提升才能实现。

按照创新行为发生的环节划分，创新分为产品创新、过程创新和商业模式创新。产品创新是指应用新技术创造出满足市场需要的新产品。过程创新是指在生产过程中应用新工艺、新装备、新流程和新的管理方式，达到提高产品质量、降低生产成本的创新。商业模式创新是指发挥企业资源优势的融资方式、生产方式和营销方式的创新，例如、外包、电子商务和直销等。

制度创新和企业的管理创新也是创新的重要内涵。制度环境不同，企业和个人创新行为面临的风险、收益和成本不同，因而制度创新是决定微观主体创新行为的关键因素。英国经济学家戴维斯和诺斯（1971）将制度创新看成是使创新者获得创新激励的现存制度的改革。戴维斯和诺斯强调制度创新和企业创新的相互作用关系，认为制度创新来源于企业对制度创新的要求，企业创新则源自于影响企业经营的诸多因素的变化。美国著名管理学家彼得·德鲁克将创新分为技术创新和社会创新。技术创新指在自然界中为某种自然事物找到新的应用价值；社会创新是指在社会活动中创造一种新的管理机构、管理方式和管理手段，使社会价值得到提升。

二、创新动机与决定因素

创新活动的动机可以有两类：一类是来自于探索自然规律和社会运行规律的求知欲和好奇心，这一类型的创新大都存在于基础研究领域；另一类是为了通过创新谋求社会利益或微观经济主体利益最大化。宏观层面的制度创新是为了国家和区域利益最大化，微观层面的企业创新是为了利润和企业的可持续发展。

从企业层面看，形成新管理、新技术、新工艺和新产品的活动属于技术创新。企业创新的成效在市场上的表现就是产品和服务区别于竞争对手，能够获得更多的市场需求或以更高的价格销售产品。创新是企业核心竞争力的源泉。正如其他经济活动一样，创新活动也要付出成本，需要人力投入、资金投入，也要承担失败的风险。在实践中因创新失败导致企业经营陷入困境的案例并不少见。

从国家层面看，由于创新知识具有非竞争性和部分非排他性的特点，对企业创新行为的支持和激励会提高整个国家利益。无论是保护创新者利益的知识产权保护制度还是为创新者提供充裕的创新要素供给可以起到保护创新者利益和降低创新成本的作用。建立和完善国家创新体系是形成创新型经济的必然要求。企业和个人的创新活动并不是孤立进行的，技术、市场及组织之间存在互动关系，无论是创新信息的来源还是创新技术的转化和应用均需要通过一定的组织和市场才能实现。国家创新体系是由政府、企业、大学研究机构和中介机构等构成、以协同作用实现创新目标的综合体系。在国家创新体系中，国家为创新系统安排制度，企业和其他组织等创新主体在创新活动中相互竞争和协作。良好的国家创新体系是发达国家形成强大创新能力的经验所在。

任何有利于增加创新预期收益、减少创新成本的外界因素和内部因素的变化都会促进企业创新。制度创新与经济发展相互影响，存在内生的关系（戴维斯和诺斯，1971）。创新制度受到以下社会因素的影响：（1）市场规模。市场规模越大，社会生产分工程度越高，这就要求形成适应于社会大生产的制度，降低市场交易和企业经营的成本。（2）工业化和城市化。随着工业化的发展，城市人口增加，人口分布、生活方式和产业结构发生变化，促使人们进行制度创新，以解决生产生活变化带来的新问题，并获取新的潜在经济利益。（3）风险防范需要。社会集团力量为防止预期收益下降而提出制度变革要求。

市场竞争状况影响创新动力和创新能力。经济学家卡曼和施瓦茨（Kamien and Schwartz，1976）认为，垄断利润的诱惑和竞争压力是驱动创新的核心力量。在不同的市场结构中，垄断利润和竞争压力不同。无论是垄断还是完全竞争市场，都不利于企业创新，而在垄断和完全竞争之间的垄断竞争市场中，企业创新最为活跃。对于垄断程度较高的市场，虽然企业具有较强的资金实力支撑创新并能够将创新成果控制在企业内部，但这些企业由于缺乏竞争压力，创新的意欲并不强烈，即使实现阶段性创新也很可能会因缺乏竞争对手而停滞创新。对于竞争较为充分的市场，由于能力相近的竞争者众多，企业面临巨大的竞争压力，这会迫使企业重视创新。但在这一市场中，企业普遍存在创新的资金约束和其他资源约束。与此同时，在完全竞争市场中，每个企业的市场范围较小，创新知识易于被同行竞争企业模仿，因而企业创新的利益诱惑可能不大。

经济全球化促进了国家之间的商品贸易和要素流动。经济全球化对创新的促进作用有以下几点：第一，促进技术信息交流。经济全球化下，日益扩大的商品交易和要素流动加速科技信息的跨国传播和扩散，技术的跨国外溢效应因此而增加。第二，经济全球化促进市场竞争，激励企业实施创新战略，以便企业能够在竞争环境下生存和发展。第三，降低创新要素成本。国际贸易导致产业结构的再调整，使企业以较低的成本获得创新活动需要的先进技术、设备和零部件。创新条件因此而改善。第四，专业化分工的创新促进效应。国际贸易促进国家之间生产的专业化分工，当创新行为集聚于某一国家或某一地区时，会促进这一区域专业化服务队伍的形成、有利于区域内创新信息的传播和创新要素的流动。产业的规模经济效应越明显，集聚的促进作用越大。但在特定的条件下，经济全球化也可能会抑制部分国家的创新。如果一国的创新环境较差，那么该国的创新人才和创新资源会在全球化的环境中流向较好条件的国家，对创新型产品进口的长期依赖也会使这些国家的创新能力无法得到提高。

三、创新与增长

20 世纪 50 年代末，以索洛为代表的经济学家将经济增长的动因区分为：来自劳动、资本等要素投入的贡献和来自于技术进步等非要素投入的贡献。新古典经济增长理论强调技术进步对经济增长的作用，认为在没有技术创新的条件下，伴随时间的推移，人均消费和人均资本将稳定在一定水平，难以保证可持续增长。索洛以 1909～1949 年美国私营非农业经济为研究对象开展实证研究，得出了美国非农经济增长中技术进步的贡献率高达 87.5% 的结论。

索洛的经济增长理论虽然提出了技术进步促进经济增长的观点，但并没有从理论上剖析技术进步的原因。20 世纪 80 年代，以罗默（Romer，1986）为代表的经济学家将技术进步内生化，提出了全新的经济增长模型——内生经济增长理论。在罗默的模型中，是引入技术创新的研发部门和最终产品的生产部门。在研发部门，技术水平随人力资本和知识存量的增加而增加，最终产品生产部门采用研发部门的技术进行生产。人力资本和知识增加不会出现边际生产递减效应。技术知识具有非竞争性和部分非排他性，其他企业使用知识不会使知识创造企业的知识拥有量减少，知识创造企业也不能完全排除他人利用其发明的知识。知识的排他性程度依赖于知识的特性和知识产权的保护程度（一般知识不具有排他性，而专有知识为应用性很强的科技创造发明或专利，尽管能够形成外溢效应，但专有知识创造企业仍然能够保持一定的垄断地位，从而获得经济利润，这正是企业存在研发动机的原因所在）。一般知识和专有知识的综合，不仅使人力资本投入的边际生产出现不变或递增的效应，而且也使最终产品生产随资本和劳动投入的增加出现递增性变化。研发部门的投入形成技术革新，通过知识外溢效应使整个社会的生产效率提高，由此推动经济可持续增长。知识产权保护制度越严格的国家，知识的排他性越强，知识创新型企业的创新热情越高。

进入 20 世纪 90 年代，内生化经济增长理论得到丰富和发展，这些研究探讨了研发对产品多样化、产品质量提升和经济增长的作用（Romer，1990；Grossman & Helpman，1991）。

不少学者利用各国的数据实证检验研发投入对技术进步的影响。阿洪和豪伊特（Aghion & Howitt，1998）的研究显示，研发投入对美国全要素生产率的增长产生了显著的促进作用。当然，在此方面并非所有的研究都给出了一致的结论。例如，琼斯（Jones，1995）利用法国、德国、美国和日本的数据实证研究科技人员增长与 TFP 增长的关系，发现两者之间并不存在显著的正相关性。对此，阿洪和豪伊特认为，琼斯的研究之所以形成这样的结论与其用科技人员数量表示研发投入有关。实际上，伴随技术复杂度的增加，要保持每一产品的技术创新速度不变必须增加研发投入；在产品种类不断增加的技术变化中，任何一种产品的技术创新对总体知识存量变化产生的作用都是有限的。如果不考虑总体的经济规模，只分析科技人员总量变化对全要素生产率的影响很容易得出不显著的结论。阿洪和豪伊特认为，选择研发投入占 GDP 的比重作为解释变量实证研究研发对全要素生产率的影响较为恰当。

迪和记（Dee & Kee，2003）阐述了政府研发和教育促进经济增长的机制，认为政府研发投入和教育的增加可以提高物质资本、知识和产出的稳定增长率，对技术进步和经济增长能够形成长期的积极效应。莫拉莱斯（Morales，2004）考虑政府研发与企业研发相互作用的内生性，认为政府公共事业研发和企业研发补贴对企业研发行为能够发形成促进效应，因而能够促进经济增长。

第 2 节　提升长三角创新能力的实践

伴随经济全球化的发展，创新资源的跨区域流动性增加，区域创新环境对于区域创新能力的影响效应十分明显。良好的区域创新环境不仅有利于激发本地创新资源的活力，而且能够通过吸引全球创新资源使区域创新能力得到强化。长三角地区各级政府充分认识到创新对未来区域经济发展的重要性，大力实施创新驱动战略，着力推动经济发展方式向主要依靠科技进步、劳动者素质提高和管理创新转变。

在实践中，长三角地区的做法可以归纳为以下几点：

第一，突出创新地位，将经济发展战略定位为创新战略。根据发展环境和发展阶段的变化制定适合本区域实际的发展战略是长期以来长三角经济发展取得成功的经验所在。在过去三十多年中，长三角地区经济发展战略经历了几次重大的调整，20 世纪 80 年代实施农村经济和乡镇企业发展战略，并对国有企业放权让利；90 年代实施以吸引外商直接投资和促进出口的开放型战略；美国金融危机爆发后，推出创新驱动发展战略。在"十二五"规划中，创新成为长三角两省一市经济社会发展战略的关键词。例如，上海市"十二五"规划将"创新驱动、转型发展"定位为推动科学发展的必由之路，要求把创新贯穿于上海经济社会发展的各个环节和全过程。浙江省提出的奋斗目标是"创业富民、创新强省"。江苏省把创新转型提上前所未有的位置，提出了"创业创新创优，争先率先领先"的江苏精神。

长三角地区在提出创新战略的同时，更加注重战略的落实。为实现驱动创新战略提出的目标，各地制定了具体的行动规划。如 2013 年江苏省颁布了《创新型省份建设推进计划》，明确创新驱动战略的总体要求、主要目标、重点任务和保障措施，对创新型省份建设进行了全面的部署。按照这一计划，到 2015 年江苏省将实现科技创新能力、科技支撑经济转型升级能力和居民素质显著提升，社会研发投入占地区生产总值比重将达到 2.5%，科技进步贡献率达到 60%，高新技术企业扩张为 10 000 家，高新技术产业产值占规模以上工业生产总值比重的 40% 以上，居民科学素质达标率超过 7%。计划确定了六大重点任务，即打造创新型企业集群、用现代科技推进传统产业升级、完善区域创新布局，优化创新环境和深化国际科技合作和交流。创新发展战略的制定对于指导政策制定、完善创新制度、加大创新投入和激发创新热情意义重大。

第二，完善创新制度。在经济全球化下，创新资源的跨国流动和知识的跨区域扩散加快。一个好的创新制度可以促进创新资源在本地区的集聚、增强区域引进消化吸收其他地区的创新成果。相反，如果一个区域的制度不佳，区域内企业和个人的创新能力难以发挥，区域创新资源最终将会因此而流失。区域创新制度是国家创新制度的重要补充。近几年来，长三角地区出台了一系列新的条例和政策，通过强化知识产权保护的执法力度保护创新者利益，通过推动科研机构和企业的所有制改革激发创新主体的活力，通过减少政府审批削减制度壁垒、通过创新要素基础要素培育和公共服务降低创新成本和风险。实施创新人才引致战略和财政金融支持政策，推动创新交流与合作，为创新提供更好的技术、法律、金融和中介服务的支持。为解决小微企业和民营企业在发展和创新活动中普遍存在的融资约束问题，2012 年 3 月，上海市工商局公布了 28 条意见，支持中小微企业发展，帮助民营企业拓宽融资渠道[①]。上海市积极探索"小政府、大社会"。改变过去企业投资新建项目，要经环保、卫生、商务层层"过关"的烦琐做法，实行只需将材料递交至一个窗口，几个部门同时审批的"并联审批"，大大缩短了审批时间。上海浦东国家级综合改革实验区主动给自己限权、给服务提速，目前浦东平均审批时限已从 22 个工作日压缩到 8.4 个工作日，成为我国内地行政审批事项最少，整体审批效率最高的区域之一[②]。另外，江苏省也在积极探索创新机制，在江苏省各级政府和部门的努力下，2014 年 11 月国务院正式批复同意在苏南五市的 8 个高新技术产业开发区和苏州工业园区建设苏南国家自主创新示范区，同意苏南国家自主创新示范区参照执行《国务院关于同意支持中关村科技园区建设国家自主创新示范区的批复》中确定的支持中关村科技园区的各项政策及配套措施，支持苏南国家自主创新示范区结合自身特点，在深化科技体制改革、建设新型科研机构、科技资源开放共享和区域协同创新等方面积极探索。

第三，加大财政科技投入、创新财政科技投入渠道。近几年来，在长三角各级政府财政预算中，用于资助研究开发项目和建设科技创新服务平台等方面的科技投入比例迅速增加。2013 年江苏省各级政府财政科技投入达到 302.59 亿元，是 2008 年的 3 倍[③]。在政府财政科技支出中，各地政府注重财政支出的效率和

① 参见新浪财经网：http://finance.sina.com.cn/r011/20120328/125011699859.shtml
② 参见人民网：http://politics.people.com.cn/n/2013/0506/c70731 - 21377538.html
③ 资料来源：江苏省统计局，《江苏统计年鉴 2014》

政府财政的引导作用，将财政科技重点配置于重点产业和重要环节。早在 1986 年我国政府就开始实施国家高技术研究发展计划（即"863"计划）、1997 年实施国家重点基础研究发展计划（即"973"计划）等。长三角地区积极落实国家创新政策，通过财政拨款、财政补贴、税收优惠、固定资产加速折旧、担保、设立创业投资基金和参股风投等多种政策鼓励创新。以税收优惠政策为例，2010 年，江苏省 5 000 多家高新技术企业享受直接减免税收优惠高达 107 亿元。税收减免扩大了高科技企业的盈利能力，调动了企业科技创新的积极性。以政府财政引导社会资本共同推动科技创新是长三角财政支出的一大制度创新。科技创新投入大、风险高，为缓解创新企业的融资约束和减轻创新主体承担的风险，长三角两省一市一方面支持设立风险投资基金和对企业信贷提供担保，另一方面设立科技型企业信贷风险基金，以促进金融机构对科技型企业的信贷支持。2012 年上海市在继建立科技型中小企业信贷风险补偿机制之后，进一步将相关政策扩大到小微创新型企业。按照这一规定，金融机构对符合条件的小微企业信贷的不良贷款超过 3% 时，上海市信贷风险基金承担 1% 内的不良贷款损失[①]。2014 年江苏省设立科技成果转化风险补偿专项基金，用于补偿合作金融机构在支持科技型中小微企业具有自主知识产权的科技成果产业化过程中发生的贷款损失。凡是愿意参与风险补偿资金贷款的机构均可向省科技厅、财政厅提交申请，由省科技厅、财政厅择优确定合作金融机构。要求合作金融机构对创新型企业和创新平台的贷款额度不低于省和各地风险补偿资金规模的 10 倍，并在中国人民银行公布的同期利率基础上给予一定的利率优惠。政府对企业研发活动的直接和间接支持为企业进入或扩大研发投入注入了动力。2013 年江苏省研发活动经费总额为 1 450 亿元，其中工业企业研发活动经费支出达到 1 239.57 亿元，占工业销售收入的 0.93%[②]。

　　第四，加强创新服务环境建设。企业的创新依赖于关联产业和服务的支撑。长三角地区着力优化区域创新环境，不断改善创新基础设施、注重科技成果转化等中介服务平台建设，着力建设创新园区、科技孵化器和研发中心，发挥产业集群对创新的促进效应。创新基础设施是促进各类经济主体进行创新的基本条件，伴随信息技术的发展，信息网络基础设施建设对于信息产业的创新发展以及利用信息技术促进传统产业升级十分重要。大学、研究机构的建设能够为企业创新输送优秀的人才，并利用其研发力量直接服务于企业，为企业提供新的信息、新的技术、新的管理经验，为企业解决创新中的管理和技术难题提供服务。中介服务

---

① 资料来源：中国经济网：http://district.ce.cn/zt/zlk/wj/201311/04/t20131104 - 1706779. shtml
② 资料来源：《江苏统计年鉴 2014》。

是创新活动和科技产业化的重要力量，是联系创新主体的重要纽带。近几年来，长三角地区积极建设和完善科技中介服务机构，为创新主体提供科技成果转化、人力资源服务和法律服务的公共服务平台队伍得到壮大，服务水平和服务效率得到提升。产业集群通过促进专业化服务队伍形成、发挥区域内企业之间的知识外溢和扩散效应、企业间人员流动的便利化提升创新企业的竞争力。长三角各地充分认识到产业集群对区域创新的作用，将打造产业集群作为创新能力提升的重要路径。长三角地区在过去参与国际分工中，已经形成了众多实力雄厚的产业集群。商务部公布的信息显示，截至 2014 年 12 月，我国国家级经济开发区共有 216 家，其中长三角地区的国家级开发区共有 46 家，约占全国总量的 1/5①。根据科学技术部的信息，目前我国共有 114 家国家级高新技术开发区，其中长三角地区的数量为 12 家，约占全国总数的 1/10②。长三角各地根据区域产业集群基础，针对性地引导相关产业进入园区，大力在园区建设公共试验平台、产业孵化、公共信息资源和金融和人才服务，增强园区对企业的吸引力，减少进驻企业的创新成本和创新风险，由此强化区域在创新产业上的集群优势。

第五，发挥政府采购功能支持自主创新。自主创新产品常常面临市场需求的制约，因为传统产品或国外产品已经形成了很强的市场进入壁垒，例如品牌壁垒、规模壁垒、消费者锁定效应壁垒、要素控制壁垒等。政府对自主创新产品的优先采购政策对于企业自主创新具有拉动作用。政府采购是市场需求的组成部分，这一采购不仅直接扩大了自主创新企业的市场需求，而且为其他消费者提供了自主创新产品使用的示范。特别是在政府采购规模较大时，政府采购所要求的标准很可能会变为企业生产的标准乃至行业标准。政府对自主创新产品的优先采购本质上是对非自主创新产品的歧视，但仍然具有促进本国和本地区自主创新企业之间竞争的作用。江苏省科技厅和财政厅在 2007 年印发《江苏省自主创新政府采购实施意见》的通知，要求各地区各部门在政府财政预算和政府采购过程中，主动按照国家和省要求，优先购买自主创新产品，并公布了自主创新产品目录。长三角地方政府的采购规模较大，其中江苏省的采购规模超过千亿元，位居全国首位。2009 年江苏省对我国自主创新产品"龙芯"多媒体教学系统的采购金额为 4.14 亿元。上海市政府采购向国家产业政策优先发展的产业倾斜。2012 年上海市节能产品的政府采购总额为 20.8 亿元，占同类产品采购总金额的 83.9%；环保标志产品采购金额为 27.1 亿元，占同类产品采购金额的 76%③。

---

① 来自中华人民共和国商务部网站（http：//www.mofcom.gov.cn/xglj/kaifaqu.shtml）。
② 来自中华人民共和国科学技术部网站（http：//www.most.gov.cn/gxjscykfq/gxjsgxqml/）。
③ 来自上海政府采购网（http：//www.ccgp-shanghai.gov.cn）。

浙江省积极扶持浙江制造精品，以政府采购和工程建设项目应用和依托，提升浙江产品的知名度和竞争力。对自主创新产品的倾斜政策扩大了自主创新产品的市场需求，提高了企业自主创新的积极性。

第六，大力吸引和培养创新型人才。在经济全球化形势下，人才流动性增加，区域对创新人才的吸引力是区域创新能力的首要决定性因素。一个领军人才的进入可以带来一个产业；同样，领军人才的流失也可能会给区域的产业发展带来严重的伤害。经济发展对创新动力的依赖本质上就是对创新人才的依赖，而创新人才的流向依赖于区域的创业创新土壤。长三角地区具有较好的居住环境、较为密集的现代产业集群和较多的研究开发机构，在吸引创新人才上具有一定的基础。在过去几年的发展中，长三角聚焦于引资，将吸引外商直接投资作为发展经济的重点。近几年来，长三角各级政府认识到要实现自主创新能力的提升必须加大人才引进力度，变"招商引资"为"招商引智"。长三角地区结合区域产业基础和产业培育方向，将人才引进作为创新和产业升级的重要抓手。为加大区域对创新人才的吸引力，长三角各级政府出台了一系列吸引创新人才的政策。在"十一五"规划期间，江苏省实施高层次创新创业人才引进计划，设立创新创业人才引进专项基金，制定了五年内吸引 500 名左右的高层次创业创新人才和若干人才团队的目标[①]。为保证人才引进各项政策的落实，江苏省政府设立了江苏省高层次创业创新人才引进协调小组负责审定引进人才计划、专项资金和解决实施中的问题。各级部门也制定了相应的人才引进政策。2012 年南京市制定了创业人才 321 计划——5 年时间引进 3 000 名领军型科技创业人才，重点培养 2 000 名科技创业家，加快集聚 100 名国家"千人计划"创业人才。对于入选计划的重点扶持项目，提供 200 万元的启动资金，落实不低于 300 万元的融资担保，提供不少于 100 平方米的工作场所和不少于 100 平方米人才公寓，对入选项目获利之日起三年内企业所得税市以下留成部分给予奖励，对入选者入选之日起五年内的个人所得税市以下留成部分给予购房补贴[②]。长三角地区在为创新人才提供丰厚待遇的同时，不断推进科技体制改革，积极推进技术入股、管理人员持股、股票期权激励等新型分配方式。在外部人才引进上，加大政府资助，为优秀人才到长三角创业提供工作和生活上的支持。人才汇聚推动了创新产业的发展，形成了以人才引领产业、以产业汇聚人才的聚合效应。在大力吸引人才的同时，长三角地区十分重视本地人才资源的利用和培养。长三角地区高校科研机构密集，为发

---

① 参见《新华日报》2010 年 9 月 21 日 A2 版。

② 参见中共南京市委组织部等：《关于印发"领军型创业人才引进计划政策兑现服务细则"的通知》。

挥本地创新资源的潜能，长三角各级政府大力鼓励产学研联合，促进科技成果的转化。人才战略有力提升了长三角地区的创新创业能力。

第3节 长三角地区工业企业创新投入与创新绩效

一、长三角工业企业研发投入规模

近几年来，长三角地区在研发上的人力资本投入和资金投入均出现了大幅的增长，创新已经成为长三角企业的自觉行动。首先，企业研发资金投入规模增加。根据《中国科技统计年鉴》和江浙沪统计年鉴的数据，2012 年该地区规模以上工业企业研发投入增长至 2 145.5 亿元，是 2003 年的十多倍。其次，工业企业研发人员数量增加。2003 年企业大中型工业研发人员数量为 30.9 万人，2012 年增加至 85.4 万。最后，越来越多的企业设立研发机构。2003 年长三角设有研发机构的工业企业数量仅为 1 626 家，2012 年有研发机构的企业数量增加至2 万多家。

长三角地区是我国研发投入最为集中的区域。根据《中国科技统计年鉴》的相关资料数据，2012 年，长三角有研发机构和 R&D 活动的规模以上工业企业数分别占全国比例的 57.58% 和 47.21%；其中，江苏省和浙江省有研发机构和 R&D 活动的规模以上工业企业数分别占全国比例的 37.72%、23.85% 和17.95%、20.32%，分别列位全国各省市的第一名和第二名。长三角 R&D 人员数占全国比重的 27.98%；其中，江苏省 R&D 人员数占全国比重的 14.68%，位于全国省市第二位。长三角研发机构数和研发机构中硕博人数在全国的占比为54.05% 和 27.36%；其中，江苏省研发机构数在全国的占比为 35.74%，浙江省研发机构数在全国的比例为 16.32%，分别列全国第一名和第二名。长三角研发机构仪器和设备原价占全国的比例为 38.66%，江苏省的占比为 21.59%，位于全国第一。长三角 R&D 项目数和 R&D 项目经费支出在全国的占比为 32.34% 和28.9%，远高于全国 15.5% 和 15.19% 的平均水平。长三角新产品开发项目数和新产品开发经费支出占全国的比例分别为 34.9% 和 33.67%，其中，江苏省占全国的比例分别为 16.69% 和 18.68%，排名全国第一，而浙江省产品开发项目数以 12.95% 的占比排名全国第三。长三角 R&D 经费支出在全国的占比为 28.16%。其中，江苏省以 14.66% 的占比排名全国第一。表 11－1 列出了长三角与全国其他主要地区的关于研发的重要指标。可以看出，长三角地区是我国企业研发活动最为活跃的地区。江苏省工业企业 R&D 人员总量和经费额仅次于广东省，研发机构数和项目数位居全国第一。

表 11 - 1　　长三角规模以上工业企业研发投入规模（2012 年）

地区	有研发机构企业数	有研发企业数	研发人员数	研发机构数	研发目数	研发经费（亿元）
全国	38 864	47 204	3 051 455	45 937	287 524	6 231
长三角地区	22 378	22 285	853 763	24 829	92 985	1 801
珠三角地区	2 601	5 082	519 212	3 455	37 460	996
环渤海地区	4 814	6 972	630 244	6 282	65 691	1 555
中部地区	4 982	7 063	534 708	6 238	42 581	992
西部地区	2 475	3 203	309 006	3 299	33 028	555
东北地区	870	1 317	164 354	1 086	13 931	355
上海	740	1 562	108 347	914	12 833	303
江苏	14 660	11 133	447 951	16 417	44 570	946
浙江	6 978	9 590	297 465	7 498	35 582	551
广东	2 601	5 082	519 212	3 455	37 460	996
北京	595	984	75 543	747	8 226	157
天津	639	1 272	80 972	765	12 062	207
河北	693	765	85 498	825	7 574	167
山东	2 416	3 166	303 862	3 325	30 119	790
辽宁	471	785	84 369	620	7 710	235

资料来源：根据 2013 年《中国科技统计年鉴》整理。

二、长三角工业企业研发投入强度

　　一般而言，研发投入机构数和人员数与企业数量和企业劳动力数量有关，研发投入经费与企业规模有关。下面我们引入一系列强度指标，以此补充说明长三角地区研发的活跃程度。这些指标包括：在企业总数中设有研发机构的企业数占比和有研发活动的企业占比；在企业从业人员中研发人员占比；研发经费占主营业务收入之比和新产品开发经费占主营业务收入之比。2012 年长三角地区关于研发强度的上述指标值如表 11 - 2 所示。

表 11 -2 　　　　　长三角规模以上工业企业创新投入的强度指标　　　单位：%

地区	有研发机构企业数占比	有研发活动企业数占比	研发人员占比	研发经费占比	新产品开发经费占比
全国	11. 31	13. 73	3. 29	0. 82	0. 86
长三角地区	24. 29	24. 19	4. 16	1. 02	1. 28
珠三角地区	6. 88	13. 45	3. 79	1. 20	1. 26
环渤海地区	6. 30	9. 13	3. 23	0. 78	0. 70
中部地区	7. 11	10. 08	2. 85	0. 67	0. 68
西部地区	5. 83	7. 54	2. 31	0. 58	0. 57
东北地区	3. 28	4. 96	2. 44	0. 59	0. 55
上海	7. 57	15. 98	4. 20	1. 20	1. 42
江苏	31. 97	24. 28	4. 10	0. 94	1. 25
浙江	19. 12	26. 28	4. 25	1. 07	1. 24
广东	6. 88	13. 45	3. 79	1. 20	1. 26
北京	16. 12	26. 65	6. 35	1. 30	1. 49
天津	11. 96	23. 81	5. 26	1. 14	0. 93
河北	5. 61	6. 19	2. 27	0. 48	0. 41
山东	6. 42	8. 41	3. 31	0. 81	0. 69
辽宁	2. 72	4. 53	2. 20	0. 62	0. 60

资料来源：根据 2013 年《中国科技统计年鉴》整理。

根据 2013 年《中国科技统计年鉴》，2012 年长三角规模以上工业企业中大约 1/4 的企业设有研发机构和开展研发活动；研发人员占从业人数的比例为 4.16%，研发经费与主营业收入之比为 1.02%，新产品开发经费与主营业务收入之比为 1.28%。长三角地区工业企业的研发强度明显高于全国的总体水平。尤其在研发机构普及上，长三角地区有研发机构的工业企业占比远高于其他地区，是全国平均水平的 2 倍以上。在长三角两省一市中，江苏省工业企业设有研发机构和开展研发活动的企业数占比大于上海市和浙江省。但从研发人员占比和研发经费占比上看，长三角的优势相对较小。在长三角内部，上海市工业企业研发人员投入强度和研发经费投入强度高于江苏省和浙江省。以研发经费与主营业务收入之比为例，上海市为 1.20%，浙江省为 1.07%，江苏省为 0.94%。江苏省工业企业研发投入强度不仅低于上海市和浙江省，也低于北京市、天津市和广东省。其原因是由于外商投资企业在江苏生产总值中比例较高，而这些外资企业在江苏的生产环节以加工组装为主，投资江苏的跨国公司的主要研发活动大都集中于其母公司或其他区域。与珠三角相比，长三角企业研发人员占比高于珠三角地区，这一现象与长三角人力资源相对丰厚的客观现实相对应。长三角企业研发经费投入强度不及珠三角地区，珠三角企业研发投入占主营业务收入的 1.20%，比长三角高出 0.08%。珠三角地区拥有较多自主品牌的制造业企业，这些企业在研发上的巨大投入抬高了珠三角工业企业研发投入强度的总体水平。与发达国家相比，包括长三角在内的我国工业企业在研发上的投入强度仍然处于较低的水平。目前，发达国家企业研发投入与企业主营业收入的比重高达 7%，远高于长三角地区现有的 1% 的水准。尽管长三角企业近年来在研发投入上有所增加，也出现了一批以研发为竞争力的企业，但从总体上看这一区域的研发强度仍然较低。

三、长三角工业企业研发资金的来源

长三角地区工业企业的研发投入规模较大，2012 年长三角规模以上工业企业的研发经费为 2 040 亿元，超过包括环渤海、珠三角等其他区域。长三角地区工业企业研发资金占全国的比例为 28.3%①。

长三角地区研发资金来源于政府资金、企业内部资金、国外资金和以上资金以外的其他资金。表 11-3 显示了 2012 年长三角地区工业企业研发资金来源的构成。在长三角工业企业研发资金中，企业内部资金比例为 95.27%，政府资金占 3.11%，国外资金占 0.67%，其他资金占 0.94%。与全国其他地区相比，长三角地区政府资金的投入比例较小，企业投入占比较大。长三角企业研发的政府投入占比略高于珠三角地区，但低于环渤海地区、中西部地区和东北地区。从长三角两省一市层面看，江浙沪工业企业研发资金投入构成差异性很大。上海市工业企业研发资金中政府资金占比为 7.37%，远高于江苏省的 2.04% 和浙江省的 2.39%。被称为强政府强市场的江苏省，政府在企业研发资金中的占比并不高，既低于广东等发达省份，也低于全国 4.39% 的平均水平。从整体上看，长三角地区工业企业研发资金中国外资金所占的比例高于全国平均水平，但低于珠三角地区。在长三角两省一市中，上海市国外资金占比最高，其次为江苏省。浙江省工业企业研发中国外资金占比很小，仅为 0.38%，低于全国平均水平，这与浙江省外资企业占比相对较少、民营经济较为集中有关。

---

① 资料来源：根据 2013 年《中国科技统计年鉴》数据计算获得。

表 11 –3　　　　长三角地区工业企业研发资金来源构成（2012 年）

地区	研发经费（亿元）	资金来源构成（%）			
		政府资金	企业资金	国外资金	其他资金
全国	7 201	4.39	94.10	0.57	0.94
长三角地区	2 040	3.11	95.27	0.67	0.94
珠三角地区	1 078	3.05	95.55	0.73	0.67
环渤海地区	1 846	4.48	93.90	0.65	0.97
中部地区	1 150	4.64	94.26	0.20	0.89
西部地区	689	8.16	90.24	0.42	1.17
东北地区	441	10.23	89.12	0.31	0.35
上海	372	7.37	91.48	0.88	0.27
江苏	1 080	2.04	95.96	0.76	1.24
浙江	589	2.39	96.40	0.38	0.82
广东	1 078	3.05	95.55	0.73	0.67
北京	197	9.04	87.97	0.46	2.53
天津	256	2.48	94.38	2.43	0.71
河北	198	2.27	97.06	0.11	0.56
山东	9 067	3.26	95.19	0.49	1.06
辽宁	289	8.44	91.28	0.12	0.16

资料来源：2013 年《中国科技统计年鉴》整理。

四、长三角工业企业研发经费的用途

企业是创新的主体和国内外研发资源的整合者。企业的研发活动并不局限于企业内部，将外部研发成果和研发力量应用和整合于企业研发活动之中是企业提高研发绩效的重要途径。根据企业研发经费的支出结构可以观察企业研发活动中外部资源的整合状况。企业研发经费支出可分为企业内部支出和外部支出两大部分。企业研发经费内部支出是指用于企业内部的研发活动实际开支；企业研发经费的外部支出是指企业委托外单位或与外单位合作开展研发活动而划拨给外单位的资金。企业研发资金中内部支出占比越高，说明企业的研发活动相对独立地进行，整合外部资源的投入较少。表 11 –4 显示了包括长三角在内的我国主要区域的企业研发经费支出结构状况。根据 2013 年《中国科技统计年鉴》，2012 年长

三角规模以上工业企业研发经费主要使用于企业内部，内部经费使用占比高达
95.1%。这一比例略高于全国平均水平，低于珠三角地区。在长三角两省一市
中，江苏省工业企业研发经费内部使用占比为 96.7%，浙江省为 95.19%，上海
市为 90.60%。与全国其他省市相比，江苏省企业研发经费的内部使用比例仅次
于辽宁省，处于较高的水平；上海市企业的研发经费内部使用比例较小，接近
10% 的研发经费使用于对企业外部的支出。较高的企业内部研发经费占比一方面
说明企业具有相对独立的自主研发能力，但另一方面也体现了企业整合外部研发
资源能力的相对不足。境内研究机构和境内高校是我国工业企业研发经费的外部
支出的主要流向。长三角地区工业企业对境内研究机构和境内高校的研发支出经
费分别占对外研发经费支出的 30.46% 和 14.11%，均低于全国的平均水平。同
年度全国工业企业对境内研究机构和高校的研发支出分别占对外研发经费支出的
38.89% 和 20.54%。与国内其他地区相比，长三角地区工业企业对境内研究机
构和高校研发经费支出的比例高于珠三角地区和东北地区，低于环渤海地区、中
部地区和西部地区。长三角地区是我国研究机构和高校高度集中的区域，企业对
外研发经费支出占比和对研究机构和高校的支出比例并不高，造成这一现象的原
因与企业和研究机构之间在研发上的合作不够有关。进一步推进研究机构和高校
的改革、打破企业和研究机构与高校之间协同创新的障碍是长三角提升创新竞争
力需要特别考虑的问题。在长三角两省一市中，上海市工业企业研发支出对外部
的支出费用比例高于江苏省和浙江省，但上海市研发对外支出中境内研究机构和
高校的占比小于江苏省和浙江省。

表 11-4　　　　长三角规模以上工业企业研发经费支出结构　　　单位：%

地区	内部支出占比	外部支出占比	境内研究机构占外部支出比	境内高校占外部支出比
全国	94.52	5.48	39.89	20.54
长三角地区	95.10	4.90	30.46	14.11
珠三角地区	95.76	4.24	14.37	9.52
环渤海地区	94.61	5.39	46.66	25.18
中部地区	94.38	5.62	44.85	26.02
西部地区	93.01	6.99	52.51	27.05
东北地区	92.79	7.21	53.06	22.17

续表

地区	内部支出占比	外部支出占比	境内研究机构占外部支出比	境内高校占外部支出比
上海	90.60	9.40	15.64	5.46
江苏	96.70	3.30	36.41	21.23
浙江	95.19	4.81	42.30	16.49
广东	95.76	4.24	14.37	9.52
北京	90.05	9.95	75.85	8.19
天津	95.10	4.90	37.05	9.98
河北	95.30	4.70	41.58	44.36
山东	94.72	5.28	37.60	35.30
辽宁	96.68	3.32	46.40	12.32

资料来源：根据 2013 年《中国科技统计年鉴》整理。

五、长三角地区工业企业的创新产出

江浙沪的创新能力走在全国前列。《中国区域创新能力报告 2014》显示，在全国 31 个省、区（市）中，江苏省创新能力和创新环境持续多年位居全国第一，上海市和浙江省分别位居第四位和第五位。位居第二位和第三位的分别为广东省和北京市。其中，北京市的知识创新能力领先于其他地区；上海市的知识获取能力排名第一；江苏省的企业创新能力和创新环境排名第一；广东省的创新绩效排名第一。

近几年来，长三角地区工业企业的创新活动取得了丰硕的成果。无论从专利申请数或发明专利申请数上还是从新产品销售上看，长三角的创新成效都非常显著。根据 2013 年《中国科技统计年鉴》，2012 年，长三角工业企业的专利申请数为 177 753 件，约占全国工业企业专利申请总量的 36.3%。长三角地区工业企业申请的专利总量明显超过珠三角和其他地区。其中，江苏省专利申请数为 84 876 件，占全国总量的 17.3%，在全国各省市中排名仅次于广东省，位居第二；浙江省专利申请数为 68 003 件，占全国总量的 13.88%，位居全国第三。发明专利是所有类别专利中创造性最强和保护期最长的专利形式。2012 年，长三角地区工业企业的发明专利申请数为 50 565 件，占全国总数的 28.6%，高于珠三角、环渤海地区。在江浙沪两省一市中，江苏省的发明专利数为 27 820 件，位居两省一市首位，在全国各省市中的排名仅次于广东省，位居全国第二。浙江省发明专利申请数为 12 844 件，总数少于江苏省，在全国各省市中排名第三。上海市发明专利申请数为 9 901 件，总量约为江苏省的 1/3，在全国各省市中，工业企业发明专利数超过上海市的有广东省、江苏省、浙江省、山东省和北京市。上海市工业企业发明专利数相对较少与上海市的产业结构有关，在以服务业为主导的上海市，工业企业数量相对较少。但如果按照人均专利数计算，上海市的指标明显高于国内其他省份。

企业的新产品销售是创新成果转化为产品的结果。新产品销售状况不仅体现了企业创新和应用创新成果的能力，而且体现了创新成果满足消费者需要的创新价值。根据新产品销售收入，同样可以看出长三角地区在我国创新活动中的领先地区。2012 年，长三角地区工业企业的新产品销售收入为 36 529 亿元，占我国工业企业新产品销售收入总额的 1/3。长三角地区工业企业新产品销售收入不仅超过珠三角地区，也超过环渤海湾和其他中西部地区。在长三角两省一市中，江苏省工业企业新产品销售收入居第一位，约占长三角地区的一半，浙江省和上海市分别居两省一市的第二和第三位。从全国各省市比较看，江苏省工业企业新产品销售收入同样位居全国第一，浙江省的这一指标居江苏省、广东省和山东省之后，位居第四位。

为说明长三角地区工业企业专利的结构特征，我们计算了发明专利占专利申请总数中的比例。2012 年，长三角地区工业企业发明专利占专利申请数的比例为 28.45%，低于全国 35.96% 的整体水平。在全国几大区域中，长三角的这一比例最低。珠三角地区发明专利占专利申请数的比例为 50.72%，远高于长三角。可以看出，尽管长三角工业企业的创新比较活跃，但从专利结构上看，实用型和外观设计的专利数相对较多，发明专利占比较小。尤其是浙江省，在其专利申请中，发明专利的比例仅为 18.89%。

新产品销售收入占主营业务收入的比例可以用来反映创新对企业生产带来的变化程度。2012 年，长三角工业企业新产品销售收入占主营业务收入的比例为 17.31%，高于全国平均水平，略高于珠三角地区。在长三角两省一市中，上海市的比例最高，浙江省和江苏省分别列第二和第三位。与全国其他地区相比，长三角两省一市的这一指标虽然也处于前列，但其领先地位并不突出。上海市和浙江省分别位居第一位和第三位，但江苏省则处于第六位，除上海市和浙江省以外，超过江苏省的其他省市有北京市、天津市和广东省。表 11 - 5 归纳总结了长三角和国内其他主要区域的各项创新能力指标。

表 11 - 5　　　　长三角规模以上工业企业创新的新产品和专利（2012 年）

地区	新产品销售收入（亿元）	占主营业务收入比（%）	发明专利申请数（件）	专利申请数（件）	占专利申请数比（%）
全国	110 530	11.89	176 167	489 945	35.96
长三角地区	36 529	17.31	50 565	177 752	28.45
珠三角地区	15 403	16.42	44 200	87 143	50.72
环渤海地区	26 342	10.52	34 459	85 850	40.14
中部地区	16 991	9.34	25 256	74 744	33.79
西部地区	9 116	7.08	14 960	43 203	34.63
东北地区	5 917	7.34	6 367	15 843	40.19
上海	7 400	21.70	9 901	24 873	39.81
江苏	17 845	14.96	27 820	84 876	32.78
浙江	11 284	19.56	12 844	68 003	18.89
广东	15 403	16.42	44 200	87 143	50.72
北京	3 318	19.62	10 318	20 189	51.11
天津	4 460	18.86	5 195	13 173	39.44
河北	2 458	5.63	2 631	7 841	33.55
山东	12 913	10.94	12 202	34 689	35.18
辽宁	3 194	6.63	4 113	9 958	41.30

资料来源：2013 年《中国科技统计年鉴》及各地区 2013 年统计年鉴。

六、长三角地区工业企业创新投入和产出的变化

在长三角经济发展过程中，越来越多的企业开始进行研发活动，企业对研发投入的资金规模和人力资本持续增加。2003～2012 年，长三角地区设有研发机构的企业数量由 1 626 家增加至 22 378 家，研发经费支出由 178 亿元增加至 2 146 亿元，研发人员数量由 31 万增长至 85 万。在此背景下，长三角地区工业企业的创新能力得到了大幅提高，其主要表现就是专利申请数量增加、专利质量提高和新产品销售收入上升。

首先，专利申请数量增加。2003 年，长三角地区工业企业的专利申请数为 8 796 件，2012 年专利申请数达到 177 752 件，2012 年的专利申请量约为 2003 年的 20 倍。

其次，专利质量上升。长三角地区工业企业的发明专利申请数量由 2003 年的 2 041 件上升至 2012 年的 50 565 件，十年期间增长至原来的 25 倍，增长率超过专利总量的变化。发明专利申请数量在专利申请数量中的比例提高，2003 年发明专利占专利总量中的比例为 23.2%，2012 年上升至 28.45%。

最后，新产品销售收入增加。2003 年长三角地区工业企业新产品的销售收入为 4 933 亿元，经过十年的持续增长，2012 年新产品销售额达到 36 529 亿元，约为 2003 年的 7 倍。

根据以上数据可以看出，长三角地区参与全球分工的过程也是创新能力不断提升的过程。正是由于区域创新能力的提升，新产品销售收入在长三角地区工业企业主营业务收入中所占的比例始终保持在较高的水准。2003 年这一比例为 18.84%，2012 年为 17.31%。

上述客观事实表明，长三角的研发活动和研发能力并没有因融入全球化的专业分工而弱化，相反，在其过程中长三角工业企业的创新活动变得更加活跃。尽管就目前而言这一变化还不能掩盖长三角企业在全球分工地位低下的事实，但也应该看到长三角工业企业和以往相比，更加重视研发并具有更强的研发能力。长三角地区工业企业创新能力的变化一方面来自于创新企业的入驻，另一方面源自于这一地区的企业在激烈的市场竞争中创新理念的形成。

第4节　提升长三角创新能力的建议

目前，长三角各级政府和企业对创新高度重视。创新是近年来长三角各级政府报告和企业发展战略中最频繁出现的关键词，标志着创新驱动经济发展已经成为这一地区的共识。与改革开放初期相比，长三角的资源禀赋发生了根本性的变化。劳动力成本上升和自然资源约束的硬化决定了长三角地区的未来发展只能走集约化的道路。而要实现集约化增长，起决定作用的就是创新。没有创新就不会有长三角地区的可持续增长，也就不会有长三角经济增长方式的转型。

通过对长三角创新举措和创新绩效的分析，我们形成以下几点认识。第一，长三角地区的比较优势基础正在发生变化，驱动长三角企业进行创新的市场基础正在形成；第二，长三角地区各级政府对区域创新寄予厚望，为提升区域创新能力制定了形式多样的人才政策、产业政策和财政政策，长三角的开放战略正经历着由"引资"向"引智"的转变；第三，长三角的研发创新投入和研发创新能力在我国各大区域中处于前列。长三角的实践经验表明，融入全球化分工对长三角创新的积极作用大于负面作用。在全球化和信息化时代的背景下，全球知识扩散和创新要素流动为区域创新能力提升提供了良好的机遇。

长三角地区的区域创新能力正处于提升阶段，但整体创新能力落后于发达国家的事实并没有彻底改变。创新能力的形成和产业结构的调整滞后于要素禀赋变化是当前导致长三角产能过剩、经济增速下降和生态恶化的重要原因。要实现产业结构与要素禀赋变化的协调，迫切需要促进创新，并以创新驱动发展。为实现创新，必须遵循创新规律、完善创新体系、充分发挥企业的创新主体作用、打破制约创新的藩篱、形成有利于创新的制度环境。创新服务于经济发展，在追求创新的过程中同样不应忽视创新的成本和风险。根据我们对长三角创新经验和问题的考察，提出以下几点关于促进长三角创新能力提升的政策建议。

（1）完善法规制度，加强知识产权保护，在制度上保障创新者利益。创新具有较强的知识外溢性，这种外溢性对整个社会有益，但也会使创新者的利益不能得到保证，或导致企业形成"搭便车"心理，由此造成创新主体缺乏创新动力。长期以来，我国在知识产权保护、环境法规、产品质量安全法规上存在制度不完善、执行不到位的现象。完善法规制度和加强知识产权保护是提升长三角区域创新能力的有效途径。较为严格的环境标准和产品质量标准、加强监督、实行信息公开，将会减少市场上劣币驱逐良币的效应，扩大创新产品的市场需求和激励企业进行质量创新和品牌创新。

（2）深化教育和科研机构改革，使教育和科研结构为社会发展输送更加优秀的创新人才和更加优秀的创新成果。长三角地区大学和科研机构数量很多，其中不乏国内知名的高校。尽管这一地区的大学和研究机构科研成果丰硕，但科研成果产业化程度并不高，毕业生创新创业的欲望不强烈，人才培养结构与社会市场需求仍然存在一定的不匹配现象，产学研合作有待进一步强化。这一现象与教育和科研体制有关，我国大学和科研机构的国有化程度较高，教育和研究部门的激励目标与社会需求存在脱节现象。长三角企业创新能力的提高需要教育科研部门能够更多地面向企业需求输送更多的、具有应用性的创新人才和创新成果。深化教育部门体制改革、支持民办教育的发展、促进大学和研究结构与企业的协同创新，对于促进长三角创新能力意义重大。

（3）扩大开放，立足产业集群优势和国内市场规模优势，集聚创新人才。长三角地区是我国改革开放的前沿，区域整体的国际化水平较高，基础设施条件较好，拥有众多的制造业产业集群。在国内市场规模不断壮大的背景下，长三角地区吸引全球创新资源的基础正由以往的廉价成本优势向产业集群优势、资本优势和国内市场优势转变。长三角地区应充分发挥经济发展新阶段的新优势，立足区域产业基础和科技革命新动向，明确区域创新发展方向和规划，通过扩大开放和制度改革，消除阻碍创新人才集聚的制度障碍，使这一地区成为全球创新企业和创业人才的聚集地。与此同时，长三角地区具有较好国际管理经验的企业应考虑通过"做出去"在国外创新产业园区建立海外研发中心，善于利用全球人才资源和创新资源促进创新。在现有阶段，建设好上海自由贸易区，并将自由贸易区建设取得成功经验的政策和做法迅速推广至整个长三角地区，可以推动长三角创新能力的提升。

（4）搭建创新服务平台，提升创新资源的利用效率。创新平台是一项极其重要的基础设施，是各种创新要素的重要载体和创新成果的孵化器。创新平台的建设要注重区域创新企业的共性需求展开，以节约区域企业创新成本、提升区域企业创新潜能为目标。创新服务平台包括创新政策和法规的服务、创新信息提供、公共试验平台、共性技术研究中心、技术成果转化服务、创新成果展示与创新企业交流服务等多种形式。

（5）推动创新主体的联合与协作，加快形成区域创新统一大市场。近几年来，长三角各级政府十分重视创新的作用，也开始认识到促进区域创新合作的意义。但从创新主体创新行为来看，区域内的创新主体之间的合作和沟通仍然比较松散。导致区域之间的创新行为和竞争性大于合作性。重复建设、重复引进、相互之间争夺创新人才和创新企业的现象比较严重。缺乏合作的过度竞争既损害创新企业的利益，也造成资源的浪费。如何避免长三角地区产业间的重复无序竞争、加强区域内政府之间和创新主体之间的合作是长三角面临的一大难题。要根据区域产业基础，统筹和优化区域内的产业布局，以区域协作代替区域竞争，进而加强区域内的创新互动，提高区域创新水平。为了实现区域协作和优化创新格局这一目标，长三角各地政府应根据区域实际制定差异化和互补性的产业发展战略，加强创新政策的协调，打破地方政府采购歧视性政策等限制创新产品流动和创新要素流动的壁垒，促进统一大市场的形成。

第 12 章 长三角经济增长中的环境污染与治理

【本章提要】 中国的经济增长以大量的资源投入为代价。相对宽松的环境规制曾经作为吸引跨国公司投资、推动贸易增长的"利器"。然而，伴随生产总量的增加，中国的生态环境不断恶化，并对经济增长的可持续性和人们的生活质量产生负面影响。加大环境保护治理、培育环境友好型产业、推进增长方式集约化是中国经济发展的内在要求。

长三角地区是中国人口密集度最高、单位面积经济产量最大、经济发展环境约束最为突出的区域之一。破解环境约束瓶颈是区域经济发展面临的重大现实问题。本章观察长三角环境污染状况、分析影响长三角环境的关键因素、探讨长三角经济增长方式向环境友好型转变的对策。

第 1 节 长三角地区环境污染状况

一、长三角的污染排放总量

长三角土地面积仅占全国的 1/50，但区域生产总值达到全国的 1/5，单位土地面积的生产总值是全国平均水平的 10 倍。高度密集人口和生产活动所形成的污染给区域生态环境带来了巨大的压力。

长三角是我国资源消耗和污染排放量最多的区域之一。长三角的资源消耗和工业污染排放量在全国占有很大的比重，表 12 - 1 显示了 2000 ~ 2012 年长三角主要污染物的排放总量以及区域主要污染物排放量在全国的占比。

表 12 – 1 　　　　　2000 ～ 2012 年长三角主要工业污染物排放量　　　单位：万吨

年份	工业废水		工业二氧化硫		工业烟尘		工业固体废弃物	
	绝对量	比重	绝对量	比重	绝对量	比重	绝对量	比重
2000	410 802	21.1	203.0	12.6	70.5	7.4	5 779	7.1
2001	497 154	24.5	194.3	12.4	65.8	7.7	6 761	7.6
2002	495 260	23.9	197.4	12.6	61.3	7.6	7 169	7.6
2003	479 137	22.6	229.1	12.8	78.9	9.3	9 392	9.4
2004	485 171	21.9	232.2	12.3	65.9	7.4	8 802	7.3
2005	539 841	22.2	251.8	11.6	67.5	7.1	10 235	7.6
2006	535 110	22.3	244.4	10.9	64.4	7.4	12 354	8.2
2007	517 543	21.0	230.0	10.7	55.1	7.1	13 133	7.5
2008	502 358	20.8	208.8	10.5	51.2	7.6	13 856	7.3
2009	500 794	21.4	215.4	11.5	51.1	8.6	14 192	7.0
2010	517 882	21.8	187.7	10.1	50.6	8.4	15 780	6.5
2011	473 164	20.5	188.2	9.3	85.6	7.8	17 363	5.4
2012	457 869	20.7	176.3	9.2	69.3	6.7	16 884	5.1

资料来源：根据各年度《中国统计年鉴》数据计算。

　　国家统计局出版的《中国统计年鉴》报告了全国各省市主要污染物排放量。2012 年长三角工业废水排放量为 45.8 亿吨，约占全国工业废水排放量的 1/5。工业二氧化硫、工业烟尘和工业固体废弃物的排放量分别为 176 万吨、60 万吨和 1.7 亿吨，在全国同类污染物排放量中所占的比例分别为 9.2%、6.7% 和 5.1%。长三角主要污染物排放量占比超过土地面积占比，单位面积污染物排放量远远超过全国平均水平。其中，最为显著的是工业废水，单位面积排放量是全国的 10 倍。

　　2000 ～ 2012 年，长三角主要污染物排放量的变化有较大差异。工业固体废弃物的产生量显著增加，2000 年为 5 779 万吨，2012 年增加至 16 884 万吨，增加率高达近 200%。工业废水排放量略有增加，2012 年的工业废水排放量与 2002 年水平基本相当。工业二氧化硫和工业烟尘的排放量均有所减少。除工业固体废弃物以外，长三角地区的主要污染物排放得到一定的控制，自 2006 年以后，固体废弃物以外的其他污染物排放量逐年减少。环境保护政策力度的加大和区域产业结构的变化是形成这一现象的主要原因。

长三角地区各类污染物排放量占全国的比重持续下降。工业二氧化硫和工业烟尘排放量在全国的占比分别由 2000 年的 12.6% 和 7.4% 降至 2012 年的 9.2% 和 6.7%。表明长三角地区在大气污染物排放控制上取得了显著的成效。工业废水和工业固体废弃物在全国的占比也有不同程度的下降。虽然长三角地区工业固体废弃物的排放总量在增加，但其在全国的占比却在下降。2000 年该比例为 7.1%，2012 年降至 5.1%。由此可见，工业固体废弃物排放量的增加不仅仅是长三角的区域现象，国内其他地区固体废弃物排放比长三角地区还要严重。加快发展循环经济、处理和利用好工业固体废弃物是我国面临的重大问题。

2000 ~ 2012 年，工业废水、工业二氧化硫和工业烟尘的排放峰值分别出现在 2005 年、2004 年和 2003 年。自此之后，以上三类污染物的排放总量逐年下降。

污染物排放在长三角地区的高度集中与长三角经济总量占比较高有关。为了反映长三角生产活动中污染排放的强度和区域面临的环境承载压力，分别计算单位产值和单位土地面积的污染排放量。单位产值的污染排放量代表了生产的环境代价，单位面积的污染排放量代表了区域污染物的排放浓度。计算结果如表 12 - 2 所示。

表 12 - 2　　　　　长三角地区污染物单位面积/GDP 排放量及与全国比较

指标	区域	污染物	2004 年	2005 年	2006 年	2007 年	2008 年	2009 年	2010 年	2011 年	2012 年
单位面积排放	长三角	废水	23 027	25 621	25 397	24 563	23 842	23 768	24 579	22 457	21 731
		SO_2	11.0	12.0	11.6	10.9	9.9	10.2	8.9	8.9	8.4
	全国	废水	2 303.6	2 532.4	2 502	2 569.3	2 517.2	2 441.5	2 473.7	2 404.9	2 308.2
		SO_2	1.97	2.26	2.33	2.23	2.07	1.94	1.94	2.1	1.99
单位产值排放	长三角	废水	14.0	13.2	11.2	9.1	7.7	6.9	6.0	4.7	4.2
		SO_2	0.0067	0.0062	0.0051	0.0041	0.0032	0.003	0.0022	0.0019	0.0016
	全国	废水	13.8	13.1	11.1	9.3	7.7	6.9	5.9	4.9	4.2
		SO_2	0.0118	0.0117	0.0103	0.0081	0.0063	0.0055	0.0047	0.0043	0.0037

注：单位面积排放单位为吨/平方公里，单位产值排放单位为吨/万元。

资料来源：根据各年度《中国统计年鉴》数据计算。

首先，从年度变化上看，长三角地区单位面积污染物排放量和单位 GDP 污染物排放量均随着时间的推移而减少。相对而言，单位面积工业废水的排放量变化相对缓慢，而单位 GDP 污染物排放量的下降则十分明显。2004 ~ 2012 年，长

三角地区单位面积废水排放量为每平方公里 23 027 吨，到 2012 年降至 21 731
吨。2004 年单位面积二氧化硫排放量为每平方公里 11.0 吨，2012 年降至 8.4
吨。同一时期，单位 GDP 工业废水的排放量由每万元 14.0 吨下降至每万元 4.2
吨；单位 GDP 二氧化硫排放量更是由 2004 年的每万元 0.0067 吨降至 2014 年的
每万元 0.0016 吨。

其次，长三角地区单位面积污染物排放量远高于全国平均水平。2012 年单
位面积工业废水排放量接近全国平均水平的 10 倍，二氧化硫等工业废气的单位
面排放量高达全国平均水平的 4 倍。

最后，从单位 GDP 污染物产生量上看，长三角的污染排放则小于全国平均
水平。工业废水和废气是区域工业生产的副产品，一般而言生产活动量越大，工
业废水和废气的排放量会越大。但工业废水和废气的排放强度也与区域的产业结
构和环境保护技术相关。2012 年长三角单位 GDP 的废水排放量与全国平均水平
相当，但单位 GDP 的废气排放量远低于全国平均水平。这一结果说明，相对于
全国其他地区，长三角地区经济发展中的减排效率相对较高。区域大规模的污染
排放主要来自于区域大量生产的规模效应。

总体来看，长三角经济增长中的减排迹象已经显现，但由于生产活动高度集
中，区域承载的环境压力依然十分巨大。事实上，大量污染物的长期排放已经导
致长三角地区水、大气和土壤的质量严重恶化。

1. 水污染

目前，长三角地区水污染状况十分严重。长期以来，区域工业和生活废水排
放不断增加，然而对废水处理和河道清理的投入却严重不足。水资源相对丰富的
长三角地区，由于污染加剧，优质水资源出现短缺。这一局面甚至影响到生活饮
用水的供给安全。以太湖为例，20 世纪 60 年代，太湖水是居民的饮用水。20 世
纪 70 年代，国家大力发展重工业，太湖流域的河水已不宜人类饮用。20 世纪 90
年代，太湖流域跨界水体水质污染物超标率为 68.87%，大面积蓝藻开始在太湖
流域爆发。21 世纪以来，太湖流域水体富营养化程度增加。在 2003 年太湖流域
水质状况通报中提到：省界河流 20 个断面有 85% 超标，其中Ⅳ类占 20%，Ⅴ类
占 15%，劣于Ⅴ类占 50%。苏沪边界河流断面 8 个，88% 超标，其中Ⅴ类、劣
于Ⅴ类分别占 13% 和 75%；苏浙边界河流断面 9 个，78% 超标，其中Ⅳ类、Ⅴ
类、劣于Ⅴ类分别占 34%、22% 和 22%；沪浙边界河流 3 个断面，全面超标，
Ⅳ类、劣于Ⅴ类分别占 33% 和 67%。太湖流域跨省界河流水体中，Ⅴ类和劣Ⅴ
类水体水质占比均大于 50%[①]。水污染导致 2001 年、2005 年部分居民无水可饮，

---

① 资料来源：太湖流域水资源保护局，《太湖流域省界水体资料质量状况通报》第 91 期。

2006~2007 年无锡、苏州发生死鱼上百万斤等严重事件。2012 年，太湖无锡水域水质以总氮作为单独评价指标劣于 V 类，水体轻度富营养。

2. 大气污染

长三角地区二氧化硫污染及硫酸型酸雨污染严重。根据 2013 年《中国环境状况公报》，2012 年，南京、杭州和上海降水 pH 值年平均数分别为 5.09、4.65 和 4.64，酸雨频度分别是 26.9%、88.9% 和 80%。同时，长三角地区总体空气质量下降。2013 年，长三角区域 25 个地级及以上城市的空气达标天数比例范围为 52.7%~89.6%，总体平均为 64.2%。其中，仅有舟山和丽水 2 个城市空气质量达标天数比例在 80% 以上，其他 23 个城市达标天数比例均只有 50%~80%，在超标天数中，重度及以上污染天数比例占到 5.9%。长三角地区空气污染以 PM2.5 为首要污染物的天数最多，占到 80.0%，其次是 O_3 和 PM10，分别占到 13.9% 和 5.8%。2013 年，长三角区域 PM2.5 的平均浓度为 67 微克/立方米，除舟山以外，其他 24 个城市均超标；PM10 平均浓度为 103 微克/立方米，23 个城市超标；NO_2 平均浓度为 42 微克/立方米，15 个城市超标；O_3 按日最大 8 小时标准评价有 4 个城市超标。以上海为例，2013 年重度及以上污染天数比例为 6.3%。主要污染物为 PM2.5、PM10 和 NO_2。PM2.5 年均浓度为 62 微克/立方米，超标 0.77 倍；PM10 年均浓度为 84 微克/立方米，超标 0.2 倍；NO_2 年均浓度为 48 微克/立方米，超标 0.2 倍。除此之外，长三角地区氮氧化合物污染也日趋严重，出现了煤烟和机动车尾气混合型污染，并且光化学烟雾污染现象也在加剧。

3. 土壤污染

长三角地区土地肥沃，但在工业化过程中，土壤污染现象值得警惕。长三角地区土壤物理性质劣化。化肥、农药的过量使用导致地区内土壤中硝酸盐、有机物大量累积。2013 年《中国统计年鉴》相关数据显示，2012 年江苏省化肥施用量为 330.94 万吨（折纯量），农药施用量为 8.37 万吨。同期，浙江省内杭州等 7 市的农药施用量为 4.06 万吨，化肥施用量为 57.82 万吨（折纯量），其中，氮肥施用量为 33.93 万吨，磷肥施用量为 6.45 万吨，钾肥施用量为 3.79 万吨，复合肥施用量为 13.65 万吨，均高于全国的平均水平。长三角地区土壤受到镉、铅、铬、铜和锌等重金属污染。中科院南京土壤研究所 2006 年对南京郊区 3 个蔬菜基地的测试结果表明，调查区域内只有 40% 的土壤为安全等级，30% 是尚清洁水平，另有 30% 的土壤受到了不同程度的污染。在受污染的土壤中，轻度污染占 76%，中度污染占 24%[①]。另据浙江省有关部门调查，全省受到不同程

---

① 资料来源：陈湘静：《土壤污染作物超标前景堪忧》，载《中国环境报》2006 年 7 月 27 日。

度污染面积占调查区总面积的 17.97%。其中，杭嘉湖平原轻度污染区面积占污染土壤的 85.7%，中度污染区面积占污染土壤的 11.3%，重度污染区面积占污染土壤的 3%[①]。

二、长三角地区环境污染的原因

长三角地区的环境污染是经济发展的副产品，造成长三角地区环境污染加剧的原因有很多，主要包括以下几点。

第一，工业化的经济发展阶段。目前，长三角处于重工业化阶段，从各国发展史上看，这一阶段环境污染问题最为严重。著名经济学家库兹涅茨教授统计分析了环境污染与收入水平的关系，提出了著名的环境库兹涅茨曲线。他认为：经济起飞阶段之前，经济增长带来环境退化是难以避免的，环境污染将随经济增长不断加剧；经济增长造成环境的恶化使得环境资源的稀缺性日益凸现，对环境保护的投资随之加大，经济增长将为环境质量的改善创造条件；从总体上看，环境污染水平与经济增长关系呈倒 "U" 形曲线是一个长期的特征；政府的环境经济政策在改变环境库兹涅茨曲线的走向和形状上有重要意义；环境库兹涅茨曲线所揭示的经济增长与环境污染之间的联系并不意味着发展中国家经济增长到一定阶段必然会带来环境的改善。按照世界银行（1992）及格罗斯曼和克鲁格（Grossman & Krueger，1995）的估计，环境库兹涅茨曲线的转折点约出现在人均 8 000 美元左右，越过了此临界点，就会发生人均收入与环境改善相互促进的良性循环。

目前，长三角地区人均 GDP 已经达到中等国家的收入水平。2013 年，江苏、上海和浙江的人均收入分别为 74 699 元、90 765 元和 68 594 元，都超过了 8 000 美元的标准[②]。进入这一发展阶段，人们对环境质量的重视程度和生产的技术水平都不同于初级发展阶段。但应当看到，要真正实现环境质量的改善依然任重道远。环境质量的改善需要法律制度的保障，需要发展理念的转型，需要产业结构的提升，需要大量财政的投入。在治理环境过程中，不可避免地会造成区域生产成本和生活成本的上升，对区域经济增长和就业产生影响。对长三角地区环境污染与经济增长研究的相关文献认为，长三角地区迈过污染转折点的特征仍不明显，也就是说，长三角区域仍然处于环境污染随收入水平增加而增加的阶段。凌亢（2001）考察了南京市废气排量和二氧化硫浓度与居民收入水平之间的变化关系，发现污染随收入增长而增加。高振宁（2004）认为，江苏仍处于

---

① 《浙江省社科联社科成果要报》，http://www.zjskw.gov.cn
② 资料来源：2014 年《江苏省统计年鉴》、《上海市统计年鉴》和《浙江省统计年鉴》。

工业发展期，环境污染物排放量的转折点尚未达到。

第二，制造业偏重的产业结构。虽然与全国相比，长三角地区综合实力较强，发展水平较高，但从三次产业构成看，长三角产业结构的高端化优势并不明显。一般而言，经济发展水平越高的国家和地区，第三产业生产总值占比会越高。发达国家第三产业在国民生产总值中占比的平均水平为66%，低收入国家第三产业占比平均水平仅为35%①。长三角地区第三产业的产值占比与全国相比，产值比的优势并不明显。2012年，长三角地区第三产业的产值占全国的比重为22.2%，基本与区域生产总值在全国的占比相当。以制造业为主的第二产业在长三角经济中所占的比重较大是造成这一结果的原因。尤其在江苏和浙江，第二产业在区域生产总值中的比例高达50%②。在长三角两省一市中，仅有上海市形成了"第三产业、第二产业、第一产业"为序的产业格局。长三角三次产业结构及其在全国生产总值中的占比如表12－3所示。与世界同等收入水平的国家相比，江苏省和浙江省的制造业比重明显处于较高水平。发达国家第二产业在国内生产总值中的比例平均为32%，中上等收入国家第二产业的比重仅为37%（周荣荣，2012）。产能消耗大、生态污染重的第二产业占比偏高是造成长三角地区污染严重的原因。

表12－3　　　　　长三角地区三次产业结构及其在全国的占比　　　　单位：%

地区	三次产业产值在全国占比			三次产业在区域总产值中的比重		
	第一产业	第二产业	第三产业	第一产业	第二产业	第三产业
上海	0.2	3.3	5.3	0.63	38.92	60.45
江苏	6.5	11.5	10.2	6.32	50.17	43.51
浙江	3.2	7.4	6.8	4.81	49.95	45.24
长三角地区	10.0	22.2	22.2	4.79	48.02	47.19

资料来源：2013年《中国统计年鉴》。

长三角两省一市的第二产业有很大的相似性。这种相似性起因于长三角区域间资源禀赋的相似性以及发展政策的相似性。相似的产业在区域的集聚具有产业集群优势的积极效应。但区域内部的竞争也会诱发地方政府通过放松环境管制等手段提升本地企业的竞争优势，由此对环境产生负面的效应。表12－4列出了长三角两省一市第二产业的十大主导产业。

---

① 参见周荣荣：《长三角产业结构优化调整与经济转型升级》，载《江苏社会科学》2012年第12期。
② 资料来源：2013年《长三角统计年鉴》。

表 12 - 4　　　　　　长三角地区前十大行业及占工业总产值比重　　　　　单位：%

排名	上海市		江苏省		浙江省	
	行业	占工业总产值比重	行业	占工业总产值比重	行业	占工业总产值比重
1	计算机、通信和其他电子设备制造业	18.0	计算机、通信和其他电子设备制造业	13.5	纺织业	9.2
2	汽车制造业	13.5	化学原料和化学制品制造业	11.0	电气机械和器材制造业	9.0
3	化学原料和化学制品制造业	8.0	电气机械和器材制造业	10.6	化学原料和化学制品制造业	8.4
4	通用设备制造业	7.7	黑色金属冶炼和压延加工业	7.9	电力、热力和水的生产和供应业	6.8
5	电气机械和器材制造业	6.7	通用设备制造业	5.5	通用设备制造业	6.5
6	电力、热力和水的生产和供应业	5.1	纺织业	5.0	汽车制造业	4.9
7	石油加工、炼焦和核燃料加工业	5.0	金属制品业	4.0	橡胶和塑料制品业	4.4
8	黑色金属冶炼和压延加工业	5.0	汽车制造业	3.8	化学纤维制造业	4.3
9	专用设备制造业	3.4	专用设备制造业	3.7	黑色金属冶炼和压延加工业	4.2
10	金属制品业	3.0	电力、热力生产和供应业	3.4	金属制品业	4.0

资料来源：2013 年《上海市统计年鉴》、《江苏省统计年鉴》、《浙江省统计年鉴》。

　　在上海市、江苏省和浙江省的十大主导产业中，同时出现的产业多达六个。这些产业分别是：电气机械及器材制造业、化学原料和化学制品制造业、通用设备制造业、金属制品业、汽车制造业与黑色金属冶炼和压延加工业。上述产业恰恰是污染物排放密集的产业。长三角要实现环境友好型经济的发展，一方面需要产业转型，另一方面需要在难以实现转型的产业加大节能减排技术和设备的利用。

第三，外商直接投资的集聚。随着经济全球化的深入，长三角依托其充裕的劳动力资源和相对较好的基础设施，成为跨国公司进行直接投资的热点。外商直接投资的进入促进了长三角地区的经济发展，与此同时，也加重了这一区域的环境负担。长三角地区的外资利用集中于第二产业，其中也不乏大量的高污染产业。表 12 - 5 列出了长三角地区外资利用的产业构成状况，2002 ~ 2010 年，长三角地区每年的外商直接投资利用量均在 200 亿美元以上，其中投资于第二产业的外商直接投资占有很高的比重，尤其在早期，该比例高达 70%。近几年来，长三角地区外商直接投资的产业构成出现了变化，第二产业直接投资占比逐年下降。外商投资产业结构的变化有利于减少制造业增长对区域环境产生的负面效应。

表 12 - 5 　　　　　　　　　　长三角地区利用外资产业结构布局

年份	长三角利用外资（亿美元）	第一产业比重（%）	第二产业比重（%）	第三产业比重（%）
2002	203.76	0.41	66.29	33.3
2003	271.01	0.52	70.2	29.28
2004	254.05	0.32	71	28.68
2005	272.41	0.32	66.03	33.65
2006	334.27	0.74	59.35	39.91
2007	401.6	0.83	57.55	41.62
2008	452.77	1.24	54.15	44.61
2009	457.61	1.91	48.99	49.1
2010	510.71	2.93	43.43	53.71

资料来源：根据历年中国统计年鉴数据计算。

外商直接投资企业在长三角的分布存在区域不平衡，部分地区产业集聚度很高，高密度的生产活动也使得局部区域环境不堪重负。长三角地区外商投资基本上呈现以上海为中心向周边地区辐射的模式，上海周边和苏南沿江地带是制造业行业外商直接投资的密集区。在向环境友好型经济转型的努力中，优化外商直接投资结构的必要性十分突出。

第四，节能减排技术落后。环境污染不仅与产业结构有关，而且与生产企业的节能环保技术有关。能源供给和消耗是产生环境污染的重要源头。能源消耗型产业越集中，生产设备和节能减排技术越落后，环境污染越严重。表 12 - 6 列出了长三角地区 2000 ~ 2012 年的总能源消耗以及单位 GDP 能源消耗的指标值。从中可以发现：（1）长三角地区能源消耗量大，能源消费总量持续增长，长期以来区域能源消费占全国能源消费的比例高达 15% 以上。2007 年长三角能源消耗在全国的占比达到峰值。在此之前，长三角能源消耗比重处于上升时期，而 2007 年之后，这一区域的能源消耗在全国的占比略有下降。（2）长三角地区能源消费总量年均增速高于全国平均水平。2000 ~ 2012 年，长三角地区年均能源消费增长速度为 8.3%，而全国范围内同期能源消费的年均增长速度为 7.2%。（3）长三角地区单位 GDP 能耗水平低于全国，且随着时间推移不断下降；但下降速度小于全国平均水平。2000 ~ 2012 年，长三角地区单位 GDP 能源消耗量年均下降 5.1%，而同期全国单位 GDP 能耗年均下降 5.6%。长三角是能源消耗重点区域，进一步提高节能减排的技术水平，对于提高区域乃至全国的环境质量意义重大。

表 12 - 6 　　　　　　　　　长三角地区能源消费状况　　　　　　　　单位：万吨标准煤

年份	上海市	江苏省	浙江省	合计	比重（%）	长三角单位 GDP 能耗	全国单位 GDP 能耗
2000	5 499	8 612	6 560	20 671	15.3	1.06	1.36
2001	5 895	8 881	7 253	22 029	15.3	1.02	1.31
2002	6 249	9 609	8 280	24 138	16.0	0.99	1.25
2003	6 796	11 061	9 523	27 380	15.9	0.95	1.27
2004	7 406	13 652	10 825	31 883	16.2	0.92	1.23
2005	8 225	16 895	12 032	37 152	17.2	0.91	1.17
2006	8 876	18 742	13 219	40 837	17.6	0.86	1.07
2007	9 670	20 948	14 524	45 142	18.3	0.8	0.93
2008	10 207	22 232	15 107	47 546	18.2	0.73	0.83
2009	10 367	23 709	15 567	49 643	18.1	0.68	0.81
2010	11 201	25 774	16 865	53 840	18.1	0.62	0.74
2011	11 270	27 589	17 827	56 686	17.8	0.56	0.67
2012	11 362	28 850	18 076	58 288	17.6	0.54	0.64

资料来源：历年中国统计年鉴及上海、江苏、浙江统计年鉴，其中，单位 GDP 能耗单位为吨标准煤/万元。

第五，生活水平提高和生活方式变化引起的污染。除了工业生产引致的环境污染外，长三角地区密集的居民生活及活动引起的污染物排放也是区域内环境恶化的重要因素。长三角地区居民生活污染主要有以下三个方面：（1）交通。据美国城市区域调查，大气中61%的一氧化碳、92%以上的碳氢化合物来自于汽车排放（马蔚纯等，2002）。近几年来，随着长三角地区居民生活水平的提高，汽车拥有量不断增加。据上海市综合交通2013年度报告，2012年全市机动车交通量同比增长8.1%。其中，中心道路交通量同比增长3.7%，郊区道路交通量同比增长12%，公共交通消耗179.6万吨标准煤，社会客车能耗491万吨标准煤[①]。江苏省2003年民用机动车辆拥有量为778.61万辆，2005年增至969.66万辆，上升24.5%。2012年为1 528.12万辆，与2003年相比上升96.3%[②]。浙江省2003年民用机动车数量为559.15万辆，2005年增至728.16万辆，2012年为1 308.52万辆，与2003年相比，增长134%[③]。（2）生活排放。长三角地区人口密度大，伴随居民消费能力的增长，人们日常生活产生的污染也在增加。根据2012年江苏省环境状况公报，2012年全省废水排放量估计为58.84亿吨，其中生活污水排放量为35.29亿吨，占60.0%。全省废气中二氧化硫排放总量为99.2万吨，生活源排放占3.5%。氮氧化合物排放总量为148.0万吨，生活源排放占0.44%，烟（粉）尘排放总量为43.9万吨，其中，生活源排放占3.2%。由人类生活引起的废物排放是导致环境污染的一个重要因素。（3）秸秆燃烧。近年来，随着长三角地区经济的快速发展，农民经济水平不断提高，农作物秸秆逐渐失去了作为能源原料及牲畜饲料的作用，很多地方出现了露天焚烧秸秆的现象。秸秆大量燃烧排放出诸如一氧化碳、易挥发有机物、总悬浮微粒、二氧化硫等有害气体，造成了特定区域内较为严重的大气污染。江苏中北部、安徽北部是秸秆焚烧最严重的区域，在焚烧季节如遇到偏北、偏西风，很容易将秸秆燃烧的污染物输送到长三角地区，造成区域性重霾污染事件的发生。

第2节　长三角地区节能减排的实践

近几年来，长三角地区各级政府充分认识到改善生态环境的迫切性。为促进环境友好型增长方式的形成，长三角地区各级政府制定严格的环境保护地方法规和标准，加强节能减排技术的开发和利用，扶持和培育新兴产业，促进产业优化。

---

① 资料来源：2013年《上海市统计年鉴》。
② 资料来源：2013年《江苏省统计年鉴》。
③ 资料来源：2013年《浙江省统计年鉴》。

一、长三角地区节能减排的措施

1. 制定和修改环境保护的地方法规

长三角各地在《中华人民共和国环境保护法》以及其他国家法制法规的基础上，根据区域实际制定了诸多区域性环境保护法规。以上海市为例，近年来出台了多项地方标准，提高了生产的环境标准，补充了原有环境法规和条例中存在的缺失，为环境执法提供了更为完善、更加严格的依据。表12 - 7 展示了2007 ~ 2014 年上海市颁布的部分标准。

表 12 - 7 近年来上海颁发的节能减排地方标准

法规名称	颁发时间
锅炉大气污染排放标准（DB31/387 - 2007）	2007 - 07 - 02
污水综合排放标准（DB31/199 - 2009）	2009 - 06 - 02
生物制药行业污染物排放标准（DB31/373—2010）	2010 - 08 - 19
生活垃圾焚烧大气污染物排放标准	2013 - 12 - 30
危险废物焚烧大气污染物排放标准	2013 - 12 - 30
工业炉窑大气污染物排放标准（意见征集稿）	2013 - 09 - 30
餐饮油烟排放标准（意见征集稿）	2014 - 01 - 10
表面涂装（汽车制造业）大气污染物排放标准	2014 - 07 - 21
锅炉大气污染物新排放标准	2014 - 08 - 13

资料来源：根据上海市环境保护局网站（http://www.sepb.gov.cn）资料整理。

2. 明确不同产业的节能减排目标

长三角地区在提出区域节能减排总体目标的同时，将节能减排的任务细分到具体行业。例如，上海市在2012 年节能减排重点工作安排中，明确给出工业、交通运输业、建筑业的单位增加值能耗削减目标。要求工业部门的能耗增量小于150 万吨标准煤，单位增加值能耗较2010 年下降3.4%；交通运输业的能耗增量小于155 万吨标准煤，较2010 年增加量下降2%；建筑业能耗增量控制在2 万吨标准煤以内，单位增加值能耗较2010 年下降3%。[①]

3. 加快产业结构调整、限制污染产业发展

第一，大力推进产业结构调整，构建以高新技术产业、服务业、高技术制造

---

① 资料来源：《上海市政府关于印发上海市2012 年节能减排和应对气候变化重点工作安排的通知》。

业为主体的现代产业结构。江苏省在"十二五"规划中明确：将全省服务业比重提高到48%，中心城市和苏南地区形成以服务业为主的产业结构。

第二，严控高污染、高耗能行业的发展。长三角各地严格控制在高耗能、高排放和产能过剩行业推出新项目，大力淘汰落后产能。2012年南京市对107家"三高两低"企业实施了关闭、淘汰、转产处置，对55家企业实施了提标升级。2007年，上海市调整淘汰劣势企业和落后工艺600个左右，实现节能100万吨标准煤①。2012年上海市实施产业结构调整项目897项，调整企业共涉及产值近270亿元，土地约一万亩，实现减少能耗量超过190万吨标准煤。②

第三，大力发展新能源产业。长三角地区大力发展陆上风电、海上风电、太阳能、生物质能等清洁能源。截至2013年底，江苏省新能源发电企业共193家，装机容量达到452万千瓦，其中风电256万千瓦，太阳能光伏105万千瓦，生物质电厂40.1万千瓦，垃圾发电厂50.7万千瓦。全年完成发电量104.73亿千瓦时，占全省2.38%。③

4. 推进节能减排技术应用

长三角地区在重点部门大力开展节能减排工作。首先，重点在冶金、化工、建材、纺织、电力等主要耗能行业大力进行节能技术的研发及高效节能设备的推广。"十一五"期间，上海市按计划关停7个电厂，共计210.8万千瓦小机组，节约煤耗110万吨标准煤。其次，加强建筑行业的相关节能标准，积极发展绿色建筑。"十一五"期间，江苏全省新建节能建筑55 766万平方米，实施既有建筑节能改造97万平方米，可再生能源建筑应用面积7 291万平方米。最后，优先发展公共交通，推动枢纽型、功能性的重大基础设施建设，同时淘汰能耗高、排放超标的老旧车型。"十一五"期间，江苏省设置公交专用道总里程440公里，开通BRT城市快速公交营运线路总里程151公里。上海市2010年基本建成了400公里轨道交通网络，建成了300公里公交专用道，城市公共交通客运量占总出行的比重达到33%以上。

5. 大力发展循环经济

回收和再利用废弃物，并使之成为生产投入的资源的循环经济发展不仅可以减少污染物排放，而且可以减少自然资源的投入。循环经济的发展离不开政策的支持，因为回收和再利用废弃物的成本较高，没有政策的改变，企业很难实现盈利，因而缺乏进入行业的积极性。促进循环经济发展的政策就是要通过政策设计

---

① 资料来源：《上海市节能减排报告（2006~2010）》。
② 资料来源：《2012年上海市节能减排和应对气候变化工作报告》。
③ 资料来源：《2013年江苏省电力企业节能减排情况通报》。

来激励企业从事循环经济的生产活动。长三角地区逐步健全城市生活垃圾分类管理措施，以此降低企业回收和处理垃圾的成本。例如，上海市对区县生活垃圾分类给予补贴，2011 年在推进 1 080 个分类居住区的基础上，2012 年又新增 1 050 个试点场所。为实现水资源的循环利用，长三角地区各级政府投入资金扶持企业技术改造，推广使用循环用水，推进雨水、再生水、矿井水、海水等非传统水资源利用。对废弃物回收和利用的企业予以补贴，使生活垃圾和固体废弃物的回收利用率大幅提升，2012 年上海市工业固体废弃物的综合利用率超过 98%。

6. 创新节能减排管理方法

近几年来，长三角地区不断创新节能减排的管理方法，推行合同能源管理（以下简称 EPC），探索绿色电力认购机制，建设能效电厂，试行排污权交易。江苏、浙江、上海等地先后推出了合同能源管理方法，对符合相关条件的合同能源管理项目予以资金奖励，增加企业节能减排动力。根据上海市经济和信息化委员会网站的信息，截至 2013 年底，上海市备案的节能服务公司已达 382 家，比 2012 年新增 121 家。2014 年上半年，上海市已受理申报奖励项目 80 个，投资额 3.2 亿元，预计节能 7 万吨标准煤，项目数、投资额、节能量都比上年同期明显增加。2003 年 6 月，上海率先在中国内地启动绿色电力机制示范工程，并从 2005 年底开始，继企业单位认购"绿色电力"后，开始接受居民个人认购。该机制的核心是允许经济承受能力及环保意识强的企业与个人，通过自愿购买的方式购买电力生产企业使用风能、太阳能、地热能以及生物质能生产的电力。2005 年，15 家企业成为首批绿色电力的用户，截至 2006 年 2 月底，上海绿色电力的个人用户突破了 800 户，企业与个人的认购总量为 850 万千瓦时。2004 年，江苏省在总结开展电力需求侧管理经验的基础上，创造性地提出了能效电厂的概念①，并随后在全国率先开展能效电厂建设项目。截至 2008 年 8 月，江苏省完成了 982 个能效电厂项目，涉及企业 478 家，已建成能效电厂 30 万千瓦时，年节电 18.8 亿千瓦时，所得的能效资源可满足江苏省 10% 的新增电力需求②。2010 年全年，江苏省完成"能效电厂"项目建设 190 个，全年节约电力约 6 亿千瓦时，折合节约标准煤 21 万吨，减少二氧化硫排放约 4 000 吨③。江苏和浙江部分地区大力开展排污权交易试点。2001 年 9 月，南通天生港发电有限公司与南通醋酸纤维有限公司进行了国内首笔排污权交易；2004 年 8 月 14 日，财政

---

① 能效电厂是一种虚拟电厂，它把各种节能措施、节能项目打包在一起，通过实施"一揽子"节电计划，形成一定量的节电能力，减少电力用户的电力消耗需求，从而达到与扩建电力供应系统相同的目的。

② 资料来源：新华网，http://news.xinhuanet.com/fortune/2010-09/291c_12619482.htm。

③ 资料来源：凤凰网，http://finance.ifeng.com/a/20101008/2685059_0.sthml。

部、环保部和江苏省人民政府在无锡市联合举行了太湖流域主要水污染物排污权有偿使用和交易试点启动仪式。试点范围为太湖流域的无锡市、常州市、苏州市以及镇江市的丹阳、句容和南京的高淳县等；试点对象为太湖流域重点监控的266家排污企业。2008年8月5日，上海环境能源交易所挂牌成立，推动了长三角地区节能减排从单一行政配置向市场化配置转型。

二、长三角地区节能减排工作中存在的主要问题

1. 能源消费总量增长压力依然存在

由于城市建设、市民生活质量提高以及高能耗产业规模的增长，长三角能源消费总量增长的压力依然很大。2013年，浙江省受到新建高耗能项目的影响，即使在采取严厉节能降耗和用能总量控制措施的情况下，第四季度新增能耗仍达81万吨标准煤，拉动规模以上工业能耗增长约0.8个百分点[①]。

2. 产业结构重型化格局没有根本改变

长三角地区正在努力推进第三产业和现代服务业的发展，但产业结构的转型不能也不可能在短期内完成。第二产业中高能耗产业仍然在长三角经济中占有很大的比重。2013年长三角地区第二、第三产业占GDP的比重分别为47.0%和48.3%，其中上海市为37.2%和62.2%，江苏省为49.2%和44.7%，浙江省为49.1%和46.1%。[②]

3. 跨区域节能减排协调存在困难

治理环境需要区域的联动，无论是水污染还是大气污染，产生的负面影响波及的范围会超越行政区域。实施环境治理也需要区域之间的联动。目前，长三角地区各行政区域之间的节能减排政策和措施差异较大，区域内的环境产业污染转移削弱了环境治理的效果。交界区域的环境监管和治理仍然存在推诿现象。长三角区域应进一步完善环境治理政策的一体化规划和措施，打破环境治理上的行政壁垒。

4. 节能减排的市场化运作机制欠缺

目前，长三角的节能减排主要依靠政府的监管和资金支持，不少企业的节能减排主动性不够。政府与企业之间存在的目标冲突加大了节能减排政策实施的成本，节能减排政策的效果也逐渐下降。因此，迫切需要建立和完善节能减排效应的市场运行机制，使节能减排成为企业和消费者的自觉选择。

---

① 资料来源：浙江省发展和改革委员会网站，http：//www.zjdpc.gov.cn/art/2014/2/18/art_252_63054.html

② 资料来源：2014年《中国统计年鉴》。

第 3 节　国内外环境保护经验借鉴

环境保护是世界各国面临的共同难题，美国、日本、欧洲等发达国家在探索经济发展与环境保护的过程中积累了丰富经验。这些检验对于长三角地区建设环境友好型经济具有重要的借鉴价值。

一、加入环保国际公约

国际组织上与环境相关的条约基本上都是由发达国家发起的。20 世纪 60 年代，欧洲国家与美国学者开始对工业发展引致的环境污染现象进行反省，之后便在全世界范围内兴起了绿色环保浪潮及运动。在发达国家的推动下，联合国将"可持续发展"列为 21 世纪人类面对的三大问题之一；1992 年 5 月联合国通过《联合国气候变化框架公约》；1997 年《京都议定书》的签署给优先享受工业化福利的发达国家规定了减少二氧化碳排放的指标。上述措施大大便利了环境保护工作在全球范围内的开展。

二、完善政策法律体系

英国的环境立法一直走在世界前列，1956 年，英国颁布了世界上第一部《清洁空气法》。20 世纪 70 年代，英国又推出《工作场所健康和安全法》，限制污染企业将有害气体排入大气。美国紧随其后于 1963 年制定了《清洁空气法》，限制燃烧矿物燃料排放的污染。1970～1990 年，美国又先后三次修改此法，增加了更为严格的条款。根据规定，美国联邦、州等各级政府均可制定本辖区的环保政策，但下级政府制定的规定只能更加严格。同时各级政府在环保政策的制定及实施上相互合作、共同监督，以确保实现环境保护目标。

三、提高民众环保意识

美国将环保教育纳入教育系统不可或缺的组成部分，积极通过课堂教育、野外教育及社区教育等形式引导学生们关注环境，增强环保意识。同时，美国的法律对公众参与环保的权利与义务作了明确的规定，鼓励个人以各种形式参与环境保护。英国大力普及全民节能意识，杜绝不必要的"照明工程"以节约能源。发达国家还注意发挥非政府组织在推进环境保护上的作用。规模庞大的民间环保组织已成为各发达国家环保力量的重要组成部分。美国的民间环保组织已经多达一万多家，其中包括著名的美国环保协会。

四、共享环境保护经验与技术

环境保护工作是一项系统工程，任何国家都不可能在全球性以及区域性环境污染中"独善其身"。为了保护全球环境，美国、欧盟等发达国家积极向包括中国在内的诸多发展中国家提供环境保护的经验及技术。例如，意大利与中国组织了"中意环保合作项目可持续发展远程培训班"，借此向中国传授相关环保经验及技术，为中国的环境保护事业提供了许多新视角。

五、环境管理体制创新

一方面，发达国家在环境保护领域提出了众多新观念。以美国为例，当前国际环境保护的几个重要观念都是由美国提出的。例如，源头控制、全过程管理、循环经济等环保新观念。另一方面，体制创新也是发达国家在环境污染治理工作中取得较好成效的重要原因。例如，美国在环保工作中打破行政地域的界限，将全国分为十大区，各州分为若干小区，由美国环境保护局（EPA）统一管理，按各地不同情况分类指导，有效运用管理资源。

六、发达的生态环保产业

美国的环保产业有两种形式：一种是提供环境相关基础设施的公司，业务范围涵盖饮水提供、废水处理和废弃物管理等；二是主要从事污染控制、污染补救等业务的企业。美国环保产业在技术、观念及设备等方面领先于其他国家，尤其在固体废弃物管理、环境工程、补救措施、分析领域和信息系统方面，领先优势十分明显。

七、环境经济政策

在环境治理上，发达国家广泛使用的环境经济政策。这些政策包括：第一，环境税收。环境税是对容易造成环境污染的产品征收一定费用，以鼓励生产者和消费者使用对环境安全的产品。第二，排污收费。排污收费是针对造成各种环境污染的生产者征收一定费用。其目的在于增加生产者排放污染物的成本从而促使其削减污染物排放，改善环境质量。早在20世纪60年代末70年代初，法国、荷兰两国就因实施废水排放收费制而在治理水污染方面取得了很大成效。第三，押金返还。押金返还的具体做法是对有可能造成环境污染的产品事先征收一定费用，如这些产品在生产过程中排放的污染物未超标，政府将退还所收押金。在电池等严重污染产品上实行押金制有助于防止有毒物质的扩散，保护生态环境。

第4节　建设环境友好型经济的政策建议

长三角地区经济发展面临着日益趋紧的环境约束。经济全球化推动了长三角的经济发展，但在这一过程中长三角地区也付出了较大的环境代价。制造业尤其是高能耗、高污染产业在这一区域的高度集中是造成区域环境污染的重要原因，而产业污染的主观原因则是由于长期以来为了经济增长而忽视了环境的重要性。

近几年来，随着经济发展水平的提高和区域环境问题的显性化，长三角地区正致力于经济增长方式转型的努力。在各项政策的促进下，长三角区域高能耗、高污染产业的增长受到抑制，区域的能源使用效率有所提高，单位 GDP 的污染排放量开始下降。

在建设环境友好型经济的过程中，处理好经济增长与环境友好的协调关系尤为重要。既要调整过去为增长而忽视环境的制度，也要防止可能出现的为环境而轻视增长的苗头。要保持长三角的区域竞争力，就是要寻求经济增长与环境友好保持和谐的手段和政策，增加环境治理政策的有效性，力求在环境治理中促进经济增长，使区域集约型经济增长成为区域经济发展的常态。

结合长三角地区的实际，提出以下几点政策建议。

（1）继续加大地区环境立法工作。进一步明确环境保护法规条例的实施细则，完善和发挥环保法律的作用。应在既有的环境保护法规与条例的基础上，明确执行法规和条例的责任主体和细则。立法要从实际出发，减少主观随意性。尽量细化环境保护法规涉及的领域。例如，在太湖流域的治理过程中，各所涉区域要在《太湖流域管理条例》的基础上，根据自身情况专门制定符合本地区环保实际的相关管理办法，区别不同的污染来源和污染形式，予以区分对待。在管理企业排污行为上应以立法为主，行政手段为辅，在法律的框架内约束企业的排污行为。加强环保法规科学性和可行性的论证，及时补充制度上存在的缺陷。长三角地区目前在大气污染、水污染等方面的法规和标准相对完善，但在土壤污染、高科技污染等方面的法规及标准尚待加强。要做好环境监测和执法工作，做好相关管理部门的协调，提高管理效率。

（2）逐步构建环境的社会管理模式。国外经验表明社会力量的积极参与是环保事业取得成效的重要因素。目前，长三角地区是我国经济最为发达地区，公众环保意识较强，已初步具备环境管理模式由政府直接管理向社会共同治理模式转变的条件。具体可从以下方向着手：一是在政府主导下，积极引导营利性及非营利性组织、非政府组织及个人等多方力量参与环境管理及污染防治工作；二是明确政府及社会力量的行为领域，政府部门负责统筹规划，其他社会力量负责环境监督；三是赋予相关组织及个人在环境污染防治上的监督权、知情权及决策权等，激励其参与环境保护。

（3）积极发展及推广先进生产技术及环境技术。一方面，长三角地区要通过政策优惠及资金支持积极扶持高技术生产企业，同时在招商引资过程中重点引进高技术、低能耗、低污染项目。另一方面，加大环境治理的投入，积极研发环保新技术和生产新工艺，并开展环境污染技术改造工程，淘汰落后生产技术及工艺，大力发展环保产业，打造节能环保产业的竞争优势。

（4）发挥产业政策作用，加快产业结构调整。长三角地区未来调整产业结构及布局可重点从以下方面着手：首先，制定区域内产业进入的环保门槛，对单位能耗及污染物排放制定严格标准；其次，根据实际情况对高污染企业予以改进、停产或搬迁，加快传统产业生产技术和生产设备的技术改造，在整个区域内整合小企业以谋求规模效应，便利污染防治工作；另外，鼓励高科技企业、资源节约型、环境保护型企业在区域内落户，在土地划拨、补贴、税收方面给予优惠。重点扶持循环型经济企业和示范区的建设，加大对此类企业发展的政策扶持力度，谋求经济效应与生态效应的均衡。大力发展高科技产业及第三产业，通过节能减排型产业的发展逐步替代落后的高能耗、高污染产业。

（5）体制创新。一是尽早改变单纯以 GDP 作为各地经济发展考核指标的现状，建立、完善绿色 GDP 制度，督促各级政府将环境治理工作作为首要任务来抓。二是要继续发挥市场机制在环境治理中的作用，以市场为"抓手"，建立污染防治的长效机制。大力使用差别价格、合同能源管理、排污权交易等市场化管理体制，兼以价格杠杆调节以激励各类企业节能减排。三是积极构建由政府主导，各种市场主体积极参与的新型环境治理机制，鼓励微观主体积极提出环境治理新观念。

（6）大力使用环境管理经济手段。结合全国以及长三角的具体实践来看，环境管理经济手段的应用程度差异很大：一方面排污收费手段已得到广泛应用，但另一方面排污权交易仍处于试点阶段。长三角地区目前除污染赔款补偿、财政补贴、超标排污费、资源税等手段广泛采用外，其他措施只在特定区域推行。如江苏、上海分别实行的生态环境补偿税及生活污水处理费等。今后，长三角地区可尝试建立包含押金制度、特色基金制度①及绿色保险制度②在内的多种新型环境防治制度，以提高环保工作效益。

---

① 特色基金制度是对大量排放污染物企业的生产、进出口活动征收特定税费，建立专项基金用于治理污染的环境治理制度。

② 绿色保险制度主要适用于重点污染行业、企业排放的工业三废等，其通过让排放企业作为投保人，一旦发生严重污染，所有投保人将联合承担责任。

（7）构建长三角地区环境保护区域合作机制。长三角作为不可分割的生态主体，应在实现资源共享和优势互补的基础上，加强环保工作合作以实现区域内环境质量的整体提高：首先，长三角各地应加强在环境立法工作上的协调，建立统一的治理原则、评价体制及处罚机制等，提高区域内环境保护效率；其次，长三角各地应加强围绕主要污染物监测、治理上的合作，形成区域内统一的污染治理合作机制；另外，加强各地环保科研合作。长三角地区科研机构众多，实力雄厚，且各地具有不同特色，各地应加强环保科研成果之间的合作，实现优势共享及区域内污染治理技术一体化。

参考文献

一、中文部分

[1] 巴曙松、吴博、朱元倩：《汇率制度改革后人民币有效汇率测算及对国际贸易、外汇储备的影响分析》，载《国际金融研究》2007 年第 4 期。

[2] 白重恩、谢长泰、钱颖一：《中国的资本回报率》，中信出版社 2007 年版。

[3] 白俊红、江可申、李婧：《中国地区研发创新的相对效率与全要素生产率增长分解》，载《数量经济技术经济研究》2009 年第 3 期。

[4] 包群、许和连、赖明勇：《出口贸易如何促进经济增长？》，载《上海经济研究》2003 年第 3 期。

[5] ［美］迈克尔·波特：《国家竞争优势》，李明轩、邱如美译，华夏出版社 2002 年版。

[6] 蔡昉、王德文、张车伟、谢建华：《中国经济增长：劳动力、人力资本和就业结构》，中国经济改革基金会国民经济研究所工作论文，1999 年。

[7] 曹垂龙：《论人民币升值的中国产业升级效应：现实与理论之悖论》，载《亚太经济》2009 年第 6 期。

[8] 曹国良：《中国区域农田秸秆露天焚烧排放量的估算》，载《科学通报》2007 年第 15 期。

[9] 曹卫东：《长三角区域一体化的环境效应研究进展》，载《长江流域资源与环境》2012 年第 12 期。

[10] 陈继勇、盛杨怿：《外商直接投资的知识溢出与中国区域经济增长》，载《经济研究》2008 年第 12 期。

[11] 陈强：《高级计量经济学及 Stata 应用》，高等教育出版社 2010 年版。

[12] 陈实、章文娟：《中国 R&D 投入强度国际比较与分析》，载《科学学研究》2013 年第 7 期。

[13] 陈诗一：《中国各地区低碳经济转型进程评估》，载《经济研究》2012 年第 8 期。

[14] 池元吉、张贤淳：《日本经济》，人民出版社 1989 年版。

[15] ［美］道格拉斯·诺思、罗伯斯·托马斯：《西方世界的兴起》，厉以平、蔡磊译，华夏出版社 2009 年版。

[16] 邓可斌、丁重：《中国为什么缺乏创造性破坏？——基于上市公司特质信息的经验证据》，载《经济研究》2010 年第 6 期。

［17］丁辉侠:《制度因素与中国经济增长——基于转型经济增长方式视角的分析》,载《郑州大学学报（哲学社会科学版)》2012 年第 1 期。

［18］董小林、林霄:《环境管理经济手段有效性分析》,载《环境科学导刊》2012 年第 2 期。

［19］董敏杰、梁泳梅:《1978～2010 年的中国经济增长来源:一个非参数分解框架》,载《经济研究》2013 年第 5 期。

［20］董学兵、朱慧、康继军、宋顺锋:《转型期知识产权保护制度的增长效应研究》,载《经济研究》2012 年第 8 期。

［21］杜传忠、曹艳乔:《中国经济增长方式的实证分析——基于 28 个省市 1990～2007 年的面板数据》,载《经济科学》2010 年第 2 期。

［22］杜凯、周勤:《中国对外直接投资:贸易壁垒诱发的跨越行为》,《南开经济研究》2010 年第 2 期。

［23］樊纲、王小鲁、马光荣:《中国市场化进程对经济增长的贡献》,载《经济研究》2011 年第 9 期。

［24］樊纲、王小鲁、朱恒鹏:《中国市场化指数——各地区市场化相对进程 2011 年报告》,经济科学出版社 2011 年版。

［25］方军雄:《市场化进程与资本配置效率的改善》,载《经济研究》2006 年第 5 期。

［26］方军雄:《所有制、制度环境与信贷资金配置》,载《经济研究》2007 年第 12 期。

［27］方希桦、包群、赖明勇:《国际技术溢出:基于进口传导机制的实证研究》,载《中国软科学》2004 年第 7 期。

［28］封思贤、李政军、谢静远:《经济增长方式转变中的金融支持——来自长三角的实证分析》,载《中国软科学》2011 年第 5 期。

［29］符淼、黄灼明:《我国经济发展阶段和环境污染的库兹涅茨关系》,载《中国工业经济》2008 年第 6 期。

［30］傅元海、张丹、孙爱军:《FDI 技术溢出影响经济增长方式的理论研究》,载《当代财经》2010 年第 6 期。

［31］高凌云、王洛林:《进口贸易与工业行业全要素生产率》,载《经济学（季刊)》2010 年第 2 期。

［32］［美］格罗斯曼、赫尔普曼:《全球经济中的创新与增长》,何帆、牛勇平、唐迪译,中国人民大学出版社 2002 年版。

［33］龚六堂、谢丹阳:《我国省份之间的要素流动和边际生产率的差异分析》,载《经济研究》2004 年第 1 期。

［34］郭金龙:《经济增长方式转变的国际比较》,中国发展出版社 2000 年版。

［35］郭克莎:《加快我国经济增长方式的转变》,载《管理世界》1999 年第 5 期。

［36］郭庆旺、厉无畏、王振:《转变经济增长方式研究》,学林出版社 2006 年版。

［37］郭亚军:《一种新的动态综合评价方法》,载《管理科学学报》2002 年第 4 期。

［38］韩立岩、蔡红艳、郄冬:《基于面板数据的中国资本配置效率研究》,载《经济学

（季刊）》2002 年第 3 期。

[39] 韩燕、钱春海：《FDI 对我国工业部门经济增长影响的差异性——基于要素密集度的行业分类研究》，载《南开经济研究》2008 年第 6 期。

[40] 何庆元：《对外开放与 TFP 增长：基于中国省际面板经验数据的研究》，载《经济学（季刊）》2007 年第 4 期。

[41] 洪银兴、沈坤荣、何旭强：《经济增长方式转变研究》，南京大学出版社 2000 年版。

[42] 胡鞍钢、郑京海、高宇宁、张宁、许海萍：《考虑环境因素的省级技术效率排名（1999～2005）》，载《经济学（季刊）》2008 年第 3 期。

[43] 胡建一：《长三角 GDP 能耗综合分析》，载《电力与能源》2011 年第 12 期。

[44] ［美］霍利斯·钱纳里、莫尔赛思·赛尔昆：《发展的模式：1950～1970》，李新华等译，经济科学出版社 1988 年版。

[45] 黄赜琳、傅冬绵：《区域经济发展水平与增长方式的差异分析》，载《上海财经大学学报》2009 年第 10 期。

[46] 黄晓鹏：《加快经济增长方式转变关键在政府推动制度变迁》，载《中国社学科学院研究生院学报》2006 年第 4 期。

[47] 贾俊雪：《中国全要素生产率的估算：1979～2004》，载《经济研究》2005 年第 6 期。

[48] 姜波克：《均衡汇率理论与政策新框架的探索——基于自然资源角度的分析》，载《国际金融研究》2007 年第 1 期。

[49] 蒋殿春、张宇：《经济转型与外商直接投资技术溢出效应》，载《经济研究》2008 年第 7 期。

[50] 蒋伏心：《经济增长方式转变：内涵的讨论与路径的选择》，《经济学家》2008 年第 3 期。

[51] 蒋云赟、任若恩：《中国工业的资本收益率测算》，载《经济学（季刊）》2004 年第 4 期。

[52] 金祥荣、刘振兴、于蔚：《企业出口之动态效应研究——来自中国制造业企业的经验：2001～2007》，载《经济学（季刊）》2012 年第 3 期。

[53] 科尔内：《短缺经济学》，经济科学出版社 1986 年版。

[54] ［美］劳埃德·雷诺兹：《宏观经济分析和政策》，商务印书馆 1986 年版。

[55] 赖明勇、包群：《外商直接投资技术外溢效应的实证研究》，载《湖南大学学报（自然科学版）》2003 年第 4 期。

[56] 李宾：《国内研发阻碍了我国全要素生产率的提高吗?》，载《科学学研究》2010 年第 7 期。

[57] 李春顶：《中国出口企业是否存在生产率悖论：基于中国制造业企业数据的检验》，载《世界经济》2010 年第 7 期。

[58] 李辉：《人民币实际有效汇率对我国加工贸易影响的实证分析》，载《国际贸易问

题》2008 年第 5 期。

[59] 李汇东、唐跃军、左晶晶：《用自己的钱还是用别人的钱创新？——基于中国上市公司融资结构与公司创新的研究》，载《金融研究》2013 年第 2 期。

[60] 李建炜、余明：《人民币实际有效汇率的波动及其对中国经济增长的影响》，载《世界经济》2003 年第 11 期。

[61] 李京文：《经济增长方式转变的国际经验》，载《数量经济技术经济研究》1996 年第 11 期。

[62] 李猛、于津平：《中国反倾销跨越动机对外直接投资研究》，载《财贸经济》2013 年第 4 期。

[63] 李猛、于津平：《贸易摩擦、贸易壁垒与中国企业对外直接投资研究》，载《世界经济研究》2013 年第 4 期。

[64] 李萍、李世文：《技术进步动力机制的制度绩效分析》，载《经济学家》2002 年第 4 期。

[65] 李青原、李江冰、江春、Kevin X. D. Huang：《金融发展与地区实体经济资本配置效率——来自省级工业行业数据的证据》，载《经济学（季刊）》2013 年第 2 期。

[66] 李善同、侯永志、刘云中、何建武：《中国经济增长潜力与经济增长前景分析》，载《管理世界》2005 年第 9 期。

[67] 李双杰、范超：《随机前沿分析与数据包络分析的评析与比较》，载《统计与决策》2009 年第 7 期。

[68] 李习保：《区域创新环境对创新活动效率影响的实证研究》，载《数量经济技术经济研究》2007 年第 8 期。

[69] 李小平、朱钟棣：《国际贸易、R&D 溢出和生产率增长》，载《经济研究》2006 年第 2 期。

[70] 李小平、卢现祥、朱钟棣：《国际贸易、技术进步和中国工业行业的生产率增长》，载《经济学（季刊）》2008 年第 2 期。

[71] 李亚新、余明：《关于人民币实际有效汇率的测算与应用研究》，载《国际金融研究》2002 年第 10 期。

[72] 李周为、钟文余：《经济增长方式与增长质量测度评价指标体系研究》，载《中国软科学》1999 年第 6 期。

[73] 厉以宁：《经济增长方式转变为何缓慢》，载《北京日报》2005 年 2 月 28 日。

[74] 厉无畏、王振：《转变经济增长方式研究》，学林出版社 2006 年版。

[75] 梁超：《制度变迁、人力资本积累与全要素生产率增长——基于动态面板和脉冲反应的实证研究》，载《中央财经大学学报》2012 年第 2 期。

[76] 林毅夫：《新结构经济学：反思经济发展与政策的理论框架》，北京大学出版社 2012 年版。

[77] 林毅夫、苏剑：《论我国经济增长方式的转换》，载《管理世界》2007 年第 11 期。

[78] 刘国光：《论经济改革与经济调整》，江苏人民出版社 1983 年版。

［79］刘国光、李京文:《中国经济大转型:经济增长方式转型的综合研究》,广东人民出版社 2001 年版。

［80］刘厚俊:《美国经济现代化的世纪回顾及其启示》,载《南京社会科学》2000 年第 7 期。

［81］刘培林:《澄清关于转变经济增长方式的若干认识误区》,国务院发展研究中心调查研究报告 2009 年第 002 号。

［82］刘伟:《宏观调控与中国经济持续增长》,载《经济界》2005 年第 5 期。

［83］刘伟:《中国经济增长中的产业结构变迁与技术进步》,载《经济研究》2008 年第 11 期。

［84］刘伟、黄桂田:《中国银行业改革的侧重点:产权结构还是市场结构》,载《经济研究》2002 年第 8 期。

［85］刘宇、姜波克:《汇率变动与经济增长方式的转换——基于结构优化的视角》,载《国际金融研究》2008 年第 10 期。

［86］陆国庆:《中国中小板上市公司产业创新的绩效研究》,载《经济研究》2011 年第 2 期。

［87］陆磊、李世宏:《中央—地方—国有银行—公众博弈:国有独资商业银行改革的基本逻辑》,载《经济研究》2004 年第 10 期。

［88］陆旸:《从开放宏观的视角看待环境污染问题:一个综述》,载《经济研究》2012 年第 2 期。

［89］路日亮:《全球化对生态环境的影响》,载《岭南学刊》2010 年第 3 期。

［90］卢艳、刘治国、刘培林:《中国区域经济增长方式比较研究:1978～2005》,载《数量经济技术经济研究》2008 年第 / 期。

［91］罗兰:《转型与经济学》,北京大学出版社 2004 年版。

［92］［美］罗斯托:《经济增长的阶段——非共产党宣言》,郭熙保、王松茂译,中国社会科学出版社 2012 年版。

［93］罗志如、范家镶:《当代西方经济学说》,北京大学出版社 1989 年版。

［94］马克思:《资本论》第二卷,人民出版社 2004 年版。

［95］马蔚纯、林健枝、沈家:《高密度城市道路交通噪声的典型分布及其在战略环境评价(SEA)中的应用》,载《环境科学学报》2002 年第 1 期。

［96］毛日昇:《出口、外商直接投资与中国制造业就业》,载《经济研究》2009 年第 11 期。

［97］莫涛:《汇率变动、产品附加值和内涵经济增长》,载《国际金融研究》2007 年第 1 期。

［98］聂辉华、贾瑞雪:《中国制造业企业生产率与资源误置》,载《世界经济》2011 年第 7 期。

［99］尼古拉斯·拉迪、尼古拉斯·波斯特:《论中国经济再平衡》,载《国际经济评论》2013 年第 3 期。

［100］潘士远、史晋川：《内生经济增长——一个文献综述》，载《经济学（季刊）》2002 年第 4 期。

［101］裴长洪、樊瑛：《中国企业对外直接投资的国家特定优势》，载《中国工业经济》2010 年第 7 期。

［102］钱纳里、赛尔昆：《发展的模式：1950～1970》，李新华等译，经济科学出版社1988 年版。

［103］邱斌、杨帅、辛培江：《FDI 技术溢出渠道与中国制造业生产率增长研究：基于面板数据的分析》，载《世界经济》2008 年第 8 期。

［104］齐兰、王业斌：《国有银行垄断的影响效应分析——基于工业技术创新视角》，载《中国工业经济》2013 年第 7 期。

［105］曲福田、冯淑怡、诸培新、陈志刚：《制度安排、价格机制与农地非农化研究》，载《经济学（季刊）》2004 年第 1 期。

［106］萨伊著，陈福生、陈振骅译：《政治经济学概论》，商务印书馆 1997 年版。

［107］亚当·斯密著，杨敬年译：《国民财富的性质和原因的研究》，陕西人民出版社2001 年版。

［108］沈坤荣、耿强：《外国直接投资、技术外溢与内生经济增长——中国数据的计量检验与实证分析》，载《中国社会科学》2001 年第 5 期。

［109］孙景超、张舒英：《冷战后的日本经济》，社会科学文献出版社 1998 年版。

［110］孙文凯、肖耿、杨秀科：《资本回报率对投资率的影响：中美日对比研究》，载《世界经济》2010 年第 6 期。

［111］孙铮、刘凤委、李增泉：《市场化程度、政府干预与企业债务期限结构——来自我国上市公司的经验证据》，载《经济研究》2005 年第 5 期。

［112］隋福民：《创新与融合——美国新经济史革命及对中国的影响（1957～2004）》，天津古籍出版社 2009 年版。

［113］索玛林·加罗蒙特·吉莱妮、华萍：《人民币实际汇率与中国的生产率》，载《南大商学评论》2005 年第 2 期。

［114］谭本艳：《对外贸易影响我国资本形成的效应与地区差异——基于系统广义矩估计的动态面板数据分析》，载《国际经贸探索》2008 年第 2 期。

［115］涂正革：《环境、资源与工业增长的协调性》，载《经济研究》2008 年第 2 期。

［116］汪同三、齐建国：《产业政策与经济增长》，社会科学文献出版社 1996 年版。

［117］王兵、吴延瑞、颜鹏飞：《中国区域环境效率与环境全要素生产率增长》，载《经济研究》2010 年第 5 期。

［118］王红、齐建国：《全球化对我国生态环境的影响及对策》，载《经济纵横》2009 年第 2 期。

［119］王小鲁：《中国经济增长的可持续性与制度变革》，载《经济研究》2000 年第 7 期。

［120］王志文：《发达国家环境保护的经济政策手段借鉴》，载《商场现代化》2007 年

10 月。

[121] 魏杰：《转变经济增长方式是全面且深入的改革——"政府主导"是模式还是改革对象》，载《学术月刊》2011 年第 8 期。

[122] 吴敬琏：《中国增长模式抉择》，上海远东出版社 2005 年版。

[123] 吴敬琏：《经济增长方式难转——吴敬琏直陈三大障碍》，载《每日经济新闻》2005 年 11 月 29 日。

[124] 吴延兵：《自主研发、技术引进与生产率》，载《经济研究》2008 年第 8 期。

[125] 卫兴华、侯为民：《中国经济增长方式的选择与转换途径》，载《经济研究》2007 年第 7 期。

[126] 夏良科：《人力资本与 R&D 如何影响全要素生产率——基于中国大中型工业企业的经验研究》，载《数量经济技术经济研究》2010 年第 4 期。

[127] 肖江：《长三角节能减排一体化发展探析》，载《江苏大学学报（社会科学版）》2011 年第 3 期。

[128] 萧灼基：《1998 年经济分析与展望》，经济科学出版社 1998 年版。

[129] 谢琦：《经济增长模式的转型》，经济科学出版社 2008 年版。

[130] 熊彼特著，邹建平译：《经济发展论》，中国画报出版社 2012 年版。

[131] 徐传谌、郑贵廷、齐树天：《我国商业银行规模经济问题与金融改革策略透析》，载《经济研究》2002 年第 10 期。

[132] 徐伟呈、范爱军：《人民币实际汇率变动对中国 FDI 流入的影响——基于 1979～2008 年数据的实证研究》，载《世界经济研究》2011 年第 4 期。

[133] 许和连、元朋、祝树金：《贸易开放度、人力资本与全要素生产率：基于中国省级面板数据的经验研究》，载《世界经济》2006 年第 12 期。

[134] 杨盼盼、徐建炜：《实际汇率的概念、测度及影响因素研究：文献综述》，载《世界经济》2011 年第 9 期。

[135] 严成樑：《社会资本、创新与长期经济增长》，载《经济研究》2012 年第 11 期。

[136] 姚云：《日本经济转型期产业政策和竞争政策的转变及启示》，载《公民与法》2012 年第 8 期。

[137] 姚先国：《经济增长方式转换的制度条件》，载《浙江社会科学》2005 年第 4 期。

[138] 于津平、许小雨：《长三角经济增长方式与外资利用效应研究》，载《国际贸易问题》2011 年第 1 期。

[139] 余淼杰：《中国的贸易自由化与制造业企业生产率》，载《经济研究》2010 年第 12 期。

[140] 岳书敬：《中国区域研发效率差异及其影响因素——基于省级区域面板数据的经验研究》，载《科研管理》2008 年第 5 期。

[141] 张成、陆旸、郭路、于同申：《环境规制强度与生产技术进步》，载《经济研究》2011 年第 2 期。

[142] 张帆：《中国的物质资本和人力资本估算》，载《经济研究》2000 年第 8 期。

［143］张海洋：《R&D 两面性、外资活动与中国工业生产率增长》，载《经济研究》2005年第 5 期。

［144］张健华、王鹏：《中国全要素生产率：基于分省份资本折旧率的再估计》，载《管理世界》2012 年第 10 期。

［145］张建红、周朝鸿：《中国企业走出去的制度障碍研究——以海外收购为例》，载《经济研究》2010 年第 6 期。

［146］张杰：《地方政府的介入与金融体制变异》，载《经济研究》1996 年第 3 期。

［147］张璟、沈坤荣：《地方政府干预、区域金融发展与中国经济增长方式转型——基于财政分权背景的实证研究》，载《南开经济研究》2008 年第 6 期。

［148］章嘉琳：《变化中的美国经济》，学林出版社 1987 年版。

［149］张舒英：《战后日本经济增长方式的演变及其特点》，载《世界经济》1997 年第6 期。

［150］张向晨：《美国重振制造业战略动向及影响》，载《国际经济评论》2012 年第4 期。

［151］张军、金煜：《中国的金融深化和生产率关系的再检测：1987～2001》，载《经济研究》2005 年第 11 期。

［152］张军、吴桂英、张吉鹏：《中国省际物质资本存量估算：1952～2000》，载《经济研究》2004 年第 10 期。

［153］张小蒂、李晓钟：《对我国长三角地区全要素生产率的估算及分析》，载《管理世界》2005 年第 11 期。

［154］赵诚：《发达国家环境保护的做法与经验》，载《中共山西省委党校学报》2008 年第 10 期。

［155］赵树宽、余海晴、姜红：《技术标准、技术创新与经济增长关系研究——理论模型及实证分析》，载《科学学研究》2012 年第 9 期。

［156］赵人伟：《1985 年"巴山轮会议"的回顾与思考》，载《经济研究》2008 年第12 期。

［157］赵文军、于津平：《贸易开放、FDI 与中国工业经济增长方式》，载《经济研究》2012 年第 8 期。

［158］赵文军、于津平：《市场化进程与我国经济增长方式——基于省际面板数据的实证研究》，载《南开经济研究》2014 年第 3 期。

［159］赵先立：《人民币实际汇率决定与失调的新视角——基于 NOEM 框架》，载《经济评论》2013 年第 1 期。

［160］赵彦云、刘思明：《中国专利对经济增长方式影响的实证研究：1988～2008 年》，载《数量经济技术经济研究》2011 年第 4 期。

［161］赵勇、雷达：《金融发展与经济增长：生产率促进抑或资本形成》，载《世界经济》2010 年第 2 期。

［162］曾培炎：《加快转变经济增长方式》，中国计划出版社 1995 年版。

［163］郑京海、胡鞍钢：《中国的经济增长能否持续：一个生产率的分析视角》，载《经济学（季刊）》2008 年第 3 期。

［164］中国日本商会：《中国经济与日本企业 2014 年白皮书》，中国日本商会 2014 年版。

［165］钟贤宾：《对经济增长方式及其转变的理性思考》，载《学术月刊》1996 年第 8 期。

［166］周林薇：《论战后日本经济增长方式的转折及对我国的启迪》，载《日本问题研究》1996 年第 1 期。

［167］周荣荣：《长三角产业结构优化调整与经济转型升级》，载《江苏社会科学》2012 年第 12 期。

［168］朱灏：《韩国经济的复苏及其启示》，载《亚太经济》2007 年第 5 期。

［169］朱平芳、徐伟民：《政府的科技激励政策对大中型工业企业 R&D 投入及其专利产出的影响》，载《经济研究》2003 年第 6 期。

［170］朱向红、王丽娜：《长三角地区外商直接投资存在的问题与对策》，载《经济纵横》2011 年第 1 期。

［171］朱英明：《区域制造业规模经济、技术变化与全要素生产率——产业集聚的影响分析》，载《数量经济技术经济研究》2009 年第 10 期。

［172］朱勇、张宗益：《技术创新对经济增长影响的地区差异研究》，载《中国软科学》2005 年第 11 期。

［173］朱钟棣、李小平：《中国工业行业资本形成、全要素生产率变动及其趋异化：基于分行业面板数据的研究》，载《世界经济》2005 年第 9 期。

二、英文部分

［174］Acemoglu, D., 2007, "Oligarchic Versus Democratic Societies", *Journal of The European Economic Association*, 6 (1): 1 – 44.

［175］Acemoglu, D., S. Johnson, and J. Robinson, 2004, "Institutions as The Fundamental Cause of Long-run Growth", *NBER Working Paper*, No. 10481.

［176］Agostino, M., and F. Trivieri, 2010, "Is Banking Competition Beneficial to SMEs? An Empirical Study Based on Italian Data", *Small Business Economics*, 35 (3): 335 – 355.

［177］Aiello, F., and P. Cardamone, 2009, "R&D Spillovers and Firms' Performance in Italy: Evidence from A Flexible Production Function", in Baltagi, A. (ed.), Spatial Econometrics, Mannheim: A Springer Company.

［178］Aitken, B., and A. Harrison, 1999, "Do Domestic Firms Benefit from Foreign Direct Investment? Evidence from Venezuela", *American Economic Review*, 89 (3): 605 – 618.

［179］Alfaro, L., A., Kalemli-Ozcan, C. S. and S. Sayck, 2004, "FDI and Economic Growth: the Role of Local Financial Markets", *Journal of International Economics*, 64 (1): 89 – 112.

［180］Allen, F., and D. Gale, 2000, Comparing Financial Systems, Cambridge MIT Press.

［181］Arellano M., and B. Stephen, 1991, "Some Tests of Specification for Panel Data:

Monte Carlo Evidence and An Application to Employment Equations", *Review of Economic Studies*, 58 (2): 277 – 297.

[182] Arellano M., and B. Olympia, 1995, "Another Look at The Instrumental Variables Estimation of Error Components Models", *Journal of Econometrics*, 68 (1): 29 – 51.

[183] Arrow, K. J., 1962, "The Economic Implications of Learning by Doing", *The Review of Economic Studies*, 29 (3): 155 – 173.

[184] Arrow, K. J., 1964, "The Role of Securities in The Optimal Allocation of Risk-bearing", *The Review of Economic Studies*, 31 (2): 91 – 96.

[185] Azrak, P., and K. Wynne, 1995, "Protectionism and Japanese Direct Investment in The United States", *Journal of Policy Modeling*, 17 (3): 293 – 305.

[186] Barro, R. J. and X. Sala-I-Martin, 2004, Economic Growth, MIT Press.

[187] Barro, R. J., 1990, "Government Spending in A Simple Models of Endogenous Growth", *Journal of Political Economy*, 98 (5): 103 – 125.

[188] Becker, G., S., and K. Murphy, 1992, "The Division of Labor, Coordinantion Costs, and Knowledge", *Quarterly Journal of Economics*, 107 (4): 1137 – 1160.

[189] Baumol, W. J., 2002, The Free-Market Innovation Machine, Princeton University Press.

[190] Barrell R. and N. Pain, 1999, "Trade Restraints and Japanese Direct Investment Flows", *European Economic Review*, 43 (1): 29 – 45.

[191] Becker, Gary, S., Kevin Murphy, 1992, "The Division of Labor, Coordinantion Costs, and Knowledge", *Quarterly Journal of Economics*, 107 (4): 1137 – 1160.

[192] Belderbos R., and R. Veugelers, 2004, "Antidumping Duties, Undertakings, and Foreign Direct Investment in The EU", *European Economic Review*, 48 (2): 429 – 453.

[193] Bertschek, I., 1995, "Product and Process Innovation as A Response to Increasing Import and Foreign Direct Investment", *Journal of Industrial Economics*, 43 (5): 341 – 357.

[194] Blomstrom, M. and E. Wolf, 1994, Multinational Corporations and Productivity Convergence in Mexico. Oxford University Press.

[195] Blyde, J. S., 2004, "Trade and Technology Diffusion in Latin America", *The International Trade Journal*, 18 (3): 177 – 197.

[196] Blundell R. and B. Stephen, 1998, "Initial Conditions and Moment Restrictions in Dynamic Panel Data Models", *Journal of Econometrics*, 87 (1): 115 – 143.

[197] Beck, T., A. Demirgüç-Kunt, and V. Maksimovic, 2004, "Bank Competition and Access to Finance", *Journal of Money, Credit and Banking*, 36 (4): 627 – 648.

[198] Brandt, L., J. Van Biesebroeck, and Yifan Zhang, 2012, "Creative Accounting or Creative Destruction? Firm-Level Productivity Growth in Chinese Manufacturing", *Journal of Development Economics*, 97 (2): 339 – 351.

[199] Buekley, P. J., L. J. Clegg, A. R. Cross, X. Liu, H. Voss, and P. Zhang, 2007, "The Determinants of Chinese Outward Foreign Direct Investment", *Journal of International*

Business Studies, 38（4）：499 – 518.

［200］Carkovic, M. and R. Levine, 2002, "Does Foreign Investment Accelerate Economic Growth", *University of Minnesota Working Paper.*

［201］Caves, D. W., L. R. Christensen, and W. E. Diewert, 1982, "The Economic Theory of Index Numbers and The Measurement of Input, Output, and Productivity." Econometica, 50（6）：1393 – 1414.

［202］Chang, H. J., 2011, "Institution and Economic Development：Theory, Policy and History", *Journal of Institutional Economics*, 7：473 – 498.

［203］Coe, D. T., E. Helpman, and A. W. Hoffnaister, 1997, "North-South R&D Spillovers", *The Economic Journal*, 107（442）：134 – 149.

［204］Coe, D. T., and E. Helpman, 1995, "International R&D Spillovers", *European Economic Review* 39（5）：859 – 887.

［205］Demigüc-Kunt, A., and R. Levine, 1996, "Stock Markets, Corporate Finance, and Economic Growth：An Overview", *The World Bank Economic Review*, 10（2）：223 – 239.

［206］Dollar David, 1992, "Outward-Oriented Developing Economies Really Do Grow More Rapidly：Evidence from 95LDCs, 1976 – 1985", *Economic Development and Cultural Change*, 40（3）：523 – 544.

［207］Domer, Evsey D., 1946, "Capital Expansion, Rate of Growth and Employment", *Econometrica*, 14：137 – 147.

［208］Fare, R., S. Grosskopf, M. Norris and Z. Zhang, 1994, "Productivity Growth, Technical Progress, and Efficiency Change in Industrialized Countries", *American Economic Review* 84（1）：66 – 83.

［209］Goto, A., and S. Kazuyuki, 1989, "R&D Capital, Rate of Return on R&D Investment and Spillover of R&D in Japanese Manufacturing Industries", *Review of Economics and Statistics*, 71（4）：555 – 564.

［210］Griliches, Z., 1980, "R&D and the Productivity Slowdown," *The American Economic Review*, 70（2）：343 – 348.

［211］Grossman, G. M. and E. Helpman, 1991, Innovation and Growth in The Global Economy, MIT Press.

［212］Grossman, G. M., and E. Helpman, 1991, "Quality Ladders in The Theory of Growth", *Review of Economic Studies*, 58（1）：43 – 61.

［213］Guzman, M. G., 2000, "Bank Structure, Capital Accumulation and Growth：A Simple Macroeconomic Model", *Economic Theory*, 16（2）：421 – 455.

［214］Edquist, C. and M. Mckelvey. 2000, Systems of Innovation：Growth Competitiveness and Employment. Edward Elgar Press.

［215］Feinberg, R. M., and K. M. Reynolds, 2006, "The Spread of Antidumping Regimes and The Role of Retaliation in Filings", *Southern Economic Journal*, 72（4）：877 – 890.

［216］ Freeman, C., and L. Soete, 1997, The Economic of Industrial Innovation (3rd ed.), The MIT Press.

［217］ Fu, X., 2005, "Exports, Technical Progress and Productivity Growth in A Transition Economy : A Non-Parametric Approach for China", *Applied Economics*, 37 (7): 725 – 739.

［218］ Fung L., 2008, "Large Real Exchange Rate Movements, Firm Dynamics, and Productivity Growth", *Canadian Journal of Economics*, 41 (2): 391 – 424.

［219］ Haber, S., A. Razo,, and N. Maurer. 2003, The Politics of Property Rights: Political Instability, Credible Commitment and Economic Growth in Mexico: 1876 – 1929. Cambridge University Press.

［220］ Haddad, M. and A. Harrison, 1993, "Are There Positive Spillovers from Direct Foreign Investment? Evidence from Panel Data for Morocco", *Journal of Development Economics*, 42 (1): 51 – 74.

［221］ Hansen L. P., 1982, "Large Sample Properties of Generalized Method of Moments Estimators". *Econometrica*, 50 (4): 1029 – 1054.

［222］ Harrod, R. F., 1939, "An Essay in Dynamic Theory", *Economic Journal*, 49: 14 – 33.

［223］ Hausmann R., L. Pritchett, and D. Rodrik, 2004, "Growth Accelerations", *NBER Working Paper*, No. 10566.

［224］ Hall, B. H., and M. Jacques, 1995, "Exploring The Relationship Between R&D and Productivity in French Manufacturing Firms," *Journal of Econometrics*, 65 (1): 263 – 293.

［225］ Holcombe, R. G., 1999, "Entrepreneurship and Economic Growth: Reply", *The Quarterly Journal of Austrian Economics*, 2 (2): 73 – 78.

［226］ Albert G. Z., G. H. Jefferson, and J-C. Qian, 2005, "R&D and Technology Transfer: Firm Level Evidence from Chinese Industry", *Review of Economics and Statistics*, 87 (4): 780 – 786.

［227］ Jones, L. E., and R. E. Manuelli, 1990, "A Convex Model of Equilibrium Growth : Theory and Policy Implications", *Journal of Political Economy*, 98 (5): 1008 – 1038.

［228］ Jefferson, G., T. Rawski, L. Wang, and Y-X. Zheng, 2000, "Ownership, Productivity Change, and Financial Performance in Chinese Industry", *Journal of Comparative Economics*, 28 (4): 786 – 813.

［229］ Johanson, J., and J. E. Vahlne,, 1977, "The Internationalization Process of The Firm—A Model of Knowledge Development and Increasing Foreign Market Commitments". *Journal of International Business Studies*, 8 (1): 23 – 32.

［230］ Johanson, J., and Vahlne, J. E., 1990, "The Mechanisms of Internationalization", International Marketing Review, 7 (4): 11 – 24.

［231］ Johanson, J., and P. F. Wiedersheim, 1975, "The Internationalization of The Firm—Four Swedish Cases", *Journal of Management Studies*, 12 (3): 305 – 323.

［232］ Kao, C., 1999, "Spurious Regression and Residual-based Tests for Cointegration in Panel Data", *Journal of Econometrics*, 90 (1): 1 – 44.

［233］Kao, C. , and M. Chiang, 2000, "On the Estimation and Inference of Cointegrated Regression in Panel Data", *Advances in Economitrics*, 15 (34): 179 – 222.

［234］Keller, W. , 2001, "Knowledge Spillovers at the World's Technology Frontier", *CEPR Working Paper*, No. 8150.

［235］Keller W. , 2002, "Trade and The Transmission of Technology", *Journal of Economic Growth*, 7 (1): 5 – 24.

［236］Kirzner, I. M. , 1985, The Perils of Regulation: A Market-Process Approach. in Discovery and The Capitalist Process, University of Chicago Press.

［237］Kokko A. , R. Tansint, and M. C. Zejan, 1996, "Local Technological Capablility and Productivity Spillovers form FDI in The Uruguayan Manufacturing Sector", *The Journal of Development Studies*, 32 (4): 602 – 611.

［238］Kydland, F. E. and E. Prescott, 1977, "Rules Rather than Discretion: The Inconsistency of Optimal Plans", *Journal of Political Economy*, 85 (3): 473 – 492.

［239］Lall, S. , 1983, "Determinants of R&D in an LDC: The Indian Engineering Industry", *Economics Letters*, 13 (4): 379 – 383.

［240］Levine, R. , 2002, "Bank-Based or Market-Based Financial Systems: Which Is Better?", *Journal of Financial Intermediation*, 11 (4): 398 – 428.

［241］Li, Wei, 1997, "The Impact of Economic Reform on The Performance of Chinese State Enterprises: 1980 – 1989", *Journal of Political Economy*, 105 (5): 1080 – 1106.

［242］Lichtenberg, F. , and B. Potterie, 1996, "International R&D Spillovers: A Re-examination", NBER Working Paper, No. 5668.

［243］Lin, H. L. , and E. S. Lin, 2010, "FDI, Trade, and Product Innovation: Theory and Evidence", *Southern Economic Journal*, 77, 434 – 464.

［244］Norman L. , P. Fajnzylber, and Calderón César, 2004, "Economic Growth in Latin America and The Caribbean: Stylized Facts, Explanations and Forecasts," *Central Bank of Chile Working Papers*, No. 265.

［245］Lucas, Robert E. Jr. , 1988, "On the Mechanism of Economic Development", *Journal of Monetary Economics*, 22, 3 – 22.

［246］Lucas, Robert E. Jr. , 1993, "Making a Miracle", *Econometric*, 61, 51 – 271.

［247］Lucas, R. E. , 1988, "On The Mechanics of Economic Development", *Journal of Monetary Economics*, 22 (1): 3 – 42.

［248］Lundvall, B-Å. , 1992, National Systems of Innovation: Towards A Theory of Innovation and Interactive Learning, London: Pinter Publishers.

［249］Mankiw, N. G. , D. Romer, et al. , 1992, "A Contribution to The Empirics of Economic Growth", *The Quarterly Journal of Economics*, 107 (2): 407 – 437.

［250］Mbaye, Samba, 2012, "Real Exchange Rate Undervaluation and Growth: Is There A Total Factor Productivity Growth Channel", *CERDI Working Paper*, No. 11.

［251］Mcleod, Darryl and Mileva, Elitza, 2011, "Real Exchange Rates and Productivity Growth", *Fordham University Discussion Paper*, No. 2011 – 04.

［252］Milner, W., and E. Penecost, 1996, "Locational Advantages of US Foreign Direct Investment in UK Manufacturing", *Applied Economics*, 28 (5): 605 – 616.

［253］Nelson, R. R., 1993, National Systems of Innovation: A Comparative Study, Oxford University Press.

［254］North, D. C., and R. P. Thomas. 1973, The Rise of The Western World, Cambridge University Press.

［255］Onjala Joseph, 2002, "Total Factor Productivity in Kenya: The Links with Trade Policy", *AERC Research Paper* No. 118.

［256］Pagano, M., F. Panetta, and L. Zingales, 1998, "Why Do Companies Go Public? An Empirical Analysis", *The Journal of Finance*, 53 (1): 27 – 64.

［257］Parsley, D. C., and S. J. Wei. 1996, "Convergence to The Law of One Price without Trade Barriers or Currency Fluctuations", *Quarterly Journal of Economics*, 111 (4): 1211 – 1236.

［258］Pedroni, P., 2000, "Fully Modified OLS for Heterogeneous Cointegrated Panels", *Advances in Econometrics*, 15, 93 – 130.

［259］Pedroni, P., 1999, "Critical Values for Cointegration Tests in Heterogeneous Panels with Multiple Regressors", *Oxford Bulletin of Economics and Statistics*, 61 (4): 653 – 670.

［260］Peters, B., 2008, "Innovation and Firm Performance: An Empirical Investigation for German Firms", Mannheim: A Springer Company.

［261］Pedroni, P., 2004, "Panel Cointegration: Asymptotic and Finite Sample Properties of Pooled Time Series Tests, with An Application to The PPP Hypothesis", *Economic Theory*, 20 (3): 597 – 625.

［262］Phillips, P. C. B., 1986, "Understanding Spurious Regressions in Econometrics", *Journal of Econometrics*, 33, 311 – 340.

［263］Rajan, R. G., and L. Zingales, 1998, "Which Capitalism? Lessons from The East Asian Crisis", *Journal of Applied Corporate Finance*, 11 (1): 40 – 48.

［264］Razin O., and Collins S. M., 1997, "Real Exchange Rate Misalignments and Growth", *NBER Working Paper*, No. 6174.

［265］Ricardo, David, 1817, On the principles of Political Economy and Taxation, London, John Murray.

［266］Rivera B. and Romer L. A., 1991, "Economic Integration and Endogenous Growth", *Quarterly Journal of Economics*, 106 (2): 531 – 555.

［267］Rodrik, D., and R. Wacziarg., 2005, "Do Democratic Transitions Produce Bad Economic Outcomes?", *American Economics Review*, 95 (2): 51 – 55.

［268］Rodrik, D, 2008, "The Exchange Rate and Economic Growth", *Brookings Papers on Economic Activity*, 2: 365 – 412.

[269] Romer, P. M., 1986, "Increasing Returns and Long-Run Growth", *The Journal of Political Economy*, 94 (5): 1002 – 1037.

[270] Romer, P. M., 1990, "Endogenous Technological Change", *The Journal of Political Economy*, 98 (5): 71 – 102.

[271] Romer, P. M., 1986, "Increasing Return and Long-Run Growth", *Journal of Political Economy*, 94, 1002 – 1037.

[272] Romer, P. M., 1987, "Growth Based on Increasing Return Due to Specialization", *American Economic Review*, 77 (2): 56 – 62.

[273] Romer, P. M., 1990, "Endogeneous Technological Change", *Journal of Political Economy*, 98 (5): 71 – 102.

[274] Sala-i-Martin, Xavier, 1997, "I Just Run Two Million Regressions", *American Economic Review*, 87 (2): 178 – 183.

[275] Say J. B., 1914, A Treatise on political Economy: or the Production Distribution and Consumption of Wealth, Batoche Books Kitchener.

[276] Solow R. M., 1956, "A Contribution to the Theory of Economic Growth", The Quarterly Journal of Economics, 70 (1): 65 – 94.

[277] Schumppeter, J. A., 1934, The Theory of Economic Development, Cambridge, MA: Harvard University Press.

[278] Smith, Adad, 1776, An Inquiry into the Nature and Causes of the Wealth of Nations, Metalibri Press.

[279] Tadesse, S., 2002, "Financial Architecture and Economic Performance: International Evidence", *Journal of Financial Intermediation*, 11 (4): 429 – 454.

[280] Wells, L. T., 1983, Third World Multinationals, The MIT Press.

[281] Wooldridge, J. M., 2002, Econometric Analysis of Cross Section and Panel Data, MIT Press.

[282] Wooldridge, J. M., 2013, Introductory Econometrics: A Modern Approach, Fifth edition, South-Western Press.

[283] Wu, Yanrui, 2007, "Capital Stock Estimates for China's Regional Economies: Results and Analyses", *University of Western Australia Discussion Paper*, No. 07 – 16.

[284] Yang, Xiaokai, and J. Borland, 1991, "A Microeconomic Mechanism for Economic Growth", *Journal of Political Economy*, 99 (3): 460 – 482.

[285] Yang, Xiaokai and Sing Ng, 1998, "Specialization and Division of Labor: A Survey", In Ken Arrow et al editors, Increasing Returns and Economic Analysis, London: Micmillan.

[286] Young, A., 1928, "Increasing Return and Economic Progress", *Economic Journal*, 38 (152): 527 – 542.

[287] Young, A., 2003, "Gold into Base Metals: Productivity Growth in The People's Republic of China during The Reform Period", *Journal of Political Economy*, 111 (6): 1226 – 1261.

后　　记

　　本书是教育部哲学社会科学重点研究基地重大项目（项目号：2009JJD790022）的研究成果。自该项目申请获批之后，课题组开展了大量的调研、数据收集、理论分析和实证研究，力求揭示经济全球化变化中长三角地区经济增长方式的变化特征和演变机制，探究有效促进长三角经济增长方式转型的政策。

　　促进经济增长方式转型是我国经济发展新阶段的必然选择。目前，长三角地区面临区域要素成本上升、环境约束硬化和投资边际效率下降等一系列新问题。要保持长三角的经济活力，必须形成新的增长动力，打破对原有发展路径的依赖，在发挥市场决定性作用的同时，更好地发挥政府的作用。然而，转变经济增长方式知易行难，在过去的实践中，虽然政府报告反复强调经济增长方式转变的必要性，但依靠大规模生产要素投入和自然资源消耗的增长形态并未改变。在经济增长方式演变规律和促进转型手段上，学术研究观点多、争论大。在经济增长方式评价和经济增长方式影响机制上，理论和实证上具有深度的研究并不多见。

　　课题组首先在文献综述和实地调研的基础上，对经济增长方式转变问题形成一定的客观认识；其次，通过反复论证，筛选出经济增长方式转型问题研究的重点内容，确定研究思路；最后，对各个重点内容逐一进行现象分析和规范论证，以此为基础提出政策建议。

　　经过长时间的研究，课题组定量评价了长三角地区的经济增长方式，从不同视角剖析了市场化程度、贸易、对外直接投资、汇率等开放因素和政策因素对经济增长方式的影响机制，揭示了长三角创新投入、环境规制和企业"走出去"的变化态势，剖析其对促进经济增长方式转变的作用，提出解决问题的对策。课题的研究成果得到了同行的肯定，取得了一定的社会影响。本书中的部分成果已先后在《经济研究》、《金融研究》、《南开经济研究》等学术期刊发表。

　　作为课题组项目主持人，我负责了课题的组织工作，独立完成本书第1章、第2章和第4章的编写，并与课题组其他成员一起共同完成了其他章节的研究、修改和统稿。参加本书编写工作的课题组成员包括南京大学经济学院李剑副教授以及我指导的博士生赵文军、孙俊、李猛、何斌锋、占华、任优生。其中，赵文军是我在南京大学指导的首位博士生，也是全国优秀博士论文提名奖获得者，目前为深圳大学经济学院讲师，他负责了本书第5章、第6章和第7章的编写，对课题完成贡献突出。其他各章的完成者分别为：第3章，南京大学经济学院博士生何斌锋；第8章，中国人民银行南京分行孙俊博士；第9章，南京大学经济学院李剑副教授；第10章，鲁东大学商学院李猛博士；第11章，南京大学经济学院博士生任优生；第12章，南京大学经济学院博士生占华。

感谢南京大学经济学院同行和长三角地区相关政府部门及企业在本课题研究中给予的帮助和支持。

于津平

2015 年 8 月

图书在版编目（CIP）数据

经济全球化变化中长三角经济增长方式转型研究 /
于津平等著 . —北京：经济科学出版社，2015. 12
（长三角经济研究丛书）
ISBN 978 - 7 - 5141 - 6194 - 6

Ⅰ . ①经… Ⅱ . ①于… Ⅲ . ①长江三角洲 - 区域经济
发展 - 文集 Ⅳ . ①F127. 5

中国版本图书馆 CIP 数据核字（2015）第 260113 号

责任编辑：齐伟娜 张蒙蒙
责任校对：杨 海
技术编辑：李 鹏

经济全球化变化中长三角经济增长方式转型研究
于津平 赵文军 等著
经济科学出版社出版、发行 新华书店经销
社址：北京市海淀区阜成路甲 28 号 邮编：100142
总编部电话：010 - 88191217 发行部电话：010 - 88191540
网址：www. esp. com. cn
电子邮件：esp@ esp. com. cn
天猫网店：经济科学出版社旗舰店
网址：http://jjkxcbs. tmall. com
北京季蜂印刷有限公司印装
710 × 1000 16 开 20 印张 390000 字
2015 年 12 月第 1 版 2015 年 12 月第 1 次印刷
ISBN 978 - 7 - 5141 - 6194 - 6 定价：48. 00 元
（图书出现印装问题，本社负责调换。电话：**010 - 88191502**）
（版权所有 翻印必究 举报电话：**010 - 88191586**
电子邮箱：**dbts@ esp. com. cn**）